史说中国

大讲堂
双 色
图文版

刘凤珍◎主编　滕森◎编著

中国华侨出版社
北京

图书在版编目（CIP）数据

史说中国大讲堂 / 滕森编著 . —北京：中国华侨出版社，2016.12
（中侨大讲堂 / 刘凤珍主编）
ISBN 978-7-5113-6532-3

Ⅰ . ①史… Ⅱ . ①滕… Ⅲ . ①中国历史—通俗读物
Ⅳ . ① K209

中国版本图书馆 CIP 数据核字（2016）第 293093 号

史说中国大讲堂

编　　著 / 滕　森

出 版 人 / 刘凤珍

责任编辑 / 紫　夜

责任校对 / 王京燕

经　　销 / 新华书店

开　　本 / 787 毫米 × 1092 毫米　1/16　印张 /24　字数 /491 千字

印　　刷 / 三河市华润印刷有限公司

版　　次 / 2018 年 3 月第 1 版　2018 年 3 月第 1 次印刷

书　　号 / ISBN 978-7-5113-6532-3

定　　价 / 48.00 元

中国华侨出版社　北京市朝阳区静安里 26 号通成达大厦 3 层　邮编：100028

法律顾问：陈鹰律师事务所

编辑部：（010）64443056　　64443979

发行部：（010）64443051　　传真：（010）64439708

网　址：www.oveaschin.com

E-mail：oveaschin@sina.com

前言

英国著名历史学家汤因比说："一个人如果能身处在历史感悟之中，他就一定是获得真知的人，因为历史的经验是最为丰富的一座智慧之库。"历史作为一面镜子，记录着人类社会的成功与失败、兴盛与衰退、辉煌与悲怆、交替与更新，也预示着人类的未来。想要了解人类社会的发展历程，就不能不了解历史，就不能不掌握必要的历史常识。

所谓历史常识，指的是重要的人物、事件、文史知识，以及典章制度等，它是历史时代的大框架。我们大多数人都忽略了历史常识的重要性。要知道，在越来越注重"复合型人才"的今天，不仅要求你有扎实的专业知识，还要求你对历史常识有一定程度的涉猎和积累。如果我们不懂得历史常识，平日生活中难免会错误百出，被视为无知；如若不懂装懂，难免会贻笑大方；更可怕的是，如果为人师者不懂历史常识，难免要误人子弟，还会导致谬误流传。缺乏正确的历史常识，就是对历史的无知。只有掌握了历史常识背后所蕴含的深厚底蕴，才能增进对历史乃至现实的解读与把握，才能在新的挑战面前，与时俱进，适应社会的潮流。

人类历史是如此漫长悠远，期间发生的历史事件、出现的历史人物错综复杂、头绪繁多，普通读者很难找到入门的捷径。虽然历史文献众多，但是真要学点历史，却又不知从何处下手。本书所选内容丰富，且极具代表性、典型性和影响力，旨在帮助读者快速掌握必知的历史常识，丰富知识储备，开拓视野。

这是一本有关历史知识的普及性读物，而非"通史""简史"之类的史学专著。本书以数千年的人类历史为主干，以古国文明、社会变迁、战争风云、科技进步、民族复兴、工业发展等事件为枝叶，资料翔实，集知识性、趣味性、科学性于一体。在选编的过程中，我们查阅了大量的相关资料，对各个历史时期的事件介绍详尽，选材兼顾到政治、地理、军事、经济、文化、教育、宗教、典故、风俗、科技、生活等多个方面，内容涉及人们在学习、工作、生活中最常用的历史知识。

全书分为史前时期、夏商周时期、春秋战国时期、秦汉时期、三国两晋南北朝时期、隋唐五代十国时期、宋辽西夏金元时期、明清时期 8 个部分，涵盖了人类发展历程中的重要内容。我们力图以丰富的史料、精彩的故事、珍贵的图片为你献上一幅幅文明传承、朝代更迭、英雄辈出的历史画卷。

　　尽管本书是一部具有指导意义的图书，但我们仍没有忽略它的审美要求。在编辑过程中，我们精心选配了数百幅内容涵盖面广、表现形式丰富的图片，文图对应，互为解释和补充，力求精确、经典。"精确"是指对历史人物、遗迹、文物等图片的选用和说明准确无误；"经典"是指力求为每一个历史常识选取最有代表性和说服力的图片。简洁精要的历史常识，配以多元化的图片，打造出一个立体直观的阅读空间，使读者获得图与文赋予的双重享受。

　　历史蕴含着经验与真知。学习必要的历史常识，不仅可以掌握一门关于过去的学问，更重要的是可以了解昨天、把握今天、创造明天，可以充实自己的头脑，汲取宝贵的人生经验。在这里，我们尝试为你提供一种更便捷的读史方式去考察历史、感受历史、思考历史。希望你能在紧张的学习和工作之余，轻松地徜徉于历史长廊之中，既了解历史，又拓展视野，更开阔胸襟。

目录

商　朝

西　周

春秋战国时期
春　秋

秦汉时期
秦 朝

西 汉

三国两晋南北朝时期
魏

蜀 汉

吴

隋唐五代十国时期
隋　朝

唐　朝

明清时期
明 朝

清　朝

史前时期

盘古开天地

相传盘古生于混沌之中，用利斧劈开混沌，清的气往上浮，变成了天；浊的气往下沉，变成了地。然后盘古用手撑起天，用脚踏着地，以每天一丈的速度长高，由此，天每天都会高出一丈，地每天都会加厚一丈，天地间随着盘古的长高而变得更加开朗空阔。这样过了一万八千年后，巨人盘古轰然倒塌。盘古死后，他的左眼变成了太阳，右眼变成了月亮，头发、胡子变成了星星，嘴里最后呼出的气变成了风和雾，声音变成了雷霆闪电，身上的肉变成了土地，四肢变成了连绵不绝的山脉，血液变成了汪洋的江河。从此，天上有了日月星辰，地上有了山川树木。

女娲造人补天

传说天神女娲是人身蛇尾的形象。她用泥土照着自己的样子捏成了许多小人，然后朝着那些小泥人吹口气，便造出了最初的人类。女娲想让人类遍布广阔的大地，于是她甩动蘸上泥浆的藤条，泥点掉落在地上也变成了人，这大大加快了造人的速度。

女娲还将人分成男女，将他们配成夫妻，让他们繁衍后代。因此，女娲被尊为人类的始祖。就这样，女娲的儿女们在大地上幸福美满地生活着。

有一年，水神共工和火神祝融打仗，水神将撑天的大柱撞塌了，天上出现了一个巨大的窟窿，洪水不断地流下来，遍布整个大地。为了挽救她的儿女，女娲到黄河边挑选了许多五彩缤纷的石头，把它们放在熔炉里熔化，再用这些熔化了的液体把天上的洞补起来。经过九天九夜，天空终于被补好了，放晴了，天边出现了五色云霞。

有巢氏构木为巢

传说有巢氏是巢居的发明者。远古时代，飞禽走兽很多而人类数量较少，势单力薄，常常成为禽兽虫蛇攻击的对象。后来，有位圣人出现，教人们在大树枝杈间构木为巢，让人们居住在树上，躲避猛兽对人类的侵袭。随时间推移，他又教会人们用灌木、木槿的树干（类似藤条，有弹性）编成篱笆，防卫居室；用坚韧结实的野草编织成厚草席帘，覆盖在屋顶上防风雨。这个圣人被人们称为有巢氏。

燧人氏钻木取火

传说燧人氏是人工取火的发明者，而他也被后世称为"三皇"之一。远古人茹毛饮血的生活习惯对肠胃造成很大损害，很多人得了肠胃疾病却得不到有效的治疗，便不幸去世了。燧人氏教人们使用燧石击打或钻木取火。以火烧烤猎物的骨肉，不仅味美，而且更利于消化和吸收，从此人们不再患腹疾。燧人氏的传说，反映了中国原始时代人类从利用和保存自然火种，到人工取火的漫长历史演进过程。

神农尝百草

传说神农炎帝牛首人身，居于姜水（今陕西岐山一带）。那个时候人们还不会种植粮食，而且得了病没地方医治，生活十分艰苦。部落首领神农氏见大家靠吃兽肉、饮生水度日，便到处寻找可以果腹的植物，有时一日便中很多次毒。他的精神感动了上天，神灵给他以帮助，天降种子，供他种植。后来，他还用木材制作耒耜，教民众农业生产。

在找谷种的过程中，神农中毒又解毒，从而发现了草木的药性。他还用红褐色的鞭子鞭打百草，尽知其平毒寒温之性味，教人们认识植物药材。这个传说反映了远古时代农业生产的发展状况。

伏 羲

传说伏羲是人首蛇身，与其妹女娲成婚，生儿育女，成为人类的始祖。又相传他是古代东夷部落的杰出首领。伏羲根据天地间阴阳变化之理，创制八卦，即以八种简单却寓意深刻的符号来概括天地之间的万事万物。此外，他还模仿自然界中的蜘蛛结网而制成网罟，教民众捕鱼打猎。

嫘 祖

黄帝元妃嫘祖，是有史籍记载的中华民族伟大的母亲，又称"先蚕娘娘"。相传她经常带领妇女上山剥树皮、织麻网，她们还把男人们猎获来的各种野兽的皮毛剥下来，进行加工。就这样，各部落的大小首领逐渐都穿上了衣服和鞋，戴上了帽子。

有一天，嫘祖在一片桑树林里发现满树结着白色的小果，观察了好几天，才弄清这种白色的小果是一种虫子口吐细丝绕织而成的。她把此事报告给黄帝，并要求黄帝下令保护本国山上所有的桑树林。

从此，在嫘祖的倡导下，人们开始了栽桑养蚕的历史。后世人为了纪念嫘祖这一功绩，就将她尊称为"先蚕娘娘"。

颛 顼

相传颛顼为黄帝之孙，昌意之子，生于若水（今四川攀枝花一带），世居穷桑（今山东日照城镇地区）。传说颛顼为其母女枢感"瑶光"而生，10 岁左右而佐少昊，20 岁而登帝位，初封高阳（今河北高阳东），都于帝丘（今河南濮阳西南）。在位 78 年，活了 98 岁，号为高阳氏，列为"五帝"之一，死后葬于东郡濮阳顿丘城门外广阳里中（今河南内黄县三杨庄西）。

颛顼是传说中的神话人物，他有着非凡的经历和超人的力量，有至高无上的权力。

帝 喾

帝喾是黄帝的曾孙，是"五帝"之一，号高辛氏。相传帝喾从小聪明好学，十二三岁便有盛名，15 岁辅佐颛顼，封有辛（今河南商丘），实住帝丘（今河南濮阳），30 岁时得帝位，迁都亳邑（今河南偃师西南），在位 70 年，享寿百岁。有四妻四子，死后葬于今商丘市的高辛集。

黄 帝

黄帝像

　　黄帝是中国古史传说时期最早的宗祖神，华夏族形成后被公认为全族的始祖。黄帝又称轩辕氏、帝轩氏、有熊氏、归藏氏、帝鸿氏等。

　　相传他本姓公孙，曾居于姬水，所以以姬为姓。后来居于轩辕之丘，因以为名，称轩辕。生活在距今 4000 多年以前。相传与蚩尤战于涿鹿之野，擒杀了蚩尤；与炎帝战于阪泉（今河北涿鹿东南）之野，打败了炎帝。被诸侯尊为首领，即原始社会末期部落联盟的首领。相传蚕桑、舟车、文字、音律、算数等都是在黄帝时代创造的。

炎 帝

　　炎帝又称赤帝，也是中华民族的共同祖先之一。传说炎帝人身牛首，头上有角。炎帝生于烈山石室，长于姜水，有圣德，以火德王，故号炎帝。炎帝少而聪颖，三天能说话，五天能走路，三年知稼穑之事。他一生为百姓办了许多好事：教百姓耕作，百姓得以丰衣足食；为了让百姓不受病疾之苦，他尝遍了各种药材，以致自己一日中 70 次毒；他又做乐器，让百姓懂得礼仪，为后世所称道。其族人最初的活动地域在今陕西的南部，后来沿黄河向东发展，与黄帝发生冲突。在阪泉之战中，炎帝被黄帝战败，炎帝部落与黄帝部落合并，组成华夏族，所以今日中国人自称为"炎黄子孙"。

蚩 尤

　　蚩尤是上古时代九黎族部落酋长，炎帝被黄帝击败后，蚩尤率 81 个兄弟举兵与黄帝争天下，在涿鹿展开激战。传说蚩尤有八只脚，三头六臂，铜头铁额，刀枪不入，善于使用刀、斧、戈作战，勇猛无比。黄帝不能力敌，请天神助其破之。双方杀得天昏地暗，血流成河。最后，蚩尤被黄帝所杀，黄帝斩其首葬之，首级化为血枫林。后黄帝尊蚩尤为"兵主"，即战争之神。黄帝还把他的形象画在军旗上，用来鼓励自己的军队勇敢作战，诸侯见蚩尤像不战而降。传说中，蚩尤性情豪爽、刚直不阿，打仗勇往直前，充满武将帝王的阳刚之美，不失为一代豪杰。后来，人们为了歌颂黄帝，便丑化蚩尤，使他的形象沦为妖魔、邪神。

黄帝大战蚩尤

　　黄帝是远古时期的部落首领，大约在 4600 年前，黄帝部族联合炎帝部族，与蚩尤部族在今河北涿鹿一带进行了一场大战。黄帝战蚩尤又称涿鹿之战，据说蚩尤联合其他部落，用武力击败了炎帝部族，进而占据了炎帝部族居住的"九隅"，即"九州"。炎帝向黄帝求援。黄帝同蚩尤在涿鹿地区遭遇了。双方接触后，蚩尤部族倚仗人多势众、武器优良等条件，向黄帝部族发起攻击。黄帝利用位处上游的条件，在河流上筑土坝蓄水，阻挡蚩尤族的进攻，最终取得胜利。

尧

相传尧为父系氏族公社后期部落联盟首领，上古帝王。帝喾之子，原封于唐，又称唐尧。相传尧继帝位时21岁（一说16岁），以平阳（今山西临汾）为都城，以火德为帝，人称赤帝。他性格仁慈，十分聪明，年轻有为，当上联盟首领后，也不因此而骄横傲慢。他勤于政事，很少休息，礼仪简单，生活俭朴，绝不浪费百姓的一分一毫——他只吃用陶簋盛的粗饭淡汤。尧在位期间还设官分职，制定历法，曾命鲧治理洪水。晚年禅位于舜，创禅让之制。

舜

舜，相传为父系氏族公社后期虞部落联盟首领。姚姓，名重华，号有虞氏，又称虞舜。舜生于姚汭（今山西永济），以孝闻名。相传舜的家世甚为寒微，处于社会下层。舜的遭遇更是不幸，父亲瞽叟是个盲人，母亲很早去世。瞽叟续娶，继母生弟名象。舜生活在"父顽、母嚚、象傲"的家庭环境里，父亲心术不正，继母两面三刀，弟弟桀骜不驯，几个人串通一气，欲置舜于死地。然而，舜对父母不失子道，十分孝顺，与弟弟十分友善，多年如一日，没有丝毫懈怠。舜在家里人要加害于他的时候，及时逃避，稍有好转，马上回到他们身边，尽可能给予帮助。身世如此不幸，环境如此恶劣，舜却能表现出非凡的品德，处理好家庭关系，这是他在传说故事中独具特色的一个方面。他于尧的晚年代尧摄政，除鲧、共工、驩兜和三苗"四凶"。尧死后登位，以蒲坂（今山西平阳）为都。在年老时举荐治理洪水有功的禹为嗣。后南巡，死于苍梧之野（今湖南宁远南），葬于九疑（宁远东南）。

大禹治水

禹，通常尊称为大禹，与尧、舜同为传说中的古圣王。大禹姓姒，号文命，山西人，生于公元前2277年，卒于公元前2213年，享年64岁。

在传说中，禹的家世比较显赫，"黄帝之玄孙而帝颛顼之孙也"，既是贵胄，其家又世为大臣。禹父即治水无功的鲧，于帝尧的时代登用，帝舜时被放逐。禹于舜时为司空，治理水土，其主要工作是治水，接续其父未竟的事业。他汲取其父以筑堤坝围堵洪水的失败教训，以疏导方法平水治土，发展农业，历时13年，三过家门而不入，终于成功。

尧、舜、禹禅让

尧、舜、禹禅让说的是上古时代华夏族的3位首领尧、舜、禹之间以"让贤"

尧舜禅位图

的原则依次传承"天子"位的故事。据《史记》记载，尧、舜、禹三人乃是中国原始社会末期华夏族的首领。当时的"天子"乃是部落联盟首领，实行民主推选制度。先是由各部落的酋长召开会议推举下一任天子，天子再对其进行一定时间的考察，认可后，则禅让于他。尧年老时，舜因为孝顺和有才德而被推举，尧对他考察了3年后，认为合格，禅位于他。舜老时，因禹治水有功，而禅位于他。尧、舜、禹禅让的事迹被后世之人，尤其是儒家人士传为美谈，三人也因此与之前的炎、黄二帝，之后的周文王、孔孟等并列为圣人。不过，对于尧、舜、禹禅让的真实性，历代都有人表示怀疑，比如法家代表人物韩非子便怀疑所谓禅让实为逼让。不管其真假，作为历史事件来说，尧舜禹的"禅让"代表了华夏民族在原始社会的尾声，其后华夏民族便进入了更加高级的文明时期。

越俎代庖

上古有个叫许由的贤人，颇受当时百姓的尊敬和拥护。在尧让位给舜之前，尧就听说许由是一位很贤能的人。于是，他派人把许由找来，并想将帝位让给他。许由推辞道："您在帝位，人民满意，您治理天下，天下安定。而我还来代替您，这是为什么呢？您知道，小鸟在树林里筑巢，所需的不过是一枝而已；鼹鼠到河里去饮水，它所需的也不过是果腹而已。我的君主，请收回您的打算。我现在能为百姓做一点事就足矣，我要天下做什么呢？厨子即使不到厨房里去，主祭的人也不会越位去代替他烹饪。现在，您就是丢下天下不管，我也绝不会代替您去治理天下。"

这个典故，原义是指人要各司其职，即使他人不尽职，也不能超越自己的职权去代替。现在常用以比喻超出自己的职责，越权做事或者完全包办代替。

云南元谋人

云南元谋人是迄今发现的中国历史上最早的猿人。1965年5月，元谋人遗址发现于云南元谋县上那蚌村附近，地处元谋盆地的边缘地带。出土的早期人类化石包括两枚左右上内侧门齿，属于同一位成年人个体。元谋猿人生活的年代距今约有170万年，元谋发现的猿人化石、打制石器、炭屑和烧骨，以及动物化石等遗存，表明元谋猿人已经能够使用和制造工具，并通过狩猎劳动获取生存所需的食物，而且还懂得火的使用。有些地方的人还会建造简易的木结构房屋，并逐渐形成较大的村落。

陕西蓝田人

1963年7月和1964年5月、10月，考古学家在陕西蓝田出土了中国旧石器时代早期人类化石，简称蓝田人。陕西蓝田猿人大约生活在距今100万至60万年前，化石出土地点有两处，均位于蓝田县境内。陈家窝蓝田猿人生活年代距今约 65 万至 53 万年。公王岭蓝田猿人生活年代距今约 98 万至 67 万年。当时蓝田人的生活地区草木茂盛，有很多种远古动物栖息，其中包括大熊猫、剑齿象、毛冠鹿、斑鹿、野猪等。蓝田猿人头骨有鲜明的原始性质：头盖骨极为低平，额骨倾斜明显而尚无额窦。眉骨十分粗壮，于眼眶上方形成一条横脊。头骨骨壁极厚，脑容量约为 780 毫升。出土的石制品证明蓝田人已经能够使用多种石质打制工具。蓝田猿人所处的自然环境是秦岭北坡温暖湿润的森林草原地区，从事采集和狩猎劳动。在公王岭出土的猿人化石层中，还发现三四处灰烬和灰屑，可能是蓝田猿人用火的遗迹。

山顶洞人

山顶洞人是中国华北地区旧石器时代晚期的人类化石。他们与大自然经过几十万年的艰苦斗争，不断进化。考古学家 1933 年发现，北京周口店龙骨山的山顶洞穴里活动的"山顶洞人"，已经和现代人没有区别。山顶洞人生活在距今大约 2 万年前，他们不但能够把石头打制成石斧、石锤，还能把野兽的骨头磨制成骨针，用骨针把兽皮缝成衣服保暖御寒。山顶洞人已会人工取火，靠采集和狩猎为生，还会捕鱼。他们能走到很远的地方与其他原始人交换生活物品。

山顶洞人过着按照血统关系固定下来的群居生活，其中每个成员都来自一位共同的祖先，彼此之间都有血缘关系。这样就形成了最早的社会结构——原始人群，这种原始人群又逐渐演变为氏族公社。

山西丁村人

山西丁村人是中国北方的早期智人之一。此处的考古发现包括 1954 年发现的 3 枚小孩牙齿和 1976 年发现的一块小孩顶骨残片。丁村遗迹在山西省襄汾县南约 5 公里的同蒲铁路两侧。1954 年进行大规模发掘时，在汾河东岸共发现 10 个石器地点，1976 年又在汾河西岸发现了新的石器地点。山西丁村人化石的牙齿结构具有原始特征，而齿冠和齿根较北京猿人细小，与现代黄种人已较接近。同时出土有大量石器和伴生动物化石。科学家把丁村人和广东发现的马坝人、湖北发现的长阳人都称作早期智人，生活的年代距今 10 万年左右。

氏族社会

氏族公社是原始社会的基本单位，是以生产资料公有制为基础、以血缘纽带和血统世系相联结的社会组织形式，曾普遍存在于世界各地的原始社会中，是人类社会发展的必经阶段。氏族公社产生于旧石器时代晚期，基本贯串于新石器时代始终。

氏族社会初期，以母系血缘为纽带，即母权制，称母系氏族社会。大约在新石器时代末期，逐渐过渡到以父系血缘为纽带，即父权制，称父系氏族社会。氏族内部生产资料公有，实行集体生产，劳动果实平均分配。公共事务由选举产生的氏族首领管理，遇有氏族内外的重大问题，则由氏族成员会议决定。氏族社会时期实行族外婚制，内部禁止通婚。随着金属工具的使用，社会生产力得到较快的发展，劳动效率提高，又出现剩余的劳动产品，私有制随之产生，导致氏族内部贫富分化，进而演变为对立，阶级逐渐形成，氏族亦随之解体。

母系氏族时期

氏族社会的早、中期为母系氏族，即建立在母系血缘关系上的社会组织。母系氏族实行原始共产制、平均分配劳动产品的劳动形式。早期母系氏族就有了自己的语言、名称。同一氏族有共同的血缘，崇拜共同的祖先。氏族成员生前共同生活，死后葬于共同的氏族墓地。随着原始农业及家畜饲养的出现，作为其发明者的妇女在生产和经济生活中受到尊敬，取得主导和支配地位。

由于全体成员只能确认各自的生母，所以成年的妇女一代代地成为确定本氏族班辈世系的主体。成年的男子则分散到其他氏族寻求配偶，实行群婚。每个氏族公社内部，存在着按性别和年龄的不稳定分工。壮年男子担任打猎、捕鱼和保护集体安全等需要较多体力的事务，而采集食物、看守住地、烧烤食物、缝制衣物、养老育幼等繁重任务，均落在妇女的肩上。她们是氏族公社原始共产制经济的主持者，又对确定氏族的血亲关系起着主导作用。母系氏族公社经历了漫长的发展过程，在全盛时期形成了人口较多、规模较大的长期定居的村落。

父系氏族时期

母系氏族公社经历了全盛时期，随着社会生产力的发展，男子在农业、畜牧业和手工业等主要的生产部门中逐渐占据主导的地位，于是母权制自然过渡为父权制。父系氏族公社逐渐形成了。从此，以父权为中心的个体家庭成为与氏族对抗的力量，原始社会逐渐趋于解体。男子依靠经济上的优势，在社会生产和生活中占据了统治地位。他们必然要求按照男系计算世系、继承财产，母权制的婚姻秩序被打破了，原来对偶婚制下的从妻而居的传统，为一夫一妻制所取代。在一夫一妻制下，妇女的劳动局限在家庭之内，以家务劳动和家庭副业为主，女子在家庭经济中退居于从属地位。最初，这种小家庭依附于父系大家庭。生产进一步发展后，小家庭便有了更多的独立性和自主性。氏族社会走到了瓦解的边缘。

部落和部落联盟

部落通常由若干个较小的地区村社（例如宗教、村落或邻里）组成，并且可以聚集成更高级的群集部落——由两个或多个血缘相近的氏族组成。他们有共同的语言、文化和意识形态。在一个典型的部落里，有共同的部落名称，各氏族领土相邻，共同从事贸易、农业、建筑房屋、战争以及举行各种宗教仪式等活动。原始社会后期形成的部落联盟组织，通常由若干近亲或邻近部落组成，结成联盟的主要目的在于进行共同合作、出征或自卫等军事行动。

半坡遗址

半坡遗址位于陕西西安东郊浐桥区浐河东岸，是黄河流域一处典型的原始社会母系氏族公社村落遗址，处于母系氏族社会的繁荣期。半坡遗址是中国首次大规模开掘的一处新石器时代村落遗址。根据居住区的布局和墓地的葬式分析，半坡部落是一个以母系血缘为纽带而组成的氏族整体。在部落内部，氏族成员之间的地位是平等的，共同拥有氏族的财产。半坡人生产的陶器主要用于定居后的日常生活，陶质、造型、装饰和焙烧技术，均达到相当成熟的水平。半坡部落遗址为了解母系氏族社会生活提供了珍贵的实物资料，它也是仰韶文化的一个类型。

仰韶文化

仰韶文化是黄河中游地区重要的新石器时代文化。仰韶文化于 1921 年在河南三门峡渑池县仰韶村被发现，它的持续时间大约在公元前 5000～前 3000 年，分布在整个黄河中游，今天的甘肃到河南之间。仰韶文化的面貌是：经营农业，饲养家畜，烧制陶器，有定居的村落和集中的墓地。出土的红陶器上绘有几何形或动物形花纹，是仰韶文化最明显的特征。

大汶口文化

大汶口文化是新石器时代后期父系氏族社会的典型文化形态。以泰山地区为中心，东起黄海之滨，西到鲁西平原东部，北至渤海南岸，南及今江苏淮北一带，安徽和河南也有少量这类遗存的发现。因首先发现于大汶口，人们遂把以大汶口遗址为代表的文化遗存，命名为"大汶口文化"。大汶口文化的发现，使黄河下游原始文化的历史，由 4000 多年前的龙山文化向前推进了 2000 多年。在大汶口文

花瓣纹钵 新石器时代 大汶口文化

大汶口文化的一个显著特点是陶色多样化。彩陶纹样以几何纹为主，由挺拔、尖锐的直线组成的几何纹样颇具特色。

化的后期墓葬中，出现了夫妻合葬和夫妻带小孩的合葬墓，它标志着只知其母不知其父的母系氏族社会的结束，开始或已经进入了父系氏族社会。

大汶口文化的遗存十分丰富。经考古发现有墓葬、房址、窖坑等，墓葬以仰、卧、伸、直葬为主。有普遍随葬獐牙的风俗，有的还随葬猪头、猪骨以象征财富。出土的生活用具主要有鼎、豆、壶、罐、钵、盘、杯等器皿，分为彩陶、红陶、白陶、灰陶、黑陶几种，特别是彩陶器皿，花纹精细匀称，几何形图案规整。生产工具有磨制精致的石斧、石锛、石凿和磨制骨器，骨针磨制得十分精细，体现了极高的制作技术。大汶口文化的发现为山东地区的龙山文化找到了渊源，也是研究父系氏族时期社会状况的重要文化遗存。

河姆渡文化

河姆渡文化是中国长江流域下游地区古老而多姿的新石器文化，第一次发现于浙江余姚河姆渡，因而命名。它主要分布在杭州湾南岸的宁绍平原及舟山岛。河姆渡文化是长江下游以南的一种较早的新石器时代母系氏族文化。河姆渡文化的社会经济是以稻作农业为主，兼营畜牧、采集和渔猎。

在河姆渡文化遗址中发现了大量的稻谷、谷壳等遗存，其时间约在7000年以前，还有其他大量动植物的遗存，这证明当时的社会经济已经比较活跃。这一时期人们的居住地已经形成大小各异的村落。在村落遗址中有许多房屋建筑基址，其建筑形式和结构与中原地区、长江中游地区发现的史前房屋有着明显的不同。其生活用器以陶器为主，陶盆上印有稻穗的图案，此外还有少量的木器。

良渚文化

良渚文化是中国长江下游太湖流域一支重要的古文明，是铜石并用时代文化，因发现于浙江余杭良渚镇而得名。

良渚文化属于新石器文化，距今5200～4000年，主要分布在环太湖地区。良渚文化在农业、纺织、制玉和制陶等方面都取得了很高的成就。这一时期的农业已经相当发达，并且开辟了养蚕和生产丝织品的新领域。良渚文化的陶器以黑陶为主，三足器十分普遍。墓葬中时常可以见到玉制品随葬，显示出贫富分化的迹象。

红山文化

红山文化遗址主要分布在内蒙古东南部、辽宁西部和河北北部，年代为公元前4000～前3000年。红山文化的居民主要从事农业，还饲养猪、牛、羊等家畜。红山文化的陶器最大特色是外壁刻有一些"之"字形纹和直线纹。此外，玉雕工艺水平也相当高。

龙山文化

龙山文化广泛分布于黄河中下游的山东、河南、山西、陕西等省，属新石器时代晚期的一类文化遗存，是一种铜石并用时代文化，因首次发现于山东章丘龙山镇而得名。龙山文化经测定其年代为公元前2800～前2300年，属于氏族公社时期。大汶口文化出现的快轮制陶技术在这一时期得到普遍采用，磨光黑陶数量更多，质量更精。这一时期烧出的薄如蛋壳的器物，表面光亮如漆，是中国制陶史上的杰作。

群婚、掠夺婚

原始社会早期的婚姻往往是一群男子或兄弟与另一群女子或姐妹通婚，称为群婚。群婚时，同胞的或旁系的兄弟姐妹间通婚是被禁止的。在某些部落中，男子常常通过抢夺女子来成婚，称为掠夺婚，当然有时在抢夺前已先得到女方的默许。到原始社会末期，由于私有制的确立，群婚和掠夺婚被一夫一妻制的婚姻家庭形式所取代。

走访婚

走访婚是一种以女系为主，招夫同居的临时性婚姻。这是一种非常古老的婚俗，是母系氏族向父系氏族过渡时期产生的不稳定的对偶婚形式。其婚姻方式是以女系为主招婚，但男子并不过门，只是晚上到女家偶居，白天男女各在自己的母家生活劳动。

走访婚是母系氏族外婚制，通常是指男子和女子在夜间结合，一到白天两人就分开生产和活动。走访婚以女子为主体，子女随母方。走访婚的基础主要是性生活的需要，很不稳定，也缺乏独占和忌妒心理。

图腾崇拜

图腾崇拜曾普遍存在于中国古代和世界各地文化之中，在近代某些部落和民族中仍可找到它的踪影。"图腾"是印第安语的译音，意为"他的亲族"。图腾信仰认为人与某种动植物或非生物有一种特殊的关系，每个氏族都起源于某种图腾，该图腾是该氏族的源头、保护神，也是该氏族的象征和徽号，并且以各种形式表露出来。

龙的由来

世间本来没有龙，龙是人类想象的产物。据考古学家研究，早在5000多年前，中国北方有个华夏族，势力非常强大。他们在蛇的图形上，添加了图腾的特征，如鳞甲类图腾、有角兽的图腾、有四只爪子的爬虫类的图腾以及多种猛兽的图腾，最终融合成一种不可一世的庞然大物，这就是"龙"。后来，龙成为皇帝的象征，皇帝往往自称为"真龙天子"。

麒麟的由来

早在周代，就出现了麒麟的传说。当时，麒麟和凤、龙、龟，并称为"四灵"。汉代的麒麟形象与现在的鹿相似，头上有独角，角上长肉球。《毛诗正义》中说："麟，麋身、马足、牛尾、黄毛、圆蹄，角端有肉。"与龙、凤一样，麒麟也是综合化的图腾。实际上，麒麟这种怪兽并不存在，它只是人们幻想中的"灵物"。封建统治者为了满足政治上的需要，总是诡言麒麟出现，借此歌颂所谓的"盛世"。

骨 笛

骨笛，笛子的一种，也是最早的乐器，边棱气鸣乐器，又称鹰笛或鹰骨笛，多见于藏族、塔吉克族、柯尔克孜族，藏语称"当惹"。用鹫

骨哨 新石器时代 河姆渡文化
狩猎工具，长6～10厘米，骨哨均用一截禽类的骨管制成，里边还可插一根可以移动的肋骨，用以调节声调。猎人利用骨哨模拟鹿的鸣叫，吸引鹿前来，伺机诱杀。

鹰翅骨制成，流行于西藏、青海、云南、四川、甘肃等省或自治区的藏族牧区。常用于独奏，是藏族青年喜爱的自娱性吹奏乐器，他们常在夏季放牧或田间劳动休息时吹奏自娱。

1987 年，考古工作者在河南舞阳县北的贾湖新石器时代遗址出土一批契刻符号的甲骨，这比以往发现的西安半坡陶器上的刻画符号要早 1000 多年。同时，还出土了一些骨笛，均系猛禽的骨骼制成。其中一件七孔骨笛，经测试，音阶俱备，仍可吹奏出旋律。这是中国发现的最古的乐器，在世界上也是罕见的。

中华民族起源的多元性

中华民族祖先发源于中华大地的不同地区，繁衍生息于各自的地域，创造了与其自然环境相适应的文化。新石器时代文化遗址在中国各地皆有发现，据不完全统计有 7000 余处，其特点是：资料丰富，并形成各具特点的区域性文化类型。其中黄河流域的仰韶文化、龙山文化所发现的遗址最多，资料最为丰富，并对邻近地区的其他文化类型都产生了很大影响。反映了黄河流域的人类发展处于领先地位，并更进一步证明了中华民族起源的多元性。

考古学的发现和研究成果，与先秦文献记载的中华民族祖先远古传说相吻合。关于燧人氏、有巢氏的传说，当是中华民族祖先在旧石器时代懂得使用火并发明钻木取火与巢居的反映；关于伏羲氏的传说，当是中华民族祖先从事渔猎活动的反映；关于神农氏的传说，当是中华民族祖先在新石器时代已经从事农业生产的有力佐证；而关于太昊、少昊、炎帝、黄帝、蚩尤、女娲等的传说，正表明新石器时代黄河流域以及长江流域有众多的不同的部落集团；传说的炎帝、黄帝部落联盟大败九黎部落首领蚩尤，而后黄帝又战胜炎帝，正反映了其时黄河中下游流域逐渐形成比较稳定的部落联盟的过程；先秦文献记载的黄帝部落联盟首领尧、舜、禹禅让的佳话，正是中国进入阶级社会的前奏，由野蛮迈入文明的先声。

正是中华民族起源的多元性，形成了后世中华民族多元一体的格局。

中国早期六大文化区系

六大文化区系指中国早期的 6 个区域文化圈，是由中国著名考古学家苏秉琦提出的。它们分别是：北方新石器文化，该区系属于中国北方早期文明，以辽宁西部和内蒙古中南部为核心区，又可细分为辽宁朝阳、内蒙古赤峰、北京天津一带及河北张家口等 4 个分区；东方新石器文化，该区系属于中国东部早期文明，在地域上以山东为中心，又可具体分为鲁西南和胶东 2 个分支文化；中原新石器文化，即被视为中国母体文化的黄河流域文化圈，在地域上以关中、晋南、豫西为中心地带，辐射整个黄河中游乃至部分下游地区，其中的仰韶文化一度被认为是中国新石器文化的主流文化；东南地区新石器文化，该区系是中国东南地区的早期文明，以太湖为中心，向周围辐射开去，栽培稻米、捕鱼、采集水产共同构成了当时人的生存方式，春秋时的吴越文化即由此发端而来；西南地区的新石器文化，该区系属中国早期西南文明，以环洞庭湖和四川盆地为中心，具体分为江汉平原和四川盆地两个分区，而四川盆地又分为巴、蜀 2 个分支，其中的江汉文化成为后来的"楚文化"的主要源头；南方新石器文化，该文化圈是中国早期的南方文明，以鄱阳湖—珠江三角洲一线为主轴，辐射福建、台湾、湖南、江西、广东等南方地区，该区系文化具有浓厚的海洋风味。

总体而言，六大区系均处于新石器时代晚期，距今 8000 ~ 3000 年，彼此之间也互有交流和影响。其中的北方区系、中原区系以及东方区系汇流构成了夏、商、周三代的黄河文明，而西南、南方、东南三区系则最后汇集而成了长江文明。可以说，这六大文化区系平行发展并相互影响，共同开创了中国文化的源头。至秦统一中国，六大文化彻底融为一体，但仍保留了各自的一些特色。

"天下"的范围

"天下"是中国古人对于世界的一种笼统说法，不同时期所指的地理范围是有变化的。

"天下"一词最早是出现在先秦古籍中，比如《诗经·小雅·北山》中有"溥天之下，莫非王土；率土之滨，莫非王臣"，《庄子》中还有一篇文章取名为"天下"。这时的天下实际上并不大，具体而言，大概指的便是夏、商、周三代王权所统治的范围。夏、商时主要指黄河中下游地区，周代则包括了长江流域的湖北以及江浙地区等地。另外，周边的东夷、西戎、南蛮、北狄虽未被"王化"，但因其没有形成稳定的国家，所以其所居之地一向被视为王权之下的暂时未开垦之地。因此其时君王一旦南面称孤，也就是"王天下""得天下"了。但先秦的一些哲学家则对"天下"的范围存在不同的理解，比如庄子认为"天下"比人们想象的要大得多，阴阳家代表人物邹衍也认为儒家所说的"天下"实际上只占真正的天下的 1/80，但这些观点多被当时的人视为无稽之谈。

到秦代，随着郡县制的设立，中国的疆土得到极大扩张，"天下"的概念也随之扩大，南边和东边都到了大海边，北边和西边则依旧没有具体边界，只笼统地包含了北方胡人所居之地和西域。西汉时期，西边的"丝绸之路"开通，中国开始和西亚、欧洲乃至非洲等地的国家有生意往来和文化交往。东汉时，西域都护班超还曾派使者前往当时的罗马帝国（当时中国称之为"大秦"），只是因故未能到达目的地。公元 2 世纪中叶，罗马皇帝马可·奥里略·安东尼派使者给汉桓帝送来了礼物。因此汉代时人们开始知道真正的"天下"要比自己想象的大得多。但由于古代交通不便，信息闭塞，人们基本接触不到远邦异国的信息，所以直到清代中期，中国人还是习惯性地以包括中国以及周边的日本、朝鲜等附属国在内的区域为"天下"。因此这里的"天下"已经是一种政治意义上的概念，而非单纯的地理概念。比如"天下兴亡，匹夫有责"中的"天下"，指的仅是中国。而这句还是明末清初的顾炎武所说，显然他知道"天下"并没有这么小，而只是将"天下"作为一种政治概念。

"中国"一词的由来

古之"中国"并非今之中国。"中国"这个词最早出现于周朝，当时的华夏民族因为拥有了相对先进的农耕文明，又在周公的领导下建立了一套完善的礼仪制度。他们看周围的四夷仍旧在裹着树叶兽皮靠打猎为生，于是产生了一种优越感，开始热衷于将自己与四夷区分开。正是在这样的心理背景下人们将华夏民族所居住的区域称为"中国"，意即"中央之国"，其是相对于周边的南蛮、东夷、北狄、西戎而言。这时的"中国"并非指一个国家，而是一种地理与文化概念，其意与"中州""中夏""中原""中华"差不多。就地理范围而言，"中国"经历了一个由小到大的过程。西周时期，"中国"泛指西周及其附属国所在的黄河中下游地区；到东周时期，随着诸侯国的膨胀，楚国占据的湖北、四川等长江流域地区也被包含在了"中国"之内；秦汉时期，"中国"疆域进一步扩大。

汉代之后，人们通常将汉族建立的中原王朝称为"中国"。正因为此，少数民族入主中原后，为取得汉人的心理认同，往往以"中国"自居。如鲜卑人建立北魏后自称"中国"，将南朝叫作"岛夷"；而当时的南朝汉人政权虽已逃到南方，仍以"中国"自居，称北魏为"魏虏"。又如宋代，辽与北宋、金与南宋彼此都自称"中国"，且互不承认对方是"中国"。

"中国"在古典文献中有时还被用作诸如京城、中原地区、天子直接统治地区、国内等意。

"华夏"代指中国的缘由

"华夏"的说法产生自夏朝，当时禹的儿子启建立了中国第一个奴隶制王朝——夏，于是当时的夏朝人形成了一个笼统的"夏族"概念，也称"华族"或者"华夏族"。"夏"，是广大的意思；"华"是"花"的衍变，与古人对花的崇拜有关，为美丽之意。"华夏"，意即广大而美丽的地方。"华夏族"的概念刚产生时人们对自己的这种种族认同感并不强烈。到周代时，相对于周边少数民族，周族人不仅拥有了明显先进的物质文明，而且因周公制定了礼乐制度而在文化上也明显区分于"四夷"。于是人们便产生了一种优越感，进而产生族群认同感，"华夏族"的观念开始深入人心。如《春秋左氏传》孔颖达疏："中国有礼仪之大，故称夏；有服章之美，谓之华。"可见，"华夏"在当时除了作为中原民族与"四夷"在种族上的区分之外，还包含了一种区分先进文明与相对落后文明的内涵。"四夷"也可以通过逐渐的文明化而跻身于"华夏族"，比如位于西部的秦国本属于西戎之列，到战国时则成了华夏诸邦中最强大的诸侯国；而南方的楚国，本被中原诸国视为"南蛮"之邦，但到战国时，楚国已卓然以"华夏"自居了。事实上，整个春秋时期，"四夷"的华夏化是时代的基本旋律之一。而后来的历代都存在着汉族人扩张到"四夷"之地并同化"四夷"或者"四夷"人民迁居华夏民族居住区并被同化的现象，因此可以说华夏族就是中原民族与四周少数民族不断融合而形成的。因为汉代的强盛，人们便将华夏民族称为汉族。但在古代早期文献中，经常以"华夏"代指"中国"，因此后世的人还经常以华夏代指中国。

夏商周时期

夏　朝

"家天下"

禹品德高尚，治水有功，深得万民的拥护。舜去世后，禹便正式成为部落联盟的领袖，这就是夏朝的开始。夏朝是中国历史上第一个朝代，大禹是夏朝的第一个国君。

等到禹死后，启凭借权势杀死了继承人伯益，夺取了天下。于是，夏启也就成为中国历史上将"禅让制"变为"世袭制"的第一人。从此，在中国历史上出现了以"子承父位"为特征的"家天下"制度。这一制度在中国实行了3900多年，直到1912年清王朝被推翻时止。

少康中兴

夏启的儿子太康继承王位后，昏庸无能，东夷部落的首领后羿起兵夺取了政权，太康也死在了外地。后来，后羿又被手下寒浞取而代之。太康的孙子少康长大后，在有虞氏的支持下，招抚夏朝的老臣，壮大自己的势力，终于打败了寒浞，恢复了夏朝，史称"少康中兴"。

夏桀亡国

夏桀是夏朝最后一个君主。他荒淫残暴，不理国事，并且搜刮民脂民膏，尽情享乐，弄得天下百姓苦不堪言、怨声载道。大臣关龙逄曾多次劝谏夏桀，却为夏桀所杀。最后，夏桀因暴政而亡国。

夏　启

启，史称夏启，生卒年不详，夏禹子。禹病死后继位，成为中国历史上将"禅让制"变为"世袭制"的第一人。启即位后，攻杀了有扈氏，诛杀了武观，巩固了统治地位。在位9年，病死，葬于安邑附近（今山西夏县西池下村里）。

《夏小正》

《夏小正》是中国现存最早的历书。《夏小正》中所用的月份是"夏历"的月份，把一年分为12个月，对每个月的物候、气象、天文、农事、田猎以及相关的农事活动都有比较具体的记载。

因为《夏小正》中所记载的历法是与农业生产的季节变化密切相关的，为农民安排各个季节的农事提供了重要依据，所以夏历也叫作"农历"（俗称阴历），现在我们每年过的春节，就是夏历年的第一天。

商　朝

商汤灭夏

商发展到商汤时，已十分强大。夏朝末期，夏王桀大兴土木、奢侈淫逸、征伐邻国、残杀异己、横征暴敛，以致怨声四起。大臣关龙逄曾多次劝谏夏桀，最后却被夏桀所杀。商汤于部族内布德施惠、轻赋薄敛、扶困救穷、勤政廉明，周边诸侯都归顺他，百姓也亲附他，他统治时期社会稳固。他又任用伊尹、仲虺为左右相。伊尹出身奴隶，深知人民疾苦，为相后，实行改革，安定社会。此后，商汤入据中原，先击败韦、顾等邦国，后又击败昆吾，并于鸣条（今河南封丘东）与夏军决战。夏桀大败奔溃，南窜于南巢（今安徽巢湖附近）而死，夏朝灭亡。

商汤像

盘庚迁殷

汤建立商朝时，定都于亳（今河南商丘）。商朝因政治动乱和水患等原因，多次迁都。至公元前14世纪，第20代王盘庚将都城自奄（今山东曲阜）迁于殷（今河南安阳小屯村一带），这是第4次迁都。盘庚迁都时对臣民训诰，继续行汤之政，使百姓安定，商朝的统治得以稳定，从此未再迁都，故商朝又被称为殷朝、殷商。

伊尹辅政

伊尹，商初大臣。名伊（另说名挚），尹为官名，今山东莘县人。出仕前，曾在"有莘之野"躬耕务农。伊尹是成汤的宰相，曾辅佐成汤灭夏建商，治理国家。商汤死后，伊尹又先后辅佐了他的儿子及孙子太甲等多位商王。太甲失德，伊尹就把他囚禁在桐宫，促使他悔过。太甲改过后，伊尹又将他迎回。作为商朝的开国功臣，伊尹受到了后世历代商王的尊崇。

武丁中兴

盘庚把都城迁至殷以后，商朝的政治、经济和文化都有很大的进步，武丁临政时商王朝达到最强盛。武丁是商朝的第23代君王，是商代后期功业最盛的君主。武丁在位共59年，商朝的政治、经济、文化都得到空前的发展，达到极盛时期，史称"武丁中兴"。武丁是盘庚之弟小乙之子。武丁继位后，先为父守丧3年。亲政后，勤于政事，取得了上层人士的支持。他任用贤才，从普通劳动者中得到贤人傅说，任为国相，还任用甘盘为大臣。武丁让傅说和甘盘二人"接天下之政，治天下之民"，力求巩固统治，增强国力。在其统治获得巩固的基础上，武丁对其周围的方国进行了一系列的战争，为商王朝的广大疆域的扩张奠定了基础。

商 汤

商汤是商朝的创建者，在位 30 年（公元前 1617—前 1588 年在位），其中 17 年为商国诸侯，13 年为商朝君王。商族第 15 代首领，商王朝创立者，又称武汤、成汤、成唐。原为活动在夏朝东边的商部落首领。当时夏朝的君王桀政治腐败，国势衰弱。汤任用贤臣伊尹等执政，积聚力量，图谋灭夏。先经过 11 次征战，陆续吞并了周边十余个拥护夏朝的小国，后成为当时的强国。发布征伐夏桀的誓师词《汤誓》，起兵伐夏。鸣条一战歼灭夏桀大军，灭掉夏朝，建立了商朝。

纣 王

又称帝辛，商朝的末代君王（公元前 1075—前 1046 年在位），历史上有名的暴君。传说他智勇双全，力大无比，能同野兽格斗。他即位时，商王朝已处于分崩离析的局势。他即位后，奢侈腐朽，荒淫无度；对百姓赋税繁重，统治暴虐；对外穷兵黩武，耗尽国力；对不满的大臣横加杀害或囚禁，导致众叛亲离。后因周武王会合各诸侯来讨，纣见大势已去，自焚而死。

比干剖心

商纣王是个荒淫无度的暴君，但在早期也曾攻克东夷，开发东南，对历史的发展有一定的功绩。然而，他即位后，生活奢华腐化，荒淫残暴到了极点，使商朝笼罩在一片乌烟瘴气中。纣王的叔叔比干见他如此荒淫残忍，实在忍耐不住了，决心拼死劝谏。他历数纣王的种种过错。纣王听了大怒，就下令将比干杀了，并将他的心取出来。后世，人们常常把忠臣直言进谏而反遭杀害的事概括为"比干剖心"。对昏君而言，是讽刺；对忠臣而言，是褒扬。

武 丁

商朝国君（公元前 1259～前 1200 年在位），军事统帅。子姓，名昭。商王小乙之子。相传少年时期遵父命行役于外，与平民一同劳作，得以了解民众疾苦和稼穑艰辛。继位后，勤于政事，任用工匠出身的傅说及甘盘、祖己等贤能之人辅政，励精图治，使商朝政治、经济、军事、文化得到空前发展。

武丁是商代后期著名的君王。他不断地对西北和东南叛乱的少数民族进行征伐，南至江淮，北至河套，西达渭水，扩展疆土，威震四方。武丁当政的 59 年，是商王朝最为强盛的时期。他在位时间之长，在中国历史上也是很少见的。

盘 庚

盘庚（公元前 1300—前 1277 年在位）是商代后期的贤明君王。盘庚即位时正值商朝国势日渐衰落，为摆脱政治困境和避免自然灾害，他从奄（今山东曲阜）迁都至殷（今河南安阳）。自盘庚迁都至殷后，政治稳定，社会生产发展，商代国威日盛，一直至纣灭亡再不迁都。盘庚奠定了商代后期经济发展的基础。

殷　墟

殷墟是在河南安阳西北郊小屯村一带发现的商朝后半期的文化遗址。该地在商朝时称为殷，从盘庚迁殷到纣亡国，共经历了 8 代 12 王 273 年的时间。中国历史上又称商朝为"殷代""殷商"和"殷朝"。商朝被周武王灭亡之后，殷都被废弃，逐渐荒凉，以至变成废墟，年长日久被埋没在地下，后来人们叫它为"殷墟"。从 1928 年起，这里先后发掘出大量青铜器、玉器、陶器和甲骨（10 万多片），还发掘出许多墓葬和宫室遗址。

人祭和人殉

商朝的社会是由贵族、平民和奴隶构成的。奴隶处在社会的最底层。据殷商甲骨文和金文记载，奴隶有隶、臣、妾、奚等分别，战俘和宗族灭亡者是奴隶的主要来源。贵族不仅无偿占有奴隶的劳动，而且可以随意地施以杀戮。最为典型的杀戮就是杀人祭祀和活人殉葬。商王和贵族在祭祀天帝、祖先、鬼神和山川河流的时候，除了宰杀猪、牛、羊等牲畜之外，还经常屠杀战俘和奴隶。此外，统治者死后，都要用活人殉葬，少则一两个人，多的有数十人或数百人，他们企图在所谓的"阴间"继续奴役这些奴隶为其服务。人祭和人殉在整个商朝都非常普遍，数量之多、手段之残忍，令人发指。这也充分暴露了奴隶主阶级野蛮残暴的阶级本性和奴隶社会血淋淋的阶级关系。

甲骨文

甲骨文是商周时期刻在龟甲兽骨上的文字，又叫"契文""卜辞""龟甲文字""殷墟文字"。甲古文最早出土于河南安阳小屯村的殷墟，1899 年被学者王懿荣首次发现，清末孙诒让著《契文举例》，开始对甲骨文加以解释。1928 年后经多次发掘，先后出土达 10 余万片。这些文字都是商朝利用龟甲兽骨占卜吉凶时写下的卜辞和与占卜有关的记事文字，为盘庚迁殷到纣亡 200 多年间的遗物，是研究商朝社会历史的重要资料。现已发现的甲骨文单字在 4500 字左右，可认识的约 1700 字。

刻辞卜骨

商代的占卜

商代人已经有了初步的宗教观念。他们崇拜上天、山川、风云等自然物，还特别迷信，认为到处都有鬼魂的存在，所以，在日常生活和管理国家事务时，无论大事小事都必须占卜定吉凶。占卜时先烧灼甲骨，再看甲骨上的裂纹，并根据裂纹的走向和排列结构来判断事情的吉凶与成败，并且还要把吉凶情况刻在甲骨上，以备日后查看是否应验。

宗法制度的形成

宗法制依靠自然形成的血缘亲疏关系划定贵族的等级地位，从而防止贵族间对于权位和财产的争夺，稳固贵族阶级的内部秩序。宗法制度下，嫡长子，即正妻所生长子，称为宗主，为族人共尊，是为大宗；众庶子为小宗。爵位、封土均由嫡长子继承，余子另行分封。宗法制在商朝只是开端，到西周才发展完备。

青铜器与后母戊大方鼎

青铜是铜和锡的合金，它的冶铸始于夏朝，发展于商代，完善于西周春秋。这种合金颜色发青，故将用它制成的器物叫青铜器。夏、商、周三代的青铜器有两类：一类是兵器和生产工具；另一类是以青铜器制成的各种礼器。

后母戊鼎是迄今出土的最大的青铜器。1939年在河南安阳武官村出土。该鼎呈长方形，有四足，通高133厘米，长110厘米，重量达875千克。鼎腹内有铭文"后母戊"三字，说明是商王为祭祀其母戊而作。在3000多年前的商代要铸造这样的庞然大物确非易事，它充分反映了商代铸造业的高度发达。

"商人"的起源

商朝灭亡后，商族人成了周朝的奴隶。周武王把殷商遗民分给各诸侯国，由于商族原是贵族，养尊处优，身无长技，一下变为贱民，又被剥夺了土地和特权，无力赡养家眷，只好走南闯北劳碌奔波，以做买卖为主要职业。周族人重视农业，鄙视生意人，认为买卖只是借交易获取别人的劳动成果，是士、农、工商最后一等。在周人的心目中，做买卖的人就是商人。这就是中国人称生意人为"商人"的缘由。"商业""商品""商旅"等词汇都由此派生出来。

内、外服制度

内、外服制度是商朝的政治制度。内服是指商人本族的活动区域，外服则是臣服于商朝的方国，商朝与各方国由此形成支配与被支配的关系。由于商王对方国的实际控制力有限，所以各方国基本保持原有的社会状态，且有很大的自主权，有的方国还经常与商处于战争状态。因此商王朝是靠军事实力维持的朝代，是不稳固的。

商王朝的职官也因此而分为在朝中任职的内服官和被封于王畿以外的外服官。内服官是真正受商王控制的官职，而外服官则主要由方国内部人员担任。

木　铎

商周时期，政府组织比较简单，没有那么多的行政人员。政府需要传达政令时，便由一种叫作遒人的政府官员到民间走街串巷地传达，同时官员也顺便采采民风，因此这种官员可谓是兼具上令下达和下情上传两个功能，是政府与社会的直接连接者。木铎是遒人巡行各地随身所带的器具，是一种带木柄的金属铃铛，类似于走街串巷的小贩所拿的拨浪鼓。遒人正是用这个东西将大家召集起来发布政令。因此，木铎经常被用来象征王道。后来，孔子周游列国时，一个卫国的小地方官因为被孔子的个人魅力所折服，说"天将以夫子为木铎"，意思是将孔子比作上天的代表。从此，木铎便也象征天道。

西　周

文王访贤

　　周朝建立以前，周族出了个著名领袖——姬昌，就是周文王。周文王是个很有作为的政治家，他很注意发展农业，征收贡赋也很有节制，因此受到周国百姓的爱戴。商王朝的统治者纣，很不得人心。文王决心把自己的国家治理好，以便有朝一日推翻商朝。为了找到一个能够辅佐自己灭商的人才，文王到处访求物色。姜尚（字子牙）拥有满腹治国安邦的才华，却英雄无用武之地，贫困潦倒至 70 岁。当他听说周文王广求贤人的消息后，便天天到渭水边钓鱼，希望有机会见到文王。

周文王访贤 版画

果然，有一次文王打猎来到渭水岸边，看见正在钓鱼的姜尚，与他一见如故，并把这个老人称为"太公望"。从此，姜尚辅佐周文王把周国建设得一天比一天强大。周文王病死后，姜太公辅佐文王的儿子周武王灭掉了商。

文王兴周

　　文王兴周说的是商朝末年，位于西北渭水流域的周族在周文王的治理下崛起之事。周文王本姬姓，名昌，商纣时封为西伯，即西部诸侯（方国）之长，史称西伯侯，其子周武王代商立周后追封其为周文王。周文王共在位 50 年，对内奉行德治，宣以仁政，大力发展农业，鼓励商业，实行藏富于民的低税收政策，周族得以日渐强盛。对外一方面广泛招贤纳士，姜尚、伯夷、叔齐、太颠等人先后归附其麾下；另一方面则通过调解小国间的纠纷（这本是商王的权责）等手段，在众诸侯国中树立自己的威信，使得众多诸侯国前来归附。另外，对于那些不肯主动归附的国家，周文王则实施铁腕政策。先是分化拉拢忠诚于商王的国家，不成，则渡过黄河进攻耆、邗等国；又沿渭水东进，攻占了商朝在渭水中游的重要据点嵩（今河南嵩县）；最后迁都丰邑（属今陕西长安），对商王朝形成钳形包围之势。正如孔子所言，周文王"三分天下有其二"，为周武王伐纣奠定了基础。

武王伐纣

周武王姬发即位后，拜精通兵法的太公望为师，以其兄弟周公旦和召公奭为太公望的助手，励精图治，加强军备，为讨伐商纣王做好准备。周武王得知纣王早已众叛亲离，于是率领5万精兵，于公元前1046年与八百诸侯在孟津（今河南孟津东北）会师，举行誓师大会，并讨纣王。周武王讨纣大军所向披靡，很快就打到了距离朝歌仅七十里的牧野。双方在牧野（今河南淇县南）大战，因商军阵前倒戈，引导周军攻入商都。纣王兵败，逃回朝歌，自焚身亡，商朝灭亡，武王建立了周朝。

牧野之战

商纣王统治下，政治腐败，刑罚残酷，连年用兵，贵族矛盾尖锐，导致了整个社会动荡不安，而西方属国——周正如日中天，蒸蒸日上。

公元前1046年正月，周武王统率兵车300乘，虎贲3000人，甲士4.5万人，浩浩荡荡东进伐商。周于牧野大败商军，使商军数十万大军顷刻瓦解，周军乘胜追击。商朝迅速灭亡。

周武王像

牧野之战是中国古代车战初期的著名战例，它终止了殷商王朝近600年的统治，确立了周王朝对中原地区的统治秩序。

周公摄政

周公，名旦，文王之子，周武王之弟，周初政治家。灭掉商朝的第二年，周武王病死，新君即位，是为周成王。由于成王年幼，武王的弟弟周公旦摄政辅佐成王。摄政的事引起了内部的争权斗争，管叔和蔡叔也乘机散布流言，煽动叛乱。周公派兵镇压，杀了管叔，放逐了蔡叔，取得了斗争的初步胜利。这时候，武庚见有机可乘，勾结东夷各族一起反叛，图谋恢复殷商。周公亲自率师东征，攻克殷地，平定了叛乱，稳定了周王朝的统治。为了实现周武王的遗志，周公又在执政5年间以大量殷朝遗民营造洛邑（今河南洛阳），经过两年时间，建成了东都成周，派成周八师驻守，并把商人强制迁来，以便监视。这里就成了周人控制东方的中心。到了第七年，周公见天下大局安定，便归政于成王，自己留守成周。

周公制礼乐

周公摄政总共7年，其间，他先是平定了其兄弟勾结商人残余势力的叛乱，巩固扩大了周朝的疆域；然后又册封诸侯，分封众多诸侯国以屏卫周王室；最后为方便控制东边诸侯国，营建东都洛邑。周公考虑到要想保持这套政权组织系统能够长时期有效运转，又进一步制定了礼乐制度。礼，即维护君臣宗法和上下等级的一套典章制度，主要作用是划分和规范人的身份地位，最终形成等级制度；乐，即音乐，乃是对礼制的一种辅助。礼制的内容上至国家政治，下到日常生活，相当庞杂，其中最主要的便是以嫡长子继承制为核心的宗法制和贵贱等级制。这两项制度为国家政权乃至社会的运转提供了规则。礼乐制度为周王朝的有序运转奠定了基础，后来经孔子的传扬，基本为后世所继承。周公摄政7年后，还政于成王，因其功劳和德行，被后人尊为圣人。

成康之治

西周初年，周公以雄才大略平定东方各族的叛乱，建设东都洛邑作为统治天下的中心，同时制礼作乐，以礼乐文明来教化民众，并对继任君王进行教诲，希望他们明德慎罚，励精图治。因此到成王、康王时期，出现天下安定、繁荣昌盛的大好局面，史称"成康之治"。

周昭王南征

周昭王，名瑕，是周康王的儿子。昭王十六年（公元前985年），他亲率大军南征荆楚，取得了胜利。昭王十九年（公元前982年），昭王再次南征楚国，结果全军覆没，昭王也死于汉水之滨。因南征的失败，周王朝已无力控制南方，穆王时只好在南方建立防线，派师戍守。

国人暴动

周厉王任用荣夷公为卿士，实行专利政策，又命令卫巫"监谤"，禁止国人（指居住在"国中"的平民，多为各级贵族的疏远宗族成员）谈论国事，违者杀戮。当时国人有参与议论国事的权利，甚至对国君废立、贵族争端仲裁等有相当的权利，同时有服役和纳军赋的义务。国人在高压政策下，"道路以目"。召公虎进谏厉王，但监谤更甚。国人忍无可忍，于公元前841年举行暴动，攻入王宫，厉王仓皇逃到彘（今山西霍州东北）。公元前828年，厉王死于彘。这一事件史称"国人暴动"。

共和行政

由于西周厉王残暴昏庸，在公元前841年被国人驱逐。厉王流亡于彘，由大臣召穆公、周定公主持政事，称为"共和行政"。另外一种说法是厉王被逐后由共伯和执政，故称。共和元年为中国历史有确切纪年之始。共和十四年（公元前828年），厉王死，太子静被拥立为王，是为周宣王，共和行政结束。

宣王中兴

周宣王姬静继承王位之后，在周定公和召穆公两位大臣的辅佐下，重修了文王、武王、成王、康王时的礼法，整顿内政，外攘四夷，使周室的统治秩序暂时稳定下来，西周的社会生产稍有复苏，史称"宣王中兴"。

周宣王不籍千亩

随着社会生产力的不断发展，普通百姓越来越关心私田的收获，而对公田的耕种开始怠惰。"籍"指的就是在井田制的公田里举行的开始耕种的典礼,而"千亩"所代表的就是公田。鉴于这种形式的出现,周宣王不得不取消公田,改为按亩收税,籍礼成为多余,最终得以废除,所以有"不籍千亩"之说。这项改革意味着井田制开始土崩瓦解。

平遥古城

位于山西的平遥古城,是一座具有 2700 多年历史的文化名城,是中国目前保存最为完整的四座古城之一。平遥古城是周宣王时期西周大将尹吉甫所建。自公元前 221 年,秦朝政府实行"郡县制"以来,平遥城一直是县治所在地,延续至今。

平遥古城文物古迹保存之多、品位之高为国内所罕见。其中有始建于西周,规模宏大、气势雄伟的国内保存最完整的古城墙。平遥古城完整地体现了建筑艺术的历史面貌,堪称中国建筑艺术的历史博物馆。

周幽王烽火戏诸侯

西周的周幽王不仅残暴昏庸,而且迷恋女色,其性命和国家也恰恰因他所宠幸的美人褒姒而丧。为了逗褒姒一笑,周幽王下令点燃了为召集诸侯勤王而设的烽火台,诸侯带兵过来之后发现上当了。

公元前 771 年,废太子宜臼的外祖父申侯联合西戎兵攻打镐京,幽王下令点燃烽火,由于受到以前的戏弄,各路诸侯已不再相信,所以,并未派兵救援。西戎兵很快攻破镐京(今陕西西安市西),杀死幽王和伯服,抢走了美貌的褒姒。西周灭亡。

井田制

井田制是中国奴隶社会的土地所有制度,西周时盛行。那时,道路和渠道纵横交错,把土地分隔成方块,形状像"井"字,因此称作"井田"。井田属周王所有,分配给奴隶主使用。奴隶主不得买卖和转让井田,还要交一定的贡赋。奴隶主强迫奴隶集体耕种井田,无偿占有奴隶的劳动成果。井田制随着春秋后期土地私有制的出现逐渐瓦解。

分封制

西周王室把疆域土地分封给同姓宗族或异姓功臣、姻亲,建立诸侯国。西周诸侯在自己的封国内,把大部分土地分封给属下的卿大夫作为"采邑",卿大夫再把"采邑"的土地分封给属下的士作为"食地"。这就是西周的分封制。这一制度自周建国之始就开始施行,但是大规模的分封是在武王克商以后和周公摄政期间。相传周初先后分封了 71 国,姬姓独占 53 个,其中鲁、卫、晋、燕等诸侯国最为重要。经过分封,西周的疆域比商代大有拓展,各方诸侯都以周天子为天下之主,形成了"封建亲戚,以藩屏周"的统治格局,在此基础上形成的王权相对于前朝更为集中,这对巩固统治起到了积极的作用。

周文王

中国商代末年西方诸侯之长。姬姓，名昌（约公元前1152—前1056年）。周太王之孙，季历之子。商纣时为西伯，即西部诸侯（方国）之长。亦称西伯昌。相传西伯在位50年，已为翦商大业做好充分准备，但未及出师便先期死去。周人谥西伯为文王。其次子姬发继位，是为周武王。周文王敬老慈少，礼贤下士，因不满商纣王暴政，被拘于羑里（今河南汤阴一带）。归周后，发展生产，训练军队，势力日益扩大，灭掉周围几个小国，三分天下有其二，为周武王灭商奠定了基础。

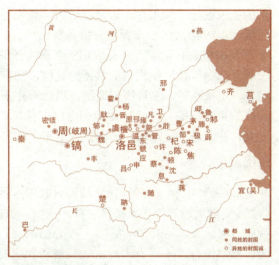

周初诸侯国分布图

周武王

周武王姬发（约公元前1087—前1043年），周文王姬昌次子，西周的创建者，周朝的开国之君。用太公望、周公旦、毕公高、召公奭等人辅政。当时商纣王暴虐，公元前1046年，周武王遂联合各族诸侯起兵伐纣，在牧野之战中打败纣的大军，继之又分兵攻克中原各地，灭商后，建立周朝。后世将其作为贤明君主的代表。

周厉王

周厉王是西周第十位国王，姬姓，名胡。周夷王的儿子，在位37年（公元前878～前841年）。在位期间，他任用了贵族荣夷公为卿士，推行专制政策，将原本天下共有的山林河湖收归王室专有，引起了平民的不满。周厉王又派人秘密查出私下批评朝政的人，并立即杀害。从此，平民再也不敢说话，在路上见到了也只能用眼色示意。

他还不断南征荆楚，西北方面又防御游牧部落，与周边的少数民族也有矛盾。西北戎狄，特别是猃狁，不时入侵。曾臣服于周的东南淮夷不堪承受压榨，奋起反抗。"国人暴动"后厉王只好逃出镐京，越过黄河，逃到周朝边境——彘。周共和十四年（公元前828年）死。姬胡的谥号是厉王。

周 礼

周朝建立了一套完整的礼乐制度，将上至天子、下至庶人的各种宗法封建制度合法化、礼仪化，以便平衡权利的分配制度。周代的社会道德规范统称为"礼"，在举行礼仪活动时，常常歌舞相伴。相传西周的礼乐是由周公制定的。周公对以前的礼乐进行了加工和改造，就成为"周礼"。周礼分为五礼：吉礼，用于各种祭祀活动；凶礼，用于丧葬和哀吊各种灾祸；宾礼，用于诸侯朝见天子；军礼，用于军事和相关的领域；嘉礼，用于各种吉庆的活动，包括饮食、婚冠、宴享、贺庆等。在《仪礼》中记载的具体的礼仪，则有士冠礼、士婚礼、乡饮酒礼、宴礼、聘礼、士丧礼等，名目极为繁细。周代的礼乐主要通行于士和士以上的贵族阶层，用以约束贵族的行为，明确他们之间的尊卑关系。对于下层人民而言，则以刑罚治之，礼乐是不适用的，所以说"刑不上大夫，礼不下庶人"。

《周易》

《周易》也叫《易经》，从战国时代起，就被看作中国古代儒家学派的经典著作之一，后来被列为儒家经典之首。"周易"的"周"指周代，"易"是变化的意思，按照古书记载，易有"三易"——《连山》《归藏》《周易》。春秋时代，《周易》作为占筮书流行，不断有人对它进行解释和研究，其中包括孔子。到战国时，便出现了《易传》七种十篇，称为"十翼"。后来《易传》被编入《易经》，就成了我们今天所见到的《周易》。《周易》虽是一部占筮之书，但也含有一种朴素的辩证法思想。

世卿世禄制

卿是古代高级官吏的称呼。世卿就是天子或诸侯国君之下的贵族，世世代代、父死子继，连任卿这样的高官。禄是官吏所得的享受财物。世禄就是官吏们世世代代、父死子继，享有所封的土地及其赋税收入。世卿世禄是周代统治者为笼络亲属、功臣，使他们世代享有特权而实施的制度。西周有许多大贵族世世代代担任卿的高官，世世代代享有周王分封的禄田，这叫作世卿世禄制。如西周初年辅佐周王的周公、召公，其子孙长期在朝廷辅佐周王，为王朝卿士。不过，世袭官职或继承其祖、父的采邑与爵位，均需履行一定的手续，要得到周王或其上级的重新册命。

太师、太保

太师、太保，以及掌管册命、记事、历法的太史，同是西周公一级的高官，或称"三公"。太师、太保是西周初期的最高长官。这些官职名称起源于原始氏族社会中的长老，他们以知识经验对嗣位的首领尽引导、监护之责。西周初年太公、周公曾为太师，召公曾为太保。太师、太保同是王室辅佐，出征时都可作为军队统帅，但一般说来，太师偏重武事，太保更重文教。

卿大夫

卿大夫最初是西周时期分封制度下的一个分封级别。在西周的分封制中，天子分封土地给诸侯治理，诸侯再将自己的土地分成小块交给卿大夫治理，卿大夫下面还有士，卿大夫在自己的领地内具有世袭统治权，同时效忠于诸侯。东周时期，在诸侯王脱离周天子控制崛起的同时，卿大夫阶层也开始崛起，许多诸侯国也出现卿大夫控制诸侯国政治的现象。比如孔子时期的鲁国朝政便是在季氏三家卿大夫的把持之下，甚至一些卿大夫干脆弑君自立。秦统一六国之后，由于分封制已经被郡县制所取代，卿大夫这个封建领主也便不再存在。"卿大夫"这个词分裂为"卿"和"大夫"，均是官职名称。"卿"是仅次于"公"的官职级别，秦汉朝廷"三公"之下设"九卿"，如大理寺卿、太常寺少卿等。清常以三品至五品卿作为官爵虚衔。另外"卿"还被皇帝用作对于大臣的爱称，乃至皇帝直接称大臣为"爱卿"。而"大夫"也是古代高级官员的称呼，秦汉之际的中央要职中便有御史大夫、谏议大夫等官职。

五 礼

五礼是形成于周代的五大类礼仪，分别是：吉礼、凶礼、军礼、宾礼、嘉礼，其最早记载于《周礼》。五礼并非由周人所创立，其中的诸多礼仪是在夏、商、周1000多年的时间里逐渐形成的，到西周时期，周人对三代的礼制做了总结并将其归纳为此五类。其中，吉礼是五礼之冠，主要是对天神、地祇、人鬼的祭祀典礼；凶礼是哀悯吊唁忧患之礼，用以礼哀死亡、灾祸、寇乱等；军礼是与军事有关的礼仪，用以战前动员，鼓舞士气；宾礼是对于来访的宾客所实施的礼仪，以示尊重；嘉礼比较琐碎，用于国家或人民日常生活中吉庆事情的庆祝活动。五礼在西周形成之后，在春秋战国时期曾一度遭到破坏，即所谓"礼崩乐毁"。孔子所创立的儒家学派对周代礼制进行了继承和发扬，汉代时，儒士叔孙通以五礼为参考所设计的礼仪被汉高祖采纳为宫廷礼仪。自此，五礼成为后世历代帝王乃至民间礼仪的基本骨架，为后世国家政治的稳定和社会秩序的有序运转提供了保障。五礼在后世历代都有所发展，其所涉及的范围不断扩大，内容日渐增多。以宋为例，各类吉礼已达43种、嘉礼27种、宾礼24种、军礼6种、凶礼12种，加起来总有112种。这些礼仪有形或无形地存在于国家政治和人们日常生活的各个方面，并深入人心，每个人都自觉不自觉地以其为行为规范，中国被称为礼仪之邦正源于此。

朝聘之礼

朝聘之礼原指古代诸侯派使者或亲自定期觐见天子的礼仪，后来也指藩属国使节前来觐见皇帝的礼仪，属于"五礼"中的宾礼。具体而言，聘，是指诸侯派使者觐见天子；朝，则是诸侯亲自觐见天子。《礼记·王制》规定，诸侯每年都要派大夫前往王都拜见天子，称作"小聘"；诸侯每三年要派卿前去拜见天子，称作"大聘"；诸侯每五年须亲自前往王都拜见天子，称作"朝"。诸侯及卿大夫朝聘天子时，要携带当年该向天子交纳的贡赋，还要奉行严格的礼仪，以示对天子的敬重和臣服。其礼仪大致分为五个程序，分别是："效劳"（天子派人迎接并慰问来宾）、"赐舍"（安排来宾下榻）、"朝觐"（来宾正式拜见天子并献礼）、"请罪"（来宾向天子表示自己做得不好，求天子宽恕，是一种谦虚说法）、"赐礼"（天子赏赐来宾一些礼物）。朝聘之礼本来只有天子才有资格享受，但东周时，周王室衰微，各诸侯国也纷纷采用了朝聘之礼。秦统一后，我国在 2000 多年的时间里称雄于东方，其间各国派使节前来时，我国基本上都以朝聘仪式接待，因此"四夷来朝"的说法一直不绝于书。直到鸦片战争后，在西方人的强烈要求下，清王朝才废弃了朝聘之礼，而以现代外交礼仪与各国打交道。

勾股定理的发现

勾股定理，即直角三角形中夹直角两边的平方的和，等于直角的对边的平方。这是几何学中最重要的一条定理，用途很广。据《九章算术》记载，勾股定理是距今 3000 多年前周朝的商高发现的，后来汉朝的赵爽对此做过注释，因此，在中国勾股定理又称"商高定理"。在西方国家，勾股定理叫作"毕达哥拉斯定理"，但毕达哥拉斯发现这一定理的时间远比中国的商高要晚。

春秋战国时期

春 秋

周平王东迁

西周末年，周幽王立宠妾褒姒为后，以其子伯服为嗣，废申后和太子宜臼。周幽王十一年（公元前771年），宜臼逃至申国母舅家，申侯遂联合缯国和犬戎伐周，在周平王元年（公元前770年），杀幽王、伯服于骊山下，西周覆灭。申侯、鲁侯、许文公等诸侯拥立宜臼为王，是为平王。次年，因镐京及王畿遭战争破坏，平王得晋、郑、秦和其他诸侯之助，遂东迁于洛邑（今洛阳），以避戎寇。至此，周王朝政治中心东移。周平王重建的周朝，史称东周。

周郑交质

周平王东迁之后，周王室势力日渐衰弱，不得不依靠诸侯的支持。春秋初年，郑国是诸侯中最强大的国家，郑伯被任命为执掌王政的卿士，且一向专横跋扈。周平王怕郑伯权力过大，就想再委任西虢公为卿士。郑伯质问周平王，平王由于怕郑国的势力便矢口否认，郑伯就胁迫王室与他互换人质。周郑交质这件事表明，周王室已经降到与诸侯国同等的地位了。

春秋五霸

东周末年，先后出现5个大诸侯，包括齐桓公、宋襄公、晋文公、秦穆公、楚庄王，历史上把他们称作"春秋五霸"。还有一些历史学家认为"春秋五霸"应该是齐桓公、晋文公、楚庄王、吴王阖闾、越王勾践。

齐、鲁长勺之战

长勺之战发生于周庄王十三年、齐桓公二年、鲁庄公十年（公元前684年）。齐鲁两个诸侯国交战于长勺（今山东莱芜东北），最后以齐国失败、鲁国胜利而告终。公元前684年，齐军攻打鲁国，鲁庄公准备迎战，鲁人曹刿面见庄公，劝其忠信爱民，方可以跟齐国一战。齐、鲁两军在长勺交战，曹刿与鲁庄公同坐一辆兵车，把握战机，一举击溃齐军。鲁庄公问曹刿用的什么战术，曹刿回答说："夫战，勇气也，一鼓作气，再而衰，三而竭，彼竭我盈，故克之。夫大国，难测也，惧有伏焉，吾视其辙乱，望其旗靡，故逐之。"长勺之战是历史上以少胜多、以弱胜强的著名战例。

齐桓公称霸

春秋时期首先称霸的诸侯是齐桓公。齐在春秋前期已是东方大国，它疆土广阔，并且负山面海，有渔盐之利。到齐襄公（公元前697～前686年在位）时，由于政治黑暗，剥削残酷，阶级矛盾一度尖锐。

齐襄公死，其弟桓公继位，任用管仲为相，进行改革，国势日益强盛。公元前664年，山戎侵燕，齐桓公率军北伐山戎，保卫了燕国。公元前661年，狄人侵邢（今河北邢台），齐桓公又救邢，并把邢人迁到夷仪（今山东聊城），另筑新城以安置之。公元前660年，狄人又侵卫，杀卫懿公。齐桓公救卫，将卫的剩余人口迁到楚丘（今河南滑县），使卫存续下来。齐桓公救患扶危的行动，得到一些诸侯的拥护，威信大增。

这时，南方的楚国强盛起来，不断北侵，兼并了许多小国，又连年伐郑，威胁中原。公元前656年，齐桓公率齐、宋、陈、卫、郑、许、曹之师伐楚，与楚军对峙于陉（今河南偃师），双方互不相让。后齐、楚订立盟约，撤回军队。齐桓公这次出兵虽未与楚作战，但却打击了楚国北进的锋芒，暂时消除了楚对中原诸国的威胁。

公元前651年，齐桓公在葵丘（今河南兰考城东）大会诸侯，参加会盟的有齐、鲁、宋、卫、郑、许、曹等国的国君，周天子也派代表参加。这次会盟，四国诸侯公推齐桓公当盟主，并且订立了盟约，得以挟天子以令诸侯。

管仲拜相

齐桓公即位后，很快便打败鲁国，逼鲁庄公杀了公子纠，献出召忽，召忽殉节自杀。唯独管仲忍辱做了囚犯，被押回国。齐军主帅鲍叔牙是管仲的好友，知道管仲是一个有才干的人，便在路上释放了管仲，并竭力保举管仲为相。齐桓公听从了鲍叔牙的意见，不计前嫌，重用管仲，拜其为相。后来，管仲辅佐齐桓公成就了霸业。

齐桓公与管仲书画像砖

齐桓公伐楚

正当楚国气势逼人，北进称雄之际，作为中原各国盟主的齐国难以容忍。为了对付楚国咄咄逼人的攻势，公元前656年春，齐桓公率领齐及宋、卫、陈、鲁、郑、许、曹诸国联军南下伐楚，直抵楚国边境。楚王派使者与齐桓公交涉，管仲直斥楚国不向周天子进贡、周昭王南巡之死的两大罪状。楚使只承认不纳贡之罪，齐桓公面对不屈服的楚使，便答应在召陵（今河南郾城）与楚签订盟约修好。由此可以看出齐、楚当时力量相当。

管仲征楚

春秋时期，齐桓公任用管仲为卿，来治国安邦。管仲精明能干，一上台便任用贤良，惩治腐败，大力发展生产。很快，齐国就国富民强、国运昌盛了。齐国一天天强大起来，征服了许多割据一方的诸侯国，最后只剩下一个实力较强的楚国。它从不顺从齐国的号令，专跟齐国抗衡。齐桓公为了征服楚国，统一华夏，在大臣们的纷纷请战下，决定率兵攻打楚国。可是，管仲却坚决反对，他说："齐楚两国兵力相当，如果对楚发动进攻，必定是两败俱伤，而齐国刚刚恢复元气，千万不能轻举妄动，否则将会人财两空。"

齐桓公和大臣们觉得管仲的话很有道理，于是暂时打消了进攻楚国的念头。

当时，楚国盛产鹿，而齐国却视鹿为珍稀动物。一天，管仲派了100多名商人到楚国去买鹿，并四处扬言："齐桓公最喜欢鹿，无论多贵，都要大量购买，供齐桓公玩赏。"楚成王听大臣说齐桓公不惜重金买鹿玩赏的事后，高兴极了。他想，很快齐国就要亡国了。于是楚成王发号施令，鼓励国民去捕鹿，卖给齐商。由于齐商重金买鹿，楚国的老百姓觉得一头鹿的钱竟能买到上万斤粮食，纷纷弃农捕鹿，大家带上猎具来到深山老林去捕鹿，田就无人种了。后来连军队的士兵也偷偷上山捕鹿卖钱。一年之后，楚国的老百姓个个腰缠万贯，但是，楚国的大片良田却荒芜了。老百姓拿钱买不到粮食，这时，管仲又下令各诸侯国不得将粮食运往楚国，楚国的老百姓饿死的饿死，逃荒的逃荒，最后连军饷也没有了，楚国上下一片混乱。管仲见时机已成熟，率领大军向楚国进攻，楚国内外交困，无力招架，楚成王只好派大臣到齐国去求和。从此，楚国被齐国征服了，齐国便称霸天下。后来，人们把管仲的这种计谋称为"买鹿之谋"。

晋、楚城濮之战

为争夺中原霸权，晋军谋略制胜，在城濮（今山东鄄城西南）大败楚军，开"兵者，诡道也"之先河。公元前634年，鲁国因和曹、卫两国结盟，几度遭到齐国的进攻，便向楚国请求援助。而被迫屈服于楚的宋国转而依附晋国。楚国为了维持自己在中原的优势地位，便出兵攻打齐、宋；晋国以救宋为名，出兵中原。晋文公在公元前632年率军渡过黄河，攻打曹、卫小国，以诱楚军。楚军不为所动，依然全力攻宋。晋文公施用"退避三舍"的妙计，最后双方在城濮展开了一场大规模的车战。楚军在实力上占有优势，但是由于晋军善于"伐谋""伐交"，并在战役指挥上采取了扬长避短、后发制人的正确方针，最终击败了楚军，雄霸中原。

秦、晋崤之战

秦穆公当上秦国国君之后，秦国逐渐强大起来，图谋东进，力图在中原地区建立霸权，但是遇到了晋国的阻挡。公元前628年，秦穆公得知郑、晋两国国君新丧，不听大臣劝阻，执意要越过晋境偷袭郑国。秦派孟明视等率军出袭郑国，秦军于次年春越过晋国南境，抵达滑（今河南偃师东南）。郑国商人弦高与秦军途中相遇，机警的弦高一面冒充郑国使者犒劳秦军，一面派人回国报警。孟明视以为郑国有备，于是决定返回。晋国派大将先轸率军秘密赶至崤山（今河南洛宁县西北），并联络当地羌戎埋伏于隘道两侧。秦军在回师途中遭到晋军和羌戎的夹击，身陷隘道，进退不能，全部被歼灭，三位大将被俘。第二年秦穆公亲率大军渡河焚舟要与晋军决战，晋军避而不出。秦穆公到了崤之战的战场，祭奠阵亡的将士，然后回师。

秦穆公称霸西戎

齐桓公和晋文公相继称霸中原之际，西部的秦国也逐渐强大起来。晋文公死后，秦穆公想趁机进占中原，但是与晋国交战几次，始终处于被动地位。秦穆公只好转而向西发展，派兵进攻西戎，先后征服兼并了14国，开拓了上千里的疆土，成为西戎地区的霸主。

楚庄王问鼎中原

公元前606年，楚庄王熊旅借伐陆浑之戎（今河南嵩县东北）之机，把楚国大军开至东周都城洛邑的南郊，举行盛大的阅兵仪式。即位不久的周定王忐忑不安，派善于应对的王孙满去慰劳。庄王见了王孙满，劈头就问道："周天子的鼎有多大有多重？"言外之意，要与周天子比权量力。王孙满委婉地说："一个国家的兴亡在德义的有无，不在于鼎的大小轻重。"庄王见王孙满拿话挡他，就直接说道："你不要自恃有九鼎，楚国折下戟钩的锋刃，足以铸成九鼎。"

面对雄视北方的庄王，善辩的王孙满先绕开庄王的话锋，大谈九鼎制作的年代和传承的经过，最后才说："周室虽然衰微，但是天命未改。宝鼎的轻重，还不能过问啊。"庄王不再强求，挥师伐郑，以问郑背叛楚国投靠晋国之罪。"问鼎中原"成语就源于此。后来，秦始皇"泗水取鼎"，取的就是周室之鼎。

鲁国"初税亩"

春秋时期，鲁国在宣公十五年（公元前594年）实行的按亩征税的田赋制度，是承认私有土地合法化的开始。

春秋时期，由于牛耕和铁农具的普及和应用，农业生产力提高，大量的荒地被开垦后，隐瞒在私人手中，成为私有财产；同时，贵族之间通过转让、互相劫夺、赏赐等途径转化的私有土地也急剧增加。实行"初税亩"田赋制度之前，鲁国实行按井田征收田赋的制度，私田不向国家纳税，因此国家财政收入占全部农业产量的比重不断下降。鲁国实行初税亩，即履亩而税，按田亩征税，不分公田、私田，凡占有土地者均按土地面积纳税，税率为产量的十分之一。初税亩的实行增加了财政收入，适应和促进了新生的封建土地所有关系。

弭兵之会

春秋后期中、小诸侯国要求停止争霸战争的会盟。春秋中叶后，晋、楚争霸日趋激烈。楚联秦，晋联齐，南北对峙，旗鼓相当。长江、黄河流域大小诸侯国几乎全部卷入战争，终年争斗，兵连祸结，几无宁日。受害最深者，以郑、宋为甚。鄢之战后，晋、楚两国疲于攻战，也愿意暂时休战，于是出现了结束大国争霸的弭兵局面。弭兵运动是由受大国争夺之祸最深的宋国发起的，前后共两次。

周简王七年（公元前579年），宋大夫华元约晋、楚与宋相会，订立盟约，此为第一次弭兵之会。三年之后，楚乘晋国发生内争之机，撕毁盟约，再度与晋争霸，楚、晋经过一系列战争，晋连败楚国，并侵入齐、秦等大国，国势再度上升。

不久，晋国六卿赵、韩、魏、智、中行、范氏之间内争再起，无力外顾。这时楚也受制于吴，不思北进。

公元前546年，宋国大夫向戌再次约合晋、楚于宋都，齐、秦、鲁、郑、卫、曹、许、陈、蔡、邾、滕等国也积极参加，举行了14国诸侯共同与会的第二次弭兵之会。虽然这次弭兵会议是以牺牲小国利益来满足晋、楚两国贪欲的，但此后40多年间，晋、楚之间再未发生较大战争，这对恢复和发展社会经济，安定人民生活，是十分有益的。

卧薪尝胆

春秋时期，越王勾践被吴军打败，不得不向吴王夫差称臣。勾践在吴国宫廷中服了3年苦役，其间忍辱负重，备受煎熬。3年之后，勾践被赦免归国。受尽苦难的勾践，发誓不忘亡国之恨，立志兴国雪耻报仇。为激励斗志，勾践在屋中吊了一枚苦胆，出来进去都要尝一下苦味，他还睡在用干柴叠起来的床上，以使筋骨刺痛。勾践经过10年辛苦磨炼，终于反败为胜，将吴国灭掉了。就这样，越王勾践卧薪尝胆成了千古美谈。

吴越争霸

春秋中期晋楚争霸时，吴的国力也日渐强大。吴王阖闾采纳楚国逃亡之臣伍子胥的建议，向楚国发动了连续的进攻，五战五胜。公元前496年，越王勾践即位，吴王阖闾攻打越国，结果大败，阖闾受伤而死。其子夫差继位，立志要为父复仇。公元前494年，吴国打败了越国，越国宣告投降。吴国乘胜北上征服中原诸国，俨然以霸主自居。越国降吴以后，越王勾践卧薪尝胆，进行了长期的复仇准备工作。公元前482年，吴国北上伐齐，内部空虚，越国乘机大举伐吴，经过近十年的激烈战争，最终打败了吴国，吴王夫差自杀，越国也北上会盟诸侯，号称霸主。吴越争霸已经是春秋争霸的尾声，战国七雄混战的局面即将来临。

孔 子

孔子（公元前551—前479年），名丘，字仲尼，鲁国陬邑（今山东曲阜）人，春秋末年的思想家、政治家和教育家，儒家学派的创始人。幼年丧父，家中贫困，曾给人放牛。他从小喜爱读书，知识渊博。孔子不到30岁就已经掌握了"六艺"，此外，还掌握了以《书》《礼》《乐》《易》为代表的各种文献资料。他办了一些私塾，提出"有教无类"的教育方针。传说孔子有弟子三千人，精通"六艺"的七十二人。他的弟子把他平时的言论整理成《论语》，它是研究孔子的可靠资料。

孔子像

当时鲁定公沉迷享乐，不理政事，孔子数次劝谏不听，就与弟子们离开了鲁国，开始周游列国。从公元前497年到公元前484年的十几年中，孔子先后访问了六七个国家，极力宣传仁、义，德政和礼制，但是并没有得到当权者的采纳。

老 子

老子（约公元前571—前471年），姓李，名聃，是楚国苦县（在今河南鹿邑东）厉乡曲仁里人，任周朝掌管藏书室的官员。他是中国古代著名思想家，道家学派创始人。老子讲修道德，主张谦让隐忍，认为天地初创时的那种万事无形无名的状态最好。他认为"道"是世界的本源。他写的《道德经》具有朴素的辩证法思想。老子的哲学思想在中国思想史上具有重要地位。

小国寡民

小国寡民是老子心中理想的社会和国家形态。他认为社会之所以混乱，百姓之所以互相争夺，原因就在于人们欲望的过度、法令的繁多、对知识的追求和讲究虚伪的仁义道德等。他认为社会发展分为5个阶段，即"道""德""仁""义""礼"。人类社会的最初发展阶段是由"道"统治的，一切纯任"自然"，是完全"无为"的。以后的社会分别由德、仁、义、礼统治。老子认为后一个阶段与前一个阶段相比，离"无为"更远，美的、善的东西越来越少，丑的、恶的东西越来越多，因而离他的小国寡民的政治理想就越来越远。

老子的幻想在一定程度上反映了在春秋战国时代战争频繁、人民生活动荡不安、统治阶级对人民进行残酷剥削的情况下，人民迫切要求安静休养和减轻剥削的愿望。

扁 鹊

扁鹊（公元前407～前310年），姓秦，名越人，春秋战国时期勃海郑郡（今河北任丘）人。精通各种治病的方法，是战国一代的名医、先秦医学的杰出代表。他的妙手回春之术，简直可以和传说中的神医扁鹊媲美，后人就干脆把他叫作扁鹊，秦越人这个本名反而被人们忘却了。

把中药制成丸、散、膏、丹、汤剂等品类也是他的创造。他是我国中医发展史上一位承前启后的重要医学家，为我国传统中医学的发展奠定了基础，人们把他比作传说中黄帝时代的神医扁鹊，后来的中医都尊他为祖师。扁鹊的医学理论，被后人整理成一部医书，名叫《难经》，是中医学的宝贵文献。

董 狐

董狐，生卒年不详，春秋时晋国史官，是秉笔直书的典范。《左传·宣公二年》记载，晋灵公无道，赵盾屡次劝谏，不但没有结果，反而给自己招来杀身之祸，于是被迫出逃。他的族弟赵穿带兵杀掉了灵公，这时赵盾尚未走出国境，听到消息后返回。任太史的董狐这样记载此事："赵盾弑其君。"赵盾认为不应当这样记。可是董狐坚持这种史录，因为赵盾身为正卿，在还没有越出国境之前，原有的君臣关系就依然存在，而赵盾却不起兵讨伐弑君的人，就是没有尽到忠君的职责，那就应当承担这弑君的责任。后来，这种不阿权贵、敢于直录的史家精神被称为"董狐直笔"。

孔门四科

"孔门四科"，意为孔子所传授的 4 门学术，指的是德行、言语、政事和文学，相关的记述见于《论语·先进第十一》："子曰：'从我于陈、蔡者，皆不及门也。德行：颜渊、闵子骞、冉伯牛、仲弓；言语：宰我、子贡；政事：冉有、季路；文学：子游、子夏。'"孔子在此分别举出了 4 个学科门类之下最为优秀的学生。唐代开始，"孔门四科"的提法逐渐受到学者的重视。明清时期，"孔门四科"演变为"儒学四门"——义理、辞章、经济和考据。

孔门十哲

"孔门十哲"指孔子弟子中最优秀的 10 位贤哲，指的是子渊、子骞、伯牛、仲弓、子我、子贡、子有、子路、子游、子夏。"孔门十哲"这种说法的依据为《论语·先进第十一》所记载的孔子的一段话："从我于陈、蔡者，皆不及门也。德行：颜渊、闵子骞、冉伯牛、仲弓；言语：宰我、子贡；政事：冉有、季路；文学：子游、子夏。"孔子说的是跟随自己在陈国、蔡国经历困苦的人现在都不在身边了，表达了对这些学生的思念之情，然后分为几个方面叙述了这些学生的长处之所在，列举出了这 10 人。颜渊，就是颜回，字子渊，是孔子最为欣赏的学生，才学品性俱优，出身贫贱，不幸早亡；闵子骞，即闵损，以德行著称，洁身自守，坚持不仕；冉伯牛，名耕，不幸染恶疾，令孔子十分感叹；仲弓，即冉雍，出身微贫，父亲行为不端，因而受人轻视，孔子为其辩护，他的宽宏厚重的品性很为孔子称赞；宰我，即宰予，字子我，曾提倡缩短 3 年守丧的期限，受到孔子的谴责，因为善言辞，孔子曾派他出使齐、楚等国；子贡，即端木赐，长于雄辩，精于处世，是春秋时期著名的富商，子贡曾为孔子守墓 6 年，体现出非同寻常的师生情谊；冉有，即冉求，字子有，生性谦谨，具有出色的政治和军事才能，曾因为帮助季康子聚敛民财而受到孔子的严厉批评；季路，即仲由，字子路，因曾担任季氏的家臣，所以也被称为季路，出身贫苦，性格豪爽，为人耿直，勇力超拔，在卫国的内讧中被杀；子游，即言偃，在鲁国的武城为官时倡行礼乐，深为孔子赞佩；子夏，即卜商，才思敏捷，经常与孔子讨论文学，时有不凡的创见，在孔子身后，儒家的许多经典都是通过子夏传授下来的。

孙武与《孙子兵法》

孙武，具体生卒年不可考，字长卿，春秋末期齐国人。孙武在吴国为将，曾以 3 万军队打败楚国的 20 万大军，是先秦兵家的始祖，其所著《孙子兵法》在中国军事史上极有影响。《孙子兵法》又叫《孙武兵法》，是中国古代最著名的兵书，也是世界现存最古老的军事理论著作，共13篇。该书总结了春秋末期及以前历史上的战争经验，揭示出一系列带有普遍性的军事规律，如"知己知彼，百战不殆""攻其无备，出其不意"等。《孙子兵法》备受国内外人士推崇，被称为"兵经"。8世纪时，该书传入日本，18世纪又传入欧洲，现有日、法、英、俄、意等语种的译本传世。

《孙子兵法》书影

左丘明和《左传》

左丘明（约公元前502～前422年），春秋时期鲁国的史学家。相传他是鲁国的史官，与孔子时代相同，人品受到孔子的称赞。他根据《春秋》纪年收集各国的史料，撰成了《春秋左氏传》一书，也称《左传》。此书大大丰富了原书的内容，而且史料翔实，艺术性强，成为史学史与文学史上的典范之作。《左传》是中国第一部完整的编年体史书。《左传》起于鲁隐公元年（公元前722年），终于鲁悼公四年（公元前464年），比《春秋》多出17年，其叙事更至于悼公十四年（公元前454年）。

《吴子》

中国古代著名兵书之一。题名作者吴起为战国时卫国左氏（今山东定陶西）人，曾师事左丘明的弟子曾申。他初为鲁将，后为魏将，因率兵击秦并参加攻取中山之战，被荐为西河郡守。魏武侯时，吴起甚有声名，后受大臣王错排挤，去魏入楚。楚悼王任吴起为令尹进行变法，楚因而强盛一时。悼王既死（公元前381年），宗室大臣作乱，吴起被攻杀于治丧之所。吴起是先秦时代著名的政治家和军事家，他的兵书在战国和西汉时十分流行。

《六韬》

《六韬》又称《太公六韬》《太公兵法》，旧题周初太公望（即吕尚、姜子牙）所著，普遍认为是后人依托，作者已不可考。现在一般认为此书成于战国时代。全书以太公与文王、武王对话的方式编成。《六韬》是一部集先秦军事思想之大成的著作，对后代的军事思想有很大的影响，被誉为是兵家权谋类的始祖。司马迁《史记·齐太公世家》称："后世之言兵及周之阴权。皆宗太公为本谋。"北宋神宗元丰年间，《六韬》被列为"武经七书"之一，为武学必读之书。《六韬》在16世纪传入日本，18世纪传入欧洲，现今已翻译成日、法、朝、越、英、俄等多种文字。

道　家

道家是春秋战国时期最主要的学派之一。道家学派以春秋时期老子关于"道"的学说为理论基础，并以此说明宇宙及社会万象的本质、根源、构成及其变化。

道家学说的核心内容，是以老子的"道法自然"为基点，主张人们在思想上遵循"生而不有，为而不恃，长而不宰""清静无为"的"道"理；政治上倡导"无为而治""小国寡民""不尚贤，使民不争"；伦理上主张"绝仁弃义"，认为"夫礼者，忠信之薄，而乱之首"；行为上主张顺乎自然、"守雌守柔、以柔克刚"。由于各自阐发重点的不同，战国时期的道家分化成若干派，其中以庄子学派、杨朱学派、宋尹学派和黄老学派著名。道家学派对后世影响极深，并成为传统文化的基干之一。

儒　家

儒家是春秋末期、战国时期的主要学派之一。其创立者为孔子，他以"六艺"为法，借助对传统伦理制度的发掘，弘扬人文精神，以大同社会为理想目标。学说核心以"仁""礼"为两端，反对偏执与极端，主张中庸与义、恕，强调教育的重要性，主张"有教无类"，通过教育使全社会成员都成为道德高尚的人。

孔子讲学图　清

《论语》

《论语》记录了孔子和弟子们的互相应答，孔子死后由他的弟子编纂成书。它虽然不是孔子的著作，却是研究孔子及其思想主张的原始资料。《论语》内容广泛，言简意赅，尤其是在治学和教育等方面的观点和主张，至今依然闪耀着智慧的光芒，成为千百年来研习传统文化的必读经典。

《春秋》

中国现存最早的一部编年体史书，为儒家的重要经典之一。全书记载了起于鲁隐公元年（公元前722年），讫于鲁哀公十四年（公元前481年），共计242年的历史。该书体例为比事、属辞。所谓比事，一是按年、月、日顺序，把所有史事排列下来；二是讲求史事详略取舍。所谓属辞，即强调用词要达意。凡所录之事，在用词上要有差别，以表达不同的意义。一部《春秋》仅用1.8万字表述，简练确切，没有浮词，对后世史家撰写史书，曾产生过巨大影响。

侯马盟书

春秋晚期晋国卿大夫举行盟誓时的誓约文书，1965年出土于山西侯马晋城遗址东南部的盟誓遗址中。根据盟书的内容分析，侯马盟书是晋定公十五年至二十三年(公元前497～前489年)间，晋国世卿赵鞅与卿大夫们为了共同的利益，而以结盟的形式团结一致，打击敌对势力，特举行盟誓时的誓词。侯马盟书的发现，对于揭示春秋、战国之际新旧势力的斗争，对中国古代盟誓制度、古文字以及晋国历史的研究，提供了极重要的文字资料。

礼崩乐坏

春秋时期，随着宗族政治的日趋解体，传统的礼乐制度也难以继续维持，出现了"礼崩乐坏"的局面。在各国的政治斗争中，以下犯上的夺权事件层出不穷，不遵循旧有礼制的现象也经常发生。一些从诸侯手中夺取了政权的卿大夫，不仅僭用诸侯之礼，甚至也僭用天子的礼制。有鉴于此，孔子继周公之后对于礼乐制度进行了再次加工和改造，努力要将社会重新纳入礼乐的规范，但是他的理想并没有实现。历史进入战国时代后，社会变革的加速使传统的礼乐制度被彻底破坏。各国纷纷进行变法运动，法律制度普遍建立，从而取代了礼乐的地位，成为维护新的政治秩序的工具。此时残存的礼乐，已经流于形式，名存实亡了。

退避三舍

公元前632年，楚国围攻宋国，宋向晋求救。晋文公发兵先攻下楚国的盟国卫国和曹国，楚军不得不撤出宋国。但率领楚国主力军的大将子玉却不听从楚王撤军命令，决定要与晋军一争高下。晋国大臣先轸向晋文公献策：一面暗中允许曹、卫复国，以离间曹、卫与楚的联合，一面扣留楚使，以激怒楚军主帅子玉。晋文公一一照办，子玉大怒，发兵攻晋，晋文公为了实践昔日答应楚王的承诺，即晋楚交战，晋军主动退避三舍之地，晋军后退。晋军退到城濮驻扎下来，子玉又带兵前进，于是，春秋时期最著名的城濮之战，就在晋军退避三舍、楚军步步紧逼后爆发了。

百家争鸣

百家争鸣是指春秋（公元前770—前476年）战国（公元前475—前221年）时期知识分子中不同学派的涌现及各流派争芳斗艳的局面。《汉书·艺文志》将战国主要思想学派分为十家——儒、墨、道、法、阴阳、名、纵横、杂、兵、小说。西汉人刘歆在《七略·诸子略》中将小说家去掉，称为"九流"。"十家九流"就是从这里来的。百家争鸣反映了当时社会激烈和复杂的政治斗争，主要是新兴地主阶级和没落奴隶主之间的阶级斗争。这个时期的文化思想，奠定了整个封建时代文化的基础，对中国古代文化有着非常深刻的影响。

赵氏孤儿

公元前583年，因奸臣诬陷赵同、赵括造反作乱，晋国诛杀赵同、赵括，并将赵氏全族杀戮，并四处搜捕赵氏遗孤。赵家门客程婴与公孙杵臼定计，以程子假冒赵氏孤儿替死，从而救出赵武。程婴将其抚养成人，最终平反昭雪，报了冤仇，赵武当上了大夫，赵氏势力重新恢复。

钟子期与俞伯牙

伯牙是春秋时期著名的弹琴高手。一天，伯牙弹琴，钟子期在旁边听。当琴曲如高山般激昂时，钟子期赞道："弹得真好啊，就像那巍巍群山。"不一会儿，琴声如流水般细缓，钟子期又赞道："弹得真好啊，就像那潺潺流水。"于是，伯牙和子期成为知音。后来，钟子期不幸去世，伯牙万分悲痛，他砸烂了自己心爱的琴，决定从此不再弹琴。

春秋无义战

春秋时期，周王室已经开始衰弱，一些较大的诸侯国开始争霸称雄。这时，齐桓公便乘机提出"尊王攘夷"的口号，经过多年征战，最终成为春秋时期的第一位霸主。齐桓公死后，齐国渐趋衰落，随着晋国的强大，晋文公成为春秋的第二位霸主。楚庄王继位后，北上与中原各国争雄，于公元前597年灭郑，成为春秋第三位霸主。后来，吴王夫差在战胜越国、齐国、晋国后，终于称霸中原。之后越王勾践卧薪尝胆，终于灭掉了吴国，成为春秋最后一个霸主。春秋时代展开的大国争霸战争，其最终目的是为了代替周室并夺取其对各国的号令及索贡权，实际是兼并掠夺战争另一种形式的发展。这就是所谓的"春秋无义战"。

礼乐征伐自天子出

"礼乐征伐自天子出"，语出《论语·季氏第十六》："天下有道，则礼乐征伐自天子出；天下无道，则礼乐征伐自诸侯出。自诸侯出，盖十世希不失矣；自大夫出，五世希不失矣；陪臣执国命，三世希不失矣。天下有道，则政不在大夫。天下有道，则庶人不议。"这段话的意思是，天下有道的时候，礼乐的制定和战争的发动都是由天子决定的；天下无道的时候，礼乐和战争的事宜便由诸侯来决定。由诸侯来决定礼乐和战争，很少有能维持十代而不乱的；如果制定礼乐和发动战争的权力落到了大夫的手中，那就很少有能维持五代而不乱的；如果大夫的家臣把持了国政，就很少有超过三代而不发生动乱的。天下有道，国家的政权不会掌握在大夫的手中；天下有道，老百姓就不会有非议。孔子的这段话是经过对历史的考察而得出的结论，春秋时期，自齐桓公开始，"礼乐征伐自诸侯出"，而天子则失去了号令权；齐国从桓公称霸到简公为陈恒所杀，历经十代，鲁国自季友专政，到季桓子时政权让于阳虎，历经五代；而季氏的家臣阳虎、南蒯、公山弗扰等都是当身而败，未及三代。"礼乐征伐自天子出"之所以为"天下有道"的标志，是因为"自天子出"意味着政令的统一，意味着国家政治活动的清明有序。而若自诸侯出、自大夫出，乃至自家臣出，则意味着纷争与混乱，意味着激烈的权力争夺，而在这种争夺的过程中必然会产生种种丑陋的事件，同时也给人民带来危害，也就是"天下无道"。

战 国

三家分晋

春秋后期，新兴势力与旧势力的斗争在晋国激烈展开。韩、赵、魏、智、范、中行氏六家，都是晋的新兴势力，但他们在改革旧体制方面做法各自不同，故六家的发展趋势和结果也各异。如在亩制改革方面，韩、赵、魏三家最彻底，智氏次之。周敬王二十七年（公元前493年），范氏、中行与郑国等联合，与韩、赵、魏交战。赵鞅阵前誓师时宣布：鼓励军功，庶人、工商业者以上可依军功受赐田、赐爵；奴隶身份的臣、隶、圉等，也可依军功获得自由人身份。这一措施，深得民众支持，结果一战击败范氏、中行氏。周贞定王十六年（公元前453年），韩、赵、魏三家再联合攻灭智氏，分别据有晋之中部、北部和南部地区，成为晋国实际统治者。晋君只保有绛和曲沃两地。周威烈王二十三年（公元前403年），周王正式承认韩、赵、魏三家为诸侯，晋国名存实亡。至战国周安王二十五年（公元前377年），韩、赵、魏伐灭晋侯，三分其地，最终完成三家分晋的历史过程。

战国七雄

战国时期的7个大国，即齐、秦、燕、楚、韩、赵、魏。除秦国在函谷关以西，其余六国均在函谷关以东。七国为争夺中原霸权，连年征战争雄，故名。后秦国兼并东方六国，完成统一大业。

李悝变法

战国初期的魏文侯（公元前445—前396年在位）是位有作为的君主。他任用李悝（公元前455—前395年）为相，在国内推行变法。变法的主要措施有：鼓励农民勤谨耕作，实行"平籴法"，实行"食有劳而禄有功"，编集《法经》。李悝变法巩固了地主阶级的政权，发展了封建经济，使魏国在战国初期首先强盛起来。

吴起变法

战国初期，楚悼王（公元前401—前381年在位）在国内开展变法运动。他任用吴起（？—前381年）为令尹，主持变法。其主要内容包括：凡是封君传至第三代的就收回其爵禄，废除公族中疏远者的特权；精简官职，削减官员的俸禄，整顿吏治。吴起变法从政治上和经济上打击了旧有的贵族，推行起来阻力重重。楚悼王死去，贵族们群起反攻，吴起伏在悼王的尸体上，诱使贵族的乱箭射中了王尸。按楚法规定，加兵器于王尸者，罪及三族。因此，射杀吴起的旧贵族70余家皆被处以诛三族之刑。

商鞅变法

战国初期，秦地处西陲，政治、经济、文化落后，被中原诸侯视为戎狄。秦孝公任用商鞅于公元前356年和公元前350年两次推行变法。其主要内容：废除井田制，把土地授予农民，允许自由买卖，从法律上确立了封建的土地私有制；励耕战、奖军功，制定军功爵制；实行重农抑商政策，限制工商业发展，促进小农经济繁荣，巩固封建经济基础。且规定男子成年后必须与父母分居，以利增加赋税收入；实行县制，共建31县，县设令、丞，均由中央委派，掌管全县政务；编制户口，建立什、伍连坐制；统一度量衡。现存的"商鞅量"，就是当时颁行的一件标准量器。商鞅变法加速了秦国的封建化，剥夺了奴隶主贵族的特权，巩固了新兴地主阶级的政权，推动了封建经济的发展，使秦国走上富国强兵的道路。

立木为信

秦孝公真正控制了朝廷的实权后，就任命商鞅为左庶长，让他全权实行改革。商鞅接到任务后，很担心老百姓对他不信任，不遵守新法令。于是派人在都城南门竖起一根三丈高的木杆，并下令说："谁能将这根木杆扛到北门，就赏他十两金子。"不到一会儿，南门口就围上了一大堆人，但他们只是互相观望，并没有人上前扛木杆。商鞅看出百姓们不相信他的命令会兑现，就又将赏金加了四十两。可是，赏金越高，人们越觉得不近情理，仍没人去扛。突然，人群中跑出一个人说："我来试试。"说着就将木杆扛到了北门。商鞅立刻派人赏给了他五十两金子。这件事一传开，轰动了整个秦国。从此，老百姓都知道左庶长是说话算数的。这就是"立木为信"的由来。

围魏救赵

战国时，魏将庞涓率军围攻赵国都城邯郸。赵求救于齐，齐王命田忌、孙膑率军往救。孙膑认为魏军主力在赵国，内部空虚，就带兵攻打魏国都城大梁。魏军不得不从邯郸撤军回救本国，路经桂陵（今山东菏泽）要隘时，遭齐兵截击，几乎全军覆没。这个典故是指采用包抄敌人的后方来迫使其撤兵的战术。

减灶破敌

公元前342年，魏国的太子申和大将庞涓率领10万大军，前去攻打韩国，韩国决定向齐国求救。齐国答应了韩国的请求，于是任命田忌为大将，田婴为副将，孙膑为军师，领兵5万前去攻魏救韩。为了麻痹敌人，孙膑向大将田忌献计说，我军可以用减灶之计来迷惑敌人，达到消灭敌人的目的。田忌认为孙膑说得有道理，于是采用了这一计策。

庞涓率领的大军从攻打韩国的路上赶回魏国，一直跟在齐军的身后，第一天见齐军的军队有10万的炉灶，第二天炉灶减为5万人的，第三天只剩下3万人的。庞涓得知此事后很高兴，他认为齐军胆小怕事，遂丢下步兵，亲自率领一部分轻装精兵，直扑马陵（今山东郯城县马陵山）。马陵地区道路狭窄、地形险要，孙膑早已在那里设下埋伏，庞涓率领的军队进入埋伏圈后，一点儿防备都没有，被齐军打得落花流水。庞涓被迫拔剑自杀。

合纵与连横

战国七雄中，秦国最强大，不断出兵进攻邻近的国家。齐、楚、赵、韩、燕、魏等六国由此提出了"合纵"抗秦的主张，意思是六国联合起来，共同抵抗秦国。因为这六个国家都在秦国以东，纵贯南北叫作"纵"，所以人们把这种联合称为"合纵"。跟"合纵"唱反调的是"连横"。持这一主张的人认为，秦国太强大了，只有依赖秦国，与它联盟，对付其他国家，才能取得胜利。因为秦国位于西方，其他6个国家在东方，从东到西叫作"横"，所以人们把这种主张称为"连横"。

合纵连横示意图

当时，鼓吹"合纵连横"最有名的人是苏秦和张仪。

荆轲刺秦王

公元前228年，荆轲奉燕国太子丹之命，带着将军樊於期的人头和割让城池的地图前去刺杀秦王，以解亡国之危。荆轲到了秦国的朝堂上，捧着装了樊於期头颅的木匣上去，献给秦王政。秦王政打开木匣，看里面果然装着樊於期的头颅。于是他又叫荆轲把地图拿来。荆轲把一卷地图慢慢打开，到地图全都打开时，荆轲事先藏在地图里的浸毒匕首就露了出来。荆轲抓起匕首便刺，可惜没有刺中，秦王政往外跑，荆轲追了上来，两个人绕着柱子转起圈来。秦王政的医官急中生智，把手里的药袋向荆轲扔了过去。荆轲一闪身的工夫，秦王政往前一步，拔出宝剑，砍断了荆轲的右腿。这时候，武士一拥而上，杀死了荆轲。

胡服骑射

战国时期，赵国处于北方，邻近胡人部落，这些部落和赵国之间常有小的掠夺战斗。由于胡人都是身穿短衣长裤，骑马射箭，迅速敏捷。赵国军队为步兵和兵车混合编制，官兵都身穿长袍，甲胄笨重，交战中常处于不利地位。鉴于此，赵武灵王于公元前302年开始改革，下令在全国改穿胡人的服装。他的这种做法遇到了巨大的阻力。赵武灵王力排众议，在大臣肥义等人的支持下，推行改革。在胡服措施成功之后，赵武灵王接着训练骑兵队伍，练习骑马射箭，同时改变原来的军事装备。经过改革，赵国的国力逐渐强大起来，向北方开辟了上千里的疆域，成为当时的"七雄"之一。

完璧归赵

战国时代，赵惠文王得到了楚国的和氏璧。秦昭襄王闻信后写信给赵王，说要以十五座城池来换璧。当时秦强赵弱，赵王因此担心送去了璧却换不到秦国的城池。蔺相如主动请求带着璧前去换城。他到秦国献出璧后，见秦王没有诚意，不肯交出城池，就设法取回璧，送回了赵国。后人用"完璧归赵"，比喻物归原主。

将相和

将相和这个故事出自司马迁的《史记·廉颇蔺相如列传》。由"完璧归赵""渑池之会"和"负荆请罪"3个小故事组成。战国时，赵国舍人蔺相如奉命出使秦国，不辱使命，完璧归赵；又陪同赵王赴秦王设下的渑池会，使赵王免受侮辱。为奖励蔺相如的汗马之功，赵王封蔺相如为丞相。老将廉颇居功自傲，对此不服，而屡次故意挑衅，蔺相如以国家大局为重，始终忍让。后廉颇终于醒悟，向蔺相如负荆请罪。从这以后，他们互相谅解，成了生死之交，共同辅国，赵国也更加强盛起来。

长平之战

公元前262年，秦将白起伐韩，韩上党郡守联赵抗秦。赵孝成王命廉颇率兵进驻长平（今山西高平西北）抵御。双方相持3年之久。公元前260年，赵王中了秦国的反间计，罢免廉颇，以赵括为将。赵括只会纸上谈兵，没有实战经验，盲目出击，被秦军包围。赵军40万人皆降，白起仅将幼弱者240余人放归报信，余皆坑杀。赵国主力丧失殆尽，从此一蹶不振。

邯郸之围

公元前259年，秦国于长平之战后乘胜包围了赵国的都城邯郸，历时两年未能攻下。赵国向诸侯求救，魏王派将军晋鄙率10万大军援赵，但因惧怕秦国的军事威胁而中途不敢前进。公元前257年，魏国的公子信陵君无忌为了救赵，想方设法盗出魏王调兵的虎符，到晋鄙军中假传王命，夺得兵权，挑选了8万精兵，驰援救赵。魏军和邯郸城里的赵军两下夹攻，秦军大败，邯郸之围解除。此次失利对于秦国的实力并没有根本的影响。赵国虽然暂时转危为安，却因长平一战损失太大，从此无力与秦国争衡。

窃符救赵

魏安釐王二十年（公元前257年），秦昭王已经击破了赵国的长平军，又进兵包围赵都邯郸。信陵公子的姐姐是赵惠文王弟弟平原君的夫人。赵国多次向魏国求救。魏王让军队停留在邺城安营，名义上是救赵，实际上是抱观望双方的态度。隐士侯嬴向信陵君献计："我听说晋鄙的兵符常放在魏王的卧室内，而如姬最受魏王的宠幸，能随意进出魏王的卧室，她若做一番努力，定能把兵符偷出来。我听说如姬的父亲被人杀害，如姬悬赏了三年，想求人为她父亲报仇，但没有找

信陵君夷门访侯嬴图 清 吴历

到。于是如姬对公子您哭诉，您派门客斩了她仇人的头，献给如姬。如姬想为您去死都在所不辞，不过没有机会罢了。到时，您只要一开口求她，她一定会答应。只要拿到兵符，夺过晋鄙的军权，就可以向北援救赵国，向西打退秦军，这是王霸的功业啊！"

公子听从了他的计策，求如姬，如姬果然盗得晋鄙的兵符。公子又听从侯嬴的计策，带隐居在屠市中当屠夫的朱亥一起去。到了邺城，公子假传魏王的命令取代晋鄙。晋鄙合上兵符，仍怀疑这件事，抬头看着公子说："我现在拥有10万军队，驻扎在边境上，这是国家的重任，现在你单车前来代替我，怎么回事？"朱亥从袖里拿出40斤重的铁锤，打死了晋鄙，公子于是掌管了晋鄙的军队。然后挑选精兵8万人，进兵攻击秦军。秦军撤退，邯郸之围化解，赵国得以保全。

捉襟见肘

曾子是春秋时期鲁国人，学识广博，但他的生活一直很清苦。据说，他在卫国居住时，身上的一件袍子很破旧，用乱麻做絮，更没有像样的面料做袍面。他腹中也常常无食，脸色浮肿，手与脚上长满了茧子，经常几日不生火做饭，十年也没有添置过一件新衣服。他戴的帽子，也是好几年没有换新的了。甚至在戴帽子时，稍一用力，帽带就会被拉断。他穿的衣服破烂不堪，一拉衣襟，胳膊肘就露出来了。

后世常说，孔子有很多学生、弟子，"弟子三千，贤人七十二"，曾子是贤人之一，颇受人们的尊敬。他的生活虽然潦倒不堪，但是，他总保持着乐观的精神。史料中记载，他经常穿着不跟脚的破旧鞋子到各地讲学，而且常常高唱着《商颂》，有人形容他的歌声像敲击金石一样洪亮，传遍四方。"捉襟见肘"这个成语的原意是衣服破烂，生活穷困。后来，常用以比喻顾此失彼，穷于应付。

田忌赛马

齐威王常和田忌比赛骑马，田忌却在比赛中常常败阵，并输掉了不少金子。孙膑了解到田忌的马与齐威王的马差不多，就私下给他出主意，对他说道："您的马并不比国君的马差多少，问题在于如何使用。我有稳操胜券的办法，明日如果再赛，您可放心地下赌注，包您获胜。"田忌听了不解其意，忙问到底用什么高招。孙膑笑了笑，说："齐国的好马都聚集在大王的马厩里，那么多的马，不会都一样的强壮，一样的好。您的马虽劣，也不是都很劣。在比赛时，如果您用劣马依次与之角逐，这样，永远不会取胜的。我建议您采取分而治之的方式来应对。马有上、中、下之分，国君的马如此，您的马也如此。把您的马按优劣分成三队，比赛时，用您的下等马与国君的上等马比，您的上等马与国君的中等马相比，您的中等马与国君的下等马相比，这样，您必定会取得两胜一败的好成绩。"

又一次赛马了，田忌认真地将自己的马分成三队，比赛时，按孙膑所说的做了。果然不出所料，田忌取得了一败两胜的好成绩。

亡羊补牢

战国时代，楚国有一个大臣，名叫庄辛，有一天庄辛对楚襄王说："你在宫里面的时候，左边是州侯，右边是夏侯；出去的时候，鄢陵君和寿陵君又总是跟随你。你和这四个人专门讲究奢侈淫乐，不管国家大事，郢（楚都，在今湖北江陵县北）一定要危险了！"

襄王听了，很不高兴，骂道："你老糊涂了吗？故意说这些恶毒的话惑乱人心吗？"庄辛不慌不忙地回答说："我感觉事情一定会到这个地步的，不敢故意说楚国有什么不幸。如果你一直宠信这几个人，楚国一定会灭亡的。你既然不信我的话，请允许我到赵国躲一躲，看事情究竟会怎样。"

庄辛到赵国才住了5个月，秦国果然派兵侵楚，襄王被迫流亡到阳城（今河南息县西北）。襄王这时才觉得庄辛的话不错，赶紧派人把庄辛找回来，问他有什么办法。庄辛很诚恳地说："我听说过，看见兔子才想起猎犬，还不晚；羊跑掉了才补羊圈，也还不迟……""亡羊补牢"这个成语，便是根据上面的两句话而来的，表达处理事情发生错误以后，如果赶紧去挽救还不迟的意思。

畏首畏尾

春秋时，北方的强国晋国召集一些小国家开会，郑国没有出席，晋国怀疑郑国想投靠南方的大国——楚国，便准备攻打郑国。郑国给晋国写了一封信，大概的意思是说："自己国小势弱，对你们晋国从不敢怠慢。可是你们还怀疑我，想攻打我。郑国宁可灭亡，也不能一味地忍受下去了！古人说：'畏首畏尾，身余其几？'"意思是说，如果前头也怕，后面也怕，全身还有哪个地方不怕？晋国看到郑国强硬的态度，觉得要是出兵对自己也没有好处，最后就放弃了。

田氏代齐

田氏代齐是指战国初年齐国大夫田氏夺取政权建立田氏齐国的事件。齐景公时，大夫田桓子以大斗出货，小斗收进，笼络民心，民归之如流。公元前489年，田乞为相，专齐政。公元前476年，田常割齐地自安平（今山东淄博东北）至琅琊（今山东胶南西南）为封邑，到此时，齐政皆归田氏。公元前386年，周天子立田和为齐侯，列于周室。不久，齐康公卒，姜齐亡，田氏遂有齐国。

毛遂自荐

公元前258年，秦军围攻赵国都城邯郸，赵王派平原君去楚国求救。平原君想带 20 名门客同行，但少一人，毛遂自荐随行。见到楚王后，平原君与楚王议论良久而无法决断，毛遂不顾个人安危，按剑威胁楚王，正气凛然，直陈利害，迫使楚王当场与平原君歃血为盟，出兵救赵，终于解了赵国之围。

毛遂像

赵括纸上谈兵

赵国名将赵奢之子赵括纸上谈兵，不知变通。其父预言赵国一旦用赵括为将，必定惨败。赵孝成王却听信了秦国间谍的话，起用赵括替代廉颇的将职。赵括一经取代廉颇，遂改变廉颇的战略，贸然出击，主动与秦军交战。长平一役，身死军败，40 万兵士投降了秦军，几乎全部被秦军坑杀。

鸡鸣狗盗之助

公元前 299 年，齐闵王派孟尝君入秦，但不久，孟尝君却被秦昭王囚禁。他派人向昭王的宠姬求救，宠姬想要孟尝君献给昭王的白狐裘。一个善于偷盗的门客将狐裘偷出，宠姬果然说服秦王释放了孟尝君。不久，秦王反悔，派兵追击，孟尝君半夜逃到函谷关，按惯例，关门须到鸡鸣之时才能开放。于是一个会学鸡叫的门客学鸡叫，引起众鸡齐鸣，使守关者开启关门，孟尝君才得以逃脱。

孟母三迁

孟子是中国历史上著名的思想家、教育家。他儿时失怙，过着清贫的日子。孟子的母亲靠纺纱织布维持生活。她一心想把孟轲（孟子的名字）抚养成人，可是孟轲十分淘气贪玩。他和村里的孩子们一起上树掏鸟窝，下河摸鱼虾，常常玩得忘记了回家。孟母眼瞅着孟轲和这些淘气的孩子玩耍而耽误了学业，便决定搬家，让孟轲到一个清静的环境里去学习。可是，新搬的地方隔壁是个铁匠铺，孟轲又学着铁匠玩起打铁来了。于是，孟母再次搬家到了郊外的荒野之处，没想到，清明节一到，荒野里一下子来了许多上坟扫墓的人。孟轲又经不起诱惑，偷偷地溜出家门去观看，并且学着大人的样子用小树枝挂纸钱、烧香、磕头。孟母决定第三次搬家。这回她将家搬到了一所学校边上，将儿子送进学校拜师读书。可是枯燥乏味的学习环境使孟轲忍耐不住，逃学了。孟母将儿子拖到织布机旁，拿把剪刀"咔嚓"一下将自己织的布剪断了，说："不肯读书的人将来长大了就和这剪断的布一样，是没用的东西！"孟轲幡然悔悟，明白了母亲多次搬家的良苦用心，从此发愤读书，心无旁骛，终于成为中国历史上著名的大学问家，被世人尊称为"亚圣"。

一字千金

战国末期，秦国有一个大商人，名叫吕不韦，他在赵国经商时，曾资助过秦庄襄王（名子楚），还把他的妾赵姬送给子楚为妻。后来，子楚当了大王以后，吕不韦也当上了相国。庄襄王在位 3 年便病死了，由他 13 岁的儿子政（赵姬所生）接替王位，这个政就是历史上有名的秦始皇。他尊称吕不韦为仲父，慢慢地，行政大权全落在吕不韦和赵姬的手中。

当时养门客之风很盛，吕不韦养了 3000 门客，作为智囊团，替他想出各种各样的办法来巩固政权。这些门客，三教九流的人应有尽有。他们把自己的见解和心得，都提出来写在书面上，汇集起来，编成了一部 20 余万言的巨著——《吕氏春秋》。吕不韦就把这部书作为秦国统一天下的法典。当时吕不韦把这书在秦国首都咸阳公布，并声称如果有人能在书中增加一字或减一字者，就赏赐千金（相当于现在的 500 克黄金）。

后来人们根据这个故事，引申出"一字千金"这个成语，用来形容一篇文章的每一个字和句的价值都很高，不可多得。

一鸣惊人

齐国有一个名叫淳于髡的人，常用一些有趣的隐语来规劝君主，使君王乐于接受。当时的君主齐威王沉迷于酒色，不管国家大事，于是淳于髡编了一段隐语。他对威王说："我有一件事不明白，希望得到您的指教。"

威王说："什么事呀？"淳于髡说："我们国家有一只大鸟，羽毛色彩艳丽，美丽极了，它栖在大王的宫廷里，几年不飞也不鸣，不知是何道理？"齐威王不愧是政治家，他立刻领悟到这是在用大鸟比喻自己毫无作为。

威王笑了笑，挺了挺身子说："这个我知道。那大鸟是不想飞，如果它要飞，就能展翅飞翔，鹏程万里。那大鸟不鸣则已，一鸣一定会惊人。"

从此齐威王不再沉迷于饮酒作乐，而开始整顿国事。结果全国上下很快就振作起来，到处充满蓬勃的朝气。后来，人们常用"一鸣惊人"比喻平时不声不响的人突然做出惊人之举。

邹忌讽齐王纳谏

邹忌身高八尺多，形体容貌俊美。一天早晨，他穿戴好衣帽，照着镜子，对他的妻子说："我同城北徐公比，哪个更美？"他妻子说："您美极了，徐公怎能比得上您呢？"城北的徐公是齐国的美男子，邹忌不相信自己会比徐公美，就又问他的妾："我同徐公比，谁美？"妾说："徐公怎么能比得上您呀？"第二天，有客人从外边来，邹忌同他坐着谈话，又问他："我和徐公谁美？"客人说："徐公不如您美。"又过了一天，徐公来了，邹忌仔细端详他，觉得自己不如徐公美，再照镜子看看自己，更觉得远远不如。他晚上躺着想这件事，说："我妻子认为我美，是偏爱我；妾认为我美，是害怕我；客人认为我美，是有求于我。"

于是上朝拜见齐威王，说："我确实知道自己不如徐公美。我的妻子偏爱我，我的妾害怕我，我的客人有求于我，所以他们都说我比徐公美。如今齐国有方圆千里的疆土，一百二十座城池，宫里的嫔妃和身边的亲信，没有不偏爱您的；朝中的大臣没有一个不害怕您的；全国的老百姓没有不有求于您的。由此看来，大王您受到的蒙蔽很深啊！"

齐威王于是下了命令："所有的大臣、官吏、百姓能够当面指出我的过错的，可得上等奖赏；上书劝谏我的，可得中等奖赏；在公共场所批判议论我的过失，使我听到的，可得下等奖赏。"命令刚下达，群臣都来进谏，门前、院内像集市一样；几个月以后，还偶尔有人来进谏；一年以后，就是想进谏，也没什么可说的了。

燕、赵、韩、魏等国听到这种情况，都到齐国来朝见。这就是身居朝廷，不必用兵，就战胜了敌国。

拜下风

在秦、晋韩原之战中，晋军大败，晋惠公被秦兵所俘获，晋大夫头发蓬乱下垂拔帐随行。秦穆公劝说道："二三子何其担忧也！寡人准备请晋君去我秦国，岂敢太过分呢？"晋大夫于是三拜稽首道："君履后土而戴皇天，皇天后土实闻君之言，群臣敢在下风。"

实际上晋大夫这番话，是与秦穆公约誓，希望他说了话要算数。"下风"的意思就是你的诺言不仅天地共鉴，我们这些做臣子的也都听见了，希望你不要食言。

"拜下风"原是谦恭卑怯的举止，后逐渐又演化成"甘拜下风"的成语，用为甘居下列的自谦辞。

背城借一

公元前589年，晋、鲁、卫三国的联军击败齐军后，齐顷公派大臣宾媚人（即国佐，曾主持齐国之政）带上贿赂去见晋军主帅郤克，当时晋方提出了有辱齐国的苛刻条件：必以齐侯之母为人质，并且将齐国境内田间的垄亩变成东西走向，这样道路、水渠都将成为东西方向，有利于晋军的军事行动，宾媚人本着维护齐国尊严的意愿，坚决地加以拒绝，并准备决一死战（原话中为"背城借一"）。再加上鲁、卫两军主将的劝说，晋终于放弃了继续进攻的主张，签订了盟约，齐国得以转危为安。后来以"背城借一"表示誓与敌人决一死战。

三令五申

孙武流寓于吴，吴王想试试孙武的军事才能，就将180名年轻宫女交给孙武操练。孙武将宫女分作两队，让吴王的宠姬当队长。孙武向宫女们交代了口令之后击鼓传令，宫女们一阵哄笑，队伍乱成一片。孙武再一次下达命令，宫女们只觉得好

孙五（武）子演阵教美人战 版画
图中孙武做道士装束，举旗于城上教宫女演习战术，吴王坐于对面的台上，俯视两队演武的阵容。

玩，根本不听命令。孙武说，号令既然已经明白又不听令，这是头领之罪。下令将两名队长处死。吴王急忙叫人传令不能斩杀王妃，孙武仍然杀了两个王妃。然后，孙武重新操练宫女，这回，无论是向前向后，向左向右，甚至跪下起立等复杂的动作，宫女们都认真操练，再不敢儿戏了。这故事原出于《史记·孙子吴起列传》。后来，人们把孙武向女兵再三解释的做法，引申为"三令五申"，即反复多次向人告诫的意思。

屈　原

屈原（约公元前 339 ~ 约前 278 年），姓芈，氏屈，名平，字原；又自名正则，字灵均。战国时期楚国丹阳人，今湖北宜昌市秭归县人，楚武王熊通之子屈瑕的后代。自称颛顼的后裔。主张联齐抗秦，提倡"美政"。屈原是中国最伟大的爱国主义诗人之一，也是中国已知最早的著名诗人、思想家和伟大的政治家。他创立了"楚辞"这种文体，也开创了"香草美人"的传统。《离骚》《九章》《九歌》《天问》是屈原最主要的代表作。

甘罗拜相

战国时期，12 岁的甘罗聪慧过人，秦王对他大加赞赏，命他出使赵国。甘罗奉命拜见赵王。赵王欺甘罗年纪小，讥讽道："秦国难道没有人可派吗？让你这个小孩子出来！"

甘罗不慌不忙地答道："我们秦王用人，都是按他们才能的大小让他承担不同的责任，才能高的让他担当重任，才能低的担当小的责任。出使赵国，秦王认为这是件小事。所以就派我来了。"赵王没有讥讽成功，很不甘心，又问道："你这次到赵国来究竟有什么事呢？"甘罗反问道："大王是否听说过燕太子丹入秦为质这件事。"赵王点了点头，甘罗又问道："大王是否听说过张唐要到燕国为相？"赵王又点了点头，"既然如此，那你为何还不着急啊？燕派太子入秦为质，说明燕国不欺骗秦国；秦国派张唐入燕为相，说明秦国不欺骗燕国。燕、秦不相欺，赵国就危险了。"赵王听了问道："秦国和燕国和好，有什么目的吗？"甘罗答道："秦、燕和好没有别的原因，就是想攻打赵国、扩大河间的地盘啊！""哦，是吗，那你这次来有何见教？"赵王问道。"大王不如给秦国 5 座城池扩大秦国的地盘，秦王自然高兴，你再请求他遣回燕太子，断绝秦燕之好，这样你就可以去放心地攻打燕国了。以强大的赵国攻打小小的燕国，还愁得不到 5 座城池吗？"赵王听了很高兴，就赏给他黄金百两、白玉一双，并且把送给秦国的 5 座城池之图让他带回给秦王。

甘罗回到秦国，秦王大加赞赏："你的智慧真是超出了你的年纪啊！"于是就封他为上卿（相当于丞相），并且赐予他丰厚的田宅。赵国得知秦国与燕国绝交后，派军攻打燕国，得到 30 座城池，又把其中的 3 座城池送给了秦国。

睚眦必报

战国时期，魏国有一个中大夫，名叫范雎，因事在国内不能立足，被逐出国境。范雎很有口才，他被逐出魏国之后，仍运用能言善辩的才能，跑到秦国去，向秦昭王游说。

范雎恐怕让人知道他是被魏国逐出的，所以改名换姓，自称是张禄，向秦昭王建议远交近攻的政策，秦昭王认为范雎的政策很妥善，于是把范雎留在秦国拜为上卿。

后来，范雎能够时常接近秦王，而且所建议的政策，秦王都认为可行，在实施之后又得到良好的效果，于是就封范雎为秦国的丞相。

范雎因为在秦国得意，便成为有财有势的大人物，认为也应该清算旧账了。凡从前对他有恩惠的人，即使所施的恩惠只是一顿饭，范雎也重重酬谢；对于从前对他有嫌怨的人，虽然嫌怨的程度只是张目怵视一下，他也不放过，便要实行报复，后世称"睚眦必报"。

奇货可居

异人是秦王的庶孙，在国外做人质，车马及日常供给都不充盈，生活窘困，郁郁不得志。阳翟有个大商人吕不韦去邯郸，见到异人，说："这是可以囤积起来可以卖好价钱的奇货呀！"于是前去拜见异人，说："我可以提高你的门第！"异人笑着说："你先提高自己的门第吧！"吕不韦说："你不知道，我的门第要靠你的门第来提高。"异人心中知道他有所指，便邀他一起坐下深谈。吕不韦说："秦王老了。太子宠爱华阳夫人，而华阳夫人却没有儿子。兄弟20余人中，太子是长子，有继承秦国的条件，又有士仓辅佐他。你排行居中，不太受重视，又长久在外做人质。如果太子即位做秦王，你很难争得继承人的地位。"异人说："那怎么办？"吕不韦说："能够确立嫡子继承人的，只有华阳夫人。我吕不韦虽然不算富，也愿意拿出千金为你到西边去游说，让她立你为继承人。"异人说："如果能实现你说的计划，我愿意分割秦国土地与你共享。"后来异人果然得势，"奇货可居"也沿用至今。

墨子的"乌托邦"

墨子(约公元前476—约前390年)，鲁国人，一说是齐国人，中国古代思想家、政治家，是墨家学派创始人。曾担任宋国官职。初习儒术，后自立新说，聚徒讲学，徒属满天下，形成墨家学派，与儒学并称显学。反对诸侯间的战争，提倡"兼爱""非攻""尚贤""节葬"等主张。后人将其学说撰为《墨子》一书。

墨子提出"尚同"的思想。他认为，在上古时代还没有国家的时候，一个人有一种意见，十个人就有十种意见，人越多意见越杂，由于互不服从，必然引起争端，甚至互相残杀。这样，人类就会重新沦为禽兽。人们知道了混乱是由没有首领引起的。于是，便推选出天下最贤明的人立为天子。天子需要辅佐，便选择贤明的人立为三公。又因为国家版图辽阔，远方不易统治，因而划分万国，分封诸侯。自此以下，诸侯选立乡长，乡长选立里长，建立起整齐完备的官制系统。从里长到天子，在他们各自统辖的范围内都是最有仁德的人。官吏齐备之后，天子就向百姓发布命令说：如果听到了好或者不好的言行，都要告诉上级；上级赞同的必定赞同，上级反对的必定反对；劝谏上级的过失，表扬下级的好事；绝对同上级保持一致，不私下勾结抗上，对于这样的人，上级要奖赏，百姓要称赞。否则上级要处罚，百姓要指责。建立了这个赏罚制度后，各级官吏都要认真执行。里长要统一一里的思想，然后率领他的百姓，效法乡长的"善言善行"，听从乡长的命令；乡长要统一一乡的思想，听从国君的命令；国君要统一全国的思想，听从天子的命令。最后，由天子"一同天下之义"。这样，整个天下就像一个家庭一样，秩序井然、有条不紊，哪里还会有混乱。

墨子的"尚同"是以"尚贤"为基础的，他的思路和逻辑简单说来是这样的：推选出大小不等的贤人仁人担任各级官吏，大家服从官吏的统治，也就是服从贤人仁人的管理。思想统一于仁义，天下就会在仁义的基础上实现"大同"。墨子批评当时的统治者不能任用贤能的人，各级官吏不符合"仁人"的标准，结果导致了民心的涣散。从批判现实这个角度来说，"尚同"还是有它的积极意义的。

鲁 班

春秋战国之际，鲁国有一位著名的发明家公输般（班），人称鲁班。据记载，鲁班发明了磨粉用的石磨，还为楚国制造过攻城用的云梯和舟战用的钩钜。他用竹片和木料制成的飞鸢，能连续飞行 3 天，可谓精巧之至。相传他还为其母亲制造木车马。不过，鲁班最大的贡献，据说是改进并发明了后来木工使用的基本工具，所以鲁班被尊为木工的祖师爷。

西门豹治邺

西门豹是战国魏文侯时邺城（今河北临漳县境内）太守。西门豹到任时发现邺城非常荒凉，人口也很少。询问当地父老后得知，是因为河伯娶亲造成的。原来，漳河里的水神河伯最喜爱年轻姑娘，每年要娶一个媳妇。不然，河伯就会兴风作浪，发大水把庄稼全冲了。其实，这些都是巫婆勾结里长干的，西门豹便用计将巫婆、里长投入河中。从此，谁也不敢再提给河伯娶亲的事了。以前离开邺城的人，都纷纷回来了。

西门豹叫水工测量地势，动员邺城的百姓开了 12 条水渠，引漳河水灌溉庄稼。有不少荒地变成了良田，一般的水灾、旱灾得以免除，老百姓安心耕种，收成比以前好了很多。

孟 子

孟子（约公元前 372—前 289 年），名轲，战国时邹（今山东邹城东南）人。受业于孔子之孙子思门下，曾游学齐、魏、滕、宋等国，一度为齐宣王客卿，因意见不合隐退，居邹潜心治学。孟子着重发挥孔子学说中的"仁政""王道"思想，提出"民为贵，社稷次之，君为轻"的政治主张；认为人性本善，应充分运用教育的力量促进社会文明进步；强调知识分子的独立意识与社会职责，提出"富贵不能淫，贫贱不能移，威武不能屈"的操守准则。被宋儒称为"亚圣"。其论述集于《孟子》一书。

庄 子

庄子像 清 任熊

庄子（约公元前369—前286年），名周，字子休，战国时宋国蒙（今河南商丘东北）人，中国古代著名的思想家，道家创始人之一，杰出的散文家。

庄子家贫，但拒绝楚威王厚币之聘，终身不仕。继承老子"道法自然"的观点，以道为万物的创造者，主张齐物我、齐大小、齐是非等。反对人为，强调事物的自生自灭，否认有神的主宰，包含了朴素的辩证法因素，对后代思想有很大影响。著有《庄子》一书。

韩非子

韩非（公元前280—前233年），战国末期韩国人，法家主要代表，贵族出身，与李斯同拜荀卿为师。得秦王政赏识邀至秦国，受李斯、姚贾陷害于狱中自杀。韩非学说融会商鞅的"法"、申不害的"术"和慎到的"势"，提出法、术、势三者结合，以法为中心的君主集权专制统治理论。韩非是中国先秦时期法家思想的集大成者，为数千年封建专制主义奠定了理论基础，对中国社会产生了重大影响，其著作有《韩非子》。

孙 膑

战国中期的军事家。生卒年无考，齐国人，是孙武的后代。曾与庞涓共学兵法，庞涓做魏将后，忌其才能，诱之入魏，借故处以膑刑（一种削去膝盖骨的酷刑），并将其软禁。后齐国使臣知其贤，设计救孙膑入齐。齐威王任其为军师，与田忌共战庞涓，取得桂陵之战和马陵之战的胜利，并创造了"围魏救赵"和"减灶退兵，诱敌入伏"等著名战例。孙膑继承和发展了孙武的军事思想。传世的主要著述《孙膑兵法》是继《孙子兵法》之后，又一部重要的军事理论著作。

吕不韦

吕不韦（？～约公元前235年），战国末年秦相，卫国濮阳（今河南濮阳西南）人。原为家累千金的阳翟大贾。吕不韦在赵都邯郸见入质于赵的秦公子子楚（即异人），认为"奇货可居"，遂予重金资助，并游说秦太子安国君宠姬华阳夫人，立子楚为嫡嗣。后子楚与吕不韦逃归秦国。安国君继立为孝文王，子楚遂为太子。公元前250年，子楚即位（即庄襄王），任吕不韦为丞相，封为文信侯，食河南洛阳十万户。庄襄王卒，年幼的太子政被立为王，尊吕不韦为相国，号称"仲父"。门下有食客 3000 人，家童万人。命食客编著《吕氏春秋》，有八览、六论、十二纪，共 20 余万言，汇合了先秦各派学说，"兼儒墨，合名法"，故史称"杂家"。执政时曾攻取周、赵、卫的土地，立三川、太原、东郡，对秦王政兼并六国的事业有重大贡献。后因叛乱之事受牵连，被免除相国职务，出居河南封地。不久，秦王政复命其举家迁蜀，吕不韦恐诛，乃饮鸩而死。

《法经》

《法经》是中国第一部封建法典，由战国魏文侯相李悝编纂，成书年代现在已经不可考。全书分《盗法》《贼法》《囚法》《具法》等 6 部分。李悝编定《法经》，基本汇集了战国时期各国法律建设的已有成果，在中国法制史研究领域具有重要的意义。

《甘石星经》

战国时齐国的天文学家甘德写了一本《天文星占》，魏国的天文学家石申写了一本《天文》，后人将他们的著作合二为一，称作《甘石星经》。这是中国历史上最早的一部天文学著作。

这部书中记载了许多重要的天文学成就：天文学家已经掌握了月亮和月食的关系，日食肯定发生在每月初一或每月的最后一天；书中还记载了木星有卫星，这比意大利人用望远镜观察到木星有卫星早将近 2000 年；书中保留了中国历史上最早的星表，把测量出来的许多恒星的位置坐标和其他都汇集起来。星表中记载了二十八星宿和一些恒星，一共有 120 多颗星的赤道坐标，这个星表比欧洲最早的星表要早 200 年左右。

《黄帝内经》

《黄帝内经》是中国现存的最全面的总结以前医学成就的医学著作。相传它是黄帝的大臣讨论医学而写的一本书，所以称"内经"。《黄帝内经》大约产生于战国时期，后来经过秦汉医学家的整理、补充，最终形成。《黄帝内经》内容十分丰富，总结了过去医学理论的成果，为中国传统中医理论体系奠定了广泛的基础，成为以后中医理论的基本法则。

《黄帝内经》书影

《楚辞》

《楚辞》是楚人屈原及其门徒宋玉等人所撰，其中屈原作品的艺术成就最高，影响也最大。代表作品有《离骚》《九歌》《天问》《九章》《招魂》等，其中尤以《离骚》价值最高，是中国古典文学中最长的抒情诗。诗中表现了屈原对国家和人民的一片深情，具有很强的浪漫主义色彩。诗歌文情并茂，传唱千古，代表了战国后期文学创作的最高水平。

《国语》

杂记周穆五十二年（前990）西征大戎，下至智伯被灭（前453）时，周、鲁、齐、晋、郑、楚、吴、越八国人物与事迹，以及言论的国别史。亦称《春秋外传》。旧说为春秋末鲁人左丘明所作，与《左传》同为解说《春秋》经的姐妹篇。近代学者研究证实，春秋时有称为瞽的盲史官，专门记诵、讲述古今历史。左丘明即是略早于孔子的著名瞽，其讲史曾得到孔子的赞赏。瞽讲述的史事被后人笔录成书，称为《语》，按国别区分即为《周语》《鲁语》等，总称为《国语》。西晋时曾在魏襄王墓中发现大量写在竹简上的古书，其中有《国语》三篇言楚、晋事，说明战国时该书已流行于世。今本《国语》大约就是这些残存记录的总集。

《战国策》

《战国策》是战国时期各国游说之士计策、谋略及言论的汇编。最初书名纷繁，有《国策》《事语》《长书》《国事》《短长》等不同称呼。西汉末年，刘向汇集了33篇合订为一书，取名《战国策》。

《吕氏春秋》

《吕氏春秋》又名《吕览》，是战国末年秦相吕不韦集合手下的门客共同编写的。书出众手，各记所闻，因而内容虽以儒、道为主，亦取墨、法、名、农、阴阳等诸家学说，后被人尊为杂家的代表作。全书分为十二纪、八览、六论，共26卷，160篇。总结了春秋战国时百家争鸣的成果。语言简洁、生动、形象，其中"刻舟求剑"等寓言脍炙人口，流传至今。

《晏子春秋》

《晏子春秋》是记叙春秋时代著名政治家、思想家晏婴言行的一部书。《晏子春秋》共8卷，包括内篇6卷（谏上下、向上下、杂上下），外篇2卷，计215章，全部由短篇故事组成。全书通过一个个生动活泼的故事，塑造了主人公晏婴和众多人物的形象。这些故事虽不能完全当作信史看待，但多数是有一定根据的，可与《左传》《国语》《吕氏春秋》等书相互印证，作为反映春秋后期齐国社会历史风貌的史料。这部书多侧面地记叙了晏婴的言行和政治活动，突出反映了他的政治主张和思想品格。

《尉缭子》

《尉缭子》是中国古代颇有影响的一部著作。《尉缭子》反对迷信鬼神，主张依靠人的智慧，具有朴素的唯物主义思想。它对政治、经济和军事关系的认识是相当深刻的。在战略、战术上，它主张不打无把握之仗，反对消极防御，主张使用权谋，争取主动，明察敌情，集中兵力，出奇制胜。这些观点即使在今天也仍有值得参考的价值。

《司马法》

《司马法》是中国古代一部著名的兵书。相传是姜子牙所写，但到了战国时已经散佚。据《汉书·艺文志》记载，当时《司马法》共155卷。东汉以后，马融、郑玄、曹操等人的著作中，都曾以《司马法》为重要文献资料而加以征引，据以考证西周和春秋时期的军制。晋唐之间，杜预、贾公彦、杜佑、杜牧等人，也多以《司马法》为立说的根据，可见《司马法》在当时仍具有军事权威著作的声誉。宋元丰中（1078～1085年）把《司马法》列为"武经七书"之一，颁行武学，定为将校必读之书，其重视程度，也不减晋唐。迄至清代，姚际恒、龚自珍等人，疑为伪书。但对他们所质疑的问题，详加考查，显然根据不足。《司马法》流传至今已2000多年，亡佚很多，现仅残存5篇。但就在这残存的5篇中，也还记载着从殷周到春秋、战国时期的一些古代作战原则和方法，对我们研究那个时期的军事思想，提供了重要的资料。

《山海经》

《山海经》是先秦古籍，是一部富于神话传说色彩的最古老的地理书。它主要记述古代地理、物产、神话、巫术、宗教等，也包括古史、医药、民俗、民族等方面的内容。除此之外，《山海经》还以流水账方式记载了一些奇怪的事件，对这些事件至今仍然存在较大的争论。全书现存18篇，约31000字。五藏山经5篇、海外经4篇、海内经5篇、大荒经4篇。《汉书·艺文志》称13篇，未把大荒经和第十八篇海内经计算在内。全书内容，以五藏山经5篇和海外经4篇作为一组，海内经4篇作为一组，而大荒经4篇以及书末海内经1篇又作为一组。每组的组织结构，自具首尾，前后贯串，有纲有目。五藏山经的一组，依南、西、北、东、中的方位次序分篇，每篇又分若干节，前一节和后一节又用有关联的语句相承接，使篇节间的关系表现得非常清楚。

该书按照地区不按时间把这些事物——记录。所记事物大部分由南开始，然后向西，再向北，最后到达大陆（九州）中部。九州四围被东海、西海、南海、北海所包围。古代中国也一直把《山海经》当作历史看待，是中国各代史家的必备参考书，由于该书成书年代久远，连司马迁写《史记》时也认为："至《禹本纪》，《山海经》所有怪物，余不敢言之也。"

"六经"

"六经"是儒家学派的6种主要典籍，也有称它为"六艺"的，它们是：《诗》《书》《礼》《乐》《易》《春秋》。这6种典籍都与孔子有直接或间接的关系，其中，《诗》

《书》都是经孔子整理、编订的；《礼》后来分为三部，"三礼"都成于孔门弟子；《乐》已亡佚，但《礼记》中的《乐记》得其精髓；《易》是孔子喜欢的书，并曾为之作《传》；《春秋》是孔子据鲁史而编撰的。

墨　家

墨家的创始人是墨翟。墨子认为，世界上一切不合理的事情，都源于人与人的不相亲爱，因此提倡"兼爱"，力主"非攻"，认为当时各国之间进行的战争是最不正义的。墨子反对孔子提倡礼乐的主张，认为儒家倡导的那一套礼乐制度纯属劳民伤财，不利于生产和生活，人们应当"非乐"和"节葬"。在治国方面，墨子的主张主要有两点：一是尚贤；二是尚同。认为一个国家必须要有天子，来统一人们的思想，以防天下混乱。和其他各家的思想相比，墨子的思想是典型的下层庶民的思想。

名　家

名家也称辩者、察士或刑名家。名家代表人物为惠施与公孙龙。名家又分为两大分派，一派是以惠施为首的"合同异派"，该派认为事物不论性质上的同异，都可在大同的基础上，不计小异而混合于一。另一派是以公孙龙为代表的"离坚白派"，该派认为事物的概念可以脱离事物本身而独立，有著名的"白马非马"辩。名家的学术活动，极大地促进了中国逻辑学的发展。

黄老学派

黄老学派是战国时期道家学派的一个分支，代表人物有慎到、田骈、环渊、接子等人。他们以老子天道自然、无为而治的道本体思想为立足点，融合儒家德治思想、法家法治思想，形成一种以清静无为、爱民惠民、刑名法术为核心的新学说体系。该学派奉黄帝为始祖，以老子为近祖，因而被称为黄老学派。

先秦诸子散文

在百家争鸣的时代里，诸子百家们著书立说，宣扬自己的观点，由此带来了春秋战国时期诸子散文的繁荣。其发展过程可以分为3个阶段：一为春秋末年到战国初年，代表作品为《论语》（语录体）、《老子》（格言体）、《墨子》（专论体）；二为战国中期，代表作品为《孟子》和《庄子》，其中《庄子》是诸子散文中成就最高的代表之作；三为战国末期，以《荀子》和《韩非子》为代表，《荀子》一书引物连类，设喻说理，已经从语录体和对话体发展成为颇具体系的专题论文。先秦诸子散文是中国散文史上的黄金时期，对后世文学的发展影响至深。

先秦历史散文

早在西周时期，周王室和各诸侯国已经有了自己的国史。到了春秋战国时期，历史散文的创作繁荣起来。《左传》《国语》和《战国策》就是其中的代表，其中

《战国策》的文学成就极高。它以人物的活动为中心来记载史实，策士之间的相互辩难极尽夸张，铺张扬厉，而他们对于形势的判断和利弊的分析周密准确、深刻入理。先秦历史散文的创作，表现出文学性不断增强、史学的严格性有所削弱的特征。

都江堰

都江堰是中国古代著名的水利工程之一，原名"都安堰"，因在古都安县境内而得名。宋、元后改称都江堰，在今四川省西北岷江中游。岷江发源于岷山，水量充沛，水患不断。秦昭襄王时，蜀郡守李冰父子治理岷江，从根本上免除了水灾之患，又开发了航运和灌溉，成都平原从此沃野千里，六畜兴旺。

李冰父子塑像

郑国渠

为了削弱秦国的国力，韩国派水利专家郑国到秦国，劝说秦王兴修大型水利工程，想借此分散秦国的精力。后来秦王发觉中计，想杀郑国。郑国坦然地说，修凿此渠或许能让韩国苟延残喘几年，但对于秦国则是百年受益。秦王觉得有理，便让郑国继续主持工程。经进十几年的努力，300里长的郑国渠终于建成，关中果然因此成为一片沃土。发达的农业成为后来秦王统一中国的有力的物质保障。

战国四公子

孟尝君，生卒年不可考，齐公子，田婴子，名文，字孟，封于薛邑。任魏相，曾支持齐、燕、韩、赵、魏五国攻秦，受到苏秦的称赞。

信陵君（？～前243年），魏公子。封于信陵，称信陵君，连横抗秦的著名人士。

平原君（？～前251年），赵公子，赵惠文王之弟，名赵胜，封于东武城，号平原君。

春申君（？～前238年），楚公子，名黄歇。其先祖受封于黄，其后乃以黄为姓。春申君为楚相二十余年。"虽名相国，其实王也。"

图穷匕见

秦国是"战国七雄"中的强者，它不断蚕食他国，公元前228年向北进犯，俘虏了赵王，燕国危在旦夕。燕国的太子丹派荆轲做刺客，要杀死秦王，以解亡国威胁。

荆轲出发前，做了三项周密准备：由勇士秦舞阳陪同荆轲行刺；带上秦王一直想杀死的仇人的人头；再拿上燕国打算要献给秦王的最肥沃的燕地——督亢地区的地图。这后两项准备，当然是为了取信于秦王，那卷地图更有特别功用，里面藏着刺杀秦王的锋利匕首，刀锋上还淬过了烈性毒药。

秦王接见荆轲时，见了仇人被斩下的人头，又听说燕国欲献大片土地，兴奋不已地打开地图，地图全部展开时匕首出现了。荆轲一个箭步跑过去，拿起匕首又拉住秦王，但秦王挣脱而逃，衣袖都扯断了，围柱追逐一番之后，秦王才知抽剑砍伤荆轲，众大臣侍卫随后用乱刀将荆轲杀死了。"图穷匕见"现常比喻真相显露出来的意思。

王翦将兵

王翦（？～前212年），频阳（今陕西富平县）东乡人。少时就喜欢兵法，长大后为秦王嬴政效力。

秦国将领李信，年轻气盛，英勇威武，曾带着几千士兵把燕太子丹追击到衍水，最后打败燕军捉到太子丹。秦王认为李信贤能勇敢。一天，秦王问李信："我打算攻取楚国，由将军估计调用多少人才够？"李信回答说："最多不过二十万人。"秦王又问王翦，王翦回答说："非得六十万人不可。"秦王说："王将军老喽，多么胆怯呀！李将军真是果断勇敢，他的话是对的。"于是就派李信及蒙恬带兵二十万向南进军攻打楚国。王翦的话不被采用，就推托有病，回到频阳家乡养老。李信攻打平与，蒙恬攻打寝邑，大败楚军。李信接着进攻鄢郢，又拿了下来，于是带领部队向西前进，要与蒙恬在城父会师。其实，楚军正在跟踪追击他们，连着三天三夜不停息，结果大败李信部队，秦军大败而逃。

秦王听到这个消息，大为震怒，亲自乘快车奔往频阳，见到王翦道歉说："我由于没采用您的计策，李信果然使秦军蒙受了耻辱。现在听说楚军一天天向西逼近，将军虽然染病，难道忍心抛弃我吗！"王翦说："大王一定不得已而用我，非六十万人不可。"秦王嬴政满口答应说："就只听将军的谋划了。"于是王翦率领着六十万大军出发了，秦王嬴政亲自到灞上送行。于是，王翦代替李信进击楚国，取得大胜。

讳疾忌医

战国时有位名医叫扁鹊，他医术高明，闻名于天下。

有一天，扁鹊见到了蔡桓公，扁鹊说："您有病了，现在病还在皮肤里，若不及时医治，恐怕病情会加重的。"蔡桓公不高兴地说："我根本没有病，也用不着治。"扁鹊没说什么就走了。过了几天，扁鹊又见到蔡桓公。一见面，扁鹊就说："您的病现在已经进入到肌肉里去了，应该赶快治疗，不然，病情会更严重的。"蔡桓公听了心里很不是滋味，只当没听见，理也没理他。

就这样又过了几天，扁鹊又来见蔡桓公。这回一看，果然病情又严重了，扁鹊担心地对蔡桓公说："您的病现在已经进入到肠胃里了，再不治，就没法治了。"

几日过去了，扁鹊又来见蔡桓公。可这回，他刚见蔡桓公的面，什么也没说，回头转身就跑。蔡桓公及在场的人觉得奇怪，就派人去追，问到底是怎么回事。

扁鹊严肃地说道："病在皮肤，热敷艾灸就能达到患部；病在肌肉，针刺可达到患部；病在肠胃，药力可以达到患部，这些都能治好。可病深入到骨髓，病就无法医治了。我见桓公的病已深入到骨髓，所以我转身就走。"

在场的人没说什么，几天后，桓公病情发作，周身疼痛难忍。派人去请扁鹊，扁鹊早已逃到秦国去了。蔡桓公终于病亡了。

战国五大刺客

荆轲（？～前227年），战国末年刺客。卫国人。燕国的太子丹想寻找能刺杀秦王政的人，就把荆轲请来，奉为上宾。结果，没有成功，荆轲和秦舞阳都死在了秦国武士们的刀下。

曹沫，又叫曹刿，生卒年不详，他在齐桓公和鲁庄公于柯（今山东东阿）会盟时，持匕首劫持齐桓公，强迫他归还侵占鲁国的土地，齐桓公被迫同意。

专诸（？～前515年），公元前515年，他用藏在鱼腹中的匕首刺死了吴王僚，帮助吴公子光（即阖闾）夺取了王位。

豫让，生卒年不详，本为晋国大夫知伯的卫士。智伯被赵襄子杀死后，他先后两次化装刺杀赵襄子，企图为智伯报仇，但都未成功，后被捕。

聂政（？～前397年），于公元前397年帮韩国大夫严遂刺死了与之争权夺利的相国侠累，他也自刎而死。

哈雷彗星的最早记录

中国古代对彗星的观测历史悠久，并有详细记录，对于像哈雷彗星这种大彗星的出现，则更加注意。《春秋》一书中记录了哈雷彗星出现的情景，这是世界上最早的关于哈雷彗星的记载。在这以后，直到1910年，哈雷彗星曾经回归34次，中国的史书上记录31次。这些不间断的记录对现代研究哈雷彗星的轨迹变化提供了宝贵资料。

二十八宿图

二十八宿图是中国古代天文图，于曾侯乙墓中发现。盖面以黑漆打底，中心篆书一象征北斗的"斗"字，四周环绕着二十八宿星名，左右两端用红漆绘以白虎、青龙，其位置与古文献所载四象划分大体一致。这是中国迄今发现的记有二十八宿全部名称，并与北斗、四象相配的最早天文实物资料。

曾侯乙编钟

曾侯乙墓发掘出土了大批古乐器，共有编钟、编磬、鼓、瑟、琴、笙、排箫、篪8种124件，成为中外音乐史上的一大奇观。其中对中国音乐史研究贡献最大的是全套打击乐器编钟。曾侯乙编钟有64枚，另有楚惠王赠的钟1枚，共计65枚，编成8组，出土时悬挂在三层铜木结构的曲尺形钟架上。每件钟上都有关于乐律的铭文。整套编钟的音阶结构与现今国际上通用的C大调七声音阶属同一音列，音域宽广，从最低音到最高音，跨越了 5 个八度。它的发现弥补了古代乐律记载方面的不足，从而推翻了"中国的七声音阶来自欧洲"的传统说法。

"重农抑商"思想

"重农抑商"是贯串中国整个封建专制时代的重要思想政策，它萌发于春秋，成熟于战国，延及以后历代，是中央专制集权政治的配套措施。其"重农"之农，包括小农及以小农为基础的农业经济，目的是稳定国家兵源、财源（赋税）与社会经济基础；其"抑商"之商，指的是商品经济与资本市场，在抑制商人资本对破产小农的盘剥、兼并的表层下，包含有防止政权对立面或异己力量出现的根本目的。

书法的起源

中国书法起源于春秋末期。当时传统文字的艺术化现象开始出现，为求视觉上的美观，原有笔画开始被加上圆点、波折或鸟形装饰等，成为后世被称为"鸟篆""虫篆"或"缪篆"的起源。进入战国后，除了广泛应用的草篆，连同重要礼器上的铭文，都一改春秋之前的工整与刻板，普遍都进行了美化处理。

将相分权制

战国时期，各诸侯国鉴于春秋时期卿大夫出将入相，大权在握，导致君权旁落的教训，也为了适应军队扩大、战争发展、指挥复杂的客观现实，普遍实行将相分权的制度。

齐、赵、魏、韩等国把统领军队的军官称为将、将军、上将军、大将军等。秦惠王从秦国将相合一的大良造中分离出来的相邦，后又被秦武王进一步分为左、右二相。大良造在相权分出后，成为秦国武官之长。后撤销大良造，国尉升为武官之长。楚国武官之长称柱国、上柱国。

战国时期将以下的武官设置也比较完备了，赵国设左司马、都尉，齐国设司马。秦、齐、赵、楚设郎中，郎中是国君的侍卫。各诸侯国都普遍设都尉，负责卫戍之职。秦国除了设立都尉外，又有中尉一职，负责警卫国都。秦王嬴政时设立卫尉，负责警卫宫廷。

骑兵的出现

骑兵是骑马作战的军队。我国是世界上较早出现骑兵的国家之一。春秋时期的军队车步并重，只有少量的骑兵，处于无足轻重的地位。到了战国时代，骑兵才作为一种独立的兵种正式出现。

最先建立骑兵部队的是赵国。赵国饱受北边的楼烦、林胡、匈奴等游牧民族扰边之苦，赵国传统的车步兵，在与灵活、快捷的胡人骑兵作战时屡遭失败。于是赵武灵王"胡服骑射"，进行改革，削减车兵，增加骑兵；改传统宽袍大袖为胡人式的紧身束服，征边民和胡人组成骑兵部队，击败了楼烦、林胡等的侵扰，攻灭了中山国，使赵国一跃成为军事强国。于是各国纷纷效仿，秦、赵等国均号称"车千乘，骑万匹"，军队也由步车为主渐渐转变为车骑并重。

战国时代的骑兵配有齐全的鞍鞯，但是没有马镫。骑兵主要武器为弓箭，作战以骑射为主，近战则使用青铜剑、戟。

铁兵强弩

在春秋时期，很少使用铁兵器。但到了战国时期，铁兵器的使用已经非常普遍了。据文献记载，战国时期的铁兵器种类很多，有铁剑、铁甲、铁杖、铁锥等。

在现在已出土的上千件先秦铁器中，绝大部分是战国中晚期的，其中铁兵器占大多数，有矛、戟、剑、刀、镞、匕首、甲胄等。1965 年，河北易县燕下都44 号墓出土了铁矛 19 件、铁戟 12 件、铁剑 15 件和铁刀、匕首、胄等。

弩在春秋时期就已经开始使用。到了战国时期，各诸侯国已经开始广泛使用。齐、魏马陵之战时，齐军"万弩齐发"，大败魏军，显示了弩的强大威力。《孙膑兵法》中也多次提到了弩的使用。战国时期，弩的种类很多，有用手臂发射的"臂张弩"，以及用脚踏发射的"蹶张弩"等。据文献记载，魏军有"十二石之弩"，指的是拉开这种弩的弦需要相当于拉十二石的力量。韩国的劲弩能射 600 步之远。

攻城与守城

《孙子兵法》认为："上兵伐谋，其次伐交，其次伐兵，其下攻城。攻城之法，为不得已。"可见孙子是不赞成攻城的。

到了战国时期，情况发生了巨大的变化。《孙膑兵法·雄牝城》篇，把城邑分为难攻之城（雄城）和易攻之城（牝城），已不再反对攻城了。《尉缭子·攻权》篇已经把大城邑作为主要进攻目标。这是因为一则战国时城邑已经成为政治、经济中心，控制着交通枢纽，成为必争之地；二则步兵已经成为当时军队的主力，出现了很多攻城工具；三则后勤补给也可以满足战争的需要。燕将乐毅曾攻下包括齐都临淄在内的 70 余城。秦将白起曾攻下包括楚都郢在内的 80 座城。

战国时各国争相修建或扩建了许多城池，并且把城墙增高增厚，建造女墙和瞭望楼，设有悬门，把城外的壕沟加宽加深。守城时，男女老少齐上阵。城邑的守军分为守备部队和出击部队，配合援军，内外夹击围城的敌军。

秦汉时期

秦　朝

秦灭六国

秦王嬴政亲政之后，凭借强大的国力，平定内乱，加强集权，并开始了统一天下的进程。从公元前230年消灭韩国开始，到公元前221年灭亡齐国结束，秦国在短短10年间结束了近500年的割据混战局面，完成了统一大业，建立起中国历史上第一个中央集权的统一国家。

蒙恬出击匈奴

公元前215年，秦始皇命大将蒙恬率领30万大军向北出击匈奴。第二年，秦军将匈奴击退了700里，夺取了黄河南边的大片地区。秦始皇就在当地设置了九原郡，派获罪被贬的犯人去戍守。当时蒙恬驻守上郡（今陕西榆林南），匈奴头领单于只好率众北迁。

焚书坑儒

"焚书"和"坑儒"是秦始皇为加强思想控制、巩固专制统治而制造的两起重大事件。公元前213年，秦统治集团内部围绕分封问题发生激烈争论。秦始皇采纳丞相李斯的建议，禁止私学，发布焚书令。所焚之书包括秦统一前的列国史书和民间所藏的《诗》《书》、百家语。秦国史书、博士官所藏的图书，民间所藏医药、卜筮和种树等技艺之书，则不在焚烧之列。同时宣布，有敢再谈论《诗》《书》者处死，以古非今者灭族。次年，又因方士卢生等在背后讥刺秦始皇滥用刑罚，秦始皇下令穷究，受到株连的460余名儒生均被活埋于咸阳。"焚书坑儒"体现了秦政的暴虐，给中国古代思想文化的发展造成了极大损失。

秦始皇焚书坑儒图 清
这件清代的帛画以想象的方式向我们展现了秦始皇当年焚书坑儒的情形，图中在朝堂之上秦始皇巍然高坐，儒士战战兢兢求命于下，朝堂之外已有许多儒士被绑，或被杀扔入坑中，或被押在坑边。

沙丘之变

秦始皇于公元前210年夏开始了第五次，也是他一生中最后一次出巡，途中在沙丘（今河北平乡东北）病逝。他死前留下玺书，让太子扶苏继承帝位。二公子胡亥的同党赵高与丞相李斯密谋，擅自篡改了遗令，立二公子胡亥为太子，并将扶苏和大将蒙恬赐死。赵高等载着秦始皇的灵柩若无其事地往回走，回到咸阳才正式发丧，胡亥继位，为秦二世。

赵高篡权

赵高乃秦二世胡亥的亲信，因帮胡亥篡夺帝位，深得秦二世宠信，不久便当上了丞相，被封为武安侯，大权独揽。赵高怕大臣向皇帝揭发他的恶行，就一面陷害和他作对的大臣，一面劝二世深居禁宫，不见臣民，从而一手独揽朝政大权。

子婴杀赵高

秦朝时，赵高杀了二世之后，便立二世哥哥的儿子子婴为秦王，将二世当作平民来埋葬。要子婴斋戒，以便入太庙祭祖，接掌传国玉玺。

当斋戒进入第五天时，子婴与他的两个儿子商议说："丞相赵高杀了二世，怕臣子杀他，就假装道义来拥立我登基。我听说赵高竟然与楚国相约要灭秦朝皇室，然后在关中称王，现在要我斋戒，以便入太庙，就是希望借此在庙中杀我，我想届时装病不去，那丞相一定会自己找我，等他一来就杀了他。"

到了要入太庙的时候，赵高派人去请子婴等人，子婴不去。赵高果然自己前来，说道："宗庙之事，非常重要，大王为何不去呢？"子婴趁此机会在斋宫中杀了赵高，并灭了赵高三族。

陈 胜

陈胜（？～前208年），字涉，阳城（今河南登封市东南）人，是中国第一位农民起义领袖。他少年时勇斗恶狼，胸怀鸿鹄高远之志，青年斗恶少，救张良，仗义执言，在被征谪走投无路时，奋起抗争，在大泽乡揭竿而起，"天下云集响应"，队伍迅速壮大，建立了第一个农民政权——张楚。陈胜被推举为王，后分兵数路与秦抗争，主力周文军势如破竹，一直攻打到距咸阳100余公里的戏（今陕西临潼区东），沉重打击残暴的秦王朝。由于秦军的疯狂反扑，加上六国后裔趁机复国，抢占地盘，陈胜又在胜利面前滋长骄傲自满情绪，任用奸佞，最终起义遭到失败，陈胜也被车夫庄贾所害，由陈胜委任的各地起义军终于在刘邦、项羽的率领下，推翻了秦王朝，陈胜的首义之功永远彪炳史册。

吴 广

吴广（？～前208年），字叔，阳夏（今河南太康）人。与陈胜同为秦末农民起义领袖。秦二世元年（公元前209年）七月，朝廷征发闾左屯戍渔阳，陈胜、吴广为屯长。他们行至大泽乡（今安徽宿县东南），为大雨所阻，不能按期到达。按照秦法，过期要杀头。陈胜、吴广便发动戍卒起义，提出"大楚兴，陈胜王"的口号。陈胜自立为将军，以吴广为都尉，用已被赐死的秦始皇长子扶苏和楚将项燕的名义号召群众反秦。随着反秦斗争的开展，起义军内部的弱点和矛盾也逐步暴露。陈胜滋长了骄傲情绪，听信谗言，诛杀故人，与起义群众的关系日益疏远。派往各地的将领也不受陈胜控制，甚至为争权夺利而互相残杀。如围攻荥阳的起义军将领田臧与吴广意见不合，竟假借陈胜之命杀死吴广，结果导致这支起义军的全军覆灭。

小　篆

　　小篆是在秦始皇统一中国后，推行"书同文，车同轨"，统一度量衡的政策，由丞相李斯负责，在秦国原来使用的大篆籀文的基础上，进行简化，取消其他六国的异体字，创制的统一文字汉字书写形式。小篆一直流行到西汉末年，才逐渐被隶书所取代。但由于其字体优美，始终被书法家所青睐。又因为其笔画复杂，形式奇古，而且可以随意添加曲折，印章刻制上，尤其是需要防伪的官方印章，一直采用篆书，直到封建时代结束，近代新防伪技术出现。《康熙字典》上对所有的字还注有小篆写法。

小篆体十二字砖　秦

这件显示秦始皇开创强大帝国声势的秦砖，以阳文篆刻"海内皆臣，岁登成熟，道毋饥人"12个字，意思是秦朝统一天下，普天之下都是秦朝子民，希望国富民安。

隶　书

　　秦始皇在"书同文"的过程中，命令李斯创立小篆后，也采纳了程邈整理的隶书。由于作为官方文字的小篆书写速度较慢，而隶书化圆转为方折，提高了书写效率。郭沫若用"秦始皇改革文字的更大功绩，是在采用了隶书"来评价其重要性。隶书基本是由篆书演化来的，主要将篆书圆转的笔画改为方折，书写速度更快，在木简上用漆写字很难画出圆转的笔画。

驰　道

　　驰道是中国历史上最早的"国道"，始于秦朝。公元前221年，秦始皇统一六国，第二年（公元前220年），就下令修筑以咸阳为中心的、通往全国各地的驰道。

　　著名的驰道有9条，有出今高陵通上郡（陕北）的上郡道，过黄河通山西的临晋道，出函谷关通河南、河北、山东的东方道，出今商洛通东南的武关道，出秦岭通四川的栈道，出今陇县通宁夏、甘肃的西方道，出今淳化通九原的直道等。秦驰道在平坦之处，道宽五十步（约今69米），隔三丈（约今7米）栽一棵树，道两旁用金属锥夯筑厚实，路中间为专供皇帝出巡车行的部分。可以说，这是中国历史上最早的正式"国道"。

陈胜、吴广起义

　　公元前209年七月，朝廷征发河南境内的贫苦农民900人到渔阳屯戍。适逢大雨，他们滞留在了大泽乡（今安徽宿县西寺坡乡刘村集），不能如期赶到渔阳戍地，按秦法"失期当斩"。为了死中求生，这一群农民在陈胜、吴广的领导下，在大泽乡举行起义，这是中国历史上第一次大规模的农民起义。陈胜、吴广率领起义军，首先攻下了大泽乡和蕲县，接着向西北挺进，到达陈（今河南淮阳）的时候，已经是一支拥有战车六七百乘、骑兵千余人、步兵数万人的强大队伍。起义军在这里建立了政权，国号张楚，陈胜自立为张楚王，吴广为假王。在他们的影响之下，许多郡县的农民杀掉当地的守令，响应起义，声势一度十分浩大。后来起义被秦将章邯所镇压。

巨鹿之战

指秦朝末年，反秦义军击溃秦军主力的战役。陈胜、吴广牺牲后，项梁立楚怀王之孙为王，仍称楚怀王。公元前 208 年，秦将章邯率兵围巨鹿（今河北平乡西南），楚怀王命宋义、项羽等率反秦义军援救，途中项羽杀宋义代之。次年，项羽率全军渡漳河，命士卒带三日粮，破釜沉舟，以决一死战。与秦军九战，大破之，遂解巨鹿之围，迫使章邯投降。此战使秦军主力丧失殆尽，有力地支援了刘邦进军关中，推翻秦朝。巨鹿之战是中国古代战争史上以少胜多的著名战例。

破釜沉舟

公元前 209 年，中国历史上爆发了陈胜、吴广领导的农民起义。陈胜、吴广牺牲后，刘邦和项羽率领的两支军队逐渐壮大起来。公元前 207 年，项羽的起义军与秦将章邯率领的秦军主力部队在巨鹿展开大战，项羽不畏强敌，引兵渡漳水（由巨鹿东北流向东南的一条河）。

楚军全部渡过漳河以后，项羽让士兵们饱饱地吃了一顿饭，每人再带三天干粮，然后传下命令：把渡河的船（古代称舟）凿穿沉入河里，把做饭用的锅（古代称釜）砸个粉碎，把附近的房屋放把火统统烧毁。这就叫破釜沉舟。项羽用这种办法来表示他有进无退、一定要夺取胜利的决心。

楚军士兵见主帅的决心这么大，谁也不打算再活着回去。在项羽的亲自指挥下，他们以一当十、以十当百，拼死地向秦军冲杀过去，经过连续 9 次冲锋，把秦军打得大败。秦军的几个主将，有的被杀，有的当了俘虏，有的投了降。这一仗不但解了巨鹿之围，而且把秦军打得再也振作不起来。两年后，秦朝就灭亡了。

楚汉相争

指刘邦和项羽争夺封建统治权所进行的战争。公元前 206 年，秦王朝被推翻后，项羽自立为西楚霸王，都彭城（今徐州），划地分封诸侯王，刘邦被封为汉王。后刘邦乘项羽征讨齐地之机，决策东向，占据关中，并迅速占领西楚根据地彭城。项羽回师反击，大败刘邦。刘邦经过休整，联络各地反对项羽的力量，与项羽在荥阳、成皋（今河南巩义上街）一带相持，又派韩信攻占魏、赵、燕、齐等地。项羽腹背受敌，遂于公元前 203 年与刘邦约以鸿沟（在今河南中牟县）为界，东属楚，西属汉。次年，刘邦乘项羽撤兵，全力追击，并约韩信、彭越合围。项羽败退至垓下（在今安徽灵璧东南），不久自杀于乌江（在今安徽和县境），楚汉战争结束。刘邦称帝，建立汉朝。

楚河汉界

象棋盘上的"楚河""汉界"其实就是在模拟历史上的楚汉相争。楚汉相争是项羽和刘邦之间的一场战争，以成皋之战为中心而展开，以垓下之战汉胜楚败而结束。

据《史记》记载，从公元前204年起，项羽和刘邦为争夺农民起义的胜利果实，在河南荥阳和荥阳西北的成皋一带发生战争。经过一段时间的对峙和战斗后，汉军危急。将军纪信假扮刘邦东门诈降，刘邦趁机逃跑，项羽怒焚纪信。公元前203年，汉王刘邦趁项羽东进时引兵渡黄河，攻取成皋。

项羽在齐地闻成皋失守，急速归来。刘邦屯兵广武，在西山筑城。项羽进军广武，隔广武涧在东山筑城，形成楚汉对垒。项羽欲将留质在楚军中的刘太公烹掉，以威胁刘邦，迫刘邦决战，刘邦拒绝，并历数项羽十大罪状。当时刘邦有充足的粮草做后盾，以逸待劳，士气高昂，而项羽兵疲粮少。公元前203年，刘邦派韩信攻克赵、齐等地，项羽两面受敌，不得不妥协，提出"中分天下，割鸿沟以西为汉，以东为楚"。荥阳东北的广武山上有两座城，东边的叫霸王城，西边的叫汉王城，两城中间有一条宽约300多米的大沟，就是楚汉分界的鸿沟。现在的楚河汉界的说法便由此而来。

鸿门宴

公元前206年，项羽率领40万大军，攻进函谷关，直抵新丰、鸿门（今陕西临潼东北）驻扎下来。刘邦军队的驻地灞上（今陕西西安市东南）离此仅40里。项羽决定次日攻打刘邦。项羽的叔父项伯是刘邦的谋士张良的好友，项伯怕打起仗来张良会丧命，就连夜私自到刘邦军营找到张良，告诉他大战即将降临，让他赶快逃命。

张良不但没有自己逃命，反而把这一重要情报报告了刘邦。刘邦听了，恐惧地问："这可怎么办呢？"张良说："你可请项伯帮忙，让他在项王面前替你求情。"于是，刘邦摆上酒席，热情招待项伯。为了进一步结好项伯，刘邦还提出两人结为儿女亲家。项伯答应了，并对刘邦说"明天一大早你要亲自来给项王赔礼。"

第二天，刘邦带领张良、樊哙和100多随从到鸿门拜见项羽。鸿门宴上，虽不乏美酒佳肴，但却暗藏杀机，项羽的"亚父"

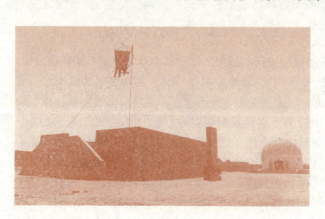

鸿门宴遗址

位于今陕西临潼东。鸿门宴上，项羽因妇人之仁，放掉了刘邦这个夺取天下最大的竞争对手，最后自己吞下了失败的苦果。

范增，一直主张杀掉刘邦，在酒宴上，一再示意项羽发令，但项羽却犹豫不决，默然不应。范增令项庄舞剑为酒宴助兴，命令他趁机杀掉刘邦，项伯为保护刘邦，也拔剑起舞，掩护了刘邦，在危急关头，刘邦部下樊哙带剑拥盾闯入军门，怒目直视项羽。项羽见此人气度不凡，问来者为何人，当得知为刘邦的参乘时，即命赐酒，樊哙立而饮之，项羽命赐猪腿后，又问："能再饮酒吗？"樊哙说："末臣死且不避，一杯酒还有什么值得推辞的。"樊哙还乘机说了一通刘邦的好话，项羽无言以对，刘邦乘机一走了之。刘邦部下张良入门为刘邦推拖，说："主公不胜酒力，无法前来道别，现向大王献上白璧一双，并向大将军（"亚父"范增）献上玉斗一双，请收下。"不知深浅的项羽居然收下了白璧，气得范增拔剑将玉斗击碎。后人用"鸿门宴"喻指暗藏杀机。

垓下之围

公元前 202 年，刘邦在与项羽几年的交战中已占据明显优势。刘邦调集韩信、彭越的大军合攻项羽，将 10 万楚军包围在垓下。

项羽在半夜听到四面汉军中传出楚歌声，以为汉军攻占了楚地，就率领 800 骑兵突围。到乌江边时，他不肯渡江逃命，便在江边自刎了。

"皇帝"的由来

君王称"皇帝"是从秦始皇开始的。在此之前，中国古代的最高统治者称"王"，如周文王、周武王等。春秋战国时期，王室渐衰，一些国力强大的诸侯国的国君也自称为王，如秦王、楚王、齐王等。

秦王嬴政统一天下后，自认为这是自古未有的功业，如果不改变"王"的称号，"无以称成功，传后世"。于是，让李斯等人议改称号。他们和众人商议后报告秦王说："上古，有天皇、地皇、泰皇，泰皇最贵，可改'王'为'泰皇'。"秦王反复考虑，认为自己"德高三皇，功高五帝"，决定兼采"帝"号，称为"皇帝"。从此以后，"皇帝"的称号便为历代君主所袭用。

秦始皇

公元前 221 年，秦王嬴政（公元前 259—前 210 年）统一六国，结束了近五百年的割据混乱局面，建立了第一个统一的封建王朝——秦朝。为了显示自己"德兼三皇，功过五帝"的尊严，他决定去掉王号，兼采传说中"三皇""五帝"的名称，改称"皇帝"，宣布自己是这个国家的第一个皇帝——始皇帝，子孙称二世、三世，以至万世，代代承袭，传之无穷。为了使皇权具备神圣不可侵犯的威严，他宣布取消了帝王死后依据其行为评定谥号的制度，认为这是"子议父，臣议君"。他规定，皇帝自称为"朕"，颁布的文告称作"制"或"诏"，并且拟定了一套相应的尊君抑臣的朝仪和文书制度。绝对皇权的树立，是封建专制主义中央集权的政治制度最为重要的一环。秦始皇所开创的皇权制度，在中国历史上一直延续了两千多年。

赵　高

赵高（？—前207年），秦朝宦官。因通于狱法，任中车府令，后兼行符玺令事。秦始皇死后，与丞相李斯合谋，假传诏书令扶苏自杀，立始皇次子胡亥为帝。秦二世即位后，自任中郎令，居中用事。指使二世诛戮宗室大臣。公元前209年，陈胜、吴广起义后，诬害李斯，自为中丞相。又指鹿为马，凡不顺从者即借故杀害。公元前207年，派人逼迫二世自杀，更立公子婴。旋为子婴所杀，夷三族。

李　斯

李斯（？—前208年），战国末年楚上蔡（今河南上蔡西南）人，著名政治家和文学家。少为郡吏，曾师从荀卿。后入秦，初为秦相吕不韦舍人，旋为客卿。公元前237年，上书谏逐客，为秦王采纳，又为秦王兼并六国出谋划策。秦统一六国后，奉命与丞相王绾等共议帝号制度，后任丞相。反对分封子弟，主张禁私学，废《诗》《书》等。又以小篆为标准，作《仓颉篇》，规范文字。始皇帝死后，与赵高矫诏迫扶苏自杀，立胡亥为帝。秦末农民起义爆发后，劝二世强化君权，后被赵高诬为谋反，用五刑，腰斩于咸阳市，夷三族。

泰山封禅

最早有历史记载的封禅活动是从秦始皇开始的。封禅是一种祭祀性的礼仪活动，"封"是在泰山上堆土为坛，祭祀天神；"禅"是在泰山下扫去一片净土，祭祀地祇。帝王登封泰山是国家鼎盛和天下太平的象征，皇帝本人也因此声威卓著，成为"奉天承运"的真龙天子。秦始皇以后，秦二世、汉武帝、汉光武帝、汉章帝、汉安帝、隋文帝、唐高宗、唐玄宗、宋真宗、清圣祖、清高宗等帝王都曾到泰山登封告祭，刻石记功。

三公九卿

三公九卿是秦汉时期的中央官制，秦始皇始置。秦汉时三公为：丞相，辅佐皇帝处理全国政务；太尉，国家最高军事长官，掌管全国军队；御史大夫，为最高监察长官，掌图籍章奏，监察百官。三公之间不相统属，互相制约，皆听命于皇帝。三公之下又设九卿：奉常，掌宗庙礼仪；郎中令，掌宫廷禁卫；太仆，掌管宫廷车马；卫尉，掌皇宫保卫；典客，处理少数民族及外交事务；廷尉，负责司法；治粟内史，掌全国财政税收；宗正，管理皇族亲族内部事务；少府，掌全国山河湖海税收和手工业制造，以供皇室需要。此外，还有掌管宫廷修建工程的将作少府等。三公九卿均由皇帝任免，不能世袭。

中国的县制起源

中国的县制最早可追溯到春秋时期，广泛应用于战国时期，至秦始皇时作为定制全面推行。春秋初期，秦、晋、楚等国已开始在边地设县，后逐渐在内地推行，其长官可以世袭，这有别于以后的县制。春秋中期以后，设县的国家增多，有的在内地也设置了县，县开始成为地方行政组织。春秋末期，有的国家又在边远地区设置了郡。这时的郡，虽然面积比县大，但是由于偏僻荒凉，地广人稀，行政建制却比县低。战国时，郡所辖的地区逐渐繁荣，人口增多，于是在郡的下面分设了县，逐渐形成了郡统辖县的两级地方行政组织。至此，郡县制开始形成。秦统一六国后，把全国分为三十六郡，郡下辖若干县，县分大小，万户以上的县长官称县令，不满万户的县长官称县长。郡县由于直属中央，不受诸侯王控制，因而避免了春秋以来诸侯纷争的局面，有效抑制了地方割据，为以后历代所沿用。

秦始皇统一货币、文字和度量衡

秦朝统一后，就规定黄金为上币，每二十两为一镒；铜钱为下币，统一使用半两钱，确立了当时世界上较为先进的币制，而以前各国的货币都被废止。秦始皇还规定以秦小篆为标准文字，废除各国所用的文字。此外，秦对全国的度量衡也做出了统一规定。把商鞅变法时制定的度量衡制度推行到全国，并把统一度量衡的诏书刻在官定的度量衡器上，发到全国，作为标准器具。

半两钱及钱范 秦
秦时，将春秋战国时各国钱币统一为"半两钱"。

修筑长城

为了防御匈奴人南下，从公元前214年起，秦始皇下令在原秦、赵、燕三国长城的基础上，修建起新的万里长城。秦长城西起临洮，东至辽东，花费了十余年时间，耗费了无数人力、物力。长城是当时世界上最庞大的防御工程，对保障内地人民的生产和生活起到了重要作用。

骊山陵墓

秦王嬴政即位之初，就开始在骊山北麓营造自己的陵墓。统一六国以后，他又征发70多万人继续修建骊山陵。骊山陵规模宏大，坟高五十余丈，墓中用了大量的黄金、水银和铜等贵重物品装饰。皇陵东侧随葬的兵马俑坑总面积为20780平方米，有各种陶俑和陶马8000余件。

除了修建陵墓，秦始皇还为自己修建豪华的宫殿。在兼并六国的过程中，他下令仿照各国宫殿的样式，在咸阳照样建造。

秦始皇陵铜车马

秦始皇陵的大型陪葬铜车马模型。1980年出土于中国陕西临潼秦始皇陵坟丘西侧，共两乘，一前一后排列。经复原，大小约为真人、真马的二分之一。制作年代约在陵墓兴建时期，即公元前221—前210年间。此二车为研究秦代宫廷舆服制度和单辕车马系驾方法提供了实物依据。车、马、俑部件均由铸造成型，经多种工艺加工和组合，饰件的金银细作工艺十分精湛，是了解当时冶金铸造技术的重要实物。

灵渠的修建

秦始皇派兵征服南越的时候，为了军粮，又下令开凿运河，连通了长江与珠江两大水系，这就是灵渠。灵渠建成后，随即成为联络中原地区与岭南的水上通道，发挥了重要的历史作用。

函谷关

函谷关西据高原，东临绝涧，南接秦岭，北塞黄河，是中国建置最早的雄关要塞之一，因关在谷中，深险如函，故称函谷关。始建于春秋战国之际，是东去洛阳、西达长安的咽喉要道，素有"天开函谷壮关中，万谷惊尘向北空""双峰高耸大河旁，自古函谷一战场"之说，自古为兵家必争之地。周慎靓王三年（公元前 312 年），楚怀王举六国之师伐秦，秦依函谷天险，使六国军队"伏尸百万，流血漂橹"。秦始皇六年（公元前 241 年），楚、赵、卫等五国军队犯秦，"至函谷，皆败走""刘邦守关拒项羽"，都是在这里进行的。函谷关不仅是一处军事重地，而且是古代中原腹地与西北地区文化、经济交流的要地。

崤　关

古关名，又名古崤关，在今河南荥阳市汜水镇西。据说周穆王射猎鸟兽于郑圃，有人献虎给他，于是他就下令置柙养于此地，因此，此地又被称为"虎牢"。这里秦时设关，始称虎牢关，汉朝设县，以后历代都在此地设防，也几经易名，一度有汜水关、成皋关之称。

此关南连嵩岳，北濒黄河，山岭交错，自成天险，为历来兵家必争之地，更因"三英"战吕布而名声大振。中国东西部之间的战争常在这里发生。楚汉战争期间，此关成为刘邦与项羽争夺的焦点。另有，春秋鲁隐公五年（公元前 718 年）郑败燕师于此；鲁襄公二年（公元前 571 年）晋悼王会诸侯于戚以谋郑，用孟献子"请城虎牢以逼郑"之计，开始在此筑城；唐代李世民大战窦建德、宋代岳飞大破金兵于竹芦渡，一直到元、明、清仍是鏖战纷繁，时闻杀声。

指鹿为马

公元前 208 年，赵高掌握了朝政大权，秦二世胡亥杀死丞相李斯，自己当上丞相。从此，赵高更加野心勃勃，妄图篡夺皇位。

赵高做了丞相，把持着朝廷大权，专横跋扈。一次，赵高趁胡亥正在上朝时，牵着鹿来到殿上，故意对胡亥说："皇上，臣献给你一匹好马。"胡亥一见笑着说："你错了，是一头鹿，怎说是一匹马呢？"赵高把脸一沉，然后奸笑了一声说道："皇上，这是一匹马，不信你问左右群臣！"在场的亲信都一致说是马。这时，群臣中也有几个官员实在忍不住了，纷纷指责赵高丧心病狂、颠倒黑白的行为，他们说："这明明是一头鹿，怎么故意说成是一匹马呢？"可是，退朝后，这几个说鹿的官员，都被赵高杀害了。从此以后，朝廷中再也没有人敢说实话了。

四面楚歌

项羽和刘邦原来约定以鸿沟东西边作为界限，互不侵犯。后来刘邦听从张良和陈平的规劝，觉得应该趁项羽衰弱的时候消灭他，就又和韩信、彭越、刘贾会合兵力追击正在向东开往彭城（即今江苏徐州）的项羽部队，终于布置了几层兵力，把项羽紧紧围在垓下（在今

张良吹箫破楚兵　年画
这是杨柳青年画中关于楚汉战争的描绘，生动再现了楚霸王兵败乌江的悲怆。

安徽灵璧东南）。这时，项羽手下的兵士已经很少，粮食又没有了。夜里听见四面围住他的军队都唱起楚地的民歌，不禁非常吃惊地说："刘邦已经得到楚地了吗？为什么他的部队里面楚人这么多呢？"说着，心里已丧失了斗志，便从床上爬起来，在营帐里面喝酒，并和他最宠爱的妃子虞姬一同唱歌。唱完，直掉眼泪，一旁的人也非常难过，都觉得抬不起头来。虞姬自刎于项羽的马前，项羽英雄末路，带了仅剩兵卒逃至乌江，最终自刎于江边。

霸王别姬

公元前202年，项羽被刘邦大军包围在垓下，兵少粮尽。夜间，汉军唱起楚地之歌，项羽在帐中闻四面楚歌声，知道大势已去，在帐中饮酒，慷慨悲歌。虞姬听罢项羽的悲歌，和唱道："汉兵已略地，四面楚歌声。大王意气尽，贱妾何聊生。"唱罢挥剑自刎。

孟姜女万里寻夫

传说秦始皇下令修造长城，强征数十万工役，孟姜女之夫万喜良也被强征。后孟姜女万里寻夫至咸阳，不料万喜良已死，孟姜女便在长城脚下哭吊夫婿，长城亦为此崩塌。秦始皇见到孟姜女后，欲迫其为妃。孟姜女佯装答应，等到将万喜良礼葬后，自尽殉夫。

萧何月下追韩信

秦末农民战争中，韩信仗剑投奔项梁军，项梁兵败后归附项羽。他曾多次向项羽献计，始终不被采纳，于是离开项羽前去投奔了刘邦。有一天，韩信违反军纪，按规定应当斩首，临刑时看见汉将夏侯婴，就问道："难道汉王不想得到天下吗，为什么要斩杀壮士？"夏侯婴以韩信所说不凡、相貌威武而下令释放，并将韩信推荐给刘邦，但未被重用。后韩信多次与萧何谈论，为萧何所赏识。刘邦至南郑途中，韩信思量自己难以受到刘邦的重用，中途离去，被萧何发现后追回，这就是小说和戏剧中的"萧何月下追韩信"。此时，刘邦正准备收复关中。萧何就向刘邦

萧何像

推荐韩信，称他是汉王争夺天下不能缺少的大将之才，应重用韩信。刘邦采纳萧何建议，七月，择选吉日，斋戒，设坛场，拜韩信为大将。从此，刘邦文依萧何，武靠韩信，举兵东向，争夺天下。

暗度陈仓

项羽自封为西楚霸王后，就向各诸侯分封领地，把其中巴、蜀、汉中三郡分封给刘邦，立他为汉王。

刘邦在去领地途中令部下烧毁了栈道，他这是向项羽表白没有向东扩张的意图。刘邦待具备了一定的实力后，便抓住时机迅速挥师东进，其野心是要与项羽一争高低。刘邦的大将军韩信为刘邦夺取陈仓出了"明修栈道，暗度陈仓"的计策。

陈仓（今陕西宝鸡市东）是刘邦进入关中的必经之地，两地之间有险山峻岭阻隔，又有雍王章邯的重兵把守。刘邦按韩信的计策派了一个叫樊哙的大将带领1万人去修500里栈道，并以军令限一月内修好。当然，这样浩大的工程即使三年也不可能完成。正是这一点，迷惑麻痹了陈仓的守将。陈仓的雍王章邯万万没想到刘邦的精锐部队摸着无人知晓的小道翻山越岭偷袭了陈仓。

刘邦通过"明修栈道，暗度陈仓"，顺利挺进关中，站稳了脚跟，从此拉开了他开创汉王朝事业的大幕。

背水一战

为了打败项羽，夺取天下，韩信为刘邦定计，先攻取了关中，然后东渡黄河，打败并俘虏了背叛刘邦、听命于项羽的魏王豹，接着往东攻打赵王歇。

韩信的部队要通过一道极狭的山口，叫井陉口。赵王手下的谋士李左军主张一面堵住井陉口，一面派兵抄小路切断汉军的辎重粮草，韩信的远征部队没有后援，就一定会败走。但大将陈余不听，仗着兵力优势，坚持要与汉军正面作战。

韩信了解到这一情况，非常高兴。他命令部队在离井陉30里的地方安营，

到了半夜，让将士们吃些点心，告诉他们打了胜仗再吃饱饭。随后，他派出 2000 轻骑从小路隐蔽前进，要他们在赵军离开营地后迅速冲入赵军营地，换上汉军旗号，又派 1 万军队故意背靠河水排列阵势来引诱赵军。

到了天明，韩信率军发动进攻，双方展开激战。不一会儿，汉军假意败回水边阵地，赵军全部离开营地，前来追击。这时，韩信命令主力部队出击，背水结阵的士兵因为没有退路，也回身猛扑敌军。赵军无法取胜，正要回营，忽然营中已插遍了汉军旗帜，于是四散奔逃。汉军乘胜追击，打了一个大胜仗。

在庆祝胜利的时候，将领们问韩信："兵法上说，列阵可以背靠山，前面可以临水泽，现在您让我们背水排阵，还说打败赵军再饱饱地吃一顿，我们当时不相信，然而竟然取胜了，这是一种什么策略呢？"

韩信笑着说："这也是兵法上有的，只是你们没有注意到罢了。兵法上不是说'陷之死地而后生，置之亡地而后存'吗？如果是有退路的地方，士兵都逃散了，怎么能让他们拼命呢！"

西 汉

运筹帷幄

西汉初年，天下已定，汉高祖刘邦在洛阳南宫举行盛大的宴会，喝了几轮酒后，他向群臣提出一个问题："为什么我会取得胜利，而项羽为什么会失败？"高起、王陵认为高祖派有才能的人攻占城池与战略要地，给立大功的人加官晋爵，所以能成大事。而项羽恰恰相反，用人不利，立功不授奖，贤人遭疑忌，所以他才失败。汉高祖刘邦听了，认为他们说的有道理，但是最重要的取胜原因是能用人。他称赞张良说："夫运筹帷幄之中，决胜千里之外，吾不如子房（子房为张良的字）。"意思是说，张良坐在军帐中运用计谋，就能决定千里之外战斗的胜利。这说明张良心计多，善用脑，善用兵。

汉初休养生息

汉初，由于秦末的连年战乱，使社会生产遭到极大的破坏。农民流离失所，人口锐减，市场混乱，物价奇高，国家府库空虚，财政困难，另有异姓王对中央政权的威胁及北方匈奴对边境安宁的威胁。针对这种形势，刘邦君臣在铲除了异姓诸王、稳定边疆之后，把恢复农业生产、稳定社会生产生活秩序作为国家的首要任务，采取了一些重要的措施：兵士罢归家乡，免除一段时间的徭役；在战乱中聚保山泽的人各归本土，恢复故爵和田宅；由于饥荒自卖为奴婢的人，一律还为庶人；抑制商人，限制他们对农民土地的兼并；减轻田租，十五税一。这些政策的实行，使封建经济逐步得以恢复，汉初政权逐步地稳固下来了。

白登之围

公元前 200 年，匈奴首领冒顿举兵南下，与叛汉的韩王信联兵围困晋阳（今山西太原南）。刘邦亲自率兵迎击，被匈奴骑兵包围在平城白登山（今山西大同东南）达七天七夜之久，后来陈平用计买通了冒顿身边的人，汉军才得以从匈奴的包围圈中脱身。刘邦鉴于汉朝国力虚弱，一时没有力量再去征服匈奴，就采纳娄敬的建议，与匈奴和亲，每年馈赠絮缯酒食等礼物给匈奴，并且开放汉与匈奴之间的关市。汉与匈奴的关系暂时缓和下来了。

吕后称制

刘邦死后，太子刘盈继位，是为惠帝。吕雉控制了朝政大权。她心如毒蝎，先是密谋诛杀诸将未果，后来又毒死赵王如意、处死刘邦的宠姬戚夫人，并对其他刘氏诸王大加迫害。惠帝不满吕后所为，忧郁病死。吕后临朝执政八年，其间她继续推行休养生息的政策，减田租，奖励农耕，放宽对商人的限制，又废除了一批严苛的刑律，这些措施促进了当时社会生产的发展。

七国之乱

公元前 154 年，吴王刘濞联络楚、赵、胶西、胶东、济南、淄川等六个刘姓诸侯国国王发动的叛乱。叛乱的口号是"诛晁错、清君侧"，目的则是想推翻汉景帝的统治。叛乱很快就被太尉周亚夫、大将军窦婴率兵镇压下去。吴王刘濞兵败被诛，其他叛王均畏罪自杀。

文景之治

西汉文帝、景帝在位期间（公元前 179—前 141 年），推行轻徭薄赋、减省刑罚等一系列休养生息的政策，社会矛盾相对缓和，社会经济得到迅速恢复和发展，被后世史家誉为盛世，称"文景之治"。但在此期间，外有匈奴骚扰，内有诸侯王叛乱，仍有许多不稳定因素。

张骞出使西域

公元前 138 年，为了联合大月氏共同对付匈奴，汉武帝委派张骞为特使，率100 多人的使团出使西域。但是，张骞的使团出了阳关不久，便被匈奴抓了起来。张骞被关押了 10 年之久，他终于找准机会逃了出去，到了大宛国（今中亚费尔干纳一带），然后再从大宛到了康居国（今中亚阿姆河以东、巴尔喀什湖以西之地），最后历经艰辛到达了大月氏国。可是，大月氏已不想再与匈奴作战了。张骞只得再从大月氏国来到大夏国（今阿富汗）。在大夏国，张骞了解到了许多地理知识和世界各国的情况。从大夏返回时，张骞从昆仑山北麓穿越今新疆、甘肃地区，终于回到了长安。

张骞出使西域，虽然没有达到联合大月氏的目的，却打通了一条通往西域的通商之路。汉武帝对此十分高兴，封他为"博望侯"。公元前 119 年，张骞第二次出使西域。这次，张骞率领庞大的马队，带了中国的丝绸、茶叶等特产，从西域各国换回了毛毯、貂皮、骆驼、葡萄、黄瓜及芝麻等商品。在通商的同时，中国与西域之间的文化也得到了交流。张骞开拓的从长安到西域各国的通商之路成了联系东西方文化的要道，人们将它称作"丝绸之路"。

罢黜百家，独尊儒术

汉武帝刘彻（公元前 157 年—前 87 年），幼名刘彘，是汉朝的第五代皇帝。在位 54 年，建立了汉王朝最辉煌的功业。他的雄才大略、文治武功使汉朝成为当时世界上最强大的国家之一。

为适应中央集权统治的需要，汉武帝即位后，采纳儒生董仲舒"罢黜百家，独尊儒术"的建议，只提倡儒家学说，禁止传播其他各家思想。汉政府在长安设立太学，设五经博士为教官，传播儒家经书，每年考一次，合格的授予官职。后来各郡也设立学校传授儒家经书，

《春秋繁露》书影 西汉
董仲舒在《春秋繁露》中提出了"三纲五常"的封建道德规范。

儒家思想逐渐成为封建社会的统治思想。董仲舒认为，皇帝代表天统治人民，"天人相应"，把皇权神化。他还提出了君为臣纲、父为子纲、夫为妻纲的说教。"三纲"后来成为封建社会的基本道德观念。"罢黜百家，独尊儒术"，在当时加强了中央集权政治，有利于巩固封建国家的统一，但又严重地压制思想的自由发展，禁锢了人们的思想与言行。

卫青、霍去病远征匈奴

公元前 127 年，卫青率军驱逐匈奴，收复了河套以南的地区。公元前 121 年，霍去病两次出击匈奴，阻隔了匈奴与西羌的联系。两年后，卫青与霍去病率领数十万大军深入漠北，分两路合击匈奴，取得了重大胜利，基本解除了匈奴对汉北部边境的威胁。

推恩令

自从汉景帝削藩之后，西汉诸侯王的势力虽受到沉重打击，但与中央的矛盾并没有彻底解决。公元前 127 年，汉武帝采纳主父偃的建议，颁行推恩令，允许诸侯王除由嫡长子继承王位外，可将封地进一步分封给其他子弟为列侯，建立侯国，但侯国隶属于郡。这样一来，王国封地越来越小，势力越来越弱了。

养老令

西汉汉文帝时，有养老令，规定 80 岁以上的老人，每月赐米 120 斤，肉 20 斤，酒 5 斗；90 岁以上，又加赐帛 2 匹，絮 3 斤。养老令还对这些养老措施的落实做了具体的安排，有执行者，有监督者。但是，犯过重罪，或有罪待决的犯人不在此列。

太 学

公元前 124 年，汉武帝创建了太学，标志着中国封建官立大学制度的确立。汉朝掌管文化教育的官员为太常，总负责太学的管理。皇帝也亲自到太学视察。太学的教授称博士，主要职责是教授学生。太学的学生称博士弟子，东汉时简称"太学生"，通常是太学直接挑选，各地方官员也可以选送条件优秀的人才。从西汉一直到清朝，太学（有时叫国子学）一直都是国家的最高学府。

刺史制度

西汉中期，为了加强中央对郡国的管理，汉武帝在元封五年（公元前 106 年）把全国除了三辅（京兆、左冯翊、右扶风）、三河（河南、河内、河东）和弘农以外的地区分成了 13 个州部：冀州、青州、兖州、徐州、扬州、荆州、豫州、益州、凉州、幽州、并州、交趾、朔方。中央在每个州设立刺史一名，专职监察地方。刺史没有固定的治所，每年八月巡视所辖区域，考察吏治、奖惩官吏、决断冤狱。刺史当时在国家的官制中地位并不高，但是在地方时代表中央，可以监察二千石的官员和国相，也可以监督诸侯王，刺史权责虽重，但并不直接处理地方行政事务。刺史制度的确立，加强了中央对于地方的监控。

苏武牧羊

汉武帝太初四年（公元前 101 年）冬，匈奴单于死，其弟被立为单于，为了与西汉搞好关系，他送回了以往扣留的汉朝使节。第二年，汉武帝为回报匈奴善意，派中郎将苏武等人出使匈奴，送还扣留在汉朝的匈奴使者，并厚馈单于财物。苏武等到达匈奴后，原降匈奴的汉人虞常等人与苏武的副使张胜密谋，欲劫持单于母亲阏氏归汉。事情败露后，苏武不愿受辱，自杀未成。单于非常敬重他，派汉朝的降臣卫律劝降，苏武不为所动。单于将他流放到边远的北海（今西伯利亚贝加尔湖）去放羊。公元前 85 年，匈奴新单于即位，派遣使者与汉朝重修旧好。公元前 81 年，匈奴释放苏武，苏武被扣留匈奴 19 年，对边疆少数民族的风俗习惯十分熟悉，回长安后被任为典属国，专掌少数民族事务。

苏武牧羊图 清 任颐

巫蛊之祸

汉武帝征和二年（公元前 91 年），武帝大兴"巫蛊之祸"，太子被杀。所谓巫蛊，是对巫师利用邪毒之术，设法诅咒人的统称。武帝晚年迷信神仙、巫师和方士，为求通达，他们纷纷聚集在京城寻求机遇。他们求得武帝赏识的途径之一，就是与宫中后妃结交。后妃之间本来彼此忌妒，此时便利用巫蛊，相互诅咒攻讦。

随后，她们又向武帝彼此告发对方诅咒皇帝。武帝大怒，后宫及大臣被杀者，共计有数百人。

征辟制、察举制

征辟制，即二千石以上的高官，可以直接征召一些人才到自己的官衙里做属僚。察举制，是由地方州郡以"贤良""孝廉""秀才"等名目，选拔德才兼备者举荐给朝廷，经国家考核合格后，授予官职。征辟制、察举制，对士家大族集团的形成起了重要作用，后来被九品中正制取代。

三堂会审

中国文学作品中经常会出现"三堂会审"这一名词，以形容事态的严重性。其实，三堂会审又称三司会审，是中国古代三法司（三个司法有关单位）共同审理重大案件的制度。《商君书·定分》中载"天子置三法官，殿中置一法官，御史置一法官及吏，丞相置一法官"。后世的"三法司"之称即源于此。汉代以廷尉、御史中丞和司隶校尉为三法司。唐代以刑部、大理寺和御史台为三法司。明、清两代以刑部、大理寺和都察院为三法司，遇有重大疑难案件，由三法司会同审理，以避免决策失误，也是古代民主法制的一种体现。

盐铁官营

西汉初期，盐铁由私人经营，国家只是设官收税。到了汉武帝年间，连年征战加上财政严重危机，武帝就采纳了大农丞的建议，将盐铁收归国家专营，在全国盐铁产区分设盐铁官，负责盐铁的制造与贩卖。这一措施增加了西汉政府财政收入，但也导致了官营盐铁质次价高等弊病的出现。

霍光废立汉帝

汉武帝死后，继位的汉昭帝年仅7岁，大司马、大将军霍光受遗诏主持朝政。公元前74年，昭帝去世，没有留下子嗣，霍光与群臣商议后，立了昌邑王刘贺为帝。可刘贺即位后行为放荡，霍光又联合群臣请太后下诏，废了刘贺，另立武帝曾孙刘询为帝，是为汉宣帝。

昭宣中兴

汉昭帝在位期间，曾多次下诏减免徭役，社会生产得到了恢复和发展。宣帝后，继续奉行与民休息的政策，政治清明、经济繁荣。公元前53年，匈奴呼韩邪单于臣服汉朝，汉朝的声威震于海内，出现了武帝以来的"中兴"局面，史称"昭宣中兴"。

西域都护府

汉宣帝神爵二年(公元前60年)，在西域设置都护府，行使对西域的全面管理。这一年九月，匈奴日逐王率其众投朝，骑都尉郑吉率西域诸国5万人迎之。封日逐王为归德侯。郑吉在西域，破车师归日逐，威震西域，遂并护车师以西北道，号称都护。郑吉在乌垒城（今新疆轮台）设置都护府，督察乌孙、康居等36国，使汉朝的号令更好地在西域得到执行。

昭君出塞

公元前33年，匈奴呼韩邪单于来朝觐见汉元帝。提出了和亲的请求，元帝难求，把宫女王昭君以公主的礼节嫁给了呼韩邪单于。昭君出塞后，匈奴与汉朝长期和平相处，汉匈民族间政治、经济、文化的联系有所发展，边境安宁，百姓也得以安居乐业。

昭君出塞 清

羊角堡要塞

羊角堡旧名羊角水城堡，处湘水上游，扼湘江守会昌，其东、西、南三面环水，北靠汉仙岩，地势险峻，易守难攻，是明清时期江西东南地区通往闽粤之咽喉，所以其素以"一隅之地而遥制千里"著称，自古以来便是个兵家重地。作为攻防要冲，从西汉起，名将周亚夫就曾在这里驻军。明、清时设堡置营。

阳 关

阳关，古关名，位于河西走廊的敦煌西南70千米南湖乡"古董滩"上，因坐落在玉门关之南而取名阳关。阳关，始建于汉武帝元鼎年间，在河西"列四郡、据两关"，阳关即是两关之一。阳关作为通往西域的门户，又是"丝绸之路"南道的重要关隘，是古代兵家必争的战略要地。据史料记载，西汉时为阳关都尉治所，魏晋时在此设置阳关县，唐代设寿昌县。宋元以后随着丝绸之路的衰落，阳关也因此被逐渐废弃。旧《敦煌县志》把玉门关与阳关合称"两关遗迹"，列为"敦煌八景"之一。

王莽篡位

汉元帝死后，太后王政君临朝掌权，王氏子弟显赫一时。公元前1年，汉哀帝死，王政君的侄子王莽被拜为大司马大将军，拥立9岁的汉平帝即位。此后，王莽开始结党营私，铲除异己，为篡权做准备。5年，王莽毒死汉平帝，另立2岁的孺子刘婴为帝，并自称"摄皇帝"，行使一切大权。8年，王莽废掉了孺子婴，自立为帝，改国号为"新"，并开始了托古改制。

王莽改新与"托古改制"

永始元年（公元前16年），王莽封新都侯，迁骑都尉、光禄大夫、侍中。绥和元年（公元前8年），王莽代替王根为大司马。哀帝死后，年幼的平帝继位，王政君以太皇太后身份临朝称制，王莽复任大司马，总揽朝政。他拔擢亲信，树立党羽，竭力诛灭异己。元始元年（1年），位列太傅，号安汉公，后加称宰衡。元始五年（5年），王莽加九锡。平帝死后，他拥立2岁的孺子刘婴，自己仿效周公辅成王故事，以摄政名义居天子之位，朝会称假皇帝，臣民称摄皇帝，改元居摄。初始元年（8年），王莽自立为帝，改国号曰新，次年改元为始建国。

王莽像

王莽为了缓和西汉末年日益加剧的社会矛盾，附会《周礼》，打着复古改制的幌子实行变法。变法的主要内容是：第一，把全国土地改为"王田"，不准买卖；第二，把奴婢称为"私属"，不准买卖；第三，评定物价，改革币制。这种复古改制，倒行逆施，根本行不通，不但受到农民的反对，许多中小地主也不服。

王莽的改制未能挽救西汉末年的社会危机，反而使各种矛盾进一步激化，终于导致了以赤眉、绿林为主的农民大起义。23年10月，绿林军攻进京都，杀死了王莽。这样，新朝仅仅维持了15年就灭亡了。

绿林、赤眉起义

天凤四年（17年），荆州一带发生严重饥荒，新市（今湖北京山东北）人王匡、王凤聚众起义，他们隐蔽在绿林山中，因而被称为"绿林军"。几个月的时间，绿林军就发展到七八千人。后来，在人心思汉的情况下，绿林军在宛城（今河南南阳）南面的清水上拥立刘玄为皇帝，恢复汉的国号，年号"更始"。更始三年（25年），刘秀即皇帝位，改元建武，东汉开始。

绿林起义的第二年（18年），琅琊（今山东诸城）人樊崇率众在莒县起义。樊崇作战勇敢，青、徐各地的起义部队都归顺他。参加这支起义军的都是为饥饿所迫的农民。他们为了在作战时与敌人区别，就把眉毛涂红，所以称作"赤眉军"。赤眉军多方转战，后来西攻长安（今陕西西安），起义在建武三年（27年）春宣告失败。这两次农民起义打击了封建统治，推翻了王莽政权，但最终还是充当了阶级统治改朝换代的铺路石。

昆阳大战

昆阳（今河南叶县）大战是历史上著名的以少胜多的战例之一。绿林起义建立了更始政权后，篡汉自立的王莽派司徒王寻、大司空王邑征调州郡兵42万，号称百万，对绿林军进行镇压。23年，王莽军队直逼昆阳，把绿林军八九千人围于城内，水泄不通。刘秀力主起义主力坚守昆阳，他自己率领13骑突出重围，调发郾城（今河南郾城）、定陵（今河南舞阳）营兵数千人驰援昆阳，冲破王莽军队的包围圈，击杀王寻，使王莽大军陷入了一片混乱，城中守军乘机出击，里应外合，王莽军大败，主力被消灭。昆阳大战后，绿林军逼近长安，长安城内发生暴动，王莽被杀，新朝灭亡。

刘秀起兵

22年，南阳的豪族刘缤、刘秀兄弟为了恢复汉室，率领七八千人发动起义。后来他们与绿林军联合作战，屡次大败王莽军，更始帝刘玄怕刘缤功高震主，就找个借口把他杀了。23年，更始帝迁都洛阳，刘秀被派到河北，开始发展自己的势力。两年后，刘秀统一了河北，正式称帝，建立了东汉王朝。

汉高祖刘邦

刘邦（公元前256—前195年），字季，沛郡丰邑（今江苏沛县）人，西汉王朝的建立者，即汉高祖。公元前202年，刘邦战胜项羽后即皇帝位，国号"汉"，史称"西汉"。先定都洛阳，后回到长安。在位期间，继承秦制，实行中央集权制度，推行"重本抑末"政策。以秦律为根据，制定《汉律》九章，还实行"与民休息"、发展农业、打击商贾等措施。

萧 何

萧何（？—前193年），沛（今属江苏）人，西汉初年的政治家，西汉开国元勋，第一任丞相。秦朝时，任县主吏，公元前209年随刘邦起兵反秦。义军攻克咸阳时，立即接收丞相御史所藏律令户籍，使刘邦俱知天下地理、山川形势、户口。劝刘邦接受项羽分封，以待时机。楚汉战争时任丞相，留守关中。举荐韩信为大将军，制定规章制度，保障军队供给。刘邦称帝后，以功高位次第一。受命作律九章。公元前196年，定计助吕后诛淮阴侯韩信，封相国。汉高祖死后，复事惠帝，封为鄷侯。

韩 信

韩信（约公元前231年—前196年），淮阴（今江苏淮阴）人。西汉将领，著名军事家。早年家贫，常靠人施舍，曾受胯下之辱。公元前208年，参加项羽反秦武装，不受重用，遂亡楚归汉。得萧何力荐，拜为大将军。建议刘邦决策东向，以图天下。先后定魏、击代、伐赵、降燕、破齐，善以少胜多，战功卓著。公元前202年封齐王，刘邦称帝后，改封楚王。公元前200年，被诬谋反为刘邦诱捕，贬为淮阴侯。公元前196年，被吕后设计斩于长乐宫。

张 良

张良（？—前186年），字子房。传为韩国城父（今安徽亳州市东南）人，汉名臣。祖与父相继为韩王相。

秦末农民战争中，张良聚众起梁，后归附刘邦，成为刘邦的重要谋士。所提建议，多被刘邦采纳，为西汉建国立下功劳。汉政权建立后，刘邦封张良为留侯。

张良与萧何、韩信合称"汉初三杰"。

成也萧何，败也萧何

韩信是刘邦的大将，为汉朝大业的开创立下了汗马功劳。据《史记·卷九十二》记载，韩信起初在项羽手下当一个郎中小官，屡次向项羽献策，都未被采用。于是就从楚军逃亡至汉军，做了一名小小的治粟都尉。萧何几次与韩信谈话，发现他是一个奇才。汉军到达南郑时，很多将士都逃跑了。韩信见自己仍不受重用，便同大家一起逃跑了。萧何听说，未及禀明刘邦，连夜把韩信追了回来，并将他推荐给刘邦，于是，韩信从一名小军官，一下子被刘邦拜为统率全军的大将。在韩信的指挥下，汉军果然节节胜利。攻下齐后，韩信被立为齐王。最后终于打败了项羽，韩信又被迁封楚王。

韩信任齐王时，谋士蒯通就鼓动韩信造反，背汉自立，韩信不忍。刘邦平定天下后，便更加对韩信不放心了。有人告韩信谋反，刘邦就用计逮捕了韩信。后虽赦免，却由楚王降为淮阴侯。韩信由此也便开始怨恨刘邦，常称病不朝。后巨鹿守将陈郗造反，韩信已事先与之达成默契，愿为内应。刘邦亲自率兵前去平叛，韩信借病不从，却秘密聚集一些亡命之徒欲袭击吕后和太子。不幸事情泄露，吕后用萧何之计，假称皇上已平定陈郗，让群臣皆来拜贺，骗韩信入朝。韩信一来便被武士捆绑，吕后命人在长乐宫前将他斩首。

韩信的成功，是由于萧何的大力推荐；韩信的败亡，也是萧何出的计谋。所以民间就由这个故事概括出"成也萧何，败也萧何"这一成语。

李 广

李广（？—前119年），陇西成纪（今甘肃静宁南）人，西汉著名的军事将领。在汉文帝十四年（公元前166年）时从军抗击匈奴，因战功成为中郎。景帝时，跟随周亚夫攻打吴、楚叛军。之后辗转担任边域七郡太守，威震北方。武帝即位时，被召为未央宫卫尉。在元光六年（公元前129年）出任骁骑将军，率领万余骑兵出雁门（今山西右玉南）攻打匈奴，由于双方兵力的悬殊受伤被俘。匈奴兵用网把他卧放在两马间，想送交单于。李广装死，在途中乘隙跃起，夺马逃回。多年后，任右北平郡（今辽宁西北部、河北东北部）的太守。匈奴畏服，称他为"飞将军"，从不敢侵犯。元狩二年（公元前121年），率领4000骑兵出右北平攻击匈奴，行数百里，被左贤王4万骑兵围困。李广却毫无惧色，命令其子李敢探敌虚实后，设圆阵，和匈奴人对射。李广自用强弓射杀匈奴裨将数人，后援兵至，逼匈奴退走。后来，漠北大战，已60余岁的李广亲自出征，担任前将军，跟随大将军卫青攻打匈奴。卫青自领精兵奇袭单于，命令李广等从东道迂回。李广所率部

李广像

队迷失道路，未能渡漠参战。为此，战后他愤愧自杀。李广一生和匈奴 70 余战，以骁勇善射而著称。他带兵之道宽缓不苛，和士卒同饥渴，于是深得军心。据《汉书·艺文志》记载，他著有《李将军射法三篇》，但已经失传。

霍去病

霍去病（公元前 140—前 117 年），河东郡平阳县（今山西临汾）人，是大将军卫青的外甥。元朔六年（公元前 123 年），汉武帝筹划了一场大规模的对匈反击战（即历史上著名的漠南之战）。未满 18 岁的霍去病主动请缨，武帝遂封他为骠姚校尉随军出征。

在战场上，霍去病再三请战，卫青便给了他 800 骑兵。霍去病凭着一腔血气方刚，率领着自己的第一批士卒，在茫茫大漠里奔驰数百里寻找敌人踪迹，结果他独创的"长途奔袭"遭遇战首战告捷，斩敌 2000 余人，匈奴单于的两个叔父一个毙命一个被活捉。而霍去病的 800 骑兵则全身而返。大喜过望的汉武帝立即将他封为"冠军侯"，赞叹他勇冠三军。

刘 彻

汉武帝刘彻（公元前 156 年—前 87 年），生于长安，幼名彘，是汉朝的第 5 位皇帝。汉武帝是汉景帝刘启的第十个儿子、汉文帝刘恒的孙子、汉高祖刘邦的曾孙。

刘彻生于公元前 156 年，4 岁被册立为胶东王，7 岁时被册立为太子，15 岁登基，在位 54 年（公元前 141 年—前 87 年），建立了西汉王朝最辉煌的功业之一。《谥法》说"威强睿德曰武"，就是说威严、坚强、明智、仁德叫武。他的雄才大略、文治武功使汉朝成为当时世界上最强大的国家，他也因此成为中国历史上伟大的皇帝之一。

董仲舒

董仲舒（公元前 179—前 104 年），西汉哲学家，儒学大师。提出"三纲""五常"的封建伦理，著有《春秋繁露》及《董子文集》。

《春秋繁露》数十篇，今传本一般认为系魏晋南北朝时人辑录改编而成。全书以阐发《春秋》大义为名，糅合儒家和阴阳家的学说，形成了一整套有关宇宙、历史、国家、社会和人性的理论。

贾谊与《过秦论》

贾谊（公元前 200—前 168 年）年少即以作诗属文闻于世人。后见用于文帝，力主改革，被贬，改任梁怀王太傅。梁怀王坠马而死，自伤无状，忧愤而死。主要文学成就是政论文，著有《新书》10 卷。代表作有《过秦论》上、中、下三篇，《陈政事疏》（亦名《治安策》），《论积贮疏》等。《过秦论》总结了秦代兴亡的教训，实则昭汉之过。《陈政事疏》和《论积贮疏》是批评时政之作，提出用"众诸侯而少其力"的办法，巩固中央集权制。要"驱民而归之农"，巩固政权。其文说理透辟，逻辑严密，气势汹涌，词句铿锵有力，对后代散文影响很大。

司马相如

司马相如（约公元前179—前117年），原名司马长卿，因为仰慕战国时代的名相蔺相如才改名，四川蓬州（今南充蓬安）人，一说成都人，汉代文学家。司马相如善鼓琴，其所用琴名为"绿绮"，是传说中最优秀的琴之一。司马相如少时好读书、击剑，被汉景帝封为"武骑常侍"，其代表作包括《上林赋》《子虚赋》。

司马迁

司马迁（约公元前145—前87年），字子长，夏阳（今陕西韩城）人。公元前108年被任命为太史令，古代著名史学家、文学家、思想家，中国古代史学奠基人。《史记》从传说中的黄帝时代开始写起，一直写到汉武帝元狩元年（公元前122年）止，汇编成130篇、52万字的历史巨著。《史记》在中国史学史、文学史上都占有很重要的地位。

《史记》书影

《史记》

《史记》是中国西汉时期的历史学家司马迁撰写的史学名著，又称《太史公记》。列"二十四史"之首，《史记》是中国古代最著名的古典典籍之一，与后来的《汉书》《后汉书》《三国志》合称"前四史"。

《史记》记载了上自中国上古传说中的黄帝时代，下至汉武帝元狩元年（公元前122年），共3000多年的历史。作者司马迁以其"究天人之际，通古今之变，成一家之言"的史识，使《史记》成为中国历史上第一部纪传体通史。

桑弘羊

桑弘羊（公元前152—前80年），汉武帝时大臣，一说生于景帝后元三年（公元前141年），洛阳人。出身商人家庭，自幼有心算才能，以此13岁入侍宫中。自元狩三年（公元前120年）起，终武帝之世，历任大司农中丞、大司农、御史大夫等重要职务，与担任大农丞的大盐铁商东郭咸阳、孔仅二人深得武帝宠信。元狩年间，在桑弘羊的参与和主持下，汉先后实行了盐、铁、酒官营，均输、平准、算缗、告缗，统一铸币等经济政策。此外，还组织了60万人屯田戍边，防御匈奴。这些措施都在不同程度上取得了成功，暂时缓解了经济危机，史称当时"民不益赋而天下用饶"。桑弘羊以此赐爵左庶长。武帝后元二年（公元前87年），桑弘羊由搜粟都尉迁任御史大夫，与霍光、田千秋、金日磾、上官桀四人同受遗诏辅佐昭帝。始元六年（公元前81年），昭帝召集各地贤良文学至长安，会议盐铁等国家大事。贤良文学反对盐铁官营和均输平准等与民争利的政策，力主改弦更张，桑弘羊与之展开辩论。由于桑弘羊的坚持和封建国家财政方面的需要，当时除废止酒类专卖改为征税外，盐铁官营等各项重要政策仍沿袭不变。次年，桑弘羊因与霍光政见发生分歧，被卷入燕王旦和上官桀父子的谋反事件，结果被处死。

天不变，道亦不变

董仲舒的一个哲学命题。出于董仲舒《举贤良对策三》："道之大原出于天，天不变，道亦不变。""道"是封建社会据以存在的根本原理，其核心是"三纲""五常"。"天"主要是指自然界的最高主宰或天意。董仲舒认为，封建社会的最高原则是由天决定的，天是永恒不变的，因而按天意建立的封建社会之"道"，也是永恒不变的。一个新朝代的君王，受天命统治人民，必须改制，徙居处，更称号，改正朔，易服色，就起居饮食等制度的具体形式做一些改变，但治理封建社会所必须遵循的根本大道，是不能改变的。

在董仲舒看来，"王道之三纲"取诸阴阳（天）之道。阳为主，阴为从，"君为阳，臣为阴，父为阳，子为阴，夫为阳，妻为阴"。臣、子、妻受君、父、夫的统治之道也是不能变的。董仲舒以"天不变，道亦不变"来论证封建制度和君主统治的合理性和稳定性，后来成了束缚人们的精神枷锁。违背了事物是发展变化的唯物主义观点，用静止的眼光分析看待问题，属于唯心的观点。

金缕玉衣

中国汉代皇帝和贵族的殓服。按死者等级分为金缕、银缕、铜缕。1968年满城汉墓出土的两套金缕玉衣，保存完整，形状如人体，各由2000多玉片用金丝编缀而成，每块玉片的大小和形状都经过严密设计和精细加工，可见当时高超的手工艺水平。它是用金缕编成，汉代皇帝和贵族死后用为殓服。由于等级不同，玉衣有金缕、银缕、铜缕之分，这三种玉衣在考古工作中都有发现。金缕玉衣是汉代规格最高的丧葬殓服，大致出现在西汉文景时期。

屯　田

汉代的屯田，或招募贫民，或利用士兵和罪犯，实行民屯与军屯。民屯即向边境移民垦荒。武帝时，曾一次性迁移关东贫民充实边疆，由政府供给衣食，进行农业生产。武帝还曾以戍守边境10万军人实行大规模军屯。武帝以后，民屯、军屯都继续进行，但规模不大。

敦煌壁画中的丝绸之路商旅图

丝绸之路

"丝绸之路"大致可分为两条。一条为陆上"丝绸之路"，形成于西汉时期，即自长安西行穿河西走廊，出玉门关、阳关，越葱岭，至西亚地区；另一条为海上"丝绸之路"，形成于宋代。

时因陆上"丝绸之路"为西夏所断，宋朝只好从海上与阿拉伯，以及南亚等地区的诸国进行联系与交往，而形成了中外海上交通的"丝绸之路"。两条丝绸之路在中国古代历史上，对促进中外经济、文化的交流，增进中外各国人民之间的相互了解和友谊，发挥了极重要的作用。

汉初三杰

"汉初三杰"是指张良、萧何、韩信。正是由于他们的全力辅佐，刘邦才能击败强大的楚霸王项羽，建立西汉。刘邦当上皇帝后，曾这样说："出谋划策，决胜千里，我比不上张良；治理国家，安抚百姓，筹集粮饷，我比不上萧何；率领百万大军，战必胜，攻必克，我比不上韩信。这三个人都是绝顶聪明的人，我能够重用他们，这就是我得天下的原因。"

萧规曹随

刚即位的汉惠帝看到曹参一天到晚都请人喝酒聊天，好像根本就不用心为他治理国家似的，惠帝感到很纳闷，但又想不出个所以然来。

一次下朝后，汉惠帝把曹参留下，问他为什么会这样。曹参说："请陛下好好想想，您跟先帝相比，谁更贤明英武呢？"惠帝立即说："我怎么敢和先帝相提并论呢？"曹参又问："陛下看我的德才跟萧何相国相比，谁强呢？"汉惠帝笑着说："我看你好像是不如萧相国。"曹参接过惠帝的话说："陛下说得非常正确。既然您的贤能不如先帝，我的德才又比不上萧相国，那么先帝与萧相国在统一天下以后，陆续制定了许多明确而又完备的法令，在执行中又都是卓有成效的，难道我们还能制定出超过他们的法令规章来吗？"接着他又诚恳地对惠帝说："现在陛下是继承守业，而不是在创业，因此，我们这些做大臣的，就更应该遵照先帝遗愿，谨慎从事，恪守职责。对已经制定并执行过的法令规章，就更不应该乱加改动，而只能是遵照执行。我现在这样照章办事不是很好吗？"汉惠帝听了曹参的解释后说："我明白了，你不必再说了！"

曹参在朝廷任丞相三年，极力主张清静无为不扰民，遵照萧何制定好的法规治理国家，使西汉政治稳定、经济发展、人民生活水平日渐提高。他死后，百姓们编了一首歌谣称颂他说："萧何定法律，明白又整齐。曹参接任后，遵守不偏离。施政贵清静，百姓心欢喜。"史称"萧规曹随"。

三 纲

"三纲"，即所谓"君为臣纲，父为子纲，夫为妻纲"。"纲"的本义为提网的总绳，其比喻义为事物中占据支配和控制地位的关键成分。"三纲"的提法并非出于儒家，而是始于韩非："臣事君，子事父，妻事夫，三者顺则天下治，三者逆则天下乱，此天下之常道也。"孔子对君臣关系的看法是："君使臣以礼，臣事君以忠。"而孟子则认为："君之视臣如手足，则臣视君如腹心；君之视臣如犬马，则臣视君如国人；君之视臣如土芥，则臣视君如寇仇。"可见，孔子、孟子所言的君臣关系是相互的、双向的对等关系，而韩非所言的君臣关系以及父子关系、夫妻关系则是单向的、一方对另一方具有控驭权的服从关系。韩非将君臣完全对立起来，倡扬权术和法制的重要性，而儒家则强调亲情和仁义是维持社会关系的根本。"三纲"的正式提出者是西汉时期的董仲舒，他在《春秋繁露》中说："君臣、父子、夫妇之义，皆取自阴阳之道：君为阳，臣为阴；父为阳，子为阴；夫为阳，妻为阴。"又言："阴者阳之合，妻者夫之合，子者父之合，臣者君之合。""合"，是配合的意思，也就是被支配的一方。这也就是后来统御中国社会思想两千余年的"王道三纲"。"三纲"虽然打着儒家的旗号，但与孔孟之学相去甚远，实则是后来君主专制社会的思想家为迎合政治需要而制定的伦理规范。朱熹曾经说自孟子之后真孔学即失传，这表明后来在中国社会占据思想主导地位的儒家学说相较于儒学创始时期孔孟的思想言论发生了很大变异。

五 常

"五常"，指仁、义、礼、智、信这5种精神信念与行为规范，是儒家伦理思想的核心。"五常"的定称，出于董仲舒《天人三策》："仁、义、礼、智、信五常之道，王者所当修饬也。"之所以将仁、义、礼、智、信称作"五常之道"，是因为"常"表达的是永恒不变之义。后来，"五常"与"三纲"常常并称，成为中国传统社会的最高伦理准则，但是实际上"五常"的观念比"三纲"早很多，在孔子之前就已经是社会上广为认同的德行规范，孔子继承了华夏文化的优秀传统，并将之发扬光大，泽于后世。可以说，"五常"作为一种思想理念，有着比"三纲"更为广泛的适应范围，当今虽不再有"五常"的提法，但是仁、义、礼、智、信这些基本理念仍在相当程度上影响着中国人的思想和行为。

谶纬之学

西汉末年，风行谶纬的思想。谶是以诡语托为天命的预言，其实质属于以阴阳五行为骨架的天人感应论的范畴。纬与"经"相对，是托名孔子以诡语解经的书。为了经学神学化和神化现实统治者的需要，纬书中引用和编造了大量的谶言，这种经学神学化的产物——纬书就称为"谶纬"。东汉初年，谶纬主要有87篇，有的解经，有的述史，绝大部分都是宣扬神灵怪异的荒诞言论。汉光武帝刘秀建国以后，把谶纬作为一种重要的统治工具。建初四年（79年），汉章帝大会群儒于白虎观讨论经义，由班固写成《白虎通德论》。与会的今文经学、古文经学和谶纬神学的代表们求同存异，在"三纲""五常"的基础上实现了经学与谶纬神学的结合。

匡衡凿壁偷光

西汉时期，有一个特别有学问的人，叫匡衡。匡衡小的时候家境贫寒，为了读书，他凿通了邻居文不识家的墙，借着偷来的一缕烛光读书，终于感动了邻居文不识。在大家的帮助下，匡衡学有所成。在汉元帝的时候，由大司马、车骑将军史高推荐，匡衡被封郎中，迁博士。

布衣将相

西汉开国诸臣授官将相的，绝大多数"起自布衣"，称之为"布衣将相"。"布衣"原指穿麻布衣服的人，后来成为一般平民的代称，其中包括农民、手工业者及没有官爵的地主。汉初将相有出身白丁（一般农民）、屠夫、丧事吹鼓手、小商贩、戍卒、小吏等。除娄敬外，大都是跟随刘邦打天下的功臣。他们在反秦起义及同项羽的斗争中，逐渐壮大起来。西汉建立后，形成了布衣将相之局。布衣将相的出身和经历，对他们的政治决策产生了重大影响，给"文景之治"打下了基础。布衣将相之局还影响统治集团的内部关系，使其保有某种布衣的朴素作风。表现在汉初君臣之间的等级关系还不那么森严，注意选拔人才，也较注意节俭。这种作风，是汉初布衣政治的一个重要方面。它保证了汉初各项政策、措施的贯彻实施，是汉初治天下的一条成功经验。随着社会地位的变化，布衣将相逐渐变成新的封建贵族，其腐朽倾向不可避免地日益增长起来。武帝时发生的统治政策和指导思想的变化，是布衣将相贵族化的产物，它标志着汉初布衣政治的终结。

缇萦上书救父

西汉时，山东临淄有位叫淳于意的医生，被诬告说"庸医杀人"。淳于意便被押往长安拘押问罪。当时的刑法十分残酷，老百姓犯了罪，重的判死刑，轻的也要受到割鼻子、砍脚等肉刑，受肉刑的人就成了残疾人，苦不堪言。

淳于意最小的女孩缇萦，虽还不满10岁，为了救父亲挺身而出。她以文代言，上书汉文帝。她在文中诉说："我父亲为官清廉，医术高明，现在蒙冤被押，要受肉刑，实在太不公平。一个人受了肉刑，被割掉的鼻子再也不会长上，想要改过自新也没有机会了。我情愿做奴婢、做苦工，替父亲赎罪。只求皇上免除肉刑……"她的信虽然写得很稚嫩，但情真意切，鞭辟入里。

汉文帝看后也深深被感动了，觉得使用肉刑，确实存在不少弊端，便下令召见缇萦。小小的女孩面见皇帝并不惧怕，当殿再将自己的想法和要求讲述了一遍，口齿伶俐，条理清楚，态度恳切，汉文帝听了非常高兴，于是赦免了淳于意，让父女俩一同回家，并决定，从此以后废除肉刑。

缇萦上书，不仅救了父亲，还促使皇帝废了肉刑，她的事迹千百年来一直为人们所传颂。

缇萦像

金屋藏娇

汉武帝幼时，馆陶长公主抱着他问："彻儿长大了要讨媳妇吗？"小刘彻说："要啊。"长公主于是指着左右侍女百余人问刘彻想要哪个，小刘彻都说不要。最后长公主指着自己的女儿陈阿娇问："那阿娇好不好呢？"小刘彻就笑着回答说:"好啊!如果能娶阿娇做妻子,我就造一个金屋子给她住。"这就是成语"金屋藏娇"的由来。

汉武帝登上皇位之后,履行了自己的诺言,他真的为阿娇备下了一座金碧辉煌的宫殿,并册封她为皇后。

东方朔

东方朔(公元前154—前93年),字曼倩,原本姓张,平原厌次(今山东陵县人)。西汉辞赋家。汉武帝即位,征四方士人。东方朔上书自荐,诏拜为郎。后任常侍郎、太中大夫等职。他性格诙谐,言辞敏捷,滑稽多智,常在武帝前谈笑取乐,"然时观察颜色,直言切谏"(《汉书·东方朔传》)。武帝好奢侈,起上林苑,东方朔直言进谏,认为这是"取民膏腴之地,上乏国家之用,下夺农桑之业,弃成功,就败事"(《汉书·东方朔传》)。他曾言政治得失,陈战强国之计,但武帝始终把他当俳优看待,不得重用,于是写《答客难》《非有先生论》以陈志向,并抒发自己的不满。

东方朔一生著述甚丰,写有《答客难》《非有先生论》《封泰山》《责和氏璧》《试子诗》等,后人集为《东方太中集》,收入《汉魏六朝百三家集》中。司马迁在《史记》中称他为"滑稽之雄",晋人夏侯湛写有《东方朔画赞》,对东方朔的高风亮节以及他的睿智诙谐倍加称颂,唐代大书法家颜真卿将此文书写刻碑。此碑至今仍保存在陵县,名《颜字碑》。日本侵华期间,此碑曾被日本当地驻军当作军营门前水沟上的石板,马踏车碾,致字迹局部损毁。目前《颜字碑》的真迹和仿制品都存放在陵县人民公园的"颜碑亭"里。

《淮南子》

《淮南子》又名《淮南鸿烈》,是西汉宗室淮南王刘安招致宾客,在他主持下编写的。

据《汉书·艺文志》云:"淮南内二十一篇,外三十三篇。"颜师古注曰:"内篇论道,外篇杂说。"现今所存的有21篇,大概都是原书的内篇所遗。据高诱序言,"鸿"是广大的意思,"烈"是光明的意思。作者认为此书包括了广大而光明的通理,全书内容庞杂,它将道、阴阳、墨、法和一部分儒家思想糅合起来,但主要的宗旨倾向于道家。《汉书·艺文志》则将它列入杂家。

《凤求凰》

司马相如少时好读书、击剑,被汉景帝封为"武骑常侍",但这并非其初衷,故借病辞官,投奔临邛县令王吉。临邛县(今四川邛崃)有一富豪卓王孙,其女卓文君,容貌秀丽,素爱音乐又善于击鼓弹琴,而且很有文才,但不幸未聘夫死,成望门新寡。

司马相如早已听说卓王孙有一位才貌双全的女儿,他趁一次做客卓家的机会,借琴表达自己对卓文君的爱慕之情,他弹琴唱道:"凤兮凤兮归故乡,游遨四海求其凰，有一艳女在此堂，室迩人遐毒我肠，何由交接为鸳鸯。"这种在今天看来也是直率、大胆、热烈的措辞，自然使得在帘后倾听的卓文君怦然心动，并且在与司马相如会面之后一见倾心，双双约定私奔。当夜，卓文君收拾细软走出家门，与早已等在门外的司马相如会合。

卓文君也不愧是一个奇女子，与司马相如回成都之后，面对家徒四壁的境地（这对爱情是一个极大的考验），大大方方地在临邛老家开酒肆，自己当垆卖酒，终于使得要面子的父亲承认了他们的爱情。

后人则根据他们二人的爱情故事，谱得琴曲《凤求凰》，流传至今。

《长门赋》

《长门赋》开赋体宫怨题材之先河，是受到历代文学称赞的成功之作。作品以一个受到冷遇的嫔妃口吻写成。君主许诺朝往而暮来，可是天色将晚，还不见幸临。她独自徘徊，对爱的企盼与失落充满心中。她登上兰台遥望其行踪，唯见浮云四塞，天日窈冥。雷声震响，她以为是君主的车辇，却只见风卷帷幄。作品将离宫内外的景物同人物的情感有机地结合在一起，以景写情，在赋中已是别创。

相传西汉武帝时，陈皇后被贬至长门宫（冷宫），终日以泪洗面，遂辗转想出一法，命一个心腹内监携了黄金千斤，求大文士司马相如代作一篇赋，请他写自己深居长门的闺怨。司马相如遂作《长门赋》，诉说一位深宫永巷的女子的愁闷悲思，该赋写得委婉凄楚："……悬明月以自照兮，徂清夜于洞房；忽寝寐而梦想兮，魄若君之在旁……"陈后欲借文人笔墨，感悟主心，她命宫人日日传诵，希望武帝听到而回心转意。《长门赋》虽是千古佳文，却终挽不回武帝的旧情。其母窦太公主死后，陈氏寥落悲郁异常，不久也魂归黄泉。

倾国倾城

"倾国倾城"语出自汉武帝时音乐家李延年诗"北方有佳人，绝世而独立，一顾倾人城，再顾倾人国。宁不知倾城与倾国，佳人难再得"。这位佳人就是他的妹妹，武帝闻此曲后，遂纳其妹为妃，即史上所称的"李夫人"。

李夫人貌美如花，通音律，善歌舞，很受武帝宠爱。后病重，武帝时常前往探望，而李夫人始终背对武帝，不以正面侍君，说是病颜憔悴，怕有损在武帝心中的美好形象。李夫人死后，武帝在很长一段时间都对她怀念不已。白居易据此写了一首讽喻诗《李夫人》。

西汉烽火台

西汉初，北方匈奴多次南犯。武帝为消除北方边患，在主动出击匈奴的同时，大规模重筑长城、复缮秦长城、增筑河西长城和塞外列城。汉长城的总长度约1万千米，是中国古代最长的长城。烽火台，遇险报警，平时传信，紧急时烽烟传千里，为汉朝统治西域36国做出了不可磨灭的贡献。

"内外三关"

"内外三关"指的是万里长城的"内三关"和"外三关"。

内三关

1. 居庸关，又名军都关。位于今北京市北面的军都山峡谷——关沟中部，古属"居庸"地。《吕氏春秋》就称它为"天下九塞"之一。汉代开始在此设居庸县并置关，即称居庸关。

2. 紫荆关，位于河北易县城西45千米的太行山脉紫荆岭上，以山上多紫荆树而得名。它是中国"九大名关"之一，有"九关九门"之称。

3. 倒马关，位于今河北省唐县西北，太行山东侧的唐河谷地内，关城筑于谷地山坡上。因山路险峻，马为之倒退而得名。战国时称鸿之塞，汉代称常山关，北魏叫铁关，亦名鸿山关。明代后通称倒马关，在"内三关"中位置居于最南面。

外三关

1. 雁门关，又名西径关，位于山西省代县城西北20千米雁门山腰，享有"三关冲要无双地，九寨尊崇第一关"之称，为历代戍守要地。现关城为明洪武七年（1374年）所建，万历年间复筑门楼，今存关门3座。自古以来，雁门关为兵家必争之地，许多征边大将战于此。李牧、李广、卫青、霍去病、杨继业等名将在这里出生入死，写下光辉的篇章。

2. 偏头关，又名偏关，位于山西省偏关县城，黄河东岸，外长城以南。偏头关东衔管涔山、西濒偏关河，因东仰西伏，故名偏头关。现关城为明洪武二十三年（1390年）改建，明代文人诗曰："黄河曲曲涛而下，紫塞隆隆障北环。"该关也为古今防守要地。

3. 宁武关，位于山西省宁武县城，明末农民起义领袖李自成当年曾破此关，直捣京师（北京），该关同为内长城要口之一。

班婕妤

班婕妤（公元前48—前6年），汉成帝的后妃，在赵飞燕入宫前，汉成帝对她最为宠幸。她的父亲是班况，班况在汉武帝出击匈奴的后期，驰骋疆场，立下过汗马功劳。班婕妤在后宫中的贤德是有口皆碑的。当初汉成帝为她的美艳及风韵所吸引，同她如胶似漆，班婕妤的文学造诣极高，尤其熟悉史事，常常能引经据典，开导汉成帝内心的积郁。班婕妤又擅长音律，常使汉成帝在丝竹声中进入忘我的境界，对汉成帝而言，班婕妤不只是他的侍妾，她多方面的才情，使汉成帝把她放在亦师亦友的地位。后来因赵飞燕缘故而受到冷落。最后，班婕妤在守护汉成帝陵园中冷冷清清地度过了她孤单落寞的晚年。

东 汉

光武中兴

光武帝（公元前6—公元57年），姓刘名秀，南阳郡蔡阳县（今湖北枣阳西南）人，刘邦九世孙，新莽末年与兄刘寅加入绿林军，以恢复汉室为号召，于昆阳一战立下大功。刘秀在更始政权中，利用在河北作战的机会，经营自己的基地。更始三年（25年）六月，他在鄗城（今河北柏乡北）称帝，是为光武帝，年号建武。九月，赤眉军洛阳守将投降刘秀。10月，刘秀定都洛阳。刘秀的新政权仍称汉朝，由于其都城洛阳在长安以东，

汉光武帝刘秀像

史称东汉。建武三年（27年），刘秀灭赤眉军，又经过10多年的战争，消灭了各地的割据势力，至建武十六年（40年）完成统一。

刘秀建立东汉后，在政治上改革官制，加强对官吏的监察，强化对军队的控制；在经济上，实行度田，把公田借给农民耕种，提倡垦荒，发展屯田，安置流民，赈济贫民；在思想上提倡经学，表彰名节。由于这些措施，使东汉初年出现了社会安定、经济恢复、人口增长的局面，被称为"光武中兴"。

班 彪

班彪（3—54年），东汉史学家、文学家。字叔皮，扶风安陵（今陕西咸阳）人。《汉书》作者班固的父亲。儒学之家，儒家经典造诣精深。西汉末年，群雄并起，隗嚣在天水拥兵割据，他避难相随，后至河西，为大将军窦融"画策事汉"。经窦融推荐，被汉光武帝征召，任徐县令。不久因病免官，专心史籍。晚年任望都长。班彪博学多才，对于《史记》及续写《史记》的情况进行了细心的考察，作有《史记后传》，成为后来班固撰写《汉书》的基础。

班 昭

班昭（约49—约120年），东汉史学家。一名姬，字惠班，班固之妹。因嫁同郡曹世叔，故称曹大家。班固著《汉书》未成而卒，所撰八表及《天文志》遗稿散乱。汉和帝命班昭入东观藏书阁和马续一起续撰《汉书》。汉和帝时，班昭经常出入宫廷，担任皇后和妃嫔的教师。邓太后临朝听政后，更受宠信。著有《东征赋》《女诫》等。《女诫》是班昭训女书，分《卑弱》《夫妇》《敬慎》《妇行》《专心》《曲从》《和叔妹》七篇，影响深远，后成为封建社会妇女的行为准则。

班超出使西域

73年开始，东汉班超曾奉命多次出使西域，并联络各国对抗匈奴。到91年

为止，他成功地驱逐了北匈奴的势力，收服了鄯善、于田、龟兹、姑墨等西域诸国，被封为西域都护。94 年，西域地区的 50 多个国家都臣服于汉朝。

班超投笔从戎

"投笔从戎"的典故出在西域名将班超身上，意即弃文从武，放下笔杆参军。班超因为家境贫寒，为了维持生计，给官府做些抄抄写写的工作。有一天，他把笔往桌上一丢，感叹地说："大丈夫如果做不出别的大事业，也应该像张骞那样到边疆去为国家创立功业啊！怎么能安闲地和笔砚打一辈子交道呢？"班超感叹之日，也正是东汉初军中急需用人之时。汉明帝招募勇士，班超真的"投笔从戎"了，被任命为假司马。窦固派他带兵进攻伊吾，他与呼衍王战于蒲类海旁，"多斩首虏"，大获全胜，因而受到窦固的赏识。

佛教传入中国

西汉哀帝元寿元年（公元前 2 年），博士弟子景卢受大月氏王使伊存口授佛经。东汉时，汉明帝派遣使者到大月氏抄写佛经四十二章，这就是所谓的《四十二章经》。佛教传入中国以后，最早的信徒多是帝王贵族，当时的人们把佛当作一种祠祀，近乎于神仙方术，并且把佛教的教义理解为清静无为、省欲去奢，人们往往将佛与老子并祭。东汉桓帝期，僧人安世高、支娄迦谶相继来到洛阳翻译佛经，规模较大。193 年，丹阳人笮融大规模修造佛寺和塑造佛像，并且用免除徭役的办法来招致佛教信徒。这是中国佛教造像和大规模招致信徒的开始。

东汉外戚、宦官之争

东汉的皇帝从汉和帝开始幼年即位。和帝即位的时候只有 10 岁，殇帝即位的时候还不到半周岁，安帝即位时 13 岁，顺帝 11 岁即位，冲帝即位时 2 岁，质帝 8 岁即位，桓帝即位时 15 岁。管理国家大事一般由太后临朝听政，处理政事。外戚指母族、妻族，也就是太后、皇后的亲戚们。这在历史上就叫"外戚专权"。年幼的皇帝长大后，想把权力从外戚的手中夺回来，便用最亲近的宦官打击外戚。宦官指伺候皇帝及其后妃的人。宦官得到皇权同样把持朝政，拿皇帝当傀儡。外戚对宦官的不满，卷土重来。这样东汉外戚与宦官争权夺利的斗争持续不断。

十常侍专权

汉灵帝时专权的宦官集团，人称"十常侍"，其首领是张让和赵忠，他们将皇帝玩弄于股掌之上，以至于灵帝称"张常侍是我父，赵常侍是我母"。"十常侍"自己横征暴敛，他们的父兄子弟遍布天下，祸害百姓，无官敢管。人民不堪剥削、压迫，纷纷起来反抗。郎中张钧在给皇帝的奏章中指出，黄巾起义是外戚宦官专权逼出来的，他说："张角所以能兴兵作乱，万人所以乐附之者，其源皆由十常侍多放父兄、子弟、婚亲、宾客典据州郡，辜榷财利，侵掠百姓，百姓之怨无所告诉，故谋议不轨，聚为'盗贼'。"

党锢之祸

东汉后期，宦官专政引起大地主出身的官僚以及一般地主阶级知识分子的不满。洛阳的太学生们，利用太学这个阵地讨论政治，抨击宦官，造成很大的声势。这种风气，被称为"清议"。他们的活动得到官僚的支持。宦官们对此恨之入骨，诬蔑官僚和太学生结为朋党，要对朝廷不利，对他们进行了严厉的打击。第一次在166年，在宦官的蛊惑下，桓帝通告各郡，逮捕"党人"，牵连了200多人。第二次开始于169年，被杀死、流放、监禁的党人有六七百人，接着又有1000多名太学生被关押起来。所有党人和党人的学生、父子兄弟，以及亲戚，一律免除官职，禁锢终身，不许再做官。"党锢之祸"一直持续了10多年。

黄巾军起义

东汉末年，统治集团十分腐朽，外戚宦官竞相压榨农民，豪强势力不断扩张，土地兼并非常严重。农民的处境日趋恶化，被迫奋起反抗。黄巾起义的领袖张角以传道和治病为名，在农民中宣扬太平道的教义，进行秘密的活动。他广泛传播"苍天已死，黄天当立，岁在甲子，天下大吉"的谶语。中平元年（184年），由于计划泄密，起义提前举行。以黄巾为标志的农民起义军在7州28郡同时起事，攻城夺邑，取得了很大的胜利。黄巾军人数极多，遍布大江南北，声势浩大，京师震动。但是他们组织涣散，各支力量未能协调配合。统治者采取集中兵力各个击破的策略，黄巾军主力在短短9个月的时间就被镇压了。这次起义瓦解了东汉政权，进而结束了极端黑暗的外戚宦官统治。

董卓之乱

189年，军阀董卓以讨伐宦官为名，率军进入京城。他先控制了京师的军权，又胁迫何太后废少帝，立陈留王刘协为献帝，从而掌握了中央政权。董卓进城后放纵兵士在京城烧杀抢掠，又于190年将献帝和洛阳数百万民众迁到长安，并放了一把大火将洛阳城烧毁，使东西两都生灵涂炭。董卓的暴行激起了群众和百姓们的强烈不满。192年，董卓被司徒王允等人设计杀死，不过此时东汉王朝已经名存实亡了，汉献帝也成了割据军阀的傀儡。

董 卓

董卓（？—192年），字仲颖，陇西临洮（今甘肃临洮县）人。东汉末年少帝、献帝时权臣，官至太师、郿侯。原本屯兵凉州，于灵帝末年的十常侍之乱时受大将军何进之召率军进京，旋即掌控朝中大权。其为人残忍嗜杀，倒行逆施，招致群雄联合讨伐，但联合军在董卓迁都长安不久后瓦解，后董卓被其亲信吕布所杀。

杨 彪

杨彪（142—225年）字文先，东汉名臣，弘农华阴（今陕西华阴）人，杨震之后，杨赐之子，世代忠烈，任京兆尹时毅然处死巨宦王甫。献帝时为太尉，董卓欲迁都长安，百官无敢异议者，唯其力争，免官。卓死复为太尉，李郭之乱中尽节护主。后为曹操所忌，诬以大逆，孔融力救始免，后其子杨修为曹操所杀。

五斗米道

又称正一道、天师道，是道教最早的一个派别。据史书记载，在东汉顺帝时期，由张道陵在四川鹤鸣山（今成都市大邑县北）创立。

据《后汉书》《三国志》记载，凡入道者须出五斗米，故得此名，因又称为"米巫""米贼""米道"。另外，也有人认为，这个名称也可能和崇拜五方星斗（南斗、北斗等）和斗姆有关，五斗米就是"五斗姆"（另一说法是五斗崇拜和蜀地的弥教结合而成，即五斗弥教）。因教徒尊张道陵为天师，又称"天师道"。

张天师画像

东汉末年，张道陵、张鲁祖孙传布五斗米道。张鲁在汉中 20 多年，信徒众多，成为汉末一支很有实力的割据势力。

号　角

古代军旅中使用的号角是用兽角做成的，故称角，它是东汉时由边地少数民族传入中原的。由于它发声高亢凌厉，在战场上用于发号施令或振气壮威，后来角也用于帝王出行时的仪仗。随着角被广泛使用，制角材料也改用轻易获得的竹木、皮革、铜角、螺角等。其型号长短大小有别，以适应不同需要。

元明以后，竹木、皮革制作的角消失，铜角广泛使用，到清末新军创建，洋式军号盛行，角就退出历史舞台了。

云台二十八将

新莽末年，刘秀在建立东汉前后，邓禹、马成、吴汉、王梁、贾复、陈俊、耿弇、杜茂、寇恂、傅俊、岑彭、坚镡、冯异、王霸、朱祐、任光、祭遵、李忠、景丹、万修、盖延、邳彤、铫期、刘植、耿纯、臧宫、马武、刘隆 28 人战功居多，皆封列侯，世代承袭。汉明帝永平（58—75 年）年间，

云台二十八将图

于南宫云台绘 28 人像，以志表彰，史称"云台二十八将"，或称"中兴二十八将"。

王充与《论衡》

王充（27—约 97 年），字仲任，东汉会稽上虞（今属浙江）人。中国古代著

名唯物论思想家，出身寒微，博通九流百家之言。提出"元气"为天地万物之物质基础，人亦是禀天地之气而成的理论。反对当时流行的天人感应说，抨击有神论；反对"生知"，提倡"学知"。反对当时汉儒是古非今的风气，提出"汉高于周"的历史进步观点，然而相信"期""时""数"等，有宿命论思想。著作主要有《论衡》，流传至今。

班 超

班超（32—102年），班固之弟。小时候就和母亲一起随哥哥班固来到洛阳，班超为官府抄书以养家。不遂其志，便投笔从戎。明帝永平十六年（73年），窦固北伐匈奴，部将班超与匈奴战于蒲类海（今新疆巴里坤湖）有功，被授命率吏士36人出使西域各国，逐一招抚鄯善（本名楼兰，在今新疆若羌附近）、于阗（今新疆和田）、疏勒（今新疆喀什）等国。至和帝永元三年（91年），西域50余国均服汉朝，西域遂定。班超因功被任为西域都护，驻龟兹（今新疆库车）。永元七年（95年）被封为定远侯。永元十四年（102年）因老病请归，始返洛阳。被拜为射声校尉，是年病卒。班超在西域31年，为维护中国边防、保证各族人民的安全、保障丝绸之路的畅通和促进中外文化交流做出了杰出的贡献。

班 固

班固（32—92年），东汉的历史学家和文学家。他从小就很聪明，文采出众。父亲班彪死后，班固回乡为父亲守孝期间，开始整理父亲的著作《史记后传》，并坚持了20多年，写成了《汉书》，书中详细地记载了西汉的历史。79年，汉章帝在白虎观召集文人讨论经书，班固负责记录，还奉命把讨论内容写成了《白虎通义》（也叫《白虎通德论》），这是很有名的历史书籍。后来，大将军窦宪讨伐匈奴，让班固做他的参谋，两个人关系很好。窦宪在政治斗争中被迫自杀后，班固受牵连，最后死在了狱中。班固的文学作品水平也很高，其撰写的《两都赋》在中国文学史上有很高的地位。

窦 固

窦固（？—88年），字孟孙，扶风平陵（今陕西咸阳西北）人，东汉外戚。好览书传，喜爱兵法，是当时的名将。56年，嗣爵显亲侯。73年，率骑击北匈奴，追至蒲类海（今新疆巴里坤西北巴里坤湖）。次年冬，又率军深入西域，逐北匈奴，降服车师，东汉政府复置西域都护。章帝时历任要职，尊显用事。官至大鸿胪、光禄勋、卫尉。

窦 宪

窦宪（？—92年），字伯度，扶风平陵（今陕西咸阳西北）人，东汉外戚，权臣。因章帝皇后得任侍中、虎贲中郎将，宠贵日盛。和帝时，窦太后临朝，窦氏兄弟执掌朝政，窦宪任车骑将军，率军出塞，大破北匈奴，出塞3000余里，至燕然山刻石记功。匈奴 10 余万人先后归降。迁大将军，位在三公之上。92 年，和帝与宦官合谋诛除窦氏，强迫窦宪自杀。

张衡与浑天仪、地动仪

张衡（78—139 年），东汉南阳西鄂人，是浑天说的主要代表。117 年，张衡创制了精确的浑天仪。这架浑天仪是个可以转动的铜球，一根铁轴贯穿球体，轴的两端代表北极和南极；球体的外面有几个铜圈，分别代表地平圈、子午圈、黄道圈、赤道圈，赤道上还刻有 24 个节气。为了使浑天仪动，张衡又设计了滴壶滴水推动齿轮，浑天仪旋转时，代表各种天象的钢圈一起运动。此外，张衡还制作了异常灵敏准确的地动仪，是世界上最早的地震仪。

华佗与五禽戏

华佗（约 145—208 年），汉末医学家，又名敷，字元化，沛国谯（今安徽亳州）人。精内、外、妇、儿各科和针灸，尤擅长施针用药，简而有效。他还创编了"五禽戏"气功术。五禽之戏：一曰虎，二曰鹿，三曰熊，四曰猿，五曰鸟。华佗后被曹操所杀。

造纸术

造纸术是"中国四大发明"之一，是人类文明史上的一项杰出的发明创造。中国是世界上最早养蚕织丝的国家。古人以上等蚕茧抽丝织绸，剩下的恶茧、病茧等则用漂絮法制取丝绵。漂絮完毕，篾席上会遗留一些残絮。当漂絮的次数多了，篾席上的残絮便积成一层纤维薄片，经晾干之后剥离下来，可用于书写。这种漂絮的副产物数量不多，在古书上称它为赫蹏或方絮。这表明了中国造纸术的起源同丝絮有一定的渊源。东汉元兴元年（105 年）蔡伦改进了造纸术。他用树皮、麻头，敝布及渔网等植物原料，经过挫、捣、抄、烘等工艺制造的纸，是现代纸的渊源。自从造纸术发明之后，纸张便以新的姿态进入社会文化生活之中，并逐步在中国大地传播开来，以后又传布到世界各地。

蔡 伦

蔡伦（？—127 年），字敬仲。桂阳（今湖南郴州）人，东汉宦官，发明家。明帝后期入宫，章帝时为小黄门，和帝即位后升为中常侍，参与政事，加位尚方令。114 年，被封为龙亭侯、长乐太仆。历经明、章、和、安四帝，服侍宫廷 40 余年。有巧思，监做御用器物，精工坚密。曾改进西汉以来用丝麻纤维造纸的技术，以树皮、麻头、破布、旧渔网为原料造纸，使纸的质量提高，原料易得。公元 105 年奏报朝廷，时称"蔡侯纸"，后世遂以他为造纸术发明人。

邓太后

邓绥（81—121 年），出生于功臣显宦之家，其祖父邓禹是东汉初年名臣。邓绥是东汉时和帝刘肇的皇后，史称邓太后。刘肇去世时她仅25岁，先后策立殇帝、安帝，以太后身份临朝称制，执政达17年，成为实际上的"女皇帝"。邓太后临朝，治理天下，从秦朝失败中取得了一些经验，她并用外戚和宦官，形式上不偏重外戚。她临朝断事，大权一概由自己掌握，切实做到号令自出，大事独断，军政大权绝不旁落外戚集团和权臣。邓太后政治上比较清明，为人节俭，削减内宫的费用，并减少郡国的贡献，珍奇金银等物都停止进献。邓太后是一位出色的女政治家。

马皇后

在东汉一朝，只有一位皇后没有纵容外戚，反而禁止外戚参政议事，她就是历史上著名的马皇后（38—79年）。马皇后是名将马援的女儿，13岁入宫，汉明帝即位后，因其品德才能都非常出众，被立为皇后。马皇后生性宽仁，谦恭节俭，不喜好游乐。她虽然贵为天下之母，但平易近人。她以史为鉴，禁止外戚参政，她曾列举历史上外戚恃宠骄横的例子，指出外戚应该谦恭自律，不能参与朝政。声称自己是天下之母，应该为朝廷做出表率，不能纵容自己的家族子弟参与政事，专擅朝政。

"医圣"张仲景

张仲景，名机，字仲景，东汉末年著名医学家，被人称为"医圣"。南阳郡涅阳（今河南南阳市，另说河南邓州市穰东镇张寨村，在东汉时期，邓州市行政范围归南阳管理）人。生于东汉桓帝元嘉、永兴年间（约150—154年），死于建安末年（约215—219年），活了70岁左右。相传曾举孝廉，做过长沙太守，所以有"张长沙"之称。

张仲景从小好医学，"博通群书，潜乐道术"。当他10岁时，就已读了许多书，特别是有关医学的书。他的同乡何颙赏识他的才智和特长，曾经对他说："君用思精而韵不高，后将为良医。"后来，张仲景果真成了良医，被人称为"医中之圣，方中之祖"。这固然和他"用思精"有关，但主要是他热爱医药专业，"勤求古训，博采众方"的结果。年轻时曾跟同郡张伯祖学医，经过多年的刻苦钻研和临床实践，医名大振，成为中国医学史上一位杰出的医学家。

《伤寒杂病论》

张仲景辞官行医之后，博采众方，著《伤寒杂病论》一书，全书共16卷，记治传染病方30种，治疗原则397条，原本已佚。该书经后人整理为《伤寒论》和《金匮要略》两书。确立了中医学辨证施治的法则，明确提出了包括理、法、方、药在内的一整套诊治原则，使基础理论与临床实践密切结合，为后世临床医药学发展奠定了基础。

《说文解字》

《说文解字》是东汉人许慎所撰，是中国第一部按部首编排的字典。全书共分 540 个部首，把部首相同的字排列在一起。每个字下面先解释含义，再分析字形，最后辨别读音。全书一共收录了 9553 个字。在解释字义的时候，涉及天地、鬼神、山川、草木、鸟兽、昆虫、杂物、制度、礼仪、世间人事等各个方面的内容。

《汉书》

东汉班固撰，100 篇，120 卷，是中国第一部纪传体断代史，记西汉一代史事。该书叙述了西汉 200 多年政治、经济、文化的发展情况，内容丰富，构思缜密。内容继承《史记》体例而稍有改变，如改"书"为"志"，取消"世家"，增加了"刑法""五行""地理""艺文"四志及"百官公卿表"等，是研究西汉历史的重要史料。

《周髀算经》

中国现存最早的数学著作，也是天文学著作，大约在 1 世纪成书。该书对数学上难度大、相当复杂的分数乘除的计算方法进行了较系统的阐述。对勾股定理也进行了论述，还记载了它的应用情况。三国时东吴人赵爽注解《周髀算经》时，用弦图给勾股定理做了证明。在天文学方面，该书对宇宙结构等问题也做了初步描述。

《论衡》

东汉王充著。85 篇，缺失《召致》一篇，内有批判天人感应与谶纬迷信的内容。其中阐述了元气自然论的世界观与认识论等进步的社会历史观。书出即被视为异端，遭到正统儒者的非议，禁止流传，长期被埋没。

《九章算术》

《九章算术》共分九章，系统总结了中国自秦汉以来的数学成就，含分数、四则运算和比例计算，还有各种面积、体积的计算方法，以及利用勾股定理进行测量，一次方程、二次方程的解法，开平方、开立方的方法等。书中记载了负数的概念和正负数加减的运算法则，这在世界数学史上还是第一次。书中还涉及几何学的内容。《九章算术》对中国古代数学的发展所产生的影响巨大而深远。它在中国数学史上有很高的地位，同时也影响至世界，被译成多种文字出版发行。

《熹平石经》

《熹平石经》是中国历史上最早的官定儒家经典刻石，它和魏正始年间所刻《正始石经》，以及唐文宗开成二年（837 年）所刻《开成石经》并列为古代著名的"三大石经"。汉代独尊儒术之后，朝廷将儒家经文刻制成石头书籍，供学官们正定校勘，作为向太学生讲授的标准经本。《熹平石经》共刻《鲁诗》《尚书》《周易》《春秋》《公羊传》《仪礼》《论语》等 7 经，共计 200910 字，刻制时间从东汉熹平四年

（176 年）至光和六年（183 年），一共历时 7 年，制成后立于洛阳太学门前。《熹平石经》主要由蔡邕等人用隶书体写成，是中国书法史上的著名碑刻。

《两都赋》

作者班固。《两都赋》分为《西都赋》和《东都赋》，西都指长安，东都指洛阳。《西都赋》主要赞扬了长安城物产丰富以及险要的地势；《东都赋》则描绘了洛阳的繁荣景象，歌颂了东汉政府措施，并以东都的节俭之风抨击了西都的奢侈浪费，使西都宾从内心折服。全篇气势宏大，条理清楚，说服力强，体现歌功颂德的基调。

汉 赋

汉赋是汉代最主要的文学体裁，一般分为骚体赋、散体大赋和抒情小赋三类。汉赋一般篇幅较长，多采用问答体，韵散夹杂，其句式以四言、六言为主，但也有五言、七言或更长的句子。汉赋闳阔壮丽，但也好堆砌词语，极尽铺陈排比之能事。汉赋的形成受到了《诗经》和《楚辞》的巨大影响。汉赋的三种类型代表了汉赋发展的三个阶段。骚体赋主要盛行于西汉初年，受骚体诗或者楚辞的影响，如贾谊的《吊屈原赋》。散体大赋又称作汉大赋，也是人们一般意义上所认为的汉赋。它主要盛行于西汉中叶至东汉初年，代表作家作品有枚乘的《七发》、司马相如的《子虚赋》《上林赋》等。抒情小赋是汉赋的新发展，它的出现预示着汉大赋的衰弱。但是抒情小赋篇幅短小，比起汉大赋的恢宏壮丽自有一番情趣。代表作家作品主要有张衡的《归田赋》、赵壹的《刺世嫉邪赋》等。

乐府诗

亦称乐府。乐府为掌管宫廷音乐的机构，始设于秦。汉武帝时，为宫廷娱乐和庙堂祭祀，广搜民歌，配乐加工成乐府诗。这些民歌，广泛深入地反映了当时的社会生活。东汉末年的长篇叙事诗《孔雀东南飞》是汉代乐府民歌的杰出代表作，也是中国诗歌史上不朽的名篇。东汉时期还出现了文人模仿乐府形式的五言诗，其代表作《古诗十九首》是一群无名诗人所作，习惯上以首句标题。汉乐府对魏晋以至唐代诗人都有巨大影响。

《孔雀东南飞》

东汉乐府民歌中最著名的长篇叙事诗。全诗共 353 句，通过叙述焦仲卿和刘兰芝这对恩爱夫妻在封建礼教摧残下的婚姻悲剧，有力地揭露了封建礼教和封建家长制的深重罪孽，表达了青年男女追求婚姻幸福的美好愿望。故事情节曲折生动，表现形式丰富多彩，为世人广泛传颂，堪称是乐府诗中的代表作。

百 戏

百戏是汉朝对音乐、舞蹈、杂技、魔术、角抵戏等表演艺术的统称，百戏起源于民间，是由古老的原始宗教仪式发展而来，秦朝时开始传入宫廷。西汉时，在汉武帝的倡导下，百戏盛极一时。到了东汉，无论是宫廷中的庆典，还是民间节日，尤其是庄园内的宴乐聚会，都少不了百戏表演助兴。百戏表演时往往数百人同台演出，载歌载舞，场面热烈。

百戏图画像石（拓片）

豪右与门阀

豪右原是西汉时期出现的占有大量田产的豪族。他们广占田宅，横行乡里，屡遭压制而不能禁。东汉建立时，豪右势力纷纷拥众起兵，帮助刘秀建立并稳固了政权。所以，东汉建立后豪右势力进一步扩张，发展成为东汉时的豪强地主，并成为此后门阀士族的雏形。

东汉时期，显贵家族的正门外竖有两柱，左柱称阀，右柱称阅，用以夸耀功绩，这种门第较高的豪族世家就被称为"阀阅"或"门阀"。东汉以后，随着士族制度的发展和兴盛，门阀士族子弟在各方面享受特权，他们生活糜烂，纵情声色犬马，隋唐以后逐渐腐朽没落。

露 布

露布是汉代时的一种军事文书，因其不加检封，而称为露布，也称"露版""露板"。一般是大臣在上书时，为表自己的坦诚而用。一些檄文、捷报、紧急文书，为使大家迅速得知，或即将要公开宣布，也称露布，后也指向大众宣告的檄文。

道 教

道教是中国土生土长的宗教，来源于古代的民间巫术和神仙方术，又将《老子》《庄子》加以附会引申，形成以长生成仙为根本宗旨的道教教义，随着相应的宗教组织和活动的出现，道教便正式诞生了。

道教的产生大体上与佛教的传入同时，它一开始就吸收儒、阴阳、谶纬和佛教各家的成分，具有庞杂性。早期道教经典《太平经》约成书于汉安帝、汉顺帝之际，它把汉代道家关于气的学说神秘化，将养生论引申为长生说，主张通过养性积德的方法，包括行孝、守一、含气、服药等，达到长生成仙的目的。它崇拜的至上神是"委气神人"，其下有神人、真人、仙人、道人，组成神仙世界。

汉灵帝之时，政治腐败，危机四起，出现了民间道教的三股有组织的势力，与朝廷对抗。三辅有骆曜，教民缅匿法。东方有张角，为太平道，道师持符祝，教病人叩头思过，以符水治病。汉中有张陵，其道略与张角同，又设祭酒，主以《老子》五千文，为病人作三官手书，使病家出米五斗以为常，号为五斗米师。由于五斗米道教义与地主阶级利益相一致而被允许继续合法流传，至南北朝时以天师道的名义发展起来，成为全国性的宗教。

太尉和尚书台

东汉建立后，对中央军事机构进行了一些改革。

一是太尉的职权增强。

东汉时，太尉仍是最高军事行政长官，但它的职权比西汉有所扩大：太尉的职权超过了司徒、司空，在三公中的地位最尊；太尉的属官增加，领有24人：东曹、西曹、户曹、法曹、兵曹、仓曹、奏曹、辞曹、尉曹、贼曹、决曹、金曹等；太尉有时也可以统领中央实权机构尚书台。

二是尚书台成为实际军事权力机构。

尚书在秦和西汉时只是少府的属官，职责是传达殿中诏令。汉武帝时职权有所扩大，开始代替皇帝裁决和下达章奏。到东汉光武帝刘秀时扩充为尚书台，规定其"掌凡选署及奏下尚书曹文书众事"，成为一个实权机构，"虽置三公，事归台阁"，位卑而权重。尚书台因参与国防、战略等重大决策，所以成为事实上的中央军事领导机构。

东汉募兵制

东汉时光武帝刘秀改革兵制，中央禁军多采取招募，地方郡县不设常备军，废除都试制度。遇到战事，临时招募士卒组成军队，将原来的西汉时期的征兵制改为募兵制。

募兵制是当有战事时，以雇佣的形式招募士卒的一种兵役制度，最早形成于战国时代，比如魏国的"武卒"。西汉时也曾招募一些身强力壮、武艺高强的勇士组成精锐部队，但是不带有普遍性。

东汉募兵的来源主要有农民、商人和少数民族。主要方法有使用钱财、免除赋役和强抓壮丁等。

由于募兵是临时招募的士兵，缺乏军事训练，战斗力很差，导致"每战常负，王旅不振"。

募兵制的盛行，加重了国家财政负担，使一批农民长期脱离土地，影响了农业生产。应募者对将领有严重的人身依附关系，逐渐演变为私人部队，造成地方势力膨胀，成为军阀割据的重要原因之一。

沙盘的使用

东汉建武八年（32年），光武帝刘秀亲征割据陇右的隗嚣。汉军行至漆县（今陕西彬县），不少将领认为前方情况不明，地势险要，胜负难料，不宜进军。刘秀也犹豫不决，是战是退，难下决心。这时，大将马援觐见，指出"隗嚣将帅有土崩之势，兵进有必破之状"。他命人取些米来，在光武帝面前堆成山谷沟壑之状，然后指点山川形势，标示各军进退往来的道路，"分析曲折，昭然可晓"，对战局分析得也很透彻。刘秀大喜，说"如在吾目中矣"（《后汉书·马援传》），遂决意进军。汉军势如破竹，很快消灭了隗嚣。其中马援"堆米为山"起到了重要作用，这是中国历史上第一次使用军事沙盘，是战争史上的一个创举。

在战争中使用沙盘，能够使战场上双方的形势一目了然，为指挥者提供了形象直观的信息。

三国两晋南北朝时期

魏

《短歌行》

　　曹操平定了北方割据势力，控制了朝政。他又亲率83万大军，直达长江北岸，准备渡江消灭孙权和刘备，进而统一全中国。建安十三年（208年）冬十一月十五日，天气晴朗，风平浪静，曹操下令："今晚在大船上摆酒设乐，款待众将。"到了晚上，天空的月亮非常明亮，长江宛如横飘的一条素带。再看船上众将，个个锦衣绣袄，好不威风。曹操告诉众将官："我自起兵以来，为国除害，扫平四海，使天下太平。现在只有南方我还没得到，今天请你们来，为我统一中国同心协力，日后天下太平，我们共享荣华富贵。"文武们都站起来道谢，曹操非常高兴，先以酒祭长江，随后满饮三大杯，并横槊告诉众将说："我拿此槊破黄巾、擒吕布、灭袁术、收袁绍，深入塞北，直达辽东，纵横天下，颇不负大丈夫之志，在这良辰美景，我作歌，你们跟着和。"接着，他唱曰："对酒当歌，人生几何……绕树三匝，无枝可依。山不厌高，水不厌深。周公吐哺，天下归心。"是为《短歌行》。

望梅止渴

　　有一年夏天，曹操率领部队去讨伐张绣，天气热得出奇，骄阳似火，天上一丝云彩也没有，部队在弯弯曲曲的山道上行走，两边密密的树木和被阳光晒得滚烫的山石，让人透不过气来。到了中午时分，士兵的衣服都湿透了，行军的速度也慢下来，有几个体弱的士兵竟晕倒在路边。

　　曹操看行军的速度越来越慢，担心贻误战机，心里很是着急。可是，眼下几万人马连水都喝不上，又怎么能加快速度呢？他立刻叫来向导，悄悄问他："这附近可有水源？"向导摇摇头说："泉水在山谷的那一边，要绕道过去还有很远的路程。"曹操想了一下说："不行，时间来不及。"他看了看前边的树林，沉思了一会儿，对向导说："你什么也别说，我来想办法。"他知道此刻即使下命令要求部队加快速度也无济于事。曹操脑筋一转，办法来了，他一夹马肚子，快速赶到队伍前面，用马鞭指着前方说："士兵们，我知道前面有一大片梅林，那里的梅子又大又好吃，我们快点儿赶路，绕过这个山丘就到梅林了！"士兵们一听，仿佛已经吃到嘴里，精神大振，步伐不由得加快了许多。

挟天子以令诸侯

　　196年，汉献帝和大臣们从长安返回洛阳。经过董卓之乱的洛阳城一片残破，粮食匮乏。曹操已经占据了许县（今河南许昌），他采纳谋士荀彧的建议，以方便供给粮食为由，将汉献帝迎接到了许县，并将许县改名为许都。从这以后，曹操以天子的名义向天下诸侯发号施令，掌握了巨大的政治优势。

屯田制

屯田亦称屯垦，是历代封建王朝组织劳动者在官地上进行开垦耕作的农业生产组织形式，主要采取军屯和民屯两种形式。军屯即以军事组织形式由士兵及其家属进行垦种，民屯则以民户为主体进行有组织之屯垦，其中也有利用犯人者。此外，明代还有商屯。民屯、军屯均始于汉代。西汉文帝、武帝、宣帝时都组织过屯田，有民屯，也有军屯。东汉末，曹操组织的屯田为民屯，取得了显著效果。其后，历代多沿此制，唐以后又称营田，元、明、清一般仍称屯田。各代均设专门机构管理之，具体名称、制度或有不同。

租调制

在实行屯田制的同时，曹操于建安九年（204年）在《收田租令》中颁布了新的租调制，规定的田租是每亩每年缴纳粟四升；户调是平均每户每年缴纳绢二匹、绵二斤，具体实行时根据民户的资产划分等差进行征收。这种征收实物的户调制，实际上自东汉后期以来就已经开始，曹操把它正式确定下来，并以此取代繁重的口赋和算赋。这对促进北方社会经济的恢复和发展起到了积极的作用，巩固了曹魏政权，使它在三国鼎立的局面中据有了经济上的优势。租调制也是中国古代赋税史上的一次重要变革，对后代的赋税制度产生了极其深远的影响。

官渡之战

东汉末年，军阀割据，北方逐渐形成了袁绍和曹操两个强大的军事集团。袁绍占有幽、冀、青、并四州；曹操占有兖、豫二州，并在建安元年（196年）把汉献帝挟持到许，"挟天子以令诸侯"，双方都企图独霸天下。建安五年（200年），袁绍组织10万大军，进驻黎阳（今河南浚县东北），发动了对曹操的进攻。曹操用以迎敌的军队仅有两三万人。袁绍分兵包围了屯驻白马(今河南滑县东)的曹军，曹操以声东击西的战术，大败袁军。初战获胜后，曹操退守官渡（今河南中牟县东北），两军对阵相持。接着，曹操又派兵偷袭乌巢，焚烧袁军的粮草辎重，并

水陆攻战画像石

水上、陆地，刀光剑影在狭小的空间里得到充分体现，反映了当时战争的一个侧面。

趁袁绍军心动摇之机挥兵猛进，歼灭袁军 7 万余人。袁绍父子带着 800 残兵逃回北方。2 年后，袁绍忧愤而死。官渡之战为曹操统一北方奠定了坚实的基础，并为其在三国鼎立的局面中占据优势提供了有利条件。

曹操称魏王

自从曹操统一了北方以后，便加快了取代汉室的步伐。他首先清除了倾向于东汉王朝的力量，又于 208 年废三公官制，自封为丞相，总揽军政大权。216 年，汉献帝被迫封曹操为魏王。虽然曹操始终没有正式称帝，但他已经为曹氏代汉称帝做好了准备。

曹丕称帝

220 年，曹操病逝，其子曹丕继位当了丞相和魏王。当时东汉已完全沦为曹魏的傀儡王朝，曹丕又实行九品中正的选官制度，得到世家大族的支持。同年十月，曹丕迫使汉献帝让位，即位为帝，定国号为魏，改元黄初，定都洛阳，并追尊曹操为武皇帝。

九品中正制

魏晋南北朝时期一种重要的官吏选拔制度，又名九品官人法。220 年，曹丕废汉称帝前夕，采纳陈群建议设立九品官人法，在各郡县设中正，对人才进行评定，并分出九等，作为选拔官员的标准。即上上、上中、上下；中上、中中、中下；下上、下中、下下。九品中正制创立之初，评议人物的标准是家世、道德、才能三者并重，但由于中正权力被门阀士族所垄断，因而在实际执行过程中，才德标准逐渐被忽略，家世逐渐成为唯一的标准，到西晋时形成"上品无寒门，下品无士族"的局面，成为维护门阀统治的重要工具。隋唐之际，门阀制度衰落，隋文帝改革吏制，用分科考试的办法选拔官吏，九品中正制至此被废除。

仆　射

仆射是魏晋南北朝至宋尚书省的长官。仆射起源较早，秦律中已有仆射称谓。汉代仆射是个广泛的官号，但后来只有尚书仆射相承不改。故魏晋南北朝至宋时的仆射专指尚书仆射。

尚书仆射为尚书令之副，初置一人，汉献帝时分置左右仆射。魏晋以后，仆射已处于副相地位。隋文帝时，尚书令虽置而常缺，于是尚书左仆射成为朝廷首相。唐初，仆射总领省事，与中书令、侍中同掌相权，以左仆射为首相，但屡遭排斥。玄宗开元时期，仆射虽名为丞相，实际已有名无实。至唐代后期，仆射常为节度使、观察使的加官，从而成为虚职，不但不是宰相，连尚书省本省事务也不过问。五代至宋沿袭唐后期之制，但权力增大。南宋孝宗时改名为左、右丞相。此后，便不再有仆射之名。

司马懿平辽东

东汉末年，辽东太守公孙度自称辽东侯，拥兵割据辽东。他对曹操时叛时降，保持着独立的地位。公孙度的孙子公孙渊继承了辽东太守之后，自立为燕王，对魏构成了威胁。238年春，魏明帝派太尉司马懿率兵平定了辽东，此举从根本上扫除了魏国北方的威胁，为司马氏夺取曹氏政权奠定了基础。

司马昭杀曹髦

260年，司马懿的儿子司马昭自封为晋公，依然独揽曹魏大权。当时的魏帝曹髦不甘心受制于司马氏，对几个臣子说："司马昭之心，路人皆知。"他准备讨伐司马氏。有人向司马昭告密，司马昭的部下贾充率众拦截曹髦，曹髦被杀。司马氏终于彻底击垮了曹氏集团。

书法家钟繇

钟繇(151—230年)，字元常，颍川长社(今河南长葛)人。魏明帝时受太傅衔，故世称"钟太傅"。其书学曹喜、蔡邕、刘德升等人，能书隶、草、真、行诸体，尤以真书绝世。存世墨迹，最著名的有以王羲之临本翻刻的《宣示表》《荐季直表》等。

袁绍

袁绍（？—202年），字本初，东汉末汝南汝阳（今河南商水西北）人。出身世家大族，其家族四世任三公之职。东汉末年为司隶校尉。190年，起兵与诸州牧讨伐董卓，自领冀州牧，击降农民军，遂占据幽、冀、青、并四州。197年称大将军，兼督四州。性刚愎自用，外宽内忌，拒绝谋臣所提积蓄力量以图天下之策，连年与曹操争战。200年，被曹操大败于官渡。后病卒。

曹操

曹操（155—220年），字孟德，即魏武帝。东汉末沛国谯（今安徽亳州）人。中国古代著名政治家、军事家、诗人。少机警，任侠放荡。任骑都尉，参与镇压黄巾军起义。及董卓擅权，散家财起兵，与袁绍等共讨董卓。192年据兖州，诱降黄巾军30余万，选其精锐编为青州军，势力大振。先后击败袁术、陶谦、吕布等军事集团。196年，迎献帝至许（今河南许昌东），总揽朝政。200年，于官渡大败袁绍。以后又击破乌桓，统一北方。他善于用人，唯才是举；行屯田，兴修水利，恢复农业生产。208年，位列丞相，与刘备、孙权联军战于赤壁，大败。213年封魏公，216年晋魏王。220年病死

魏武帝曹操像

曹操是一位雄才大略的政治家和军事家，他统一北方，使混乱的社会经济得到恢复，对于结束东汉末年的战乱功不可没。同时，曹操在文学上也卓有建树。

于洛阳。子曹丕代汉称帝建立魏国后，追尊为魏武帝。

曹 丕

曹操次子，三国时期魏国的建立者，文学家。曹操死后不久，曹丕代汉建魏，迁都洛阳。曹丕文学修养很高，与其父曹操、其弟曹植并称"三曹"，并在周围团结了大批作家，形成建安文人集团。他的《燕歌行》是现存最早的文人七言诗，《典论·论文》则是现存最早的文学评论专著。

司马懿

司马懿（179—251年），字仲达，三国时河南温县（今河南温县西南）人。少聪达，公元208年丞相曹操辟其为文学掾，后任丞相主簿。多谋略，善权变。魏文帝时任尚书右仆射，转抚军。226年魏文帝死，遗诏司马懿与曹真共同辅政。魏明帝时为大将军，负责对蜀战争，并平定辽东，功高望重，掌握魏国大部分军权。又利用职权拉拢世族官僚，形成以司马氏为核心的势力集团。239年，魏明帝卒，太子曹芳继位，司马懿受诏与大将军曹爽共同辅政。249年，司马懿发动政变，杀死曹爽，控制曹魏政权，曹姓皇帝成为傀儡。后其孙司马炎代魏称帝，建立晋朝，尊其曰宣皇帝。

高平陵事变

曹魏中后期，世族大地主代表人物司马懿的地位日益显要，明帝时官至太尉。明帝卒，司马懿与魏宗室、大将军曹爽共执朝政，政治矛盾日益尖锐。曹爽表请将司马懿转为太傅闲职，剥夺兵权，又安排心腹何晏、丁谧等人执掌机要，竭力排斥司马懿在朝中势力。司马懿装病不起，有意麻痹曹爽，暗中策划。

正始十年（249年）正月，司马懿乘曹爽兄弟随魏帝祭扫明帝高平陵（在洛阳南）之机，发动政变。夺取武库，派长子司马师屯兵司马门，自己和太尉蒋济出屯洛水浮桥，断绝曹爽归路。又迫郭太后（明帝后）下令废曹爽兄弟官职，先声夺人。派人送奏章给魏帝，要求罢免曹爽兄弟。曹爽犹豫不决，最终为求活命而同意交出大权，以侯还第。数日后，司马懿以谋反罪名族诛曹爽兄弟及其亲信何晏、丁谧、毕轨等人。自此以后，曹魏政权实际落入司马氏集团手中。

阮 籍

阮籍（216—263年），字嗣宗，河南尉氏县人。曹魏晚期"正始诗人"的主要代表人物，有《咏怀诗》82首流传。他的代表作品还有《大人先生传》《达庄论》等文。原有文集，已散佚，后人辑有《阮步兵集》。

嵇 康

嵇康（223—263年），字叔夜，谯国铚县（在今安徽宿州境内）人。"竹林七贤"的领袖人物。三国时魏末文学家、思想家与音乐家，魏晋玄学的代表人物之一，擅音律。创作有《长清》《短清》《长侧》《短侧》，合称"嵇氏四弄"，与东汉的"蔡氏五弄"合称"九弄"。隋炀帝曾把"九弄"作为科举取士的条件之一。其留下的"广陵绝响"的典故被后世传为佳话，《广陵散》更是成为中国十大古琴曲之一。他的《声无哀乐论》《与山巨源绝交书》《琴赋》《养生论》等作品亦是千秋相传的名篇。

蔡文姬

蔡文姬（约177—?），名琰，字文姬，东汉陈留圉县（今河南杞县西南）人，蔡邕之女。蔡文姬博有辩才，善音律。初嫁卫仲道，夫亡无子，归居于家。195年，中原战乱，被匈奴所掳，居匈奴12年。曹操异其才华，遣使以金璧赎回。奉命补蔡邕散佚典籍，忆写400余篇，文无遗漏。有五言及骚体《悲愤诗》各一首传世。相传另作《胡笳十八拍》，以音律诉说自己的不幸遭遇，表达早日结束战争的愿望。

文姬归汉

文姬指的是蔡文姬，东汉著名学者蔡邕的女儿。初嫁河东人卫仲道，夫亡后归居家中。时值天下动乱，四处交兵。董卓在长安被诛后，其父蔡邕曾因为董卓所迫，受官中郎将而获罪，为司徒王允所囚，并被处死狱中。蔡文姬则于兵荒马乱中为董卓旧部羌胡兵所掳，流落至匈奴左贤王部，在匈奴12年，生有二子。

建安中，随着曹操军事力量的不断强大，吕布、袁绍等割据势力的被逐步削平，中国北方遂趋于统一。在这一历史条件下，曹操出于对故人蔡邕的怜惜与怀念，"痛其无嗣"，乃遣使者以金璧将蔡文姬从匈奴赎回中原，重嫁给陈留人董祀，并让她整理蔡邕所遗书籍400余篇，为传统文化的传播做出了贡献。这就是历史上"文姬归汉"的故事。

建安七子

"建安七子"是指东汉末年建安时期以文学著名的7位作家。"七子"之称始自曹丕的《典论·论文》。"七子"是鲁国孔融、广陵陈琳、山阳王粲、北海徐幹、陈留阮瑀、汝南应场、东平刘桢。又因七人同居邺中（今河北邯郸市临漳县），故又称"邺中七子"。

建安七子

其诗作崇尚风骨，多悲凉慷慨之气，抒发救国安邦、忧国忧民之志。

竹林七贤

司马氏控制了朝政以后，一些名士对司马氏十分不满，就以蔑视礼法、纵酒玩乐的方式消极抵抗，拒绝与司马氏合作。"竹林七贤"就是这些名士的代表。这七个人的名字是嵇康、阮籍、山涛、阮咸、向秀、刘伶、王戎。他们经常在竹林里携手共游，开怀畅饮，高谈阔论，所以被人们称为"竹林七贤"。"竹林七贤"中最博学的要数嵇康。他精通音律、绘画和书法。

曹植七步成诗

曹植像

220 年，曹操病逝，曹丕废了汉献帝，自己做了魏文帝，便将曹植视为敌手，总想寻找机会将他除掉。一天，有人告发曹植喝醉了酒，傲慢地污辱威胁朝廷的使者。曹丕就将曹植抓来，准备治他死罪。曹丕的母亲知道后，立刻召见曹丕求情，曹丕不敢违抗母亲，只得打消杀曹植的念头。曹母走后，曹丕将曹植叫来，限他在七步之内吟诗一首，若是作出，就免曹植一死。曹植就随口吟道："煮豆持作羹，漉菽以为汁，其在釜下燃，豆在釜中泣。本是同根生，相煎何太急！"诗吟完了，还没有跨出七步。曹丕听了受到触动，禁不住流下眼泪，于是未杀曹植，只将他从临淄王贬为安乡侯。

曹冲称象

曹冲是曹操的儿子，小的时候聪明敏慧，智力超人。当时孙权送给曹操一头大象，曹操想知道大象的重量，追问群臣，无人能答，曹冲回答：把大象放在船上，刻下船的吃水线，再把其他物品放到船上，直到同样吃水线，再称这些物品，就可以知道它的重量了。曹操听了，十分高兴，命令手下依此照办，称得大象重量。

孔融让梨

孔融有五个哥哥，一个小弟弟。孔融小时候，有一天，家里吃梨，一盘梨子放在大家面前，哥哥让弟弟先拿，孔融只拿了一个最小的，父亲看见了就问孔融："这么多的梨，又让你先拿，你为什么不拿大的，只拿一个最小的呢？"孔融回答说："我年纪小，应该吃那个最小的，大的留给哥哥吃。"父亲又问他："你还有个弟弟哩，弟弟不是比你还要小吗？"孔融说："我比弟弟大，我是哥哥，我应该把大的留给弟弟吃。"孔融四岁，就知道上敬哥哥，下让弟弟，大家都称赞他。

击鼓骂曹

曹操为了扩充自己的实力，想请人去刘表那里游说，孔融就推荐了他的好朋友祢衡。祢衡被请来后，曹操对他不以礼相待，惹得祢衡当面骂遍了曹操手下的谋士和大将。第二天，曹操大宴宾客，让祢衡击鼓取乐，想当面羞辱他。

祢衡身穿破衣上堂，有人责问祢衡为何不更衣，祢衡当场脱衣，光着身子站立，吓得宾客以手捂眼，气得曹操大骂祢衡无耻。祢衡反唇相讥说："什么叫无耻，欺君才叫无耻。我光着身子，是让大家看看我的清白。"随后一面击鼓，一面大骂曹操，毫无惧色。

玄学兴起

玄学就是玄虚之学，强调"以无为本"，主张"无为"和"自然"。玄学家们将《老子》《庄子》和《周易》称为"三玄"，所以说玄学糅合了儒、道两家的思想。魏晋之际，朝廷权力斗争激烈，士族知识分子为了明哲保身，整日坐而论道，因此玄学具有"清谈"的特色。

三教九流

"三教"的说法起自三国时代，指的是儒、释、道三种教派。儒，属孔子所创，并非宗教，而汉儒为了抬高孔子的地位，把儒家学说渲染得像宗教一样，就被人们看作宗教了。释，指东汉时传入中国的佛教，因其为印度释迦牟尼所创而简称为释。道，是东汉时创立的一种宗教，讲究炼丹修道，寻求长生不老之法。

"九流"的说法，最早见于《汉书·艺文志》，指的是春秋战国时代的儒、墨、道、法、杂、农、阴阳、纵横等学术流派。

"九流"又分为"上九流""中九流""下九流"。"上九流"是：帝王、圣贤、隐士、童仙、文人、武士、农、工、商。"中九流"是：举子、医生、相命、丹青（卖画人）、书生、琴棋、僧、道、尼。"下九流"是：师爷、衙差、升秤（秤手）、媒婆、走卒、时妖（行拐骗之人及巫婆）、盗、窃、娼。后来，人们把宗教、学术中的各种流派统称为"三教九流"。

随着时间的推移，有时人们又把它作为贬义词，泛指那些在江湖上从事各种行当的人。

狗尾续貂

司马懿的第九个儿子司马伦，与一个名叫张林的大臣密谋策划，玩弄阴谋诡计，篡夺了皇位。由于是靠这种手段当上皇帝的，司马伦整日忧心忡忡，害怕众人不服。为了笼络人心，扩大势力，巩固他的权位，就大肆地封官晋爵。甚至连听差的奴役也给以爵位。像皇帝左右的侍中、散骑、常侍等一类高官，在当时的宫廷人事编制中一般只有 4 人，可司马伦当皇帝时竟达近百人。真是官职泛滥成灾！当时凡宫内高级官员的官服，都是统一样式。如帽子上都插着貂尾做装饰。不同官职，插的位置也有分别。侍中插在左面，常侍插在右面。可是，当时司马伦封的高官太多了，貂是珍稀动物，无处去找那么多的貂尾，于是有人出了高招，用狗尾替代。这样，不细看，还真分不出真假来。

这就是"狗尾续貂"这个成语的由来，原意是指官爵太滥，后来人们就用它比喻以坏续好，美丑不相称。多用来形象地揭示妄续他人文学作品，也有时用来表示自谦之意。

宗族制度

　　魏晋南北朝时期的宗族组织是整个中国历史上最强盛的，从结构上看，分为皇室宗族、士族宗族、寒门宗族三种类型。皇室宗族拥有最大的政治经济特权，但是由于皇权的更迭不断使他们的影响受到限制。寒门宗族由于缺乏政治权势，影响较小。而士族宗族拥有强盛的政治、经济、军事实力，处于社会的支配地位。在宗族制度的影响下，社会上呈现重门第轻才德、重宗族轻个人、重孝悌尚复仇的观念。

五石散

　　魏晋人喜好服食药物养生，一般以服五石散为主。五石散出自汉代，但当时很少有人用，直到三国曹魏尚书何晏服用了之后，获得神效，然后才开始流行起来。因服用后全身发热，必须寒衣、寒饮、寒食、寒卧，所以五石散又称"寒食散"。长期服用会有副作用，内心烦躁，当药力发作时，常常要外出散步以求散去药力，称为"行散"。魏晋的何晏、王弼、嵇康、王羲之等都曾服用五石散。

蜀　汉

三顾茅庐

　　官渡之战以前，刘备为曹操所逼，无处安身而投靠了荆州牧刘表，将军队与驻扎在樊城（今湖北襄樊）。刘备为了发展自己的力量，在众人的推荐之下，亲自到隆中（今湖北襄阳）拜访具有济世之才的诸葛亮，连续去了三次才如愿以偿。诸葛亮被刘备的礼贤下士深深感动，他分析了当今天下大势，指出刘备应该采取的政策和措施，这些见解都十分独到精辟。刘备听了很高兴，说："先生说得太好了！"从此诸葛亮就出山辅佐刘备兴复汉室的大业。后人就用"三顾茅庐"来比喻真心诚意地邀请、拜访有专长的贤人。

三顾茅庐图 明

刘备称帝

　　刘备为汉景帝之子中山靖王刘胜的后代。汉灵帝末年爆发了黄巾起义，刘备随关东各州郡起兵平定义军。但刘备没有固定的地盘，先后投靠过公孙瓒、陶谦、曹操、袁绍、刘表等人，备尝寄人篱下、流离奔走之苦，后得到诸葛亮的佐助决定联吴抗曹。208 年，赤壁一役，吴、蜀联军败曹后，刘备得以立足荆州，不久占益州、取汉中，建立了稳固的根据地。

赤壁之战后，三国分立已成大势，但由于汉献帝刘协正统名分的存在，魏曹操、蜀刘备、吴孙权在10余年间，都没有公开称帝。220年，曹丕代汉后，谣传汉献帝已死于曹丕之手，于是蜀中文臣武将纷纷上表，进劝刘备早即皇位，以继汉统。次年，刘备在成都即皇帝位，继续以"汉"为国号，建元章武，以诸葛亮为丞相，封吴氏为皇后，立刘禅为太子。222年，孙权也称王江东，229年正式称帝。三国鼎立局面正式形成。

马谡失街亭

蜀国街亭（今甘肃庄浪东南）为汉中咽喉要地，诸葛亮派将驻守。马谡请令，诸葛亮再三叮嘱须靠山近水扎营，并令王平辅之。马谡刚愎自用，违令，又不听王平谏言，竟在山顶扎营，因而被魏将张郃所败，街亭失守。马谡不遵诸葛亮将令，失守街亭，与王平回营请罪。诸葛亮虽惜其才，但以军法无私，挥泪斩之，并因自己用人失当，上表自贬。

关云长水淹七军

刘备从刘璋手里取得益州后，又从曹操手里夺得汉中，自立为汉中王，封关羽为前将军。关羽想乘曹操在汉中失败士气低落之机进攻襄阳和樊城（今湖北襄樊）。他将这一计划报告了刘备。

219年，关羽留南郡太守糜芳守江陵，将军傅士仁守公安，并令他们随时做好后勤供应工作，就亲自带着关平等将军，率领人马攻打樊城。

曹操派左将军于禁、立义将军庞德带领七队人马赶到樊城增援樊城守将曹仁。曹仁令于禁、庞德屯兵樊北，互相支援。关羽渡过襄江，围住樊城。曹仁与于禁约好，内外夹击关羽，被关羽打得大败。曹仁再也不敢出城，只在城内坚守。蜀军也没办法攻破城池。

关羽经过观察，发现于禁营寨建在山谷里，时逢八月雨季，决定采用水攻。关羽令将士们赶紧准备大小船只和木筏，并派人堵住上游水口。果然，下起了大雨，一连下了很多天。一天夜里，关羽令掘开事先堵住的河口。

庞德在帐中听到帐外波涛怒吼，战鼓隆隆。他出帐一看，滔滔洪水从四面八方涌向营寨，人马被洪水卷走者不计其数。

关羽、关平等将领坐着大船，其余将士们划着小船，摇旗呐喊，冲向于禁和庞德避水的小山。于禁投降；庞德被活捉，因不肯投降而被杀。

关羽水淹曹军，震动了整个中原大地。曹操打算放弃许都，暂避锋芒。这时，谋士司马懿献计说，关羽与孙权为荆州事面合心不合，如果派人去游说孙权，约他从背后攻击关羽，樊城之围必然可解，许都也就没有危险了。果然，孙权派兵偷袭了关羽后路，战争形势急转直下，孙权擒杀了关羽，夺得了荆州，而曹操也解了樊城之围。

邓芝赴吴

刘备过世之后，吴、蜀关系日益紧张，而北方魏国的国势如日中天。形势对蜀国相当不利，邓芝临危受命，出使吴国，希望恢复联盟，共同抗曹。孙权设鼎陈戈，杀气腾腾接见邓芝。邓芝从容不迫，含笑而入，见孙权长揖而拜，侃侃而谈，终于消除了对抗的因素，顺利地说服了孙权，完成了诸葛亮交给他的使命。邓芝不仅在"东联孙吴，北拒曹魏"战略上立下功劳，而且终身不置私产，临死时家无余财，可算是清正廉洁。

白帝城托孤

四川成都刘备墓

蜀汉章武三年（223年），刘备病死白帝城。前一年，蜀军猇亭大败，刘备遭受了巨大的精神打击，心情抑郁；长期的戎马征战，又给他的身体以极大的损伤。退回白帝城后，刘备一病不起，病情日甚一日，于是召诸葛亮来到白帝城，托付后事。无才而年幼的太子刘禅、尚不稳定的蜀汉形势，都令刘备放心不下。他叮嘱诸葛亮：如果太子可以辅政，以亮的才能佐太子，定能成就国家；如果太子实在不行，请自代刘禅为帝，以拯救国家。诸葛亮动情地表示要鞠躬尽瘁，死而后已。白帝托孤后，刘备在白帝城永安宫病逝，享年63岁。之后刘禅即位，是为蜀后主，改元建兴，封丞相诸葛亮为武乡侯，领益州牧，政无巨细，皆出于亮。

白帝托孤，刘备深深信赖诸葛亮；日后辅政，诸葛亮不负先主。这的确是历史上君臣相知的一段佳话。

邓艾灭蜀

蜀汉后期，后主刘禅昏庸无能，政治日益腐败。263年，曹魏大将军司马昭派出三路大军讨伐蜀汉。曹将邓艾很快直通成都。刘禅经过与群臣会商，决定投降曹魏。随后，刘禅被带到了洛阳，蜀汉就此灭亡了。

刘 备

刘备（161—223年），字玄德，涿郡涿县（今河北涿州）人。三国时蜀汉的创建者，又称先主，221—223年在位。东汉末年起兵，参与镇压黄巾起义。后在荆州立足，三顾茅庐得到诸葛亮的辅佐。208年，与孙权联合，于赤壁大败曹操，占据荆州一部分，势力渐大，又夺取益州与汉中。221年称帝，仍承继汉朝国号，都成都（今属四川），年号章武。同年，起兵攻吴。222年，被吴军败于夷陵，退居白帝城。223年，托孤于诸葛亮，病卒于永安宫，谥昭烈帝。

诸葛亮

诸葛亮（181—234年），三国时蜀汉政治家、军事家。字孔明，琅琊阳都（今山东沂南南）人。东汉末，隐居邓县隆中（今湖北襄阳西）10余年，自比管仲、乐毅，被称为"卧龙"。建安十二年（207年），经颍川徐庶推荐，刘备"三顾茅庐"，诚心求教。他向刘备提出，占据荆（今湖北、湖南）、益（今四川、云南和陕西、甘肃、湖北、贵州的部分地区）两州，争取西南各族的支持，联合孙权，对抗曹操，最后统一全国的谋略。即所谓"隆中对"。刘备采纳了他的主张，建立蜀汉政权，诸葛亮任丞相。刘备死后，诸葛亮倾心辅佐刘禅，励精图治，赏罚分明，抑制豪强，加强对西南各族的统治。并改善同西南各族人民的关系，促进当地经济、文化发展。他又屯田汉中，发展农业生产，对统一和开发中国西南地区做出重大贡献。他曾五出祁山，与魏争夺中原。后与司马懿在渭南对峙，病故于五丈原（今陕西眉县西南）军中。他治国治军严谨慎重，善于用兵，有《诸葛亮集》《出师表》传世。

关 羽

关羽（？—219年），字云长，东汉末河东解县（今山西运城）人。汉末亡命涿郡（今河北涿州），与张飞从刘备起兵镇压农民起义军。刘备、孙权联军于赤壁打败曹操，占有江南诸郡，任关羽为襄阳太守，后镇守荆州。215年，关羽尽逐孙权所置长沙、零陵、桂阳三郡官吏。219年，关羽围攻曹操征南将军曹仁，破于禁所督七军，于禁投降，庞德被擒杀，关羽威震华夏。魏遣军往救，吴军乘机袭取江陵（今湖北荆州），关羽遂败走麦城（今湖北当阳东南），为吴军俘杀，死后被追谥壮缪侯。关羽善待卒伍而骄于士大夫，以忠义见称于后世。宋以后被神化，尊为"关公""关帝"等。

赵 云

赵云（？—229年），三国时蜀国将领，字子龙，常山真定（今河北正定）人，以勇敢善战著称。最初跟从公孙瓒，后来归顺刘备，当阳长坂（今湖北当阳市东北）恶战中保护刘禅和甘夫人脱险。刘备西征时，赵云截江夺回了后主刘禅。后随诸葛亮等人沿江而上，攻打江阳、资中一带，完成了对成都西南部的包围。

建兴六年（228年），随军取关中，分兵拒曹军主力，寡不敌众，退回汉中，一年后病死。他曾以数十骑拒曹操大军，被誉为"一身是胆"。

桃园结义

东汉末年，朝政腐败，再加上连年灾荒，人民生活非常困苦，汉室后代刘备有意拯救水深火热中的黎民百姓，张飞、关羽与刘备心愿一致。三人情投意合，选定张飞庄后一桃园。此时正值桃花盛开，景色美丽，张飞准备了青牛、白马作为祭品。焚香礼拜，宣誓完毕，三个人按年岁认了兄弟：刘备年长做了大哥，关羽排行第二，张飞第三。这便是有名的"桃园结义"。

草船借箭

为了对付曹操，刘备与孙权结盟。孙权阵营里的周瑜十分妒忌诸葛亮的才干。一天，周瑜在商议军事时提出让诸葛亮赶制 10 万支箭。诸葛亮说："都督委托，理应照办。"遂答应 3 天造好，并立下了军令状。诸葛亮事后请鲁肃帮他借船、军士和草靶子。第三天，诸葛亮请鲁肃一起去取箭。这天，大雾漫天，对面看不清人。天还不亮，诸葛亮下令开船，并让士兵擂鼓呐喊。曹操命令部下："雾大，摸不清虚实，不要轻易出动，只让弓弩手向来船射箭。"太阳出来了，雾还没散，诸葛亮派出的船两边已插满了箭，班师回营。这时曹操想追也来不及了。10 万支箭就这样"借"到了手。

苦肉计

赤壁之战时，孙权命周瑜为大都督对抗曹操。为了让曹操上当，周瑜和黄盖决定使用苦肉计。于是在军事会议上，黄盖假装与周瑜意见不合，甚至出言不逊。于是周瑜大怒，下令将黄盖斩首，众将苦苦求情，周瑜便将黄盖处以杖刑，将黄盖打得卧床不起。

这正是做给诈降周瑜的蔡中、蔡和看的。于是，阚泽为黄盖献诈降书，蔡中、蔡和又恰好将这一假情报传回了曹营，曹操就相信了黄盖，之后赤壁之战爆发，诈降的黄盖开船来投降曹操，不料曹操中计，曹操的战船被黄盖的火船击中而着火，加上庞统的连环计和诸葛亮招来的东风，曹军溃不成军，经过周瑜的奇袭后几乎全军覆没，曹操也差点儿被关羽所杀。之后曹操惧怕周瑜，一直不敢南下。

关羽刮骨

有一次，关羽在战斗中左臂被敌人射中一箭。箭头有毒，毒已入骨，又青又肿，不能动弹。名医华佗听说关羽箭伤不愈，表示能为他割开皮肉，刮骨去毒。手术进行中，华佗刮骨的声音悉悉刺耳，周围的人心惊胆战，掩面失色，而关羽却依然饮酒弈棋，若无其事。等到华佗刮尽骨上的毒，敷上药，缝上线，手术告成，关羽便大笑而起，高兴地说："先生真是神医。看，我的手臂已经屈伸自如，毫无痛楚了。"华佗也说："我一生行医，没有见过像您那样沉着坚强的人，真是大丈夫！"

刘 禅

刘禅（207—271 年），刘备之子，于刘备去世后继位成为蜀国皇帝，军国大事先后全权委任于诸葛亮、蒋琬等人，自己没有什么作为。诸葛亮等贤臣相继去世后，刘禅无力把持国政，宦官黄皓开始专权，蜀国逐渐衰败。

263 年，魏国分三路进攻蜀汉，魏将邓艾抄小路攻入蜀中，刘禅派诸葛亮之子诸葛瞻阻击邓艾。诸葛瞻在绵竹战死，魏军进而逼近成都。这时，姜维率领的蜀军主力还在剑阁驻守，毫无损伤。后主一听敌军逼近，慌作一团，不知所措，急忙召集大臣商议。有人建议后主逃向南中地区（今四川南部及云、贵部分地区），但那里情况复杂，能否站稳没有把握。有人建议东投孙吴，但孙吴也日益衰弱，自身难保。光禄大夫谯周力主降魏，后主竟采纳降魏的建议，反缚自己双手，出城投降邓艾，并根据邓艾的命令，下令蜀军全部投降。蜀汉灭亡。

乐不思蜀

蜀炎兴元年（263 年），魏将钟会、邓艾、诸葛绪大举伐蜀。邓艾兵临成都城下，刘禅出降。

刘禅的儿子北地王刘谌极力主战，反对投降。在苦谏刘禅不听的情况下，哭倒于昭烈庙，杀死妻儿后自杀身亡。刘禅仍不为所动，又派太仆蒋显下诏令姜维投降钟会，姜维无奈暂诈降钟会，伺机而动。至此，蜀汉宣告灭亡。

刘禅则被迁至洛阳，封为安乐公。有一天司马昭宴请刘禅，席间演出蜀地歌舞，在座的蜀国人都触景生情，而刘禅却嬉笑自若。司马昭于是感叹道："人之无情，乃至于此，虽使诸葛亮在，不能辅之令全，况姜维邪！"并问刘禅："颇思蜀否？"刘禅答道："此间乐，不思蜀也。"成语"乐不思蜀"即源于此。

吴

孙策定江东

孙策率领数千兵马于 195 年前往江东，击溃了扬州刺史刘繇，成功地在江东壮大了自己的势力。196 年，孙策攻下会稽（今浙江绍兴），在接下来的几年间，又先后削平了当地的割据势力，大体上统一了江东。200 年，孙策遇刺身亡，但他为弟弟孙权在江南建国打下了良好的基础。

赤壁之战

曹操统一北方后，欲南下完成统一大业。建安十三年（208 年），曹操率水陆大军由江陵（今属湖北）顺江而下。诸葛亮奉刘备之命，联络江东，与孙权联兵抗曹，与曹军相遇于赤壁（今湖北嘉鱼东北，一说湖北蒲圻西北）。曹军初战不利，将军队撤回长江北岸。孙、刘联军利用曹军远来疲惫、骄傲轻敌、不习水战、瘟疫流行之机，派黄盖诈降，采用火攻战法突袭曹军。曹军大乱，夺岸纷逃。孙权军大将周瑜与刘备主力军，随即水陆并进，追击堵截曹操，曹军全线溃败。赤壁之战后，曹操无力再战，率残兵逃回江陵，命曹仁于江陵驻守，乐进守襄阳。曹操本人退回北方。赤壁之战奠定了三国鼎立的局面。

吕蒙袭取荆州

219 年，关羽在樊城之战中水淹七军，威震华夏。曹操暗中派人联络孙权，

赤壁大战图

双方达成了前后夹击关羽的密谋。孙权为了麻痹关羽，派不出名的陆逊代替大将吕蒙驻守陆口（今湖北嘉鱼西南）。关羽看不起陆逊，果然上当。抽调守军支援襄樊前线。这时吕蒙趁机率领精兵偷袭，很快夺取了蜀汉占据的荆州地区。关羽急忙回撤，结果败走麦城（今湖北当阳东南），最后全军溃散，关羽及其儿子关平被吴军斩杀。

夷陵之战

建安二十五年（219 年），孙权俘杀蜀将关羽，出兵攻占荆州（今湖北襄阳）。章武元年（221 年），蜀汉刘备为夺回荆州，以为关羽报仇为名，亲率大军数十万东下攻吴。孙权派大将陆逊率兵 5 万迎敌。蜀军连战连捷，攻入吴境五六百里，自巫峡连营至夷陵（今湖北宜昌东南），同时得到武陵蛮的支持，声势浩大，锐不可当。刘备沿江设置几十个军营。陆逊以逸待劳，坚守不出。次年，蜀军疲惫不堪，士气低落。陆逊于猇亭（今湖北宜都北长江北岸）与蜀军决战。吴军利用火攻，大破蜀军 40 余营，刘备尽失舟船器械，狼狈逃回白帝城（今四川奉节东北）。蜀军主力严重受挫。刘备于次年忧愤病故。夷陵之战后，蜀军再无力攻吴，吴亦无力西进，三国鼎立局面最终稳定。

卫温求夷洲

230 年，孙权派将军卫温等人率船队出海寻找夷洲（夷洲是三国时对今天台湾的称呼）。船队历尽艰辛，终于抵达了台湾南部。他们在岛上停留数日后，掳得数千人而回。这是大陆王朝与台湾岛的最早一次交往，此后，双方的海船频频来往于两岸，台湾成为中国领土不可分割的一部分。

孙 策

孙策（175—200 年），兴平二年（195 年），年仅 21 岁的他摆脱袁术的羁绊，独自率兵渡江南下，短短三四年间就夺得丹阳、会稽、吴郡、豫章、庐陵等郡，占据江东大片地盘，为孙吴立国奠定了基础。他武艺高强，胆略过人，大战太史慈，喝死樊能，飞剑刺死严舆，显示出罕见的神威。200 年，遭意外袭击，伤重而死，年仅 26 岁。

周　瑜

周瑜（175—210年），字公瑾，东汉末庐江舒县（今安徽庐江西南）人。曾带领兵马佐孙策平江东。孙策卒，与张昭同辅孙权。公元208年为前部大督都。时曹军南下，周瑜与刘备联兵，以火攻于赤壁，大败曹军。后驻军南郡，镇守江陵（今湖北荆州）。拟进取蜀，未果，公元210年病卒于巴丘。

孙　权

孙权（182—252年），字仲谋，即吴大帝。吴郡富春（今浙江富阳）人。三国时吴国创建者。229—252年在位。200年，其兄孙策死，继有其兄所据江东会稽、丹阳、吴郡、豫章、庐陵、庐江六郡。得张昭、周瑜等辅佐，镇抚山越，征讨不从命者，逐渐强大。208年，与刘备联合，于赤壁大败曹操。后与刘备交恶，称臣于魏，封吴王。223年，遣将军卫温等将兵万人出海至夷洲（今中国台湾）。229年，即皇帝位于武昌（今湖北鄂州），国号吴，旋迁都建业（今江苏南京）。他注重发展农业生产，促进了江南地区的开发。晚年刚愎自用，赋税繁重，刑法残酷，经常激起人民反抗。252年病逝。

西　晋

司马炎称帝

司马昭杀曹髦之后，封自己为晋王，做好了称帝的准备。265年，司马昭去世，他的儿子司马炎继位为晋王，命令魏的文武大臣都改任晋官。同年12月，司马炎迫使魏帝让位，正式称帝，建国号为晋，定都洛阳，司马炎就是晋武帝。

门阀制度

门阀世族的根源最远可以追溯到先秦时期的宗法制度。东汉以来，地主田庄崛起，世家大族在经济上占据了有利的地位，控制了朝廷选官的途径，就形成了累世公卿的显赫家族。九品中正制更加巩固了世族的地位。魏末司马氏靠世家大族的支持，夺取了曹魏政权，因此整个西晋时期，世家大族的势力进一步膨胀，门阀世族制度就这样确立了。从此以后，地主阶级中的士、庶之别更加严格，门阀世族为了维护自身的特权，极力地扩大和寒门庶族的差异，他们独自把持政权，完全支配了国家的权力，形成了典型的门阀政治。整个两晋南北朝时期，门阀制度都十分稳定。

石王斗富

西晋的统治阶级享有政治、经济等特权，他们广殖财货，骄奢淫逸，竞相炫耀。晋武帝的舅父王恺和荆州刺史石崇经常以斗富为乐，浪费了大量的财富。王恺以饴糖水洗锅，石崇就用蜡烛代柴；石崇用椒泥涂屋，王恺就用赤石脂泥做墙，等等。西晋的门阀士族糜烂腐化，使得阶级矛盾迅速激化，并造成了西晋末年的天下大乱。

八王之乱

西晋太熙元年（290年），惠帝司马衷继位，由外戚杨骏辅政。权欲极强的皇后贾南风于元康元年（291年）矫诏诛杀了杨骏。杨骏死后，朝政由汝南王司马亮和太保卫瓘主持，贾后又指使楚王司马玮杀掉二人，然后否认曾下过密诏，以"擅杀"大臣的罪名处死了司马玮。永康元年（300年），贾后又杀死了对她不满的太子司马通。贾氏乱政滥杀引起了诸王和朝臣的怨恨，赵王司马伦以替太子报仇为名率兵入宫，鸩杀贾后并消灭其党羽，随即控制朝政，迁惠帝为太上皇，自称皇帝。第二年，齐王司马冏、成都王司马颖、河间王司马颙联合起兵讨伐司马伦。此后，这一场争权夺利的战争由京城波及地方，演变成为大规模的武装混战。直到光

金谷园图
此图描绘的是西晋富豪石崇与小妾绿珠在金谷园中的宴乐情景。

熙元年（306年）才宣告结束。"八王之乱"持续了16年之久，给社会带来了极大的灾难，同时也削弱了西晋政权的统治。

永嘉之乱

"八王之乱"中，北方少数民族贵族乘机反晋。建武元年（304年），匈奴贵族刘渊称大单于，永嘉二年（308年）称帝，迁都平阳（今山西临汾）。王弥和石勒都来归附。永嘉四年（310年）刘渊卒，其子刘聪杀兄夺位，命刘曜和王弥、石勒攻取洛阳。东海王司马越率晋军主力弃洛阳而奔许昌。永嘉五年（311年）三月司马越病死军中，太尉王衍率军行至苦县宁平城（今河南郸城东北）被石勒追及。石勒纵骑围射，晋军10余万人全部被歼。东海王司马越的儿子和晋宗室48王自洛阳出逃，也尽被石勒杀害。同年六月，刘曜、王弥攻陷洛阳，晋百官士庶死者3万余人，城市变为废墟。晋怀帝被俘，后被杀害。

西晋灭亡

晋愍帝司马邺14岁继皇帝位，匈奴汉国中山王刘曜驱军大进，攻打长安。建兴四年（316年），晋愍帝向刘曜递交降表。第二天，愍帝乘羊车，光着上身，口衔玉璧，带着棺木，出长安东门，去刘曜军营投降。刘曜以礼接待晋愍帝，焚烧了棺木，接受了玉璧，为他解开绑绳，表示接受他的投降。至此，西晋宣告灭亡。

从司马炎称帝到司马邺投降，西晋共经历了 52 年。

羊祜

羊祜（221—278 年），字叔子，泰山南城（今山东费县西南）人，出身官僚家庭。知识渊博，擅长文辞。魏末，任中领军，统率禁兵。西晋建立后，他与晋武帝筹划灭吴。泰始五年（269 年）以尚书左仆射都督荆州诸军事，出镇襄阳。在镇十年，开屯田，储军粮，做灭吴准备。平日则与吴将互通使节，各保分界。屡请出兵灭吴，未能实现。临终，举杜预自代。羊祜每次晋升，常自谦让，因而名望远播，受到朝野推崇。

石崇

石崇（249—300 年），字季伦，西晋渤海南皮（今河北南皮东北）人，司徒石苞的少子。初为修武令，累迁至侍中。290 年出荆州刺史时，以劫掠商旅发横财致富，财产无数。与贵戚王恺、羊琇等竞奢斗富，以蜡代薪，做锦步障五十里。王恺虽得晋武帝相助，卒不能胜。石崇有美妓绿珠，赵王司马伦幸臣孙秀使人求之，不许。"八王之乱"时，与齐王冏结党，被司马伦矫诏诛杀。

刘琨

刘琨（271—318 年），西晋中山魏昌人（今河北定州东南）。少年时与祖逖同为司州主簿，每天听见鸡叫就起来舞剑，立志建功立业。306 年开始担任并州刺史，募兵千人，转战晋阳一带，招抚流亡，抚恤百姓，借助鲜卑拓跋部力量与石勒、王浚对抗。后被石勒打败，投奔鲜卑段部，被段部所杀。

八王世系

"八王之乱"中的八王世系是汝南王司马亮，司马懿四子；楚王司马玮，司马炎五子；赵王司马伦，司马懿九子；齐王司马冏，司马炎弟司马攸之子；长沙王司马乂，司马炎六子；成都王司马颖，司马炎十六子；河间王司马颙，司马懿侄太原烈王司马瑰子；东海王司马越，司马懿侄高密王司马泰子。

西晋分封制

西晋汲取曹魏集权被异姓篡位的教训，实行分封制。泰始元年（265 年），司马炎分封宗室 27 个王：1 个叔祖父，6 个亲叔叔，3 个亲兄弟，17 个同族的叔伯和兄弟。几年以后，又陆续增封。前后共有 57 个王。诸王以郡为国，规定大国有民户 2 万，置上中下三军，共 5000 人；次国民户 1 万，置上下二军，共 3000 人；小国民户 5000 以下，置一军，1500 人。同时大封功臣和异姓世家大族为公侯，一次就封 500 多人。这些人在西晋形成一个庞大的贵族地主阶层。

皇甫谧

皇甫谧，幼名静，字士安，自号玄晏先生，他是安定朝那（今甘肃灵台县朝那镇）人，生于东汉建安二十年（215年），卒于西晋太康三年（282年），是魏晋间著名的作家、医学家，是东汉太尉皇甫嵩的曾孙，拜乡人席坦为师。

皇甫谧著作颇多，除了耳熟能详的《针灸甲乙经》以外，他还编撰了《帝王世纪》《高士传》《逸士传》《列女传》《元晏先生集》等书。他一生以著述为业，在医学史和文学史上都负有盛名。

周处除"三害"

公元3世纪中叶，义兴阳羡（今宜兴市）传颂着周处除三害的故事。周处（242—297年），字子隐，义兴阳羡人。其祖父周宾为三国东吴咨议参军，后转广平太守。父周鲂为东吴名将，任鄱阳太守，赐爵关内侯。

周处父亲早亡，母亲过于溺爱他，年少时身材魁梧，臂力过人，武艺高强。好驰骋畋猎，不修细行，纵情肆欲，横行乡里。民谣说："小周处，体力强，日弄刀弓夜弄枪。拳打李，脚踢张，好像猛虎扑群羊。吓得乡民齐叫苦，无人敢与论短长。"

这位"少孤，不修细行，州里患之"的七尺少年，被乡民与南山猛虎、西氿蛟龙合称为阳羡城"三害"。后来，这个说法传到了周处那里，他自知为人所厌，突然悔悟，只身入山射虎，下山搏蛟，经三日三夜，在水中追逐数十里，终于斩杀猛虎、擘蛟。他自己也改邪归正，认认真真拜师学文练武，这一来城内"三害"皆除。

周处除"三害"后，发愤图强，拜文学家陆机、陆云为师，终于才兼文武，得到朝廷的重用，历任东吴东观左丞、晋新平太守、广汉太守，迁御史中丞。他为官清正，不畏权贵，因而受到权臣的排挤。西晋元康六年（296年），授建威将军，奉命率兵西征羌人，次年春于六陌（今陕西乾县）战死沙场。死后追赠平西将军，赐封孝侯。

何不食肉糜

晋惠帝执政时期，有一年发生饥荒，百姓没有粮食吃，只能挖草根，食观音土，许多百姓因此活活饿死。消息被迅速报到了皇宫中，晋惠帝坐在高高的皇座上听完了大臣的奏报后，大为不解。"善良"的晋惠帝很想为他的子民做点儿事情，经过冥思苦想后终于悟出了一个"解决方案"曰："百姓无粟米充饥，何不食肉糜？"（百姓肚子饿没米饭吃，为什么不去吃肉粥呢？）

三张二陆两潘一左

三张，西晋文学家张载、张协和张亢的并称；二陆，西晋文学家陆机和陆云的并称；两潘，西晋文学家潘岳和潘尼的并称；一左，即西晋诗人左思。语见钟嵘《诗品》："迄於有晋太康中，三张二陆两潘一左，勃尔复兴，踵武前王，风流未沫，亦文章之中心也。"八人均为晋武帝太康年间文学家，代表了太康文学的最高成就，但个人之间风格各不相同，其中最为著名的是陆机和左思。陆机的《文赋》是一篇重要的文学批评著作，左思则继承了建安风骨，写了很多优秀的诗歌，有"左思风力"之誉。

陈　寿

　　陈寿（233—297 年），字承祚，西晋巴西安汉（今四川南充）人。他小时候好学，师事同郡学者谯周，在蜀汉时曾任卫将军主簿、东观秘书郎、观阁令史、散骑黄门侍郎等职。当时，宦官黄皓专权，大臣都曲意附从。陈寿因为不肯屈从黄皓，所以屡遭遣黜。入晋以后，历任著作郎、长平太守、治书侍御史等职。280 年，晋灭东吴，结束了分裂局面。陈寿当时 48 岁，开始撰写《三国志》。

《三国志》

　　太康元年（280 年）晋灭吴后，陈寿搜集魏、蜀、吴史料，终于撰成《三国志》65 卷。《三国志》是纪传体三国史，分魏、蜀、吴三志，其中《魏志》30 卷，《蜀志》15 卷，《吴志》20 卷。在中国古代纪传体正史中，《三国志》与《史记》《汉书》《后汉书》并称为"前四史"。

洛阳纸贵

　　左思是西晋时期的作家。他写文章非常认真，每篇文章都要反复修改、推敲，所以文章质量很高。

　　他计划写《三都赋》（描写魏、蜀、吴三国都城的景况），整天苦心构思，每时每刻都在想着这篇文章。他在书房外的走廊里、院子里，甚至厕所里都挂上纸笔，每想出一个好句子，立刻记录下来。这样努力了 10 年，终于写成了这篇《三都赋》。

　　文章写成后，人们并不看重它，认为没什么了不起的。后来有几个有影响的大学问家都给这篇文章写序言、做解释，给予了高度的评价，认为这篇文章在内容和形式上都达到了空前的高度，艺术价值非常高。这时洛阳城里有地位的人纷纷争先恐后地买纸抄这篇文章，以至于当时洛阳城里的纸都不够用了，纸价上涨了好多。

　　后来人们用"洛阳纸贵"这个成语形容文章风行一时，人们先睹为快。

杯弓蛇影

　　晋朝乐广是有名的清谈家，他有个好朋友已经有许多日子不到家里来访谈了。有一次乐广在路上遇见了他，问他长久不来的原因。那人答道："上一次在您家，承蒙您请我喝酒，我正想喝，忽然见杯中有一条蛇，害怕极了，喝完回家后就生了一场大病，所以不敢再来。"乐广知道后，就再次请他，在同一座位上让他喝酒。然后问道："你在酒中还见得到蛇吗？"客人答："仍见得到蛇，和以前一样。"乐广告诉他，这是因为屋角上挂了一张弓，它的影子照在杯子上的缘故。客人知道了事实真相，心情豁然开朗，病也就好了。后来用"杯弓蛇影"比喻疑神疑鬼、妄自惊慌。

东　晋

永嘉南渡

司马睿是司马懿的曾孙，袭封琅琊王，其封国紧临东海王司马越。"八王之乱"时，他追随司马越，并受命镇守下邳（今江苏睢宁西北）。后因下邳难以守御，得司马越同意，于永嘉元年（307 年）以安东将军都督扬州江南诸军事，移镇建业（今江苏南京）。司马睿与琅琊著名士族王导交好。司马睿初镇江东，南方士族心存疑虑，态度冷淡。王导帮他拉拢南方士族，任命名士顾荣为军司马、散骑常侍，贺循为吴国内史，以此吸引南方士族归附司马睿。此后多数南方士族对司马睿的态度由观望转为支持。王导又极力周旋其间，终使南北士族政治联合。

建武元年（317 年），得知晋愍帝投降后，司马睿自称晋王，次年称帝，定都建康，历史上称为东晋。司马睿即是晋元帝。王导因为有辅佐皇帝再造晋室之功，深得司马睿的信任。王导身为宰相，掌握中央的行政大权，哥哥王敦手握重兵，掌握军事大权。其他重要的官职，也被王家人所占有。在东晋王朝，王家几乎和司马氏平起平坐，所以当时流传"王与马共天下"的说法。

五胡十六国

五胡是指东晋时期居住在中国北方地区的 5 个少数民族。即：匈奴、鲜卑、羯、氐、羌。西晋末年，这些民族相继内迁中原北部地区。自永安元年（304 年）至南朝宋文帝元嘉十五年（439 年）的 135 年间，这 5 个民族先后建立了 16 个割据政权，即：成汉、前赵、后赵、前秦、后秦、西秦、前燕、后燕、南燕、北燕、前凉、后凉、南凉、北凉、西凉和夏。故称五胡十六国。另有冉魏、西燕和北魏的前身代国，也都是同时出现的割据政权，但这三国一般不列入十六国之内。

彩绘闻鸡起舞图 民国 魏墉生 瓷板画

本画源自《晋书·祖逖传》："祖逖与司空刘琨俱为司州主簿，情好绸缪，共被同寝。中夜鸡鸣，蹴琨觉曰：'此非恶声也。'因起舞。"祖逖立志为国效力，与刘琨互相勉励，半夜鸡啼起床舞剑。后成为有志者及时奋发的典故。

祖逖北伐

东晋建国前，祖逖向司马睿请求北伐。司马睿仅给他 1000 人和 3000 匹布。建兴元年（313 年），祖逖率百余部众渡江，在江阴（今属江苏）打造武器，招募士兵。在北方广大汉族人民支持下，很快收复黄河以南的全部失地。正当祖逖满怀信心，继续北进时，司马睿派南方大族戴渊为征西将军，司兖、豫、并、雍、冀、梁六州诸军事，以钳制祖逖。祖逖处处受制，忧愤成疾，于大兴四年（321年）病故。河南之地旋又为石勒所据，北伐成果被断送。

桓温北伐

东晋中期，桓温为捞取政治资本和抢夺军权，先后三次北伐中原。第一次攻打前秦，直抵关中，进军灞上（今属陕西），由于决心不大，遭前秦反击而失败；第二次攻打羌族姚襄，一举攻克洛阳（今属河南），但不久被前燕收回；第三次打前燕，直抵枋头（今属河南），由于坐失战机，给养供应不足，最后也被迫撤兵。

淝水之战

前秦苻坚统一北方后，急欲进攻东晋，统一全国，前秦建元十八年（383年），苻坚与其弟苻融率兵87万南下攻晋，自以为投鞭于江，足可断流，灭晋易如反掌。东晋以徐、兖二州刺史谢玄等率北府兵8万迎战。谢玄派名将刘牢之率精兵5000人，偷渡洛涧（即洛河，位于今安徽淮南），败苻坚军前锋，继而挺进淝水，与秦军对峙。苻坚登寿阳城（今安徽寿县），见晋军齐整，又见八公山（今安徽凤台东南）上草木森然，皆以为晋军，心生疑悸。

谢玄派使者要求前秦军后撤，以便晋军渡河决战。苻坚欲待晋军半渡反击之，遂下令稍退。前秦军方退即大乱，晋军乘机渡水奋击，大败秦军。苻融战死，苻坚带伤逃归。淝水之战，使南方免于战祸，江南经济得以持续发展。战后，北方分裂。南北方进入对峙状态。

桓玄之乱

东晋末年，会稽王司马道子父子专权，398年，桓温之子桓玄等人相继起兵反抗。桓玄趁机壮大自己的势力，自称占有东晋领土的三分之二。402年，桓玄打败了司马氏的军队，控制了朝政大权。次年，桓玄自立为帝，改国号为楚。不久，北府兵将领刘裕赶走桓玄，恢复了晋安帝的皇位，乱事遂平。

刘裕北伐

刘裕平定了桓玄之乱以后，逐渐掌握了东晋政权。409年，北方南燕政权出兵攻打东晋，刘裕为了建立个人威望，率军北伐南燕，于第二年灭了南燕，收复了青州和兖州地区。416年，刘裕再次北伐后秦，于次年八月攻陷长安，灭亡了后秦，收复了黄河以南的地区。

谢玄北府兵

东晋徐州都督府位于都城建康的东北，号为北府。东晋初，郗鉴出任徐州刺史、都督，组建北府兵，兵源来自广陵（今江苏扬州）、京口（今江苏镇江）及其左近定居及不断南来的北方流民。后北府移镇京口，是拱卫建康、稳定政局的一支重要武装。太元二年（377 年），前秦大军压境，东晋宰相谢安举从子谢玄为兖州刺史、监江东诸军事，镇广陵。太元四年（379 年），谢玄兼领徐州刺史，所部称为北府兵。谢玄率领北府兵在淝水之战中大败前秦，北府兵亦由此威名大振。

侨 置

西晋永嘉之乱以后，由于北方战乱频繁，各少数民族统治者肆意烧杀掠夺，那里的汉族人民纷纷越淮渡江，南下避乱。据统计，北方人口迁到南方总数 90 万余，南方人口有六分之一为北来的侨民。如何处置好这一大批北来侨民，关系到东晋政权的稳定与巩固。东晋政府对这部分人采取了侨置郡县的办法，即在地广人稀之处立侨州、侨郡、侨县，让北方人集中居住，仍沿用北方原籍地名。侨州郡县的官吏仍由北方人士担任。侨人不入当地户籍，与当地土著人所区别，而且享有免除赋役的优待。

王羲之

王羲之（约 303—361 年），字逸少，东晋琅琊临沂（今山东临沂北）人，出身高门士族。东晋著名书法家。官至右军将军、会稽内史，世称"王右军"。定居会稽（今浙江绍兴），353 年，与谢安等会于山阴兰亭，作《兰亭序》。初从卫夫人学书，后博采魏晋书法之精华，创立了自己的风格，尤工隶书、正楷和行书。字势妍美，一改魏晋质朴书风，后代尊为"书圣"。性好鹅，曾写经换道士的鹅。书迹刻本甚多。

《兰亭序》

东晋穆帝永和九年（353 年）三月三日，王羲之与谢安、孙绰等 41 人，在山阴兰亭"修禊"，会上各人作诗，《兰亭序》是王羲之为他们的诗写的序文手稿。序中记叙兰亭周围山水之美和聚会的欢乐之情，抒发作者好景不长，生死无常的感慨。法帖相传之本，共 28 行，324 字，章法、结构、笔法都很完美，是他50 岁时的得意之作。《兰亭序》表现了王羲之书法艺术的最高境界。作者的气度、襟怀、情愫，在这件作品中得到了充分表现。古人称王羲之的行草如"清风出袖，明月入怀"，堪称绝妙的比喻。

顾恺之

顾恺之（348—409 年），字长康，小字虎头，晋陵无锡（今江苏无锡）人。约 364 年在南京为石棺寺画维摩诘像，引起轰动。366 年当上大司马参军，392年为殷仲堪参军，405 年升为散骑常侍。义熙初官散骑常侍。博学多艺，工诗赋、书法，尤善绘画，凡人物、佛像、禽兽、山水皆能。时有"才绝""画绝""痴绝"

之称。顾恺之多才，工诗赋，善书法，被时人称为"才绝、画绝、痴绝"，他的画风格独特，被称为"顾家样"，人物清瘦俊秀，所谓"秀骨清像"，线条流畅，谓之"春蚕吐丝"。著有《画论》《魏晋胜流画赞》和《画云台山记》三本绘画理论书籍，提出"以形写神""尽在阿堵中"的传神理论。

《洛神赋图》

顾恺之像

《洛神赋图》是中国十大传世名画之一。东晋著名画家顾恺之绘制。这幅画根据曹植著名的《洛神赋》而作，为顾恺之传世精品。传世的宋摹本在一定程度上保留了顾恺之艺术的若干特点，千载之下，亦可遥窥其笔墨神情。全画用笔细劲古朴，恰如"春蚕吐丝"。山川树石画法幼稚古朴，所谓"人大于山，水不容泛"，体现了早期山水画的特点。

全卷分为 3 个部分，曲折细致而又层次分明地描绘着曹植与洛神真挚纯洁的爱情故事。人物安排疏密得宜，在不同的时空中自然地交替、重叠、交换，而在山川景物描绘上，无不展现一种空间美。《洛神赋图》宋代摹本，保留着魏晋六朝的画风，最接近原作。顾恺之的《洛神赋图》发挥了高度的艺术想象力，富有诗意地表达了原作的意境。

陶渊明

陶渊明（365—427 年），名潜，字元亮，号渊明，谥号靖节，东晋浔阳柴桑（今江西九江西南）人。东晋著名大诗人，博学善文。他出世时家道中落，曾任江州祭酒，因不满士族地主把持政权，不久就自行解职，回家耕田。后又为生活所迫，出任镇军参军、彭泽令等职。为彭泽令，在官 80 余天即解印离职，说："不为五斗米而折腰。"遂赋《归去来辞》，隐居乡里，与周续之、刘遗民共称"浔阳三隐"。现存诗 120 多首，散文 6 篇，辞赋 3 篇。代表作有《归园田居》《桃花源记》等。

不为五斗米折腰

陶渊明又名陶潜，是中国最早的田园诗人。405 年秋，他为了养家糊口，来到离家乡不远的彭泽（今江西湖口）当县令。这年冬天，郡的太守派出一名督邮，到彭泽县来督察。这次派来的督邮，是个粗俗而又傲慢的人，他一到彭泽的旅舍，就差县吏去叫县令来见他。陶渊明平时蔑视功名富贵，不肯趋炎附势，对这种假借上司名义发号施令的人很瞧不起，但也不得不去见一见，于是他马上动身。

不料县吏拦住陶渊明说："大人，参见督邮要穿官服，并且束上大带，不然有失体统，督邮要乘机大做文章，会对大人不利的！"这一下，陶渊明再也忍受不下去了。他长叹一声，道："我不能为五斗米向乡里小儿折腰！"

后来，人们从中概括出"不为五斗米折腰"的典故，用来表示清高、有骨气。

王羲之爱鹅

众所周知，晋代著名书法家王羲之喜欢白鹅，传说绍兴有一个老妇人养了一只鹅，擅长鸣叫，王羲之带着亲友慕名前去观看。养鹅老妇人听说大书法家王羲之来了，就把鹅宰了煮好招待王羲之，王羲之为此叹息了一整天。

还有一个故事，住在山北面的一个道士，也喜欢养鹅，王羲之前去观看，心里很是高兴，想要买下鹅去。道士说："只要你能替我抄写《道德经》，我这群鹅就全部送给你。"于是，王羲之亲自抄写了《道德经》。那个道士也非常讲信用，把鹅全部送给了王羲之。

義之爱鹅图 清 任颐

东床快婿

东晋时期，郗鉴奉旨平叛，立了大功，被封为"太尉"。郗鉴有个女儿，年方二八，生得人有人才，貌有貌相，郗鉴爱如掌上明珠，一心要为爱女选择良婿，他听说丞相王导家子弟甚多，而且个个都才貌俱佳，于是希望能在王丞相家子弟中择婿。

一天早朝后，郗鉴把自己择婿的想法告诉了王丞相。王丞相说："那好啊，我家里子弟很多，就由您到家里挑选吧，凡您相中的，不管是谁，我都同意。"郗鉴就命管家带上厚礼，来到王丞相家。

王府的子弟听说郗太尉派人来觅婿，都仔细打扮一番出来相见。郗府管家看来看去，感觉王府的青年才俊个个都很好。最后，郗府管家来到东跨院的书房里，看见靠墙的床上躺着一个袒腹仰卧的年轻人。其他的王公贵族，无不刻意打扮，唯盼雀屏中选。只有此人袒胸露腹，一面喝茶，一面心有所想，管家问他话，他也不答。

郗府管家回到府中，对郗太尉说："王府的年轻公子二十余人，听说郗府觅婿，都争先恐后，唯有东床上有位公子，袒腹躺着若无其事。"郗鉴说："哈哈，我要选的就是他了！"郗鉴来到王府，见此人既豁达又文雅，才貌双全，当场择为快婿。"东床快婿"一说就是这样来的。

这"东床快婿"王羲之后来成了大名鼎鼎的书法家，被后人称之为"书圣"。

草木皆兵

东晋时代，秦王苻坚控制了北部中国。383 年，苻坚率领步兵、骑兵 90 万，攻打江南的晋朝。晋军大将谢石、谢玄领兵 8 万前去抵抗。苻坚得知晋军兵力不足，就想以多胜少，抓住机会，迅速出击。

谁料，苻坚的先锋部队 25 万在寿春一带被晋军出奇击败，损失惨重，大将被杀，士兵死伤万余。秦军的锐气大挫，军心动摇，士兵惊恐万状，纷纷逃跑。此时，苻坚在寿春城上望见晋军队伍严整，士气高昂，再北望八公山，只见山上一草一木都像晋军的士兵一样。苻坚回过头对弟弟说："这是多么强大的敌人啊！怎么能说晋军兵力不足呢？"他后悔自己过于轻敌了。

出师不利给苻坚心头蒙上了不祥的阴影，他令部队靠淝水北岸布阵，企图凭借地理优势扭转战局。这时晋军将领谢玄提出要求，要秦军稍往后退，让出一点儿地方，以便渡河作战。苻坚暗笑晋军将领不懂作战常识，想利用晋军忙于渡河难于作战之机，来个突然袭击，于是欣然接受了晋军的请求。

谁知，后退的军令一下，秦军如潮水一般溃不成军，而晋军则趁势渡河追击，把秦军杀得丢盔弃甲，尸横遍地。苻坚中箭而逃。

后来，人们用"草木皆兵"来形容神经过敏、疑神疑鬼的惊恐心理。

士　族

魏、晋、南北朝时期泛指世代为大官高爵的家族，又称世族、高门，以严格区别于庶族。东汉以后逐渐形成，东晋及南朝时势力鼎盛。他们占有大量土地和劳动力，世世代代把持高官，不与庶族通婚、共坐、交往。享有政治、经济等各方面特权。南朝后期，庶族出身者虽逐渐掌管机要，但士族的社会影响直至唐初仍未衰落。

庶　族

庶族指魏、晋、南北朝时期泛指相对于士族而言的百姓。凡庶民均须服役纳税，庶民立有特殊的军功虽可为官，但出身仍为庶族。魏、晋、南北朝时，高官上品，庶民难以染指，且士族不与庶族通婚，当时有"士庶天隔"之说。

《搜神记》

《搜神记》原本已散，今本系后人缀辑增益而成，20 卷，共有大小故事 454 个。所记多为神灵怪异之事，也有一部分属于民间传说。其中《干将镆铘》《李寄》《韩凭夫妇》《吴王小女》《董永》等，暴露统治阶级的残酷，歌颂反抗者的斗争，常为后人称引。

故事大多篇幅短小，情节简单，设想奇幻，极富于浪漫主义色彩。后有托名陶潜的《搜神后记》10 卷和宋代章炳文的《搜神秘览》上下卷，都是《搜神记》的仿制品。《搜神记》对后世影响深远，如唐代传奇故事、蒲松龄的《聊斋志异》、神话戏《天仙配》，以及后世的许多小说、戏曲，都和它有着密切的联系。

十六国

刘渊起兵

刘渊是匈奴左部帅刘豹之子。西晋末年"八王之乱",社会动荡,匈奴贵族认为这是恢复匈奴的好机会,于是共推刘渊为大单于,于304年率众起兵,定都左国城(今山西离石),改称汉王,国号为汉。308年,刘渊改称皇帝,迁都平阳(今山西临汾西南)。310年,刘渊病死,其子刘聪继位。

前赵与后赵

318年,刘聪之子刘粲继位,大臣靳准发动政变,杀刘粲自立为汉天王。刘聪的族弟刘曜闻信也自立为帝,进兵平阳,灭了靳准一族,并且迁都长安。319年,刘曜改国号为赵,史称前赵。328年,刘曜被羯族将领石勒所建立的后赵政权击败,第二年,后赵大军进占长安,前赵灭亡。

前秦立国

永嘉之乱时,氐族的贵族苻洪被部众推举为盟主,后来又先后归附了前赵和后赵,并于349年被封为雍州刺史,镇守关中。350年苻洪自称大都督、大将军、大单于、三秦王。不久,他被后赵的降将麻秋毒死,其子苻健率领部众进入长安。351年,苻健自称大秦天王,建国号为秦,次年改称皇帝,史称前秦。

王猛入前秦

王猛自小好读兵书,十分博学。桓温北伐入关时,王猛前来求见,两人谈起天下大势,王猛边谈边捉身上的虱子,旁若无人。桓温撤兵时,请王猛一同南下,王猛却坚持留在北方。后来,他受到前秦王苻坚的赏识,入前秦做官并成为卓越的政治家。他明刑峻法,打击豪强,政绩显著,使前秦出现了路不拾遗的局面。

王猛像

大单于

自先秦以来,胡族最高统治者自称大单于,所以十六国时期胡汉分治的胡族系统仍尊称为大单于。大单于或由皇帝(王)自兼,或以太子(世子)兼领,实际等于副王。大单于的权力执行机构为单于台,属官有左、右贤王。此仅见于前赵刘曜,其他皆设单于辅相,多称左、右辅或相。

苻 坚

苻坚（338—385 年），字永固，一名文玉，原籍略阳临渭（今甘肃天水东北），生于邺城，十六国时期前秦皇帝，在位 29 年。苻坚是十六国时期封建帝王中的杰出人物，357 年，他在氐族、汉族豪贵支持下，杀死暴虐的苻生，自立为大秦天王。即位后，他励精图治，整饬军政、提倡儒学、广兴学校、鼓励农耕、兴修水利，使得前秦获得了长足的发展。经过多年经营，前秦国力日渐强盛，为统一北方准备了条件。

从 370 年开始，苻坚先后攻灭前燕、仇池氐族、前凉和代，统一了北方，并进军西域。其疆域东极沧海，西并龟兹，南包襄阳，北尽沙漠，成为十六国中最强大的政权。当时只剩下地处东南的东晋没有统一，苻坚不顾群臣劝阻，倾前秦之力南征，以图一举消灭东晋，却于 383 年在淝水之战中大败而归。此后，前秦分裂，苻坚也为叛乱的姚苌所杀。

王 导

王导（276—339 年），字茂弘，琅琊临沂（今属山东）人。出身世家大族，初袭祖爵即丘子，任东阁祭酒，后参东海王司马越军事。与琅琊王司马睿交往密切。南渡到建业后，依赖南渡的北方士族，团结江东土著，协助司马睿建立了东晋政权。王导历三朝为宰辅，以"镇之以静，群情自安"为方针，保持东晋的安定局面。因他扶持晋室功勋卓著，所以朝野倾心，号为"仲父"。

西凉乐

在十六国时期，前秦大将吕光出兵西域，并从龟兹（今新疆库车）带回了由西域乐工组成的乐队，使用琵琶、笙、笛、箫、羯鼓、铜钹等各种乐器。从此，龟兹乐在河西走廊凉州地区传播开来，并与汉族音乐融合形成"西凉乐"。北魏太武帝拓跋焘平定河西地区后，西凉乐传入中原，产生了很大影响。

麦积山石窟

位于甘肃天水市城东南麦积山上的麦积山石窟，山高 142 米，形似堆积的麦秸，故名。开凿于十六国晚期，其后历代均有建造。现存洞窟 194 个，泥塑像、石雕像 7000 余尊，壁画 1000 多平方米。石窟开凿于距山基二三十米或七八十米高的悬崖峭壁上，层层相叠，上下错落，密如蜂窝。窟内有七座北朝"崖阁"，为研究北朝时代建筑艺术的重要资料。

南　朝

刘裕代晋

刘裕本是东晋北府兵的将领，在 404 年平定桓玄之乱后掌握了东晋政权。接着，他通过发动北伐，为自己树立了威望。420 年，晋恭帝被迫让位，刘裕即位称帝，建立了南朝宋政权，刘裕就是宋武帝。

刘宋元嘉之治

刘裕建宋以后，大力革新内政，推行改革。他死后，长子刘义符继位，整日耽于游乐，不理朝政，不久便被废掉。第三子刘义隆即位，这就是宋文帝，他是一位很有作为的皇帝。他继承前代的事业，进行了一系列的改革：在政治上，他整顿吏治，加强对于地方官的考察监督，同时放宽刑罚，访求贤才；在经济上，他兴修水利，奖励耕织，减免赋税，积极开展赈灾活动；在社会思想文化建设上，他大力发展教育。这样，刘宋王朝就出现了政治清明、社会安定的大好局面，宋文帝的年号是元嘉，因此历史上把这段清明的统治时期称为"元嘉之治"。

南齐的兴衰

萧道成废宋称帝以后，实行了一些有利于社会发展的措施，他下令禁止大族招募佃客和占山封水，又减免赋税，发展教育。其子齐武帝也比较重视生产，劝课农桑，社会呈现出一片升平景象。武帝末年，皇室和贵戚大肆聚敛资财，生活极其奢侈腐化。武帝死后，他的儿子们为争夺皇位而相互残杀，国家政局越来越混乱。齐明帝萧鸾通过流血政变登上皇位以后，大肆杀伐，先后诛杀了 12 位亲王。东昏侯萧宝卷更加残暴，他几乎把前代皇帝的子孙全部杀光。501 年，雍州刺史萧衍起兵攻进建康，次年废掉了齐和帝萧宝融，南齐灭亡。

萧梁的统治

萧衍灭南齐即位以后，改国号为梁，历史上称为萧梁（502—557 年）。萧衍博学多才，与当时的杰出文人沈约、谢朓等齐名。他在位时，努力调和国内的矛盾，选贤才，重农业，但是他不断加重刑罚，同时大力提倡佛教，意在用两手巩固自己的统治。萧衍晚年时，朝政黑暗。河南王侯景作乱，攻入建康（今江苏南京），困死了萧衍，立萧纲为帝，自己做了丞相，不久又废帝另立。551 年，侯景干脆自立为帝，建国号汉，第二年被王僧辩和陈霸先等人打败。侯景败后，梁朝的宗室诸王相继拥兵自重，割据一方。陈霸先杀掉王僧辩，控制了萧梁政权。557 年，陈霸先废梁自立，建国号陈。

梁武帝出家

萧衍（464—549 年）在 502 年即皇帝位前，对百姓和士兵尚且关心，当了皇帝后，就换了一副面孔。他对皇亲、国戚及大臣们的贪得无厌格外宽容，对百姓却极尽搜刮掠夺之能事。

萧衍晚年开始崇信佛教，并借佛教名义愚弄百姓，搜刮钱财。他修建了一座规模宏大、富丽堂皇的同泰寺为自己诵经拜佛之用。529 年，他到同泰寺"舍身"出家做和尚，一时国中无主，大臣们急忙到寺中劝他回宫。他做了 73 天和尚，大臣们用钱把他从同泰寺中赎了出来。这种闹剧共演了 4 次，大臣们为他花了四万万赎身钱，梁朝就这样被梁武帝折腾得日趋衰弱了。

侯景之乱

公元 547 年，十六国东魏的大将侯景向梁投降。梁武帝派萧渊明率大军接应，结果萧渊明在与东魏交战时战败被俘。不久，东魏表示愿与梁重新通好，于是梁武帝答应以侯景交换萧渊明。侯景走投无路，于 548 年八月起兵反梁，攻下了建康城，并在次年三月攻入梁武帝居住的台城。五月，梁武帝饿死于台城，侯景立武帝太子为帝，即简文帝。这次变乱使江南社会经济遭到极大破坏，成为南朝历史的转折点。

陈霸先平叛

550 年，时任振远将军、西江督护、高要太守、督七郡诸军事的陈霸先正式起兵平叛，成为一支重要的武装力量。551 年，侯景杀死简文帝，自立为帝，建国号为汉，同时派兵进攻巴陵地区，结果被荆州刺史萧绎手下的大将王僧辩击败。552 年二月，陈霸先与王僧辩会合，共同攻打侯景，侯景的叛军很快土崩瓦解。侯景在东逃的路上被部下刺杀，持续 4 年之久的叛乱终告平定。

鸡鸣寺 南北朝
鸡鸣寺原为梁同泰寺址。

《玉树后庭花》

陈后主是南北朝时陈朝的最后一个皇帝，名叔宝。他做了皇帝不久，立张丽华为贵妃，宠幸王美人、季美人等七个美女，整天寻欢作乐，不理朝政。此外，他还大兴土木，建造临春阁、结绮阁和望仙阁，镶金嵌玉，精心装饰，使其光彩夺目，香飘数里。每天在阁上宴饮时，陈后主还与张贵妃、王美人、季美人、女学士、狎客等一同赋诗赠答。

祯明初年（587 年），陈后主作了一首新词《玉树后庭花》，词意悲凉哀怨，其中有两句"玉树后庭花，花开不复久"。陈后主十分喜欢，让千名美女到宫内练唱习舞，表演给他看。因陈后主的怠政，朝政大权落在张贵妃手里，大臣官吏也为非作歹，欺压百姓，搜刮民脂民膏，百姓怨声载道，苦不堪言。

这时，北方的杨坚看到南方的陈朝国君昏庸，国力衰弱，就率大军渡江进攻陈朝。陈后主却根本不在意，依然沉湎于声色，自认为有长江天险阻隔，牢不可破。589 年，隋兵攻入陈朝国都建康（今南京），陈后主自杀未遂，做了隋军的俘虏。他作的《玉树后庭花》被人当作亡国的预兆，成了亡国之音的代名词。

宋武帝刘裕

宋武帝刘裕（363—422 年），字德舆，小名寄奴，生于彭城（今江苏徐州），移居京口（今江苏镇江）。南朝宋创建者，420—422 年在位。虽出身士族，但家贫，以农作为生。404 年，与北府诸将起兵京口，讨篡位之桓玄。次年迎安帝复位，为镇军将军、都督荆等 16 州诸军事，领青、徐、兖三州刺史，镇京口。408 年，入朝辅政，为侍中、录尚书事、扬州刺史。禁豪强占山泽，依界土断侨民，并省侨郡县。418 年，遣人杀安帝，立恭帝。479 年，晋爵宋王。420 年，代晋称帝，国号宋，年号永初。卒谥武皇帝，庙号高祖。

梁武帝

梁武帝萧衍（464—549 年），字叔达，南兰陵（治今江苏武进西北）人。南朝梁创建者，502—549 年在位。501 年起兵，立南康王萧宝融为帝。次年，自立为帝，国号梁，都建康（今江苏南京），年号天监。梁武帝时，制九流常选；立国学，置五馆，五馆生不限门第；又立集雅馆、士林馆。他笃信佛法，大建寺院，四次舍身同泰寺。548 年，东魏降将侯景勾结临贺王萧正德反。次年三月台城失守，被困饿死。谥武帝，庙号高祖。他长于文学，善书法，曾创制准音器四具，名"通"，又制长短笛 12 支，以应十二律。明人辑有《梁武帝御制集》。

江郎才尽

南朝的江淹，字文通，他年轻的时候，就成为一个鼎鼎有名的文学家，他的诗和文章在当时获得极高的评价。可是，当他年纪渐渐大了以后，他的文章不但没有以前写得好了，而且退步不少。有时提笔吟哦好久，依旧写不出一个字来，偶尔灵感来了，诗写出来了，但文句枯涩，内容平淡得一无可取。于是就有人传说，有一次江淹乘船停在禅灵寺的河边，梦见一个自称叫张景阳的人向他讨还一匹绸缎，江淹就从怀中掏出几尺绸缎还他。从此，他的文章便不精彩了。又有人传说，有一次江淹在冶亭中睡午觉，梦见一个自称郭璞的人，走到他的身边，向他索笔，对他说："文通兄，我有一支笔在你那儿已经很久了，现在应该可以还给我了吧！"江淹听了，就顺手从怀里取出一支五色笔来还他。据说从此以后，江淹就文思枯竭，再也写不出什么好的文章了。

其实并不是江淹的才华已经用完了，而是他当官以后，一方面由于政务繁忙，另一方面也由于仕途得意，无须自己动笔，久而久之，文章自然会逐渐逊色，缺乏才气。

谢灵运

谢灵运（385—433 年），浙江会稽人，山水诗代表作家。因仕途坎坷，常放浪山水，探奇览胜，因此其诗歌多为描绘自然景物、山水名胜，其中不乏名句。谢灵运以他的创作极大地丰富和开拓了诗的境界，使对山水的描写从玄言诗中独立了出来，从而扭转了东晋以来的玄言诗风，确立了山水诗的地位，从此山水诗成为中国诗歌发展史上的一个流派。

竟陵八友

南朝齐梁时竟陵王萧子良门下 8 个文学家的并称，唐代姚思廉在《梁书·武帝本纪》中说："竟陵王萧子良开西邸，招文学，高祖（萧衍）与沈约、谢朓、王融、萧琛、范云、任昉、陆倕等亦游焉，号曰八友。"萧衍（464—549 年），即梁武帝，字叔达，南兰陵（今江苏常州）人。齐时以文学游于萧子良门下，他的诗多淫词艳语或宣扬佛理之作，格调不高。八人中最有成就的是沈约与谢朓。沈约（441—513 年），字休文，吴兴武康（今浙江德清）人，为齐梁文坛领袖，文学成就较高，和谢朓等开创了"永明体"，讲求声韵格律，促成了诗歌由古体向近体的发展。谢朓（464—499 年），字玄晖，陈郡阳夏（今河南太康县）人，曾任宣城太守，与谢灵运并称"大小谢"，擅长山水诗。其诗歌讲究平仄四声，音调和谐且情景交融，自然清发，在文学史上具有重要的影响。萧琛（478—529 年），字彦瑜，南兰陵人。少明悟，有才辩。陆倕（470—526 年），字佐公，吴郡吴（江苏苏州）人。少勤学，善为文，文辞甚美，昭明太子萧统称其"才学罕为邻"。任昉（460—508 年），字彦升，乐安博昌（今山东寿光，一说山东广饶）人，以表奏见长，与沈约有"沈诗任笔"之称。吴融、范云的文学成就也比较高。

刘义庆与《世说新语》

宋文帝时，他的侄子刘义庆（403—约443 年）召集文士何长瑜、鲍照等人，在《语林》《郭子》等书的基础上，编成《世说新语》。全书将东汉至东晋士族人物的逸闻轶事按类编录，分为《言语》《德行》《文学》等 36 门，反映了士族地主的精神面貌和生活方式。《世说新语》文字简洁精练，叙事生动真切，是研究魏晋时期社会情况的重要资料，对后世文学有着深远的影响。

徐陵与《玉台新咏》

《玉台新咏》是南朝陈时期徐陵（507—583 年）所编。梁简文帝萧纲为太子时，好作艳诗，令徐陵选录自汉至梁有关妇女及男女恋情的诗，编成《玉台新咏》10卷。专咏妇女的诗编集成册，是编诗集的一种新形式。许多诗篇赖此诗集得以保存，从中可见封建社会妇女的生活状况。如西晋傅玄《苦相篇》叙述男女间不平等，妇女在父家、夫家身受的苦痛，表明作者对妇女的同情。名作《古诗为焦仲卿妻作并序》，被收入卷一中。但此书多数诗篇为"宫体诗"，即宫廷中描绘声色，反映统治阶级荒淫生活的艳丽诗篇。宫体诗在梁陈时盛行，其代表人物有徐幹及其子徐陵、庾肩吾及子庾信等。

《宋书》

沈约为南朝时的江东门阀世族，从小博览群书，才华横溢。《宋书》是记述刘宋王朝历史的史书，成书于487年。沈约用不到一年的时间撰成纪、传70卷，到了梁武帝时，又撰成八志30卷。《宋书》的纪和传全面反映了刘宋时期政治、经济、文化等方面的真实情况，而八志则记述了当时天文历法、礼乐制度、官吏制度、自然地理、物产气候和郡设置等重要资料。

《后汉书》

元嘉九年（432年），范晔（398—445年）左迁宣城太守时，在郡数年，始撰《后汉书》。范晔删众家后汉史书为一家之作，仅成"本纪""列传"，后人取司马彪《续汉书》八志补入，合为一书，传于今。《后汉书》文字简洁，叙事明白，刻画人物有独到之处，还独创了一些新的类传，如"党锢""文苑""独行""方术""逸民""列女"等。此书问世后，众家所修后汉史书都告废弃。

刘勰与《文心雕龙》

刘勰（466—520年），是南朝齐梁时期的文学理论批评家，他所撰写的《文心雕龙》是文学评论史上第一部有严密体系的文学理论专著。全书共50篇，包括总论、文体论、创作论和批评论4部分，论述了各文体的特征和历史演变，探讨了创作和批评的原则与方法。《文心雕龙》全面总结了前代文学现象，把文学理论批评推向了新阶段，对后世影响深远。

钟嵘与《诗品》

梁钟嵘（约468—518年）所撰的《诗品》，是一部对汉魏以来的五言诗带总结性的文学批评著作。他把从汉至梁122位作者分为上中下三品，上品11人、中品39人、下品72人，对每位作家都给予扼要的评语，直率褒贬。

钟嵘认为评价诗的标准必须兼有充实的内容和华丽的文采，耐人玩味，受到感染，这才是诗歌的高峰。他反对贵族文坛的诗歌一味追求声律，滥用典故，违反了自然的真美与和谐，认为真正好的诗歌必须有真实的感情。

范缜与《神灭论》

范缜（约450—510年），南朝齐梁间唯物主义哲学家。南朝时佛教盛行，针对佛教宣扬的"神灵不灭"，范缜写成无神论著作《神灭论》。全书用问答体写成，共计31组问答，系统地阐述了无神论的思想。他认为人的精神和肉体是相结合、相统一的，肉体是本质，精神会随着肉体的死亡而消灭。《神灭论》在中国古代思想史上具有划时代的意义，范缜的唯物主义思想也超越了前人的成就，达到很高的水平。

萧统与《昭明文选》

萧统（501—531年）是梁武帝的长子，被立为昭明太子。他生性聪敏，颇有学识。为了传播前人优秀的文学作品，他主持编撰了一部文章总集，称为《文选》，又名《昭明文选》，选录了自先秦至南朝梁时期30多人的诗文辞赋700余篇，按文体分成39类。《文选》是中国现存最早的诗文选集。

陶弘景与《本草经集注》

中国现存最早的药物学著作是汉代的《神农本草经》，共收药物365种，分上、中、下三品：上品无毒或毒性小；中品有的有毒，有的无毒；下品有毒，不能久服。该书成书后，经辗转传抄，有不少错误混乱。经历了南朝宋、齐、梁三个朝代的陶弘景（456—536年）决定对它进行校订和整理，写成《本草经集注》。他结合自己的经验，对药物做了鉴别和补充，收的药增加到730种。对药物的性味、产地、采集、形态、鉴别诸方面的论述，有显著提高。在分类方面，从原来上中下三品，改为为七大类，即玉石、草木、虫兽、果、菜、米食、有名无用（未经验证之药）。书中又提出了一个"诸病通用药"的列记表，如治黄疸有茵陈、栀子、紫草等。此书对后世影响很大，唐代《新修本草》、明代李时珍《本草纲目》都是在其基础上发展起来的。

祖冲之与 π

祖冲之（429—500年）是中国杰出的数学家、科学家。南北朝时期人，字文远。生于宋文帝元嘉六年，卒于齐昏侯永元二年。祖籍范阳郡遒县（今河北涞水县）。为避战乱，祖冲之的祖父祖昌由河北迁至江南。祖昌曾任刘宋的"大匠卿"，掌管土木工程；祖冲之的父亲也在朝中做官。

祖冲之从小接受家传的科学知识。青年时进入华林学省，从事学术活动。先后任过南徐州（今镇江市）从事史、公府参军、娄县（今昆山市东北）令、谒者仆射、长水校尉等官职，其主要贡献在数学、天文历法和机械三方面。在数学方面，他写了《缀术》一书，被收入著名的《算经十书》中，作为唐代国子监算学课本，可惜后来失传了。

《隋书·律历志》留下一小段关于圆周率（π）的记载，祖冲之算出 π 的真值在3.1415926和3.1415927之间，相当于精确到小数点后第7位，是当时世界上最先进的成就。这一纪录直到15世纪才由阿拉伯数学家卡西打破。祖冲之还给出 π 的两个分数形式：22/7（约率）和355/113（密率），其中密率精确到小数第7位，在西方直到16世纪才由荷兰数学家奥托重新发现。祖冲之还和儿子祖暅一起圆满地利用"牟合方盖"解决了球体积的计算问题，得到正确的球体积公式。在天文历法方面，祖冲之创制了《大明历》，最早将岁差引进历法；采用了391年加144个闰月的新闰周；首次精密测出交点月日数（27.21223），回归年日数（365.2428）等数据，还发明了用圭表测量冬至前后若干天的正午太阳影长以定冬至时刻的方法。

在机械学方面，他设计制造过水碓磨、铜制机件传动的指南车、千里船、定时器等。此外，他在音律、文学、考据方面也有造诣。他精通音律，擅长下棋，还写有小说《述异记》，是历史上少有的博学多才的人物。

《大明历》

《大明历》是南北朝一部先进的历法，由祖冲之创制。成历于刘宋大明六年（462 年），祖冲之时年 33 岁，规定一回归年为 365.2428 日，是中国赵宋统天历（1199 年）以前最理想的一个数据。

在制历时首先考虑岁差，所谓"岁差"就是由于地球在运行过程中受到其他天体的吸引作用，地球自转轴的方向发生缓慢而微小的变化。因此从这一年的冬至到下一年的冬至，从地球上看，太阳并没有回到原来的位置，而是岁岁后移，这也就引起了 24 节气位置的变动。

祖冲之确定每 45 年 11 月差 1°，这个"岁差值"虽很不精确，但引进"岁差"编制历法，使历法有了更科学的基础，而且在天文学中使"回归年"和"恒星年"两个概念被区分开来。这是中国历法史上第二次改革。

《大明历》还改进闰法，把天文学家何承天提出的旧历中每 19 年 7 闰改为每 391 年 144 闰，使之更符合天象的实际。在中国首次求出历法中通常称为"交点月"的日数为 27.21223 日，与近代测得的数据（27.21222）极其相近。

所谓"交点月"就是月亮在天体上运行的路线有两个交点（也叫黄白交点），月亮两次经过同一交点的时间叫交月点。历成后，祖冲之上表给宋孝武帝刘骏，却遭到宠臣戴法兴之流的压制和反对，祖冲之著《历议》一文予以驳斥。

祖冲之死后 10 年即天监九年(510 年)，《大明历》得以施行，达 80 年之久。《南齐书·文学传》："宋元嘉中，用何承天所制历，比古十一家为密，总之以为尚疏，乃更造新法（《大明历》）。"《隋书·律历志中》："至九年正月用祖冲之所造甲子元历颁朔……陈氏历梁，亦用祖冲之之历，更无所创改。"

山水诗

永嘉之乱后，避乱到江南的北方世家大族到处占山涸泽，使江南的士族庄园经济获得了迅速发展。他们常常作诗来称誉南方庄园的山水之美，从而使山水诗这种新的诗歌体裁兴盛发展起来。南朝时，出现了谢璞、江淹、谢灵运等著名的山水诗人，开创了唐代山水田园诗的先河。

永明体

南朝齐武帝永明（483—493 年）间，周颙提出了汉字的平、上、去、入四种声调，诗人沈约提出作诗要音韵协调，指出了平头、上尾、蜂腰、鹤膝等八病，这种强调声韵格律的新诗体被称为"永明体"，是中国诗歌史上格律诗的开创主体。

谢朓的永明体诗歌成就较高，多描写自然景色，时出警句，风格清俊，后世将其与谢灵运并举，称"小谢"。永明体诗对五言古体诗向律诗的转变有一定的影响，但过分强调声律，对诗歌创作规定了许多不必要的禁忌。

南朝民歌

南朝的乐府民歌主要是指吴声和西曲。吴声现存 300 多首，产生在以建康为中心的吴地。西曲产生于长江中游的荆州、襄阳一带。南朝民歌大多数都是情歌，体裁短小，多为五言四句，语言清新自然，喜用双关语。

南朝的少数民族

南朝境内的少数民族主要有蛮、僚、俚、巴、蜀、越、馍等，而以蛮、僚、俚为主。蛮有百万以上人口，主要分布在长江以北至淮河、汝水一带，长江以南湖南一带，以农业为主，穿布衣，赤足，勇敢善射，兵器以金银装饰。僚有百万左右人口，分布在四川和陕西南部，僚族人无名字，儿女以长幼次序称呼，以农业为主，善于捕鱼，能在水底用刀刺鱼，买卖奴隶之风很盛。

俚有数十万人口，为黎族先民之一，主要聚居在湖南南部、广东和广西东南部，其住房为干栏式。在漫长的历史发展过程中，这些少数民族和汉族人民逐渐融合，这也是历史的进步现象。

北　朝

北魏建立

拓跋部最初活动于大兴安岭一带，是鲜卑族的一支。东汉时起，拓跋部逐渐向南迁移，势力逐渐发展强大起来。十六国时期，拓跋鲜卑曾建立代国，376 年被前秦所灭。386 年，拓跋硅重建代国，同年又改国号为魏，史称北魏，他被尊为太祖道武皇帝。

北魏孝文帝改革

北魏孝文帝统治时期，在各种有利改革的形势下，孝文帝与冯太后共同推行了改革。改革的第一个阶段始于太和八年（484 年），主要是变革政治经济制度；第二阶段始于太和十八年（494 年），着重变革鲜卑族的社会生活习俗。改革的主要内容有整顿吏治、颁布均田令、废除宗主督护制并实行三长制、实行定额的租调制、迁都洛阳、提倡胡汉通婚、改变官制和刑律、尊孔尊儒并兴复礼乐。改革加速了北方民族融合的历史进程，使他们由游牧经济迅速转变为以农业经济为主，北魏出现了空前的繁荣景象。

北魏均田制

中国古代北魏至唐中叶封建政府推行的土地分配制度。魏太和九年（485年），北魏实行均田制。均田制将土地分为露田、桑田两种。15 岁以上的男子受露田 40 亩、桑田 20 亩，妇人受露田 20 亩。露田加倍或两倍授给，以备轮种。桑田为永业田，不需还官，但须在 3 年内种植桑、榆、枣等树，而露田在身死或年过 70 岁后要还给官府。在不宜种桑的地方，给麻田，男子 10 亩，妇人 5 亩。奴婢可与良人接受同样数额的田地。耕牛每头受露田 30 亩。

具体实行均田制时，原有的桑田所有权不变，但要用来抵消应受份额。已达到应受额者，不得再受，超过应受额部分，可以出卖；不足应受额部分，可以买足。凡土地不足之处，允许向荒地处迁移，土地富足的地方，可以借用国有荒田耕种。

农耕图　南北朝

太和九年（485 年），北魏孝文帝颁布了均田令，授给平民与奴隶农田耕种，农田不得买卖。均田制以法律形式确认了劳动者对于土地的占有权与使用权。其后，隋唐均沿用并完善了此土地制度。

均田制的实行，将游离的劳动者重新和土地结合起来，其结果，使社会秩序较为稳定，土地开垦面积有了很大提高，促进了北方农业生产的发展。

北魏太武帝灭佛

南北朝时，佛教在北方极其盛行，僧尼人数激增，寺院占有大量的土地，僧人与地主间的矛盾日益激化。444 年，北魏太武帝采纳崔浩等人的建议，下令禁止私自出家，并且没收寺院财产，焚毁佛经和佛像，后来甚至发展到全国僧人无论长幼一律坑杀。这对佛教是一次沉重的打击。

突厥崛起

突厥为匈奴别支（一说为平凉杂胡），姓阿史那氏。原居住在准噶尔盆地以北，后来又迁移到吐鲁番盆地西北，后受柔然汗国的征服迁到阿尔泰山的西南麓，以替柔然人锻铁生产武器为生。柔然势力削弱后，突厥崭露头角。西魏大统十一年（545 年），宇文泰派遣使者至突厥，以示通好。次年，突厥可汗阿史那土门率众破高车部，开始对柔然宣布独立。

552 年，土门出兵袭击柔然，柔然可汗阿那环兵败自杀。土门自称伊利可汗，号其妻、西魏长乐公主为可贺敦。伊利可汗死后，子科罗立，科罗死，弟俟斤立，号木杆可汗。木杆可汗在位时，彻底清除柔然汗国的残余势力。从此突厥人代替了柔然人，成为漠北一个强大的汗国。

北齐代东魏

高欢拥立东魏政权后，一直将朝政大权掌握在自己手中。549 年，高欢的长子高澄被人刺杀，次子高洋继掌大权后，革除了高澄时的弊政，顺利控制了局面。第二年，高洋被任命为丞相，晋爵齐王；同年五月，高洋废孝静帝，即位称帝，建立了北齐，史称文宣帝。

府兵制

府兵制源于鲜卑部落兵制，西魏大统年间（535—551 年），丞相宇文泰初建府兵制。府兵地位比较高，不是边防军而是禁军。军士另立户籍，府兵不承担赋役。府兵每月上半月守卫宫廷，昼夜巡查，下半月由军官教习作战。府兵的杨乙是入关中的六镇鲜卑军人，随孝武帝入关的北数宿卫禁旅等。府兵最高统帅为八柱国，除宇文泰和西魏宗室广陵王元欣外，其他六柱国为 6 个集团军，各督两个大将军，大将军督两个开府将军，共 24 个开府，每一开府统一军，共 24 军，此为兵农分离之贵族兵制。

北周武帝招募许多汉人参加府兵，又把府兵改称为"侍官"，入军籍后不编入地方户籍，免除赋役，此为大体兵农合一的华夏兵制。府兵直辖于君主，加强了君主权力和中央集权。

北周灭北齐

北齐后期，政治腐败，贪污奢侈，社会矛盾尖锐。此时西魏已经被北周政权所取代，而且日益强大起来。575 年，北周武帝亲率大军，兵分几路讨伐北齐，齐军很快就被击溃了。577 年正月，北周大军攻入邺城，北齐灭亡了，北周统一了北方。

杨坚代周

杨坚是北周的大将军、大司马，封为隋国公。579 年，北周皇帝周宣帝病死，继位的周静帝年仅 7 岁，由杨坚总揽朝政。杨坚革除弊政，法令清简，得到了舆论的支持。随后，杨坚铲除了各地反对自己的势力，巩固了权力，于 581 年底逼周静帝退位，代周称帝，建立了隋朝。

冯太后

冯太后（442—490 年），北魏文成帝的皇后，孝文帝即位后尊为太皇太后。她多智略，善决断，知人善任，有政治眼光，执政 20 多年，改革鲜卑旧俗，实行官吏俸禄制，整顿吏治，颁布均田令。她是孝文帝改革前期的实际决策者。

杨坚像

郦道元与《水经注》

《水经注》为北魏郦道元（约470—527年）著，共40卷。其文20倍于原著《水经》。《水经注》内容丰富，体例严谨。所记河流，除《水经》原载的干流137条外，又引及支流1252条。该书详细记载河流所经地区的地理情况、建置沿革，以及有关人物、神话传说等，是6世纪以前中国最全面而有系统的综合性地理名著。作品文笔绚丽生动，在文学上也有相当高的价值，引用书籍多达400多种，还引述了不少汉、魏间的碑刻。

贾思勰与《齐民要术》

《齐民要术》为北魏农学家贾思勰著，10卷，约成书于533—544年。它是中国现存最早、最完整的农业科学著作。贾思勰，生卒年不详，山东人，曾任高阳郡（今山东临淄县）太守。他的足迹遍及山西、河北、河南、山东，总结了中国北方劳动人民长期积累的生产经验，介绍了农、林、牧、副、渔业的生产方法，反映了以农为本、多种经营、重视购销的思想，在世界农业科学发展史上占有重要地位。

《洛阳伽蓝记》

《洛阳伽蓝记》共5卷，北魏杨衒之著。作者见北魏末洛阳遭到严重破坏，许多寺庙被毁，十分感慨，就写了这部著作，主要追溯魏后期洛阳城内外伽蓝（佛寺）的建筑规模和兴废景象，共记载40多个寺院，并叙及尔朱荣乱事和当时的社会、政治、人物、风俗、地理以及传闻故事和外国风土。卷五记叙宋云、惠生的西域之行，为研究中亚历史地理和中外交流史的重要史料。这部书不仅是内容丰富翔实的历史著作，而且文笔秀逸，也是一部优秀的散文集。

《颜氏家训》

《颜氏家训》共有20篇，北齐颜之推著，内容以传统儒家思想教育子弟，讲如何修身、治家、处世、为学等。作者主张"学贵能行"，反对高谈阔论，不务实际。对当时的家庭教育理论做了综合概括，并在一定程度上批评了南北朝时期不良的社会风气。

《魏书》

《魏书》是一部纪传体的北魏史，记述了北魏（包括东魏）王朝兴亡的历史，全书共130卷，作者是北齐人魏收。北齐天保二年（551年），文宣帝高洋命魏收编撰前朝史书，由平原王高隆之任总监修，房延佑等6人参与编写。古代修史，等于为帝王将相写家谱。虽然统治者表面上也提倡"直书""善恶并书"，但历史上因直书见诛的史官却不乏其人，所以史官们写史时，都有意无意地为权贵隐恶扬善，在这方面魏收做得更为露骨。他借修史之机酬恩报怨，完全根据个人的好恶、恩怨，决定人物的取舍和评价。

天保五年（554年）《魏书》完成。由于该书当载不载，抛开一些世家大族，记载了一些卑微官吏，在门阀制度盛行、豪族势力强大的南北朝，自然触怒了部分豪门世家，再加上该书褒贬失当，失去了史书"令乱臣贼子惧"的威望，引起各界不满，被人们称为"秽史"。

高洋鉴于众怒沸腾，只好下令《魏史》且勿施行，令群官博议。其后魏收两次奉旨对《魏书》进行补充和删除，修改、订正了一些史实。经过这两次修改，《魏书》才成定本。尽管《魏书》被称为"秽史"，但由于该书资料较为丰富，在史学史上仍具有一定的地位。

北朝书法和"魏碑"

十六国北朝时期的书法艺术，深受钟繇和王羲之等人的影响，并在这一基础上有所发展和创新。敦煌石室发现的十六国和北朝写的佛经中，虽多微掺隶法，但字迹工整，颇有笔力，达到了较高的艺术水平。近百年来，出土了许多北朝的墓志、墓碑、造像题记等，其书体虽各有不同，但大多结体扁方、构架紧密、方笔折角、骨力雄劲，这就是"魏碑"的字体。由于用笔厚实，字形稳健有力，给人以一种独特的美的感觉。

云冈、龙门石窟

北魏时期，佛教兴盛，各地开凿了许多石窟，最著名的是云冈石窟和龙门石窟。云冈石窟最早在北魏中期开凿，位于山西大同西郊，依山开凿，绵延1千米，现存主要洞窟45个，有大大小小5万多尊佛像，最大的佛像有十几米高，气势非常雄伟。

孝文帝把都城迁到洛阳后，北魏开始在洛阳南边的龙门山上开凿石窟，经过从北朝到唐朝几百年间的不断修造，现在龙门石窟有1300多个洞窟，大小佛像97000多个。无论从石窟规模，还是雕刻技巧、艺术风格来看，云冈、龙门石窟都是世界雕刻艺术中的珍宝，所以举世闻名。

本尊如来坐像 云冈石窟 南北朝

北朝民歌

南北朝时期，南方与北方的民歌各具特色，充分反映了祖国南方与北方文化不同风俗的风貌。南方的民歌以缠绵婉转为特色，北方的民歌则以慷慨激昂为特色。南方民歌大都是恋歌，北方民歌除恋歌外，还有牧歌、战歌等。北方的民歌最著名的是《敕勒歌》和《木兰诗》。

《敕勒歌》十分简洁雄壮，充满了一种豪迈气概。《木兰诗》是北方民歌中艺术成就最高的作品，这是一首长篇叙事诗，经过后代文人的不断加工，作品更趋完美。

悬空寺

悬空寺位于山西浑源县城南 5 千米恒山主峰天峰岭和翠屏山之间的岭谷峭壁上，被誉为"恒山第一奇观"。悬空寺始建于北魏晚期，距今已有 1400 多年。整个寺庙现存 40 余座建筑，相互交错，高低错落，曲折迂回，若临虚空。

三朝国丈

历史上有三位独孤皇后，北周明敬后、隋文献后、唐元贞后，她们系同父所生，这在历史上实属罕见。这位三朝国丈就是西魏宰辅独孤信。

独孤信（503—557 年），鲜卑望族，本名独孤如愿，西魏、北周大将。北朝武川镇（今内蒙古武川西南）人，祖籍云中（今山西大同），史称"美容仪，善骑射"。少年时代喜爱修饰，讲究穿戴，故在军营之中享有"独孤郎"之美称。后因治绩突出，"信著遐迩"，被西魏权臣宇文泰赐名为信。

"飞鸟尽，良弓藏；狡兔死，走狗烹"，如同历史上众多的开国元老一样，独孤信虽辛苦一时，功勋卓著，竟不得善终。西魏末年，他始遭嫌忌，虽官爵累加，权力却被架空，到北周开国之际，竟被迫饮鸩自尽，溘然逝去。

嵩岳寺塔

嵩岳寺始建于北魏永平二年（509 年），原是宣武帝的离宫，后改为佛教寺院，正光元年（520 年）改名闲居寺。隋仁寿二年（602 年），改名嵩岳寺。唐武则天和高宗游嵩山时，曾把嵩岳寺改作行宫，现在塔前的山门和塔后的大雄殿及两侧的伽蓝殿、白衣殿均为近代改建。

嵩岳寺塔塔高 37.6 米，底层直径 10.16 米，内径 5 米余，壁体厚 2.5 米，由基台、塔身、15 层叠涩砖檐和宝刹组成。塔基随塔身砌作十二边形，台高 0.85 米，宽 1.6 米。塔前砌长方形月台，塔后砌砖铺甬道，与基台同高。该塔底部在低平的基座上起两段塔身，中间砌一周腰檐作为分界。其中下段高 3.59 米，为上下垂直的素壁，比较简单，仅在四正面有门道；上段高 3.73 米，为全塔最好装饰，东、西、南、北四面各辟一券门通向塔心室，四正面券门与下段门道通，券门上有印度式火焰券门楣，其余八面各砌出一座单层方塔形壁龛，各转角处砌壁柱。中部是 15 层密叠的重檐，用砖叠涩砌出，檐宽逐层收分，外轮廓呈抛物线造型，其意匠显然来自中国的重楼，其内部则是一个砖砌大空筒，有几层木楼板。最高处有砖砌塔刹，通高 4.75 米，以石构成，其形式为在简单台座上置俯莲覆钵，束腰及仰莲，再叠相轮七重与宝珠一枚。该塔塔心室为 9 层内叠涩砖檐，除底平面为十二边形外，余皆为八边形。塔下有地宫。

嵩岳寺塔的轮廓线各层重檐均向内按一定的曲率收缩，轮廓线非常柔和丰圆，饱满韧健，似乎塔内蕴藏着一种勃勃生气。塔体通刷白色，高高耸出于青瓦红墙绿树之上，为山色林影增添了一段神奇。

佛教四大名山

自明代起，民间便有了"金五台、银普陀、铜峨眉、铁九华"等说法。

五台山在山西省五台县东北方向，方圆 250 千米，由望海峰、锦绣峰、挂月峰、月斗峰与翠岩峰五座山峰所环抱而形成的，峰顶都很平坦宽广，好像五座土垒的高台，因此称为"五台山"。唐朝华严宗澄观国师在编写《大方广佛华严经疏》时，这样说道，五台山的那五个像垒土之台的山峰，不仅是佛教五方如来之座，而且是文殊菩萨顶面有五髻来表示智慧圆满的象征。自此之后，五台山便成了佛教徒心目中的文殊菩萨之说法的道场，来者日众，于是便逐渐成为佛教中的一大名山。

普陀山就是浙江省普陀县舟山群岛之中的一座小岛，面积大概 1275 平方千米。传说唐代大中元年时期（847 年），有一位印度和尚来到这儿，他在潮音洞前亲眼看见观音菩萨现身，而且得到了观音菩萨所给的七色宝石。唐太宗十二年（858 年），日本一位僧人慧萼自五台山礼请到观音一尊，回国时经普陀山因大风阻挡无法前进。传说慧萼找观音请示，得到了观音不想去日本的答案，所以就在潮音洞前面的紫竹林中给观音像修建了一座"不肯去观音院"。北宋神宗元三年（1080 年），王舜封出使到朝鲜，途中遇到特大风浪，于是遥望潮音洞跪拜祈祷平安渡海。后来王舜封便把这件事报告给了皇帝，皇帝特别赐名叫"宝陀观音寺"。自此普陀山便名声远扬。

峨眉山位于四川峨眉山市西南方向。传说古时有一位名叫蒲翁的老人进山采药，他看到了普贤菩萨的显现。在北宋初年，当地又有很多次普贤菩萨显相的传说。宋太祖便派人前去峨眉山上塑造普贤菩萨像。太平兴国五年（980 年），官方再次主持在山上铸建了大型普贤铜像，并且把山上原来的白水寺改名为白水普贤寺。自此，峨眉山便成为普贤菩萨的说法道场，佛教徒诚心向往的佛教名山。

九华山位于安徽省青阳县西南地区。佛教传说中，释迦牟尼逝世之后 1500 年，地藏菩萨降生在新罗国（在今朝鲜半岛中部）做王子，叫金乔觉，后来削发出家，叫地藏比丘。唐高宗时期，金地藏亲自渡海来到中国，来到九华山苦修。他在 99 岁坐化时，肉身没坏。传说山上的"月（肉）身菩萨殿"便是地藏的成道之处。自明代时起，人们用金地藏作地藏菩萨的化身用来崇拜，九华山便成了地藏菩萨的道场。

少林寺

少林寺位于河南省登封市城西北 13 千米的少室山北麓五乳峰下，建于北魏太和十九年（495 年）。孝昌三年（527 年），印度僧人菩提达摩落迹创立禅宗，史称禅宗初祖，少林寺为禅宗祖庭。唐初，少林武僧佐太宗开国有功，从此僧徒常习拳术，禅宗和少林拳负有盛名，广为流传。寺内现存建筑有山门、天王殿、钟楼、鼓楼、大雄宝殿、藏经阁、客堂、达摩亭、白衣殿、地藏王殿、千佛殿等。寺外有西面的塔林，西北的初祖庵、达摩洞，西南的二祖庵，以及附近的唐代法如塔、同光塔、五代法华塔、元代缘公塔等。

隋唐五代十国时期

隋 朝

杨坚建隋

北周末年，杨坚（541—604 年）继承了其父杨忠的爵位，后来他的女儿又成为北周宣帝宇文赟的皇后，杨坚当上了大司马、上柱国，掌握了国家大权。大成元年（579 年），年仅 7 岁的静帝即位，身为外戚的杨坚就以左大丞相、都督内外军事的名义把持朝政，先后平定了相州、郧州等地发生的武装叛乱，进而消灭了宇文氏诸王，自己独霸朝纲。581 年二月，杨坚废周自立，建立了隋朝（581—618 年），这就是隋文帝。隋朝建立之后，进行了几次较大的战争，于隋开皇九年（589 年）结束了长达 270 余年的分裂局面，重新统一了中国。

开皇之治

隋文帝杨坚（581—604 年在位）统一中国后，一面躬行俭朴，一面采取了许多有利于巩固政权的措施。由于他明白"古帝王没有好奢侈而能持久"之道理，所以从他辅政时开始，就提倡生活节俭，并且还进行了一系列重大改革。改革内容主要包括以下几个方面：

政治方面，首先是改良政治，改革制度。中央政制行五省（尚书、门下、内史、秘书、内侍）六部（吏、礼、兵、都官、度支、工）制；地方政制由州、郡、县三级改为州、县两级行政制。同时，又采用西魏、北周的府兵制。其次是废除魏晋南北朝以来维护世族豪门权益的九品中正制和门阀制度。还宽简刑罚，删减前代的酷刑，制定隋律，使刑律简要，"以轻代重，化死为生"。

经济方面，仿北魏的均田制，实行均田法，定丁男分露田 80 亩、永业田 20 亩；妇女则分露田 40 亩。又减免赋役，轻徭薄赋。他还致力建设，在原长安城东南营建新都大兴城，开凿广通渠，自大兴引渭水至潼关，以利关东漕运。

学术文化方面，文帝大力提倡文教，广求图书。他有鉴于长期战乱，官书散佚，所以下诏求天下之书。为广置人才，又开科取士，并设秀才科，开后世科举制之先河，也促进了教育、文学的发展。为明全国教化，恢复华夏文化之正统，又下诏制定礼乐，以提升国家的文化素质。

军事方面，鉴于南北朝晚期，突厥凭借其强大的军事力量，不时侵扰北周、北齐。故隋立国后，便派将兵攻打突厥，后来更采用离间分化策略，使突厥分为东西两部，彼此交战不已，隋则得以消除后顾之忧。

正由于上述措施的推行，隋在文帝统治的最初 20 多年间，政治清明，人口增加，府库充实，外患不生，社会呈现出一片繁荣景象，历史上称为"开皇之治"。

《开皇律》

隋文帝即位以后，命人修订刑律，编成《开皇律》。《开皇律》分为《名例》《卫禁》《职制》《户婚》《贼盗》《斗讼》《捕亡》《断狱》等 12 篇，一共 500 条。《开皇律》废除了前代实行的许多酷刑，如枭首、宫刑、挛戮、车裂等，减掉了 81 条死罪和 154 条流罪。从历史的角度来看，《开皇律》意在维护封建统治秩序，同时它也体现了一种文明和进步的精神。

科举制度

它是历代封建王朝通过考试选拔官吏的一种制度，由于采用分科取士的办法，所以叫科举。其制创始于隋，确立于唐，完备于宋，而延续至元、明、清，至清光绪三十一年（1905 年）废除，历经 1300 多年。隋文帝为废除世族垄断仕途的九品中正制，开始用分科考试办法选拔官员。隋炀帝时置进士科，允许普通士人应考。唐代于进士科外，又置秀才、明法、明书、明算诸科为常科，而由皇帝特诏举行的考试为制科，武则天时又增置武举。诸科中以进士科最为重要。至宋代，确立了殿试制度，使科举三级考试制度得以完备。宋以后，只有进士一科。为防止应试

科举考试图

者及考官舞弊，历代都建立了比较完整的防范制度，在一定程度上体现了公平竞争的原则。考试内容，唐代主要是诗赋和帖经；宋代主要是诗赋、经义、论、策；明、清则以"四书""五经"为主，考试文体用八股文。唐代进士及第后，须经吏部考试合格方授官；宋代进士一至四甲可直接授官；明、清进士则均可直接授官。

"三甲"

古代中国科举制度中，殿试中进士第一、二、三名的合称，又称"三鼎用"。一甲三名赐进士及第，通称状元、榜眼、探花；二甲赐进士出身，第一名通称传胪；三甲赐同进士出身。

殿试在唐代已有，至宋初才成为定制。唐武则天时，试贡举之士立于殿前，门下省长官奏状名次最高者置于最前，因而称为状头，也叫作状元。自宋代起，沿用旧称，以殿试第一甲第一名为状元。

科举殿试一甲第二名称榜眼。北宋初期，殿试录取的一甲第二、三名都称榜眼，意思是指榜中双眼。明、清两代专指第二名，第三名称探花。榜眼授翰林院编修。

科举殿试一甲第三名称探花。唐代进士曲江杏园初宴，称"探花宴"，以同

榜俊秀少年进士二三人为探花使，遇游名园，探采名花，探花之名始于此。宋代又称探花郎。南宋以后，才专指殿试一甲第三名。元、明、清三代沿袭不改，探花授翰林院编修。

隋文帝设义仓

585 年，隋文帝下令全国百姓以"社"为单位，按照自家收获多少自愿捐出谷物，设置仓库贮存，由社司负责管理，遇到灾荒就开仓赈济，称为"义仓"，又称"社仓"。义仓刚出现时为官督民办。到 596 年，这一制度发生重大变化，文帝下令义仓改归州或县官府管理，自由捐献也改为按户等定额征税，义仓成为了国家可随意支用的官仓，经过多年的蓄积，各地义仓无不充盈。

大索貌阅

隋朝建立后，因此前北方长期战乱，农民流离失所。加之官府赋役繁重，农民或依附豪强大族，脱离国家户籍；或虚报年龄，逃避赋役，致使户籍散乱不实，故行此法。隋廷令地方官府和基层的三长，按户籍上登记的人口对各户进行核查，以查明有无隐匿人口；并根据人口的体貌核实户籍上登记的年龄，以防发生诈老诈小的现象。又规定堂兄弟以下一律分居，各自立户。还鼓励告发，若纠得一丁，则令被纠之家代告发者输赋役。如核查户口不实，一经发现，地方官吏解职，里正、党长发配远地。据史载，仅开皇初年（581 年）于北方地区的一次大索貌阅，即检括出壮丁 44 万余人，164 万余口编入国家户籍。大业五年（609 年），又于全国范围内进行，共检出 20 余万丁，新增 64 万余口。

输籍之法

南北朝时期，北方长期战乱，社会动荡，农民或流离失所，或投附豪强大族，户籍散乱。隋朝建立后，为增加赋税收入和征调徭役，隋文帝采纳宰相高颎的建议，颁行此法。先由朝廷根据民户资产多寡划定户等的标准，称"输籍定样"，颁发至州县。每年正月初五，县府派人下乡，令民户 3—5 党（百户为 1 党，即 300—500 户）为一团，依照定样的标准确定各家的户等，写成定簿，并规定应缴纳赋税徭役的数额。输籍定样制定的赋税额较豪强地主的剥削量要轻，以此吸引豪强大族的附徒向地方官府申报户口，而成为国家的编户。

保闾制度

隋文帝即位之初，就制定了保闾制度，以加强政府对于户口的控制，进而扩大税源。保闾制度规定，县以下五家为一保，五保为一闾，四闾为一族。设置保长、闾正、族正等职，分级负责检查户口。585 年，又下令在全国整顿户籍，要求各州县按照户籍上的资料逐户核对，如有谎报掉队以逃避课役的情况，一经查出，其保长、闾正、族正等都要受到处罚。朝廷鼓励民间互相检举不实的户籍情况。同时，规定自堂兄弟以下都必须分居，另立户籍。这些措施完善了封建户籍制度，打击了豪强的经济势力，也使国家的赋税大大增加。

三省六部制

三省六部制是中国古代继三公九卿制之后的另一套中央政府机构组织形式。三省分别是中书省、门下省、尚书省，六部则是吏部、户部（隋初称度支）、礼部、兵部、刑部（隋初称都官）、工部。三省六部制的出现是皇权侵蚀相权的结果。汉武帝时，设尚书台。三国时期，魏文帝曹丕又设另一个秘书机构中书省，以削弱尚书台权力。至晋，皇帝的侍从机构门下省也开始处理政务。至此，由皇帝的小臣组成的"三省"开始成为全国政务中枢。到隋朝，朝廷明令确立三

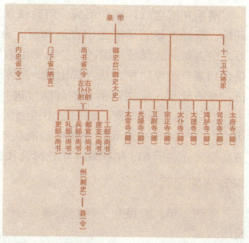

隋三省六部制简表

省制度，三省成为正式的政府机构，三省长官共议国政，执宰相之职。至于六部，则是尚书省下设的六个具体部门。汉光武帝时，尚书台已开始分为三公曹、吏部曹、民曹、客曹、二千石曹、中都官曹等六曹尚书分曹办事。后六曹经魏晋南北朝发展演变，至隋唐时期形成吏、户、礼、兵、刑、工六部。后世将三省六部制视作隋朝除科举制度之外的另一个重要制度贡献。三省六部制结束了自汉光武以来的皇帝与政府（以宰相为代表）权限不分的混乱局面，可以说是中国政治史上的绝大进步。三省六部制虽然在唐代以后多有变化，但其基本骨架为后世历代中央政府所采用，尤其六部制度直至清末连名称都未曾变动。

仁寿宫之变

隋文帝次子杨广为了夺取帝位，伪装节俭仁孝，陷害太子杨勇，终于在600年谋得太子之位。604年，隋文帝在仁寿宫病危，杨广与丞相杨素密谋夺位之事，不慎将信件传到文帝手中，隋文帝大怒。当晚，杨广撤去左右宫人，带人进入文帝寝殿。不久，隋文帝的死讯传出，杨广随即继位为隋炀帝。

黎阳兵变

隋炀帝对于功高位重的人，往往借故杀戮。大臣高颎、贺若弼，都因"诽谤朝政"被杀，大将杨素病死，而免遭杀身之祸。613年，隋炀帝进攻高句丽，命杨玄感于黎阳督运粮草。杨玄感乘机集合起少壮运夫等数千人发动兵变，百姓积极响应，队伍发展到10余万人，炀帝闻杨玄感起兵，甚恐慌，立即班师，令宇文述等攻打杨玄感。李密提出断绝炀帝的归路，是擒贼擒王的上策；中策，夺取长安，与隋朝对峙；下策才是袭取东都。杨玄感不听，围攻东都，久攻不下，隋

朝援军四集，杨玄感兵败而死。

三征高句丽

隋朝开国之后，高句丽成为隋政权东北部最大的边患。自大业六年（610年）开始，隋炀帝就着手准备出征高句丽。612年正月，隋炀帝集中水陆大军100多万人向高句丽的都城平壤进发。水军由右翊大将军来护儿统领，从东莱海口出发；炀帝则亲自统率陆军，从涿郡出发。陆军于六月抵达辽东，遇到高句丽军队的顽抗，推进受阻。宇文述所领的部队推进到距离平壤城只有30里的地方，因为军中补给不足，只得退回，在归途中遭到伏击惨败。来护儿的水军轻敌冒进，遭遇伏击，又听说宇文述兵败，就自动撤兵回国。第一次征高句丽宣告失败。此后，隋炀帝又分别于613年和614年连续两次出征高句丽，但是都无功而返。

李渊晋阳起兵

隋朝末年，农民起义风起云涌，一些隋朝的官僚见隋朝大势已去，纷纷起兵反隋。

太原留守李渊和他的儿子李世民、亲信刘文静经过精心的准备，于617年在晋阳（今山西太原）正式起兵。李渊打着"废昏立明"的旗号，率军直捣关中。他们一路上招兵买马，实力日增。为了争取民心，李渊下令军队对百姓秋毫不犯，又开仓济贫，得到百姓的拥护。

隋将宋老生领兵3万屯于霍邑（今山西霍县），妄图阻挡李渊进军。当时阴雨连绵，道路泥泞，粮食匮乏，又听说突厥袭击晋阳，李渊准备返回太原，被李世民阻止。抵达霍邑后，宋老生率军出击，李渊抵挡不住，被迫后撤，宋老生不顾侧翼暴露，率军冒进。李世民抓住时机，奋勇冲杀，杀死宋老生，隋军大败。

随后，李渊渡过黄河，在族弟李神通和女儿平阳公主的配合下，占领长安。大业十四年（618年），李渊称帝，国号唐。

瓦岗起义

隋朝末年，全国农民不堪压榨纷纷起义。611年，翟让和徐世勣在瓦岗寨（今河南滑县东南）领导农民起义。翟让原在东郡衙门里当差，因得罪上司，被关进监牢，并被判死罪。有个同情他的狱吏趁夜将他放了。翟让逃到附近的瓦岗寨，召集了一些贫苦农民组成一支队伍，队伍迅速壮大到1万多人。616年，李密投奔翟让，鼓励翟让推翻暴君，于是，瓦岗军发兵攻打荥阳。隋炀帝接到荥阳太守的告急文书，派大将张须陀带领大军到荥阳镇压。李密请翟让正面迎击敌人，他带了1000人马在荥阳大海寺北面的密林里埋伏。结果，隋军全军覆没，张须陀也阵亡。

经过这次战斗，李密的威望提高了。翟让也把首领的位子让给了李密。大家推李密为魏公，兼任起义军元帅。瓦岗军在洛口（今河南巩义市东南）建立了自己的政权，又乘胜攻下许多郡县，隋朝官吏士兵纷纷来降。瓦岗军一面继续围攻东部，一面发出讨伐隋炀帝的檄文，历数炀帝的罪恶，号召百姓起来推翻隋王朝的统治。瓦岗军的声势震动了整个中原。正当瓦岗军蒸蒸日上时，李密为了保住自己的地位，把翟让杀了。从此，瓦岗军走向衰弱，余部后来投靠了李渊。

隋文帝杨坚

隋文帝（541—604年），名杨坚，弘农郡华阴（今属陕西）人。隋朝建立者，581—604年在位，曾仕北周，封随王。581年，废周静帝自立，改国号隋。相继灭后梁和陈，于589年统一全国，结束西晋末年以来近300年的分裂局面。在位期间，改革官制，加强中央集权。建三省六部制，设州、县二级地方行政机构。废九品中正制，以分科考试选拔人才。他生活节俭，不尚奢华，并以身作则。统治期间，经济繁荣，府库充盈，社会较为安定，史称"开皇之治"。但其生性猜忌，信佛教，设储君，废长立幼，殃及自身。604年，为太子杨广（隋炀帝）所杀。

隋炀帝杨广

隋炀帝（569—618年），名杨广，弘农郡华阴（今属陕西）人，隋朝皇帝，隋文帝次子，604—618年在位。隋初立为晋王，后立为太子。604年，杀父即位，改元大业。隋炀帝在位期间，增加赋税；改州为郡，依照古制改度量衡；设置明经、进士二科，考试选拔官员；平定吐谷浑，经营西域。在位初年，隋朝国力达到极盛。他广征民工，兴建东都，修造园林，巡游无度，从长安到江都（今江苏扬州），筑寓宫40余所，穷奢极欲；开凿大运河，修筑长城；好大喜功，三次征高句丽均失败。炀帝性猜忌，执政苛暴，诛杀功臣，横征暴敛，导致各地农民起义。618年，宇文化及等人在江都发动兵变，炀帝被缢杀，隋朝灭亡。

隋炀帝开凿运河

历史上流传着隋炀帝到扬州看琼花的传说，这在中国古代笔记小说和演义中，是一个热门的题材。宋朝人写的《海山记》《大业拾遗记》，元朝人写的《隋炀帝纤龙舟》和明朝人写的《隋炀帝艳史》《说唐》和《隋唐演义》，皆讲到隋炀帝乘龙舟到扬州看琼花的故事。为此，许多人就认为隋炀帝开通大运河目的就是为了看琼花。

隋炀帝专为看琼花开通大运河的这种说法到底对不对，古今史家对此有诸多分析。有学者对此分析说，将"想游玩江都"视作隋炀

隋炀帝龙舟出行图 清

— 155 —

帝开凿运河的唯一动机，是有失偏颇的。隋炀帝开凿南北大运河的动机和目的不是单一的，既有贪恋江都美景的动机，又有搜括江南财富的目的；既有耀兵江南、挖掉王气的动机，又有攻打高句丽的目的（指运输军粮的方便）。其工程是伟大的综合工程，其动机也是多种因素的综合，而其根本动机则在于促进南北经济的发展，以巩固其统治。

独孤皇后

文献皇后（543—602年），名独孤伽罗，隋朝云中（今山西大同）人，后周大司马独孤信之七女。独孤信见杨坚相貌奇伟，气宇轩昂，故将伽罗女许配之，独孤伽罗时年十四。隋文帝即位之后，封为文献皇后。

文献皇后柔顺恭孝，谦卑自守，很受隋文帝宠爱。文帝上朝时，她与帝同辇而进，至阁乃止。候其退朝之后又一起回宫，同吃同乐同寝，相顾欢欣。平日生活俭朴，不好华丽，专喜读书，识达古今。文帝治政稍有不妥之处，她就忠心苦劝，做了很多有益之事。当时突厥与隋贸易，有明珠一盒，价值八百万，幽州总管殷寿让她买下，她婉言谢绝说："如今戎狄屡次侵犯，将士征战疲劳，不如将八百万奖赏有功之士为佳。"此举立刻朝野传闻，受到百官称赞。大都督崔长仁是文献皇后表兄，触犯国家王法，按律当处以斩刑，隋文帝看在皇后情面，有意赦免其罪。皇后进谏说："国家之事岂可顾私。"遂将崔长仁处死。皇后异母兄弟独孤陀因肆酒逞凶残害百姓，曾受过皇后指责，故而怀恨在心，常以猫鬼诅咒皇后，按律当斩。皇后虽然气得三天没有进食，但最后还是请求文帝赦免其罪，皇后说："如果独孤陀蠹政害民，妾不敢为其说情。但如今独孤陀是因为诅咒我而犯罪，所以我敢请求赦免他。"于是陀被免死。

文献皇后很有政治才能，每当与隋文帝议论国家大事，看法往往不谋而合，十分一致，故而宫中称为"二圣"。但她却在确立隋王朝的继承人上犯了错误，对废掉忠厚的长子杨勇，改立比较善于伪装的次子杨广为太子负有一定责任。仁寿二年（602年）八月，文献皇后病逝永安宫中，终年59岁，葬于太陵。

杨 素

杨素（544—606年），字处道，弘农华阴（今属陕西）人。他可称隋朝第一名将，一生戎马，征战无数，不仅善于陆战，而且善于水战、骑兵战，始终立于不败之地。他在政治上善用权术，历隋文帝、炀帝二世恩宠不衰，封越公，官至太师。同时，他还是著名的诗人、书法家，诗歌在精警凝练之中，有一种劲健质朴的气息。

宇文化及

宇文化及（？—619年），隋代郡武川（今内蒙古武川西）人，隋大将宇文述之子。杨广为太子时，统领禁军，很受宠信。隋炀帝即位，授他为太仆少卿。大业年间，统领骁果军的武贲郎将司马德戡集兵数万，发动叛乱，推宇文化及为主，缢杀炀帝，立秦王杨浩为帝，宇文化及自称大丞相，后被李密打败，武德二年（619年），窦建德擒宇文化及，宇文化及与其两子同时被处斩，其所建政权即灭亡。

翟 让

翟让（？—617年），隋东郡韦城（今河南滑县东南）人，隋末瓦岗农民起义军领袖。他骁勇有胆略，初任东郡法曹，因故被判死刑，后被人救出，在河南瓦岗组织农民起义，号称瓦岗军。616年，李密前来归附，在他的谋划下，翟让合并附近各部义军，于次年夺下兴漕仓（今河南巩义市东北），开仓赈济饥民。相义军继又攻占河南诸郡，拥兵数十万，建行军元帅府，后为李密所杀。

李 密

李密（582—618年），字玄邃，一字法主，京兆长安（今陕西西安）人，祖籍辽东襄平（今辽阳），出身世家，隋末农民起义军首领。其父李宽为隋上柱国，李密袭父爵。613年，李密随杨玄感反隋，兵败后逃出。616年，他加入瓦岗军，与翟让谋划，屡败隋军。617年，二人率精兵攻占兴洛仓，放粮赈济饥民；围攻洛阳，列隋炀帝十大罪状，天下震动；同年秋，杀翟让。后为王世充所败，投降唐朝，不久谋反被杀。

罄竹难书

李渊自从在太原起兵以后，自任为大将军，积极地向隋军进攻。为争取人心，大开粮仓，救济灾民，并且乘机招募义兵。然而，这些义兵都是乌合之众，没有经过检阅练习，所以带领起来十分辛苦。

此时，李密在现在的河南省东部，拥有极大的力量，而且发表了一篇著名的檄文声讨隋炀帝，其中的名句有"罄南山之竹，书罪无穷；决东海之波，流恶难尽"。这句话前半部分的意思是，用完南山的竹子做简策，也写不完隋炀帝的罪状。现在成语"罄竹难书"就是由此而来。

这一篇檄文一出，海内轰动，人人传阅，李密的声势如日中天，所以李渊就遣使通书来拉拢他。李密自以为力量雄厚，要求李渊率领步骑数千到河南来，当面缔结盟约，并想自任盟主。李渊不敢得罪李密，于是，他就命令温大雅回了一封书信给李密，信上说："天生万民，必有司牧，当今能为司牧，作为天子者，除了你还有什么人？老夫年逾知命，没有这个野心了。愿意跟着大弟你，攀鳞附翼。"

李密见到信，看得眉开眼笑，乐不可支。从此，对李渊深信不疑。

大运河

古代世界上最长的运河。隋炀帝为加强南北交通，巩固隋王朝对全国的统治，于605年下令开凿运河。大运河以洛阳为中心，北达涿郡（治所在今北京），南至余杭（今浙江杭州市），全长1794多千米。分为永济渠、通济渠、邗沟和江南河四段，连接海河、黄河、淮河、长江和钱塘江五大水系。经过今河北、山东、河南、安徽、江苏和浙江的广大地区，成为南北交通的大动脉，促进了南北方的经济交流。

赵州桥

赵州桥

世界上现存最古老的石拱桥。原名"安济桥"，位于今河北赵县的汶河上。由隋代杰出工匠李春于595—605年间设计建造，比欧洲同类拱桥早1200年。桥长50.82米，宽9.6米。桥身的大拱两端上方各有两个小拱，可以减轻桥身的重量和桥基的压力，遇到洪水，又可减弱激流对桥身的冲击。整个桥型匀称轻盈，栏板上刻有龙形花纹，栩栩如生。赵州桥历经1400多年，至今仍然完好，为全国重点文物保护单位。

雕版印刷术

中国最早发明的印刷术，始见于隋。雕版印刷术的原理是将所印书稿反刻在一块块木板上，使字凸出，然后在字面上涂墨，复上纸，轻刷之后，字迹便可印在纸上。熟练的工匠，一天可印约2000张。该技术在唐代得到进一步发展。在宋代更趋完善，今天能见到的宋刻本书籍达700多种。

行 会

行会是旧时城市商品经济中的工商业组织，有手工业行会、商业行会。在商品经济有了一定发展时，为了调整同业关系、解决同业矛盾、保护同行利益、协调与政府的关系，同业或相关行业联合起来组成行会，这种行会带有地域和行业双重性特征。

行会产生于隋唐。唐代工商业组织大都称"行"，源于街巷上的贩卖摊商，往往一条街上开设的都是同类的店铺，故称"行"，如"织锦行""金银行"等。到了宋代，行会组织得到了发展。北宋汴京、南宋临安行会多达数十家，入行者达上千人。

明清以后，行会进一步发展为会馆、公所。组织也更为严密，定有行规、业规、帮规等制度，形成一种垄断势力。清末期日益衰落。

唐　朝

李渊建唐

617年，李渊率军攻入了长安。当时隋炀帝正在江都，于是李渊立炀帝之孙代王杨侑为帝（即恭帝），遥尊炀帝为太上皇，而自己晋封唐王，掌握了朝廷的军政大权。次年三月，隋炀帝在江都死于叛乱，李渊即逼恭帝"禅让"，自己即位为帝，建国号为唐，是为唐高祖。

唐　律

唐初，唐高祖命参照隋律，重定新律。于武德七年（624年）颁行，称《武德律》。唐太宗时，命长孙无忌、房玄龄等修改《武德律》，编为《贞观律》。之后，长孙无忌等又奉高宗之命，厘定旧律，修成《永徽律》。永徽三年（662年），高宗再命长孙无忌依据《永徽律》逐条解释律文，撰成《永徽律疏》12篇30卷（即《唐律疏义》），于次年颁行全国，与律文一样具有法律效力。《唐律疏义》是中国保存至今最完整的一部封建法典。"唐律"制定有笞、杖、徒、流、死五刑，以及"十恶"之条，作为正刑定罚之律。还有律、令、格、式四宥。"唐律"作为一部完备的封建法典，旨在维护封建制度和特权，防范人民的反抗。但对稳定社会秩序，促进生产的发展，亦有积极的意义。

《大衍历》

亦称"开元大衍历"。唐开元十七年（729年）起施行了29年的历法。一行撰，因立法依据《易》象大衍之数而得名。一行测各地纬度，南至交州（今越南河内一带），北尽铁勒（今蒙古国乌兰巴托西南），并步九服日晷，定各地见食分数，复测见恒星移动。开元十五年（727年）而历成，共分7篇，包括平朔望和平气、七十二候、日月每天的位置与运动、每天见到的星象和昼夜时刻、日食、月食和五大行星的位置，后世历家遂沿袭其格式来编历。

该历法系统周密，比较准确地反映了太阳运行的规律，表明中国古代历法体系的成熟。一行还是世界上首位用科学方法实测地球子午线长度的人。一行从实测中意识到，在小范围有限的空间里得到的认识，不能任意向大范围甚至无际的空间推演，这是中国科学思想史上的一大进步。

玄武门之变

李渊建唐过程中，以次子李世民功勋最为卓著。李渊即位后，立长子李建成为太子，封李世民为秦王，然因李世民声望极高，且又任尚书令，职掌全国最高行政权，故威胁着李建成的太子地位，兄弟之间渐生矛盾。武德六年（624年），李建成和四弟李元吉结为一派，与李世民明争暗斗。双方结党营私，网罗人才，不断扩大势力。

武德九年（626年），李建成、李元吉借突厥进犯之机，密谋将秦王府的精兵骁将调往前线，以解除李世民的兵权。又策划于昆明池设宴，诱杀李世民。李世民闻信，与长孙无忌、尉迟敬德、房玄龄等人密商，决定先发制人。是年六月四日，李世民派尉迟敬德等人伏兵于玄武门（长安太极宫北门）。清晨，李建成、李元吉兄弟入朝，经玄武门时，遭袭击。李世民射杀李建成，尉迟敬德杀李元吉，又击败东宫和齐王府卫队，史称"玄武门之变"。事变后，李渊被迫立李世民为太子。两个月后，李渊退位，传位于李世民，是为唐太宗。李渊自称太上皇。

玄武门壁画

贞观之治

唐贞观年间（627—649年），太宗君臣以隋亡为鉴，励精图治，虚心纳谏，实行了一系列开明的政策和措施，修律令，置科举，改善吏治，减轻赋役。这一时期，房玄龄、杜如晦、魏徵、长孙无忌等名臣名将辈出，政治清明，经济繁荣，民族关系融洽，社会升平，国力强盛，史称"贞观之治"。

租庸调制

唐前期的一种赋税制度。唐前期在均田制基础上实行的向授田课丁（人丁）征派的田租、力庸和户调三种赋役的合称。规定每丁每年纳粟二石（即租）；另随乡土所产交绫或绢二丈，如纳布为二丈五尺，输绫绢者纳绵三两，输布者纳麻三斤（即调）。每丁每年须服力役20天，无事则纳绢、布代力役（即庸），每日折绢三尺，有事加役者30天则租调全免，但连正役不得超过50天，遇灾另有减免。唐中叶，均田制弛坏，租庸调无法维持，后被两税法取代。纳绢代役，保证了农民的生产时间，在客观上有利于农业生产。

翰林院

翰林院是中国唐代开始设立的各种艺能之士供职的机构。开元二十六年（738年），建翰林学士院，专供草拟诏制者居住，供职者称翰林学士（简称"学士"）。"安史之乱"以后，翰林学士的地位愈加重要，在参谋密计方面分割了宰相之权。唐宪宗以后，翰林学士往往晋升为宰相。宋沿唐制设学士院，也称翰林学士院，有时亦称翰林院。翰林学士实际上充当皇帝顾问，很多宰相都是从翰林学士中选拔出的。元丰改制后，翰林学士成为正式官员，正三品，并且不任其他官职，专司草拟内制之职。

明翰林院掌制诰史册文翰之事。入翰林院者均为科举进士名列前茅者，官品虽低，却被视为清贵之选。明朝翰林若得入职文渊阁参与机密，则更是贵极人臣。

清因明制，设翰林院。掌院学士无文学撰述之责，是侍读学士以下诸官的名义长官，与唐宋之翰林学士有所不同。但仕为翰林官者不仅升迁较他官为易，而且南书房行走及上书房行走例由翰林官充任。

太 监

中国自唐代开始，就有太监这个官职。古人常将"太"字写作"大"字。"太监"也写作"大监"。各种官府的主管都称"太监"，其下有少监、监丞。《辽史·百官志》载，辽代南面官诸"监"职名中，有"太监"之称，但在具体称呼上，仅称监，如太府监。元代的机构多有"太监"一官（如仪文监、典牧监、典室监、太府监等均设太监）。明代诸监不设此官，但在宦官统管的二十四衙门中专称某某太监，太监成为宦官的专称。清设总管太监为宦官首领，隶属于内务府。

也就是说，在元代之前，"太监"一词与宦官毫无关系。到明代，"太监"一词开始与上层宦官有所联系。清代以后，太监与宦官才成为同义语。

房谋杜断

贞观三年（629 年）二月，李世民以房玄龄为左仆射，杜如晦为右仆射，魏徵守秘书监，参与朝政。

房玄龄（579—648 年），齐州临淄（今属山东）人。参与玄武门之变，助李世民得帝位，深得李世民信任，629 年任左仆射，精于理政，为贞观时政事的主要谋划者和执行者。

杜如晦（585—630 年），字克明，京兆杜陵（今陕西西安市长安区）人。少即聪悟，好谈文史。隋末曾任滏阳尉。唐兵入关中，助李世民筹谋，官至陕东道大行台司勋郎中。太宗即位，任右仆射，与房玄龄共掌朝政，并称"贤相"，时人合称"房杜"。

《旧唐书》载："世传太宗尝与文昭（房玄龄）图事，则曰：非如晦莫能筹之。及如晦至焉，竟从玄龄之策也。盖房知杜之能断大事，杜知房之善建嘉谋。"又载："文含经纬，谋深夹辅。笙磬同音，唯房与杜。"两人精于理政，制定了各种典章制度，为"贞观之治"的开创立下了汗马功劳。

安西、北庭都护府的设立

640 年，唐军攻破高昌（今吐鲁番）以后，为了加强对西突厥地区的管理，在高昌设立了安西都护府，管辖天山以南直至葱岭以西，阿姆河流域的辽阔地区。702 年，又设北庭都护府，管辖天山以北包括阿尔泰山和巴尔喀什湖以西的广大地区。

这两个都护府作为唐朝在西域的最高行政和军事机构，使唐朝在西域有效地行使政治、军事权力。这对维护国家统一，巩固西北边防，发展中西交通，促进西域和中原以至中外的经济文化交流，都有重大的积极意义。

安西四镇

"安西四镇"指的是唐代在新疆西部设置的 4 个军事据点。648 年，唐安西都护府的治所从交河迁到龟兹城（今新疆库车），并且设置了龟兹、于阗（今新疆和田）、疏勒（今新疆喀什）、焉耆（今新疆焉耆）四镇，派兵戍守，隶属于安西都护府。安西四镇是保护丝绸之路的交通重镇，对唐与中亚的交流有重大意义。

鸿胪寺礼宾壁画 唐

遣唐使

589 年，隋朝结束了中国历史上近 300 年的南北分裂对峙局面，重新统一了中国，中国封建社会进入了一个新的发展时期。当时，日本正处在从奴隶制到封建制的过渡阶段，新兴的日本封建主希望从中国吸取一套封建制的统治方式，便有计划地派遣使臣和留学生来中国访问、学习。当时，隋朝也派送使臣，出使日本，并受到日本人士的热情欢迎和隆重接待。

到了唐朝，中日两国的交往更是达到了一个前所未有的频繁程度。从 630 年开始的 200 多年中，日本天皇先后派出多批使者来到中国，学习唐朝的典章制度和文化礼仪。随同使臣一起来中国的，有官员、留学生和留学僧，人数多时达五六百人。由于他们都是由日本政府派遣的使者，所以就被称为"遣唐使"。这些人在中国学习了各种技艺，回国以后便积极传播唐朝的制度和文化，中国的典章制度、工农业生产技术、历法、哲学、历史学、文学、数学、医药学、建筑学、美术、工艺等，都被介绍到日本。

据史书记载，唐朝时日本派来的遣唐使前后有 13 批，人数达数千人之多。遣唐使对推动日本社会的发展和促进中日友好交流做出了巨大的贡献，促成了中日文化交流的第一次高潮。

玄 奘

玄奘（600—664 年，一说生于 602 年），世称三藏法师，俗称唐僧。唐朝高僧、佛教学者、旅行家，与鸠摩罗什、真谛并称为中国佛教三大翻译家，唯识宗的创始人之一。本姓陈，名祎。洛州缑氏（今河南偃师缑氏镇）人。出家后遍访佛教名师，因感各派学说有分歧，难得定论，便决心至天竺学习佛教。唐太宗贞观三年（629 年，一说贞观元年），从凉州出玉门关西行，历经艰难抵达天竺（古时对印度的称呼）。后又游学天竺各地，并与当地学者论辩，名震五竺。贞观十九年（645 年）回到长安，开始组织译经，共译出经、论 75 部，凡 1355 卷。所译佛经，多用直译，笔法谨严，丰富了祖国古代文化，并为古印度佛教保存了珍贵典籍，世称"新译"。曾编译《成唯识论》，论证"我"（主体）、"法"不过是"识"的变现，都非真实存在，只有破除"我执""法执"，才能达到"成佛"境界。所撰又有《大唐西域记》，为研究印度、尼泊尔、巴基斯坦、孟加拉国以及中亚等地古代历史地理之重要资料。历代民间广泛流传其故事，如元吴昌龄《唐三藏西天取经》杂剧，明吴承恩《西游记》小说等，均由其事迹衍生。

回纥兴起

回纥是隋代至唐初游牧在色楞格河一带的少数民族，先是隶属于突厥，突厥衰落后，回纥兴盛起来。"安史之乱"期间，回纥两次出兵帮助唐平叛。回纥与唐通好，双方进行了大规模的互市贸易，双方的经济文化交流很频繁。唐末，回纥衰落，大都向西迁徙。

文成公主和亲

7 世纪，吐蕃的首领松赞干布统一了青藏高原的众多部落，以逻些（今拉萨）为首府建立了奴隶主政权。松赞干布多次派遣使者向唐王朝求婚，贞观十五年（641 年），唐太宗把文成公主许嫁给他。文成公主入藏时，带去了许多手工业品、药物、诗文经史以及其他自然科学方面的书籍。文成公主入藏和亲，促进了藏族的经济和文化的发展，也加强了汉藏人民之间的友好关系，为民族的交往和融合做出了很大的贡献。

布达拉宫

布达拉宫位于中国西藏拉萨的红山之巅，建于公元 7 世纪松赞干布时。布达拉为观音圣地普陀洛迦的梵语译音，意为观音慈航以普救众生。布达拉宫海拔 3700 多米，整个建筑群占地 10 万余平方米，东西长 360 米，南北宽 270 米，主楼 13 层，高 117 米，是世界上海拔最高，集宫殿、城堡和寺院于一体的宏伟建筑。

布达拉宫依山而筑，宫宇叠砌，气势磅礴，其建筑艺术体现了藏族传统的石木结构碉楼形式和汉族传统的梁架、金顶、藻井的特点，在空间组合上，院落重叠，回廊曲槛，因地制宜，主次分明，既突出了主体建筑，又协调了附属的各组建筑，上下错落，前后参差，形成较多空间层次，富有节奏美感，又在视觉上加强了高耸向上的感觉，是世界建筑史上的奇迹。现在，布达拉宫已被联合国教科文组织列入"世界文化遗产"名录。

长庆会盟

文成公主入藏之后，吐蕃和唐王朝有过一段相对安定的时期。咸亨元年（670年）起，唐与吐蕃的关系时战时和。唐穆宗长庆元年（821年），唐和吐蕃会盟，史称"长庆会盟"。并在拉萨树立了"长庆会盟碑"，碑文用汉文和吐蕃文写成，主要强调汉藏两族要"患难相恤，暴掠不作……蕃汉二邦，各守现管本界，彼此不得征，不得讨，不得相为寇仇"，永远要和平相处。长庆会盟后，一直到唐朝灭亡，80多年的时间里，唐朝和吐蕃的关系一直是和睦的。

唐蕃会盟碑

二王八司马

"二王八司马"指中国唐朝唐顺宗时主张打击宦官势力、革新政治的官僚士大夫。永贞革新失败之后，他们都被贬斥。"二王"指：王伾、王叔文，"八司马"指韦执谊（被贬为崖州司马）、韩泰（被贬为虔州司马）、陈谏（被贬为台州司马）、柳宗元（被贬为永州司马）、刘禹锡（被贬为郎州司马）、韩晔（被贬为饶州司马）、凌准（被贬为连州司马）、程异（被贬为郴州司马）。

武则天称帝

唐高宗永徽六年（655年），原唐太宗才人武则天被高宗册封为皇后。由于唐高宗身体状况较差，武则天协助处理政事，天下称高宗和武后为"二圣"。弘道元年（683年），唐高宗病死，太子李显继位，即中宗。两个月后，武则天废中宗，改立李旦为帝，是为睿宗，武则天临朝称制。光宅元年（684年），徐敬业在扬州起兵反对武则天临朝，被迅速平定，垂拱四年（688年），武则天加尊号"圣母神皇"，称"陛下"，李唐宗室琅玡王李冲、越王李贞等起兵反抗，也被镇压，随后李唐宗室相继被杀。天授元年（690年），武则天终于废掉了唐睿宗称帝，改国号周，建立武周政权，成为中国历史上唯一的一位女皇帝。武则天操政半个世纪，在政治上很有作为，但她任用酷吏，杀戮过重。神龙元年（705年），武则天病重，李唐王室和旧臣发动政变，拥立唐中宗复位，重建了唐朝。

武则天立无字碑

武则天（624—705年），并州文水（今山西文水东）人，唐高宗李治皇后，后改国号武周，定都洛阳。690—705年在位，名曌（与"照"的读音相同）。她是中国历史上空前绝后的唯一女皇。从她参与朝政，自称皇帝，到病移上阳宫，前后执政近半个世纪，上承"贞观之治"，下启"开元盛世"，历史功绩，昭昭于世，不愧为封建时代杰出的女政治家。她于705年十一月病逝，她的墓碑中不见唐人所刻一字。后人所加的文字，也斑驳陆离，若明若暗，模糊不清。

武则天为什么在自己的墓碑上不刻一字？历代学者为此争执不休，聚讼纷纭。综观诸说，大致有以下几种说法。其一，武则天自知自己执政中，篡权改制，滥杀无辜，荒淫无道，罪孽深重，无功可记，无德可载，与其贻笑后世，不如一字不镌。其二，武则天自认为她在位时，扶植寒弱，打击豪门，发展科举，奖励农桑，继贞观之治，启开元盛世，政绩斐然，彪炳史册，远非一块碑文所能容纳，留下空碑一座，以示自己功盖过世。其三，武则天一生聪颖机警，常做惊人之举，立无字之碑，意在千秋功罪，让后人评说。

请君入瓮

武则天当政期间，大臣来俊臣和周兴是有名的酷吏，惯用各种酷刑逼人招供。有人告发周兴谋反，武则天就派来俊臣审问。来俊臣请周兴吃酒，假意问他："犯人不肯招供怎么办？"周兴说："这很好办，做一个大瓮，周围用火烤，把犯人放进去，还怕他不招吗？"于是来俊臣叫人支起大瓮，说："我奉旨审问老兄，现在请老兄入此瓮。"后人用"请君入瓮"来比喻以其人之道还治其人之身，也借指设计好圈套引人上当。

唐中宗复辟

683年，唐高宗死后，太子李显即位，是为中宗，然而他在第二年就被武则天废为庐陵王。705年，武则天病重，佞臣张易之、张昌宗兄弟二人想要独揽大权。宰相张柬之等五人发动政变，杀了张氏兄弟，拥中宗李显重新登位，恢复国号为唐。武周政权至此终结。

韦后之乱

唐中宗复辟后，中宗每临朝，韦后必施帷幔坐殿上。中宗纵容韦后为所欲为，韦后与武则天之侄武三思等相互勾结，形成韦、武二家外戚势力相结合的腐朽集团，专擅朝政。韦后纵容女儿安乐公主卖官鬻爵，又大建寺院道观，强掠民财。韦后以皇太子李重俊非己所生，恶之。皇太子于神龙三年（707年）秋七月发疾变，杀武三思、武崇训于其第，并杀其亲党数人。韦后逼令中宗杀死太子，以其首祭三思、崇训之柩，驱逐宰相魏元忠等大臣出朝廷。

景龙四年（710年），韦后及其党羽惧怕中宗追究罪行，合谋毒死中宗。中宗死后，韦后任用韦氏子弟，分据要司，欲重演武则天称制的故事，又惧怕相王（武则天第四子）和太平公主（武则天之女），秘与韦温、安乐公主谋去之。

相王之子李隆基与太平公主等谋划，以"先事诛之"，发动宫廷政变，杀韦后、安乐公主等，韦后之乱遂被平定。

开元盛世

开元盛世又称"开元之治"。唐玄宗开元年间（713—741年），任用贤相姚崇、宋璟，整顿吏治，淘汰冗官，精简机构，兴修水利，发展生产，使武则天以后动荡的唐朝政局重新稳定。由于政治安定，国势强盛，唐朝进入鼎盛时期，成为当时经济、文化繁荣昌盛的大国。当时海内富实，米价低廉，商业繁荣，公私仓廪俱丰实，史称"开元盛世"。

开元通宝

从西汉武帝铸造五铢钱开始，五铢钱一直使用到唐初。唐武德四年（622年），朝廷宣布废除五铢，新铸开元通宝，从而结束了五铢钱700余年的流通史。开元通宝采用两钱制，即1两等于10钱，等于100分，等于1000厘。1枚开元通宝重1钱，又叫1文，10枚为1两。中国的一两十钱制，即起源于此。唐钱以开元通宝为主，共铸行200多年。开元通宝为后世通宝、元宝之起源，其钱文、重量、行制均成为后世铸钱之楷模。唐武宗会昌五年（845年），扬州节度使李绅在钱背铸"昌"以记年号，各地纷纷加以仿效，在钱的背面铸上州郡的名称，这种钱币称作会昌开元通宝。开元通宝除铜钱外，还有金币和银币，但这两种币不用于流通，而是用于宫廷赏赐。

鉴真东渡

鉴真和尚（688—763年），俗姓淳于，扬州人，唐代著名的高僧，精于佛教律宗。日僧入唐访求十年找到了鉴真，邀请高僧到日本传授戒律。天宝元年（742年），鉴真不顾弟子的劝阻和地方官的阻挠，发愿东渡传法。前四次都未能成行，第五次漂流到了海南岛，双目失明。第六次鉴真搭乘日本遣唐使团的船只东渡，终于在天宝十三载（754年）到达日本，被日本人称为"过海大师""唐大和尚"。他在日本传播佛教和先进的唐文化，后来被日本天皇任命为大僧都，成为日本律宗的始祖。763年，鉴真在日本圆寂。他对中日文化交流做出了巨大贡献，1000多年来一直受到日本人民的敬仰。

节度使

自唐中宗年间起，朝廷开始在边镇设置节度使，作为常设的军事长官。开元年间，节度使的设置越来越多。至天宝元年（742年），全国共分设了九道节度使，领兵40万。节度使逐渐成为集行政、财政、军事大权于一身的地方最高长官，由此埋下了藩镇坐大的祸根。

李林甫、杨国忠专权

736年，礼部尚书李林甫升任中书令。他善于探听揣摩君主的心思，很得唐玄宗的欢心。玄宗在位已久，逐渐倦于政事，就将政事交由李林甫处理。李林甫一改唐朝宰相四年一换的旧例，独揽相权近20年。他城府深邃，口蜜腹剑，排斥异己，使朝廷矛盾重重。752年，李林甫病重，杨贵妃的远亲杨国忠得以升任中书令。他专擅朝政大事，欺上瞒下，使朝廷贿赂之风大盛，政治腐败不堪。

安史之乱

唐玄宗在位已久，逐渐倦于政事，国事日趋糜烂。身兼范阳、河东、平卢三镇节度使的安禄山，深得唐玄宗的信任，位高权重，手握重兵而心怀异志。755年，蓄谋已久的安禄山与其部将史思明以讨伐杨国忠为名，起兵反唐，"安史之乱"爆发。叛军一路南下，势不可当。次年正月，安禄山在洛阳称大燕皇帝；六月，潼关失守，长安危急，唐玄宗仓皇入蜀，在行至马嵬驿时，军士发生哗变，杀死了杨国忠，并逼迫唐玄宗缢死杨贵妃。

安禄山像

太子李亨在灵武即位，任郭子仪为将，并借用回纥兵力，全力平叛。

757年，安禄山被其子安庆绪杀死。唐军乘机收复长安、洛阳等地。两年后史思明率13万人进攻，洛阳再度沦陷。762年，唐军再次收复洛阳。763年，历时八年的"安史之乱"终于平息。这场内乱是唐朝由盛至衰的转折点，唐王朝的全盛时代从此结束。

郭子仪

郭子仪（697—781年），华州郑县（今陕西华县）人，祖籍山西汾阳，唐代著名的军事家，武举出身。安史之乱时任朔方节度使，在河北打败史思明。后联回纥之兵收复洛阳、长安两京，功居平乱之首，晋为中书令，封汾阳郡王。代宗时，叛将仆固怀恩勾引吐蕃、回纥进犯关中地区，郭子仪正确地采取了结盟回纥，打击吐蕃的策略，保卫了国家的安宁。郭子仪戎马一生，屡建奇功，84岁高龄才告别沙场。天下因有他而获得安宁达20多年。他"权倾天下而朝不忌，功盖一代而主不疑"，享有崇高的威望和声誉。他历事玄宗、肃宗、代宗、德宗四朝，勤于职守，对巩固唐王朝统治起了重要作用。

藩镇割据

唐代"安史之乱"后，部分节度使凭借自己手中的兵权、财权和中央政权相对抗。这种局面首先出现在唐代宗时期，叛乱的降将割据一方，他们不受中央政令的管辖，而且彼此间征战不已。在唐中后期，藩镇势力与中央朝廷互有消长，当中央政权比较强大时，就会想方设法打击藩镇；中央政权比较弱小时，藩镇就会更跋扈一些。

马嵬驿之变

"安史之乱"爆发后，756年，潼关失守，唐玄宗携后宫妃嫔、皇族子女及杨国忠等仓皇逃向蜀地。到金坡（今陕西兴平）马嵬驿时，将士们在饥劳愤怒之下，群起斩杀杨国忠，并且要求处死杨贵妃。唐玄宗被迫让贵妃在佛堂自缢而死。

刘晏理财

"安史之乱"中，京师遭遇粮荒，粮食价格飞涨，军队和百姓都临饥馑。叛乱平息后，763 年，度支盐铁转运租庸使刘晏经过实地考察，整顿漕运，采用分段转输法，使每年有数十万石江淮粮食得以运至关中。同时，他又改变盐法，稳定了盐价。刘晏理财 20 年，改善了"安史之乱"后财政紊乱的状况。

仆固怀恩叛乱

唐将仆固怀恩是铁勒部人，曾在平定"安史之乱"中随郭子仪东征西讨，屡立奇勋。叛乱平息后，他受到朝廷猜忌，愤怨之下于 764 年起兵造反，与唐军几次大战均以失败告终。八月，仆固怀恩招引回纥、吐蕃军 10 万人攻唐，很快进逼邠州（今陕西彬县），京城告急。郭子仪严阵以待。不料仆固怀恩突然得急病，死于军中。他的部将药葛罗答应立即退兵，从而分化瓦解了联军。消息传出，吐蕃将领害怕唐军和回纥联合起来袭击他们，就连夜带着大军撤走了。至此，仆固怀恩叛乱被平息。

奉天之难

783 年十月，泾原之兵因朝廷没有犒赏和饭菜粗劣而哗变，唐德宗出逃奉天（今陕西乾县）。大司农段秀实被朱泚杀掉。朱泚自称大秦皇帝，带兵攻打奉天。一个月后奉天城中物资缺乏，形势危急。朔方节度使李怀光闻听奉天危难，带骑兵、步兵 15000 人前往奉天。朱泚被迫撤回长安，奉天围解。此后李晟、尚可孤、骆元光先后前往救援，收复失地。唐军解奉天之难后又围攻长安。784 年五月，李晟和浑瑊联兵攻破长安。朱泚被其部下所杀。七月，唐德宗返回长安，兵变平息。

两税法

唐后期实行的赋税制度。由于土地兼并严重，均田制和租庸调制无法继续实行。为了解决财政上的困难，780 年，唐德宗接受宰相杨炎的建议，实行两税法。它的主要内容是：(1)"以资产为宗"，即按土地、财产的多少来确定应纳税额。(2)"费改税"，把当时混乱繁杂的税种和各类收费合并统一起来，归并为户税与地税两种。(3)"以征收货币为主"，两税法以征收钱币为主。规定除田亩税以谷物形式缴纳外，其他一律折合成钱币交纳。(4)"统一征收时间"，两税法规定每年纳税时间分夏、秋两季。两税法的实行，使唐政府的收入增多了，但地主把赋税转嫁给农民，农民所受的剥削更重了。

永贞革新

永贞元年（805 年），唐顺宗即位后，决心革除弊政。他起用自己为太子时的老师王叔文和王伾主持政务，王叔文又联合刘禹锡、柳宗元等人进行改革，废除了扰民的弊政，打击宦官和藩镇。不久，宦官和节度使联合起来反对王叔文等人，顺宗迫于压力，只好让位给太子李纯，是为宪宗。王叔文等人相继被贬为远州的司马。次年，顺宗被宦官毒杀，王叔文被赐死。革新归于失败。

元和中兴

"安史之乱"后，唐朝形成了藩镇割据的局面。唐宪宗元和年间，随着经济实力的恢复和增强，朝廷对藩镇采取了较为强硬的态度，先后几次出兵平叛。817年，大将李愬夜袭并攻陷淮西蔡州（今河南汝南），长期割据的淮西镇自此归顺。其他藩镇也纷纷表示听命，中央实现了暂时的统一，史称"元和中兴"。但是元和中兴并没有恢复盛唐时富强繁荣的局面，820年，宪宗被宦官毒杀，各藩镇变乱重起，而且出现了宦官专权的局面。

牛、李朋党之争

唐后期，在宦官专权的同时，官僚集团内部的斗争也更加激烈，他们各自结成不同的党派，相互倾轧。在从820年到859年近40年的时间里，以李德裕为首的李党与以牛僧孺为首的牛党发生了长期而激烈的争斗。牛党相对比较保守，而李党则偏重革新。唐武宗时李党得势，唐宣宗时牛党当权。牛、李党争局面的出现，其根本原因是皇权的威信大大降低，国家大政随着执政宰相的更迭而起伏；同时朝政也日益腐败，两党的争斗除了政治主张的分歧而外，也夹杂了朝臣们的个人恩怨。唐宣宗以后，由于宦官专权为祸日烈，朋党之争才逐渐平息。

朋党之争图
唐代党争既有传统士族与庶族斗争的一面，又混杂了大官僚地主阶级之间的斗争。争斗中两派又援引宦官做靠山，得势后便大力排挤政敌，从而演变成为掌权而进行的互相倾轧，结果进一步加深了统治危机。

宦官专权

唐玄宗统治后期，宦官开始受到重用，"安史之乱"后，宦官的权势进一步膨胀起来。代宗时，宦官程元振、鱼朝恩先后专权，并且控制了强大的禁军，从此气焰更加嚣张。唐宪宗以后，唐朝有8个皇帝为宦官所立，2个被宦官所杀，大臣进退也任其随心所欲，宦官蛊惑皇帝，作威作福，加剧了朝廷的腐败和社会矛盾。

甘露之变

唐文宗时，宦官仇士良专权，历任内外五坊使、左神策军中尉等职，连文宗皇帝也受他控制。宰相李训与凤翔节度使郑注等人密谋铲除宦官集团。在杀宦官王守澄之后，唐太和九年（835年）十一月二十一日，他们又以左金吾卫石榴树上有甘露为名，诱仇士良等人前去观看，以便诛杀之。不料李训等人埋伏的士兵暴露，被仇士良等人发现，诛杀之计失败。仇士良乃率兵捕杀李训、舒元舆、王涯等人。甘露之变时，郑注带兵入京，企图内外合力一举歼灭宦官集团。中途闻李训已败，乃退兵，被仇士良的爪牙张仲清杀害。因此事受株连者达千余人之众。仇士良残暴成性，大肆屠杀朝官。此人在职20余年，前后共杀二王一妃四宰相。

会昌废佛

会昌五年（845年）七月，唐武宗下诏大举灭佛，毁佛寺，强令僧尼还俗。武宗喜好道术，讨厌僧尼耗费天下之财，登位以后召道士入宫中，信道士赵归真之言，遂决定毁佛。会昌二年（842年）三月，从李德裕奏，敕发遣保外无名僧，禁置童子沙弥。十月，又敕有过失、不修戒行之僧尼还俗。若僧尼有钱谷田地，应纳入官。如惜钱财，情愿还俗，亦令还俗，充入两税徭役。

845年四月，敕祠部检括天下寺院及僧尼人数。七月，敕毁山野招提、佛寺，上都、东都两街各留二寺，每寺留僧30人；天下节度观察使治所及同、华、商、汝州各留一寺。分为三等：上等留僧20人，中等留10人，下等留5人。其余僧尼并景、祆诸教徒皆令还俗。铜像、钟磬则销毁铸钱。遣御史赴各地督察，凡拆毁寺院，其财产田地皆由朝廷没收。八月，宣告中外，凡毁寺4600所，归俗僧尼260500人，景教、摩尼、祆僧2000余人，毁招提、佛寺4万余所，收良田数千万顷，奴婢15万人。寻又诏东都只留僧20人，诸道留20人者减其半，留10人者减3人，留5人者更不留。其所留僧尼由功德使改隶祠部主客郎中收管。

黄巢起义

875年，濮州（今河南范县）盐贩王仙芝发动起义，曹州冤句（今山东菏泽西南）的盐贩黄巢率数千人起兵响应。878年，王仙芝在战斗中牺牲，余部归依黄巢。黄巢自称冲天大将军，很快将队伍扩展到10余万。881年，黄巢攻克长安，入宫即皇帝位，建国号大齐。唐僖宗仓皇逃至成都避难。由于受到唐残余势力的围剿，义军次年被迫从长安撤退，884年，黄巢在山东兵败自刎。唐朝统治受到起义的沉重打击，至此已经名存实亡。

黄巢像

朱温降唐

朱温是黄巢起义军中的将领。882年，各地唐军围攻长安，朱温对义军前途悲观失望，就投降了唐朝，被封为同华节度使，赐名"全忠"。901年，朱全忠因镇压起义军有功，晋封为梁王，割据一方。到唐昭宗时他已经成为全国最有实力的军阀。

白马驿之祸

朱温杀了昭宗之后，新帝年少，不通政事，朝政大权全由朱温控制。为了以防万一，次年二月，他又令人将昭宗的儿子尽皆杀掉。905年六月，他又将原先朝中的重臣30余人押到白马驿（今河南滑县），杀掉后投入黄河。

唐高祖李渊

李渊（566—635年），字叔德，祖籍陇西成纪（今甘肃秦安），迁居狄道（今甘肃临洮）。唐朝建立者，618—626年在位。祖、父均为北朝军事贵族，封唐国公。其祖为北周开国功臣八柱国之一。572年，李渊袭唐国公，隋炀帝时任太原留守。时天下大乱，群雄并起，李渊父子于617年在晋阳起兵反隋，618年称帝，建唐朝，定都长安，改元武德。624年，平定全国。在位期间，修改律令，定均田租庸调法，设置军府，恢复州县制，基本奠定了唐前期的制度。626年，次子李世民发动玄武门之变，李渊被迫退位，称太上皇。

李靖

李靖（571—649年），本名药师，京兆三原（今陕西京兆三原东北）人。唐初军事家。年轻时便有文武才略，精熟兵法。隋末任马邑郡丞，后降唐，高祖时任行军总管、岭南道抚慰大使。太宗时历任兵部尚书、尚书右仆射。他屡建功勋，为唐初名将。630年，与李勣将军在阴山大破东突厥，俘获颉利可汗，使北方得以安定。后又深入敌境，平定吐谷浑。善于用兵，临机果断，著有《李卫公兵法》。

魏徵

魏徵（580—643年），字玄成，馆陶（今属河北）人，唐代著名的政治家，我国古代以刚直不阿、勇于犯颜进谏而闻名的大臣。他从小父母双亡，曾出家当过道士，隋末农民起义爆发后被李密任为元帅府文学参军，并随李密降唐，后被太子李建成引用为东宫僚属。玄武门之变以后，由于被李世民器重而任命为谏议大夫，后任秘书监、侍中，封郑国公。魏徵为人耿直，敢于抗颜直谏，据理力争，从不委曲求全。他在任期间前后陈谏200余事，多次规劝太宗以隋亡为鉴，居安思危，薄赋敛，轻租税，与民生息，为贞观之治做出了重要贡献。他还奉命主持编写了《隋书》《周书》《梁书》《陈书》《齐书》（时称"五代史"）等。他的思想和行为已经成了封建政治家的典范，为历代所赞赏和遵循。

孙思邈

孙思邈（581—682年），京兆华原（今陕西省耀州区）人，唐朝最著名的医学家。以毕生心血写成《千金方》，书里记载了800多种药物和5000多个药方，在中国医药学史上占有重要地位，比欧洲早1000多年记载了脚气病的正确治疗方法和先进的预防方法。创立脏病、腑病分类，对中医医学发展有承前启后的作用。后世尊称他为"药王"。

尉迟敬德

尉迟敬德（585—658 年），名恭，朔州鄯阳（今山西朔城区）人，隋末从军，以骁勇善战累授朝散大夫。武德三年（620 年），败降归唐，随从累授秦王李世民征战各地义军和军阀。在李世民夺嫡斗争中参加玄武门之变，射杀李元吉，与长孙无忌并为首功。后因居功自傲而受到排挤，退出朝廷。

尉迟敬德像

唐太宗李世民

唐太宗（599—649 年），名世民，祖籍陇西成纪（今甘肃秦安），中国封建社会杰出的政治家。唐代皇帝，626—649 年在位。隋末随父在晋阳起兵，618 年为尚书令，封秦王，率军平定地方割据势力。在建立唐朝统治的过程中，功勋卓著。626 年，发动玄武门之变，杀太子李建成、齐王李元吉，挟持高祖李渊。不久即位，改元贞观。以隋亡为鉴，励精图治，任用房玄龄、杜如晦、魏徵为相，虚怀纳谏，善用人才。

唐太宗在位期间，修律令，置科举，改善吏治，减轻赋役，并实施较为开明的民族政策，安定西北边疆，促进与西域各族的经济文化交流。这一时期，政治清明，社会安定，经济繁荣，国力逐步强盛，历史上称之为"贞观之治"。李世民的晚年，生活日渐骄奢，广制宫室，巡幸四方，造成赋税繁重，使社会矛盾加剧。

程咬金

程咬金（？—665 年），后改名知节，唐济州东阿（今山东东阿西南）人，唐初富有传奇色彩的大将。隋末他与乡亲联合聚众数百人，共保乡里，以防止盗贼对乡里的侵害。后归附李密起义军，再降唐，历任右武卫大将军，封卢国公。

姚 崇

姚崇（651—721 年），原名元崇，字元之，陕州硖石（治所在今河南三门峡东南）人，唐代杰出政治家。姚崇自幼为人豪放，崇尚气节，并有着出众的才干。进入仕途后，一帆风顺，曾任武后、睿宗、玄宗三朝宰相兼兵部尚书，多次出任地方长官。作为唐朝前期重臣名相，姚崇辅弼朝廷，革除旧弊，开辟了一代之风，推进了社会进步，并知人善用，先后推举张柬之、宋璟等为相，政绩可观。他在推翻武则天的统治、粉碎太平公主的阴谋、开创"开元盛世"的转折时期起了关键作用，是我国封建社会不可多得的政治家，我国历史上著名的"贤相"。

宋璟

宋璟（663—737年），字广平，河北邢台人，唐代杰出政治家。他17岁时便进士及第，武后执政时任御史中丞，睿宗时期封为宰相，后因事被贬。玄宗执政后，在著名政治家姚崇推荐下，由广州都督调京再度封相。开元十年（722年），退居东都洛阳。宋璟是唐代与姚崇齐名的杰出政治家，他在中唐年间，曾两次任相，特别在开元年间任相时，与姚崇同心协力，先后对唐中叶的文武吏治进行了大量的整顿、改革，并采取了一系列有利于治国的措施，革奸佞、任贤臣、整纲纪，为"开元盛世"创造了有利条件，是我国封建社会不可多得的杰出政治家。

唐玄宗

唐玄宗（685—762年），名李隆基，又称唐明皇，唐代皇帝。712—756年在位。710年，与姑母太平公主合谋，杀中宗皇后韦氏，拥戴其父睿宗即位。次年，睿宗让位。玄宗即位之初，励精图治，以姚崇、宋璟、张九龄等为相，严明奖惩，裁撤冗官，革除武则天以来的弊政。社会繁荣，国力强盛，史称"开元盛世"。至天宝年间，日渐骄奢，贪图逸乐。宠信李林甫、杨国忠，朝政腐败，军备空虚，终致酿成"安史之乱"。756年，避难蜀中，太子李亨即位，遥尊其为太上皇。757年返归长安，幽居兴庆宫，抑郁而死。

长孙无忌

长孙无忌（约597年—659年），字辅机，河南洛阳人。先世乃鲜卑族拓跋氏，北魏皇族支系，后改为长孙氏。是唐太宗李世民的内兄，文德顺圣皇后的哥哥。

长孙无忌非常好学，"赅博文史"。隋朝义宁元年（617年），李渊起兵太原。无忌进见，渊爱其才略，授任渭北行军典签。自此辅佐李渊，建立了唐朝政权，是唐朝的开国功臣，以功第一封齐国公，后徙赵国公。武德九年（626年），参与发动玄武门之变，帮助李世民夺取帝位。历任尚书仆射、司空。为人谨慎，改任司徒。

贞观十一年（637年）奉命与房玄龄等修《贞观律》。贞观十七年（643年），宴功臣24人于凌烟阁，长孙无忌居第一。唐高宗即位，册封太尉，同中书门下三品。永徽二年（651年）奉命与律学士对唐律逐条解释，撰成《律疏》（宋以后称《唐律疏议》）30卷。因反对高宗立武则天为皇后，为许敬宗诬构，削爵流黔州（今重庆市彭水县），自缢死。有诗三首。

天可汗

唐代西北各族君长对唐太宗的尊称。中国古代西北各族君长称可汗，为对太宗表示拥戴，故尊之为"天可汗"。唐王朝给西北各族君长的玺书对太宗亦沿用此称。唐柳宗元《唐铙歌鼓吹曲·高昌》："文皇南面坐，夷狄千群趋。咸称天子神，往古不得俱。献号天可汗，以覆中国都。"宋王溥《唐会要·杂录》："贞观四年，诸蕃君长诣阙，请太宗为天可汗。乃下制，令后玺书赐西域北荒之君长，皆称皇帝天可汗。"后亦为西北各族对皇帝的尊称。

长孙皇后

长孙皇后（601—636年），河南洛阳人。祖先为北魏拓跋氏，后为宗室长，因号长孙。高祖稚，大丞相、冯翊王。曾祖裕，平原公。祖兕，左将军。父晟，字季，涉书史，趫鸷晓兵，仕隋为右骁卫将军。母亲高氏为北齐清河王高岳之孙，乐安王高劢之女。

长孙皇后于仁寿元年出生长安。大业九年（13岁）嫁给了唐国公李渊的次子李世民为妻。李世民升储登基以后，被立为皇后。贞观十年（636年）六月，长孙皇后在立政殿去世，终年36岁。同年十一月，葬于昭陵。初谥曰文德。上元元年（674年）八月，改上尊号曰文德顺圣皇后。

魏徵与《十思疏》

唐太宗即位初期，因隋鉴不远，故能励精图治。随着功业日隆，生活渐加奢靡，"喜闻顺旨之说"，"不悦逆耳之言"。魏徵以此为忧，多次上疏切谏，《十思疏》是其中的一篇。全文围绕"思国之安者，必积其德义"的主旨，规劝唐太宗在政治上要慎始敬终，虚心纳下，赏罚公正；用人时要知人善任，简能择善；生活上要崇尚节俭，不轻用民力。这些主张虽以巩固李唐王朝为出发点，但客观上使人民得以休养生息，有利于初唐的强盛。本文以"思"为线索，将所要论述的问题连缀成文，文理清晰，结构缜密。并运用比喻、排比和对仗的修辞手法，说理透彻，音韵铿锵，气势充沛，是一篇很好的论说文。

陆羽弃佛从文

唐朝著名学者陆羽（773—804年），字鸿渐，复州竟陵（今湖北天门市）人，从小是个孤儿，被智积禅师抚养长大。陆羽虽身在庙中，却不愿终日诵经念佛，而喜欢吟读诗书。陆羽执意下山求学，遭到了禅师的反对。禅师为了给陆羽出难题，同时也是为了更好地教育他，便叫他学习冲茶。在钻研茶艺的过程中，陆羽碰到了一位好心的老婆婆，不仅学会了复杂的冲茶技巧，更学会了不少读书和做人的道理。当陆羽最终将一杯热气腾腾的苦丁茶端到禅师面前时，禅师终于答应了他下山读书的要求。后来，陆羽撰写了广为流传的《茶经》，把祖国的茶艺文化发扬光大。

乾　陵

武则天还是皇后的时候，她的政治才华就显露无遗，再加上高宗晚年多病，精力不济，朝廷大事几乎全由武则天裁决。她趁机积极培植"后党"势力，朝臣们称高宗与武则天为"二圣"。高宗死后，武则天以皇太后身份继续控制实权。继位的中宗仅过两个月便被废黜，睿宗成为幽闭在宫中的傀儡皇帝。武则天临朝称制，恩威并重，软硬兼施，在赢得对政权的绝对控制之后，终于以"圣神皇帝"的名义统治天下，并改国号为"周"。直到 82 岁临去世前才遗诏"去帝号，称则天大圣皇后"，与高宗合葬于乾陵。乾陵修建于 683 年，陵址由武则天一手选定。高宗李治死于洛阳，当时朝廷中

唐高宗与武则天合葬墓，在今陕西扶风县。

对如何安葬的问题争论十分激烈。因关中遭灾，高宗遗命葬在洛阳，多数大臣也主张就地安葬。武则天"独违众议"，决定送高宗灵柩回长安，修筑了乾陵。22 年之后，武则天葬于乾陵，这一工程才告结束。

岑参与边塞诗

岑参（715—770 年），荆州江陵（现湖北江陵）人，出身于官僚家庭。他自幼从兄受书，遍读经史。20 岁至长安，献书求仕，以后曾北游河朔。30 岁举进士，授兵曹参军。他曾两度出塞，前后在边疆共待了 6 年。

岑参的诗，富有浪漫主义的特色：气势雄伟，想象丰富，色彩瑰丽，热情奔放。他的好奇的性格，使他的边塞诗显出奇情异彩的艺术魅力。他的诗，形式相当丰富多样，但最擅长七言歌行。有时两句一转，有时三句、四句一转，不断奔腾跳跃，处处形象丰满。

岑参边塞诗最有特色的内容是对边塞风光、边地风俗的描写，充满新鲜的异域情调和浪漫的传奇色彩。

日月当空

唐高宗死后不久，武皇后立太子李显为帝，是为唐中宗。不久又废中宗为庐陵王，改立另一个儿子李旦为帝，是为唐睿宗。平定了徐敬业领导的反叛后，天授元年（690 年），皇后武氏废睿宗称帝，改国号"唐"为"周"，称圣神皇帝。武后也成了中国历史上唯一自称皇帝的女人，前后掌权 50 余年。由于谥号中的"则天"二字，所以近代以来一些学者称其为"武则天"，但这是一个不严谨的称号，她在即位后自己造了一个字"曌"，这个字意为"日月当空"，以示自己的神圣。

在武周 15 年统治时期，武后为了制衡甚至打击高宗以来的世家大族的权力，对以科举进身仕途的官员大力提拔，狄仁杰是其中的代表。她又安排她的侄儿党羽武三思和武承嗣等人担任重要职务。索元礼、来俊臣和周兴等官员在她的鼓励下替她监视群臣。武后又常绕过门下省、中书省，直接对官员发号施令，开了破坏官吏制度的先例。

武后对佛教亦大力推崇，武周时期的佛寺兴建频繁，使用年号证圣、大足等，这与李氏皇族推崇道教和贞观、永徽、景云、开元等年号相对。

骆宾王

骆宾王（约627—684年），姓骆，字观光，名宾王，婺州义乌（今浙江义乌）人。唐朝初期的诗人，与王勃、杨炯、卢照邻合称"初唐四杰"。又与富嘉谟并称"富骆"。

在"初唐四杰"中以骆宾王的诗作最多。他尤擅七言歌行，名作《帝京篇》为初唐罕有的长篇，当时以为绝唱。骆还曾久戍边城，写有不少边塞诗，如"晚风迷朔气，新瓜照边秋。灶火通军壁，烽烟上戍楼"，体现了他的豪情壮志。唐中宗复位后，诏求骆文，得数百篇。后人收集之骆宾王诗文集颇多，以清陈熙晋之《骆临海集笔注》最为完备。

太平公主

太平公主（约670—713年），唐高宗李治之女，生母武则天。下嫁薛绍，再嫁武攸暨。生前曾受封"镇国太平公主"，后被唐玄宗李隆基赐死。太平公主是中国历史上赫赫有名的人物，不仅仅因为她是中国历史上第一个女皇武则天的女儿，而且因为她几乎真的成了"武则天第二"。

作为唐高宗李治与武则天的小女儿，唐中宗和唐睿宗的胞妹，太平公主生平极受父母兄长，尤其是其母武则天的宠爱，权倾一时，被称为"几乎拥有天下的公主"。其实，太平公主一生很不太平，她的血管里流动着的是她那极不安分的母亲的血液。从小，她骄横放纵，长大后变得凶狠毒辣，野心勃勃地觊觎着那高高在上的皇位，梦想像她母亲那样登上御座，君临天下。然而，正如黑格尔所言，历史往往会发生惊人的重复，但如果第一次是以喜剧面目出现，第二次则以闹剧面目出现。太平公主虽不乏心机和才干，也曾纵横捭阖得意于一时，但终未能承传母志，位列九五，只是在史书上留下许多五颜六色的斑痕而已。

安乐公主

安乐公主（685—710年），唐中宗李显之女，韦氏所生，小名裹儿。有"唐朝第一美人"之称。她先嫁给武三思之子武崇训，后又嫁给武承嗣之子武延秀。在唐中宗统治时期，她大肆开府设官，干预朝政，贿买官爵，宰相以下的官员多出其门。她曾向中宗请求立她为皇太女，权力欲望特别强。她的生活非常奢侈，为了大兴土木工程，竟抢占民田民房。景云元年（710年），发动宫廷政变，企图挟持相王李旦和太平公主，立韦后为女皇，自己为皇太女。不料在这场宫廷政变中，太平公主和临淄王李隆基技高一筹，杀死了韦后及其党羽，立相王李旦为帝，安乐公主也死于这场政治旋涡中。

杨贵妃

杨贵妃（719—756年），名玉环，杨玄琰之女，祖籍弘农华阴（今属陕西），少随叔父玄圭迁徙至蒲州（在今山西省），跟叔父长大。杨玉环被召入宫时，身着道士服饰，号太真。

太真天生丽质，能歌善舞，通晓音律，智算过人，善于逢迎，深得玄宗宠悦。天宝元年（742年）册立为贵妃。杨玉环有姊三人，皆有才貌，玄宗一并封为国夫人。大姐封韩国夫人，三姐封虢国夫人，八姐封秦国夫人，并承恩泽，出入宫廷，势倾天下。其父杨玄琰累赠太尉、齐国公，母封凉国夫人，叔父杨玄圭赠光禄卿。

杨贵妃像

天宝中期，范阳节度使安禄山大立边功，玄宗十分赏识。禄山来朝，玄宗令贵妃姊妹与禄山结为兄弟。禄山叛乱，出檄历数杨国忠及杨氏姊妹之罪。此时，河北一带盗贼蜂起，玄宗为天下计，让皇太子为兵马元帅监抚军国事。国忠大惧，诸杨聚哭，贵妃衔土陈情，玄宗才放弃内禅的想法。潼关失守，玄宗逃至马嵬坡，禁军大将陈玄礼、皇太子诛杀杨国忠父子。虽然这样，大军仍不前进，玄宗派高力士询问原因，将士们答："贼本尚在。"意指杨贵妃。玄宗与贵妃诀别，遂引去，迫使贵妃自缢在道旁佛室之中，时年38岁。

阎立本

阎立本（约601—673年），雍州万年（今陕西西安临潼区）人，中国唐代画家兼工程学家。出身贵族，其父阎毗北周时为驸马，因为阎擅长工艺，多巧思，工篆隶书，对绘画、建筑都很擅长，隋文帝和隋炀帝均爱其才艺。入隋后官至朝散大夫、将作少监。兄阎立德亦长书画、工艺及建筑工程。父子三人并以工艺、绘画驰名隋唐之际。

阎立本的绘画艺术，先承家学，后师张僧繇、郑法士。据传他在荆州见到张僧繇壁画，在画下留宿10余日，坐卧观赏，舍不得离去。后人说他师法僧繇，人物、车马、台阁都达到很高水平。

阎立本除了擅长绘画外，还颇有政治才干，在唐高祖武德年间即在秦王（李世民）府任库直，太宗贞观时任主爵郎中、刑部侍郎。高宗显庆元年（656年）阎立德殁，他由将作大将迁升为工部尚书，总章元年（668年）擢升为右相，封博陵县男。当时姜恪以战功擢任左相，因而时人有"左相宣威沙漠，右相驰誉丹青"之说。

《清平调》三首

天宝初年，李白结识了贺知章。贺知章将李白引见给唐玄宗，皇帝见了李白的诗也赞叹不已，就在金銮殿上召见李白，当诗人远远步上台阶时，唐玄宗竟然走上前去迎接李白，谈起当时的政事，李白能当场根据唐玄宗的意思，写下一篇

"和番书"，而且一面口若悬河地与玄宗谈话，一面手不停笔地写下来，唐玄宗大为高兴，亲手调制了一碗羹送给李白吃，从此任命他为翰林。

一天晚上，唐玄宗带着他的宠妃杨玉环，乘月色观赏移植到沉香亭的四株名贵牡丹。兴庆湖畔，他们漫步长堤，身后是空辇和一行最出色的梨园弟子。他们在花香月色之中，摆下歌舞。李龟年正张罗着管弦班子准备唱的时候，唐玄宗说："赏名花，对妃子，此情此景怎能再唱旧词？"于是叫李龟年拿着金花笺赐给李白，让李白赶紧写词（也就是配合歌唱的七言律诗）。哪想到这时李白正和几个朋友躺在酒楼里呢。李龟年赶紧用冷水激醒他，叫人把李白架进兴庆宫，半醉半醒的李白，写下了三首《清平调》：

云想衣裳花想容，春风拂槛露华浓。
若非群玉山头见，会向瑶台月下逢。

一枝红艳露凝香，云雨巫山枉断肠。
借问汉宫谁得似，可怜飞燕倚新妆。

名花倾国两相欢，长得君王带笑看。
解释春风无限恨，沉香亭北倚阑干。

据说后来高力士听到贵妃吟唱此诗，便以诗中用了飞燕和襄王的典故进谗言，说是有讥讽贵妃与唐玄宗之意，使他们顿生疑忌，最终把李白流放出京城。

《长恨歌》

此诗作于唐宪宗元和元年（806年），时作者白居易35岁，任周至县尉。关于这首诗的写作缘起，据白居易的朋友陈鸿说，他与白居易、王质夫三人于元和元年十月到仙游寺游玩。偶然间谈到了唐明皇与杨贵妃的这段悲剧故事，大家都很感叹。于是王质夫就请白居易写一首长诗，请陈鸿写

白居易《长恨歌》"七月七日长生殿，夜半无人私语时"诗意图 清 袁江

一篇传记，二者相辅相成，以传后世。因为长诗的最后两句是"天长地久有时尽，此恨绵绵无绝期"，所以他们就称这首诗叫《长恨歌》，称那篇传叫《长恨传》。

安禄山

安禄山（703—757年）为营州（今辽宁朝阳）人。父亲是胡人，母亲是突厥人，本姓康，名阿荦山（一作轧荦山），即战斗的意思。姓氏本应读作亚历山大，母亲阿史德氏为突厥族女巫，安禄山年幼时父亲就死了，一直随母亲住在突厥族里。他母亲后来嫁给了突厥将军安波注的哥哥安延偃，安禄山也就冒姓安氏，名叫禄山。他在30岁前一直混迹在边疆地区，是一个不很安分的商人。30岁那年步入军旅，在不到4年的时间内就做到平卢将军。

天宝元年（742年）正月初一，他刚刚40岁时，一跃成为驻守边疆的藩镇安禄山家乡朝阳古城一级的最高军事统帅——平卢军节度使。在此后的十几年中，他飞黄腾达，在唐朝严格按照任职年限资格任官的体制下，创造了和平年代边疆军帅仕途腾达的神话。天宝十载（751年）二月，也就是他49岁的时候，已是身兼三镇节度使，同时兼领平卢、河北转运使、管内度支、营田、采访处置使。从40岁到49岁，安禄山从一方节帅到身兼三镇，荣耀君宠达到顶峰。天宝十四载（755年），狡黠奸诈、骁勇善战的他拥有重兵，以清君侧为由发动叛乱，使强大的大唐帝国开始走下坡路。叛乱后称帝，做了两年皇帝，被其子谋杀。

张九龄

张九龄（678—740年），一名博物，字子寿，韶州曲江（今广东韶关市）人，唐中宗景龙初年进士，唐玄宗开元时历官中书侍郎、同中书门下平章事、中书令，是唐代有名的贤相。他的五言古诗，以素练质朴的语言，寄托深远的人生慨望，对扫除唐初所沿袭的六朝绮靡诗风，贡献尤大，被誉为"岭南第一人"。

李林甫

李林甫（683—752年），小字哥奴，唐玄宗李隆基时著名奸相。他善音律，无才学，会机变，善钻营，出身于李唐宗室，是李渊叔伯兄弟李叔良的曾孙。初为千牛直长（宫廷侍卫）。开元初，迁太子中允。不久通过远亲侍中乾曜的关系，升至国子司业。开元十四年（726年）迁为御史中丞，隶管刑部、吏部侍郎。

《霓裳羽衣曲》

《霓裳羽衣曲》是唐玄宗李隆基所作。相传，李隆基曾经梦见游月宫，听到天上有仙乐奏曲，身穿霓裳羽衣的仙子翩翩起舞，仙女的歌声玄妙优美，跳舞的仙女舞姿翩翩。李隆基醒来后，对梦中的情景还记得清清楚楚，很想把梦中的乐曲记录下来，让乐工演奏，让歌女们舞蹈。他不停地想，想起一点就记录下来，就连白天上朝的时候，他怀里还揣着一支玉笛，一边听大臣读奏本，一边在下面偷偷按玉笛上的孔笛，寻找曲调。他为了仙曲都入迷了，可是还谱不全这首曲子，十分苦恼。

有一次，李隆基来到三乡译，他向着远远的女儿山眺望，山峦起伏，烟云缭绕，顿时产生了许多美妙的幻想。他把在梦中听到的仙乐全想起来了。立即在谱子上记录下来，创作了一部适合在宫廷演奏的宫中大曲。李隆基命令乐工排练《霓裳羽衣曲》，令爱妃杨玉环设计舞蹈，为了让她们有个好场所排练，李隆基在宫廷中建立了一个梨园（后泛指唱戏的地方）。杨玉环与宫人日夜赶排，终于练好了大型歌舞《霓裳羽衣曲》，在一个盛大的节日上演出。细腻优美的《霓裳羽衣曲》仙乐奏起，杨玉环带着宫女载歌载舞，一个个宛如仙女下凡，群臣的眼睛都看直了。

狄仁杰

狄仁杰（630—700 年），字怀英，太原人。武则天执政时期的重臣，为人正直，多谋善断。在做法官时，一年内处理积案涉及 1 万多人，被人誉为"平恕"。知人善用，所推荐张柬之、姚崇等都为一代名臣，在武则天一朝政治的稳定与经济的进一步发展，以及劝说武则天放弃武三思、立李显为太子等重大事件中，都起到了关键作用。

狄仁杰像

吴道子

吴道子（685—758 年），名道玄，字道子，河南阳翟（今河南禹县）人。唐代著名画家。唐玄宗时为内教博士。他擅长壁画，曾于大同殿画嘉陵江三百里山水，一日而成。在长安和洛阳的寺院里画有 300 多幅壁画，所画人物笔势圆转，衣带飘举，世称"吴带当风"。他的画尤其注重线条变化，立体感强，风格奔放，开后世写意画先声，对后世影响很大，被后人尊为"画圣"。传世的作品有《天王送子图》摹本，今藏于日本大阪市立美术馆。

王维

王维（699—761 年），字摩诘，太原祁州（今山西祁县）人。开元九年（711年）进士，任大乐丞，因故被贬济州司仓参军。张九龄为宰相时，提拔他为右拾遗，转监察御史。"安史之乱"中，为叛军所俘，授以伪职。长安、洛阳收复后，他因所作怀念唐室的《凝碧池》诗为肃宗嘉许，且其弟王缙官位已高，请削官为兄赎罪，故仅降职为太子中允，后复累迁至给事中，终尚书右丞，世称"王右丞"。王维在诗歌中描绘自然风景的高度成就，使他在盛唐诗坛独树一帜，成为山水田园诗派的代表人物。有《王右丞集》传世，存诗 400 余首。

李 白

李白（701—762年），字太白，号青莲居士。祖籍陇西成纪（今甘肃秦安），生于碎叶（今吉尔吉斯斯坦境内），迁居绵州昌隆（今四川江油）。盛唐大诗人。少时，李白聪颖，好剑任侠，豪放不羁。742年，供奉翰林，不久遭权贵谗毁离京。"安史之乱"时，为永王李璘幕僚。永王兵败，流放夜郎（今贵州正安西北），途中遇赦。晚年漂泊，客死当涂（今属安徽）。

李白诗豪迈奔放，清新飘逸，语言轻快，想象丰富，是盛唐时期诗歌成就最高的诗人之一。《早发白帝城》《蜀道难》《望庐山瀑布》等，都是无与伦比的绝唱。人称"诗仙"，有《李太白集》传世。

颜真卿

颜真卿（709—785年），字清臣，琅琊临沂（今山东临沂）人，唐代政治家、书法家。颜真卿为开元年间的进士，任殿中侍御史。安禄山发动叛乱，他联络从兄颜杲卿起兵抵抗。后官至吏部尚书、太子太师，封鲁郡公，人称颜鲁公。颜真卿的书法初学褚遂良，后师从张旭。正楷端庄雄伟，气势开张，行书遒劲郁勃，古法为之一变，开创了新风格，对后代影响很大，人称颜体，与柳公权并称"颜柳"。

杜 甫

杜甫（712—770年），字子美，自号杜陵布衣、少陵野老。祖籍襄阳（今湖北襄阳），移居河南巩县（今河南巩义市西北）。唐代著名诗人，他因曾任检校工部员外郎，也称杜工部。杜甫自幼好学，知识渊博。举进士不第，漫游各地。天宝年间，他应唐玄宗选贤诏，赴京应试，遭李林甫排斥，困居长安10年。唐肃宗时，授左拾遗，不久贬为华州司功参军。后漂泊至成都，筑草堂于浣花溪。晚年贫病，携家眷北归。768年，闻北方战乱，又转赴南方，途中病故于湘江舟中。杜甫生活在唐朝由盛转衰的时期，诗作中深刻地反映了当时复杂动荡的社会现实，后人称之为"诗史"。"三吏""三别"是诗史中不朽的篇章。杜诗气魄雄浑，沉郁悲怆，语言精练凝重，表现出高超的艺术技巧。被人称为"诗圣"。现存诗1400余首，另有散文、赋20余篇，辑于《杜工部集》中。

"三吏""三别"

组诗篇名，即杜甫所写的《新安吏》《潼关吏》《石壕吏》和《新婚别》《垂老别》《无家别》6首诗。乾元元年（758年），为彻底平息"安史之乱"，唐将郭子仪等九位节度使率兵攻打被叛军占领的邺郡（治所在今河南安阳）。乾元二年（759年），唐军全线溃败，形势危急。为了守住洛阳、潼关一线，唐军在民间四处抓丁，连未成年人、妇女、老人都不能幸免。此时杜甫贬官从华州去洛阳，目睹这一切，于是把沿途所见所闻写成了这一著名组诗。这一组诗的特点是描写细致，通过白描手法，完整地反映了战乱中人民遭受的深重灾难，暴露了封建统治者的残暴，表达了作者对人民的深切同情和忧念时局的心情，同时也达到了较高的艺术成就，"眼枯即见骨，天地终无情"（《新安吏》）"仰视百鸟飞，大小必双翔。人事多错迕，与君永相望"（《新婚别》）等都是其中感情真挚、形象生动的句子。

李光弼

"安史之乱"中有两位著名的将领，郭子仪和李光弼。李光弼（708—764年），柳城（今辽宁朝阳）人，自幼好学，善骑射。唐天宝十五年（756年）初，经郭子仪推荐为河东节度副使，参与平定"安史之乱"。至德二年（757年）以不满万人之兵力，大败蔡希德，歼其部众7万，守住了太原。乾元二年（759年）七月，任天下兵马副元帅，挫败叛军对河阳（治今河南孟州市）三城的进攻。后复任河南诸道副元帅，出镇临淮（治今江苏盱眙），统河南诸道兵反攻叛军，配合仆固怀恩等收复洛阳。广德二年（764年），因受朝廷猜疑，抑郁而死。

白居易

白居易（772—846年），字乐天，太原（今属山西）人，后移居下邽（今陕西渭南东北），晚年隐居洛阳香山，自号香山居士。中唐时期的著名诗人。元和年间，他任翰林学士，拜左拾遗，因得罪权贵，贬为江州司马。后任杭州刺史，于西湖筑堤坝，修水利。842年，以刑部尚书致仕。他提倡新乐府运动，主张诗歌要多反映现实生活，提出"文章合为时而著，诗歌合为事而作"。他的诗深入浅出，通俗易懂，以讽喻诗为主，后期多闲适诗。《长恨歌》《琵琶行》历来脍炙人口，《秦中吟》《新乐府》揭露了社会黑暗，反映了人民疾苦。有《白氏长庆集》。其代表作《长恨歌》写唐明皇和杨贵妃的爱情悲剧，因以悲剧结局，故以"长恨"名篇。诗歌以传说作为素材，主题具有讽刺、同情两重性。诗歌前半部分讽刺、批判唐明皇荒淫误国，后半部分充满同情地描写唐明皇对杨贵妃的缅怀思念，诗的主题思想也由批判转为对他们爱情的歌颂。诗歌美化了帝妃爱情，使此种爱情生死不渝，达到与天地共存的地步。诗歌取得极高艺术成就，前半写实，后半有丰富的想象和大量虚构，有着曲折离奇、自具首尾的情节描写和完整鲜明的人物形象塑造，语言、声调优美和谐，便于理解和歌唱，抒情写景和叙事融合无间，当时号为"元和体"，又称"千字律诗"。该诗流传极广，并为后来戏剧提供了题材，影响极为深远。

柳公权

柳公权（778—865年），字诚悬，京兆华原（今陕西耀州区）人。幼年嗜学，12岁能为辞赋，由于擅长书法，被穆宗李恒召为翰林院侍书学士。穆宗曾问其如何运笔最佳，他说："运笔在心，心正则笔正。"这句名言被后世传为"笔谏"。柳公权书法以楷书最著，与颜真卿齐名，并称"颜柳"。他上追魏晋，下及初唐诸家笔法，又受到颜真卿的影响，在晋人劲媚和颜书雍容雄浑之间，创造出自己的风格，人称"柳体"。其遒媚劲健的书体，可以与颜书的雄浑宽裕相媲美，后世有"颜筋柳骨"的称誉。

柳宗元

柳宗元(公元773—819年)，字子厚，河东解县(今山西运城)人，世称柳河东。唐文学家、哲学家。贞元进士，授校书郎，调蓝田尉，升监察御史里行。与刘禹锡参加王叔文集团，任礼部员外郎。失败后，贬为永州司马。后迁柳州刺史，故又称柳柳州。与韩愈皆倡导古文运动，同被列入"唐宋八大家"。

孟浩然

孟浩然（689—740年），本名不详，字浩然，襄州襄阳（今湖北襄阳）人，唐代著名的田园诗人，世称孟襄阳。他的前半生主要居家侍亲读书，以诗自适。40岁时游京师，应进士不第，返襄阳。在长安时，与张九龄、王维交谊甚笃。有诗名。孟浩然诗歌绝大部分为五言短篇，题材不宽，多写山水田园和隐逸、行旅等内容。他和王维并称，其诗虽不如王诗境界开阔，但不事雕饰，清淡简朴，在艺术上有独特造诣，继陶渊明、谢灵运之后，开盛唐田园山水诗派之先声。

李 贺

李贺（790—816年），字长吉，福昌（今河南宜阳西）人。祖籍陇西，自称"陇西长吉"。唐代天才诗人。唐皇室远支，家世早已没落，仕途坎坷，仅曾官奉礼郎。其诗长于乐府，多表现政治上的不得意，又因其多病早衰，生活困顿，诗中多感于世事沧桑，生死荣枯。李贺诗善于熔铸词采，想象大胆，多运用神话传说，创造出新奇瑰丽的诗境，在诗史上独树一帜，后人称其为"诗鬼"。

杜 牧

杜牧（803—852年），字牧之，京兆万年（今陕西西安）人。大和二年（828年）登进士第，后来官至膳部员外郎。朋党之争时，被李德裕排挤，而后复为用。入朝，官至中书舍人。杜牧关心国事，反对藩镇割据，喜欢论兵，著有《罪言》等军事论文，注释过《孙子》，他的诗文亦受兵法影响，意气纵横，抑扬跌宕。其诗与李商隐齐名，后人并称"小李杜"。

李商隐

李商隐（812—858年），字义山，怀州河内（今河南沁阳市）人。年轻时受牛党令狐楚赏识而中进士，后来又被李党王茂元招为女婿。宣宗即位后，牛党掌权，李商隐政治上受到压抑郁郁不得志，成了牛、李党争的牺牲品。46岁时死于荥阳。其诗歌有的抒发自己政治失意的痛苦心情，有的反映晚唐的政治生活，有的是托古讽今的咏史之作，还有一类描写爱情生活的无题诗，最为后代读者所喜爱。他的诗构思新巧，辞藻华美，想象丰富，格律严整，风格婉转缠绵，形成其独特的艺术风格。

僧一行

僧一行（683—727年），俗名张遂，魏州昌乐（今河南南乐）人，是唐朝著名的天文学家，他是世界上首次主持测量子午线的人。一行出家前姓张，名遂。他从小刻苦学习，特别喜欢钻研天文、历法、算术中的疑难问题。出家以后法号"一行"。717年，一行被唐玄宗召进长安主持编制新历法。在一行的倡议下，724—725年，在全国13个地点测量北极星高度和冬至、夏至、春分、秋分当天中午的日影长度。一行根据各地的测量数据计算出子午线的长度。

一行计算出来的数据虽然与现代测量出来的子午线长度有一定差距，但这是世界上

一行像

第一次测量子午线的记录，对于研究天文史有十分重要的价值。

唐　诗

中国古典诗歌发展到了唐朝，达到了它的最高峰。唐诗继承了前代诗歌的优良传统，据清朝时所编的《全唐诗》统计，唐诗的作者有2200多人，诗歌48000多首。唐诗流派众多，风格多样，体裁完备，作品反映了社会生活的各个方面，达到了前所未有的深度和广度。唐诗对后世的影响极其深远，哺育了一代又一代中国人。

"推敲"的由来

据文献记载，贾岛一次赴京赶考途中，他骑着驴，一边走，一边吟诗。忽然得了两句："鸟宿池边树，僧推月下门。"他觉得这两句不错，反复吟着。可又觉得下句中"推"字还不够好。于是，他又一边往前赶着路，一边考虑换成什么字好。他心里琢磨着，将"推"字换成"敲"字，那句则改为"僧敲月下门"。他这么琢磨着，嘴里不由反复吟着"僧推""僧敲"，他的右手也不知不觉地随着表演起来：一会儿伸手推，一会儿又举手敲。他骑在驴上，摇着头，微闭着眼，就这么嘟嘟囔囔地研究他的诗句。那头驴也似乎懂得主人的心理，也慢条斯理地走着。

恰巧，任京兆尹兼吏部侍郎的韩愈从这条路经过。贾岛在驴背上一面吟，一面用手比画"推"或"敲"的动作。结果，随从仪仗前呼后拥地过来了，他已来不及回避。按当时的规定，高级官员经过，行人必须立即回避让路。可贾岛正迷在那诗句里，专注地琢磨用哪个字好，竟然没有发觉前面的队伍，等到走近身，再回避已经来不及了。

韩愈的随从人员立即将贾岛拉下驴，扭住他，带到韩愈马前。韩愈问明事由，

不但不恼，还与他一起研究诗句帮他确定了"敲"字。

今天，我们把写文章时斟酌字句叫作"推敲"，就是从这个故事中概括来的。

边塞诗派

唐代诗歌流派。边塞诗派是在盛唐形成的，它的代表作家是高适和岑参，此外还有李颀、王昌龄等。通常所说的边塞诗，是一个比较宽泛的概念，凡是以边塞为题材的诗歌，都可称为边塞诗。边塞诗的内容非常丰富，有戍边将士的军旅生活，有边塞自然和人文景观，以及边塞和中原的交往。边塞诗可以作于边塞，也可以作于京华内地，前者的创作主体有边塞生活的经历，后者则是写身居中原的体验感受，并没有亲临边塞。边塞诗在唐代极为繁荣，主要是因为盛唐时期国力强盛，诗人都渴望建功立业，故而边塞对他们很有吸引力。由于当时交通很发达，这给诗人出游边塞提供了有利条件。此派诗歌多意境开阔，风格豪迈，取得了极高的艺术成就，促进了唐诗的繁荣。

山水田园诗派

唐代诗歌流派，形成于开元、天宝年间，代表作家有王维、孟浩然、储光羲、常建、祖咏、裴迪等人。盛唐山水田园诗人的出现主要是因为，首先，老庄自然主义思想与外来佛教思想相混合，使得士大夫轻视世务，寄意于人世之外，虽不能出家，而往往自命为超出尘世，于是出现山水田园派；其次，当时社会重视隐逸，于是许多人不去应科举，却隐居山林，做隐士以博声名，于是隐逸文学自然产生。这派诗歌多歌颂山水田园生活以及自然风光，赞美山水的可爱，鼓吹乐天知命、适性自然的人生观，表现了他们寄情山水的闲情逸致，反映了他们不同流俗的清高，不同程度地存在消极避世思想。但是这派诗人在艺术上取得了较高的成就，描写细致，刻画逼真，状物传神，寓情于景，含蓄蕴藉。

新乐府运动

中唐时期由白居易、元稹倡导的诗歌革新运动。"新乐府"一名是由白居易提出的。所谓新乐府，就是一种用新题写时事的乐府式的诗。从建安时代起，便有少数用乐府写时事的文人诗，但是多用古题，反映现实既受限制，题目和内容也不协调。建安后也有一些新题乐府诗，但又往往不反映现实。既用新题，又写时事的，始于杜甫，但不是所有新题都写时事。白居易等提倡的新乐府，不以入乐与否为衡量标准。这个运动强调诗歌的社会功能和讽喻作用，注重反映现实，关心人民疾苦，即白居易说的"文章合为时而著，歌诗合为事而作"。这一诗歌运动具有较大进步意义，对后来诗歌创作影响较大。清人赵翼在《瓯北诗话》中称这类诗"多触景生情，因事起意。眼前景，口头谚，自能沁人心脾，耐人咀嚼"。新乐府运动持续的时间虽不太长，但成绩卓著，标志着唐诗发展进入了一个由衰而复兴的新阶段。

唐传奇

中唐时期，随着城市经济的繁荣，通俗的叙述形式逐渐被人们所接受和喜爱，于是涌现出许多重情节的传奇小说。唐传奇题材多取自现实生活，涉及爱情、历史、政治、豪侠、神鬼诸多方面，其中以爱情小说的成就最为突出，《李娃传》《莺莺传》《霍小玉传》是唐传奇的代表作品。

古文运动

魏晋南北朝以来，浮艳空洞的骈文风靡文坛。唐玄宗时期，萧颖士等人建言摈斥骈体，主张恢复先秦两汉质朴的文风，开古文运动的先声。唐中期，韩愈力排佛教，崇奉儒学，主张注重文学的实际功效和社会价值，古文运动应运而生。古文，指的是先秦两汉的散文，是与骈文相对立的概念。古文运动，是在文体、文风和文字诸方面全面革新的运动。韩愈主张文章内容应为传播、发扬儒家道统服务，所谓"文以载道"，这样就必须革新文体，要"文从字顺""唯陈言之务去"，以质朴的散文取代浮艳空洞的骈文。古文运动结束了骈文长期统治文坛的局面，恢复了古代散文的历史地位，从而使散文以一新的文学体裁独立于文坛。

禅　宗

唐代的佛教有许多派别：三论宗、律宗、净土宗、禅宗、天台宗、华严宗、法相宗、密宗。这八宗中，禅宗是影响最大的宗派之一。禅宗的创始人相传是印度的僧人达摩和尚，他主要讲宗教修行方法。唐朝时，禅宗又分为南北两大派别，以惠能和尚（638—713 年）为首的南宗影响最大。惠能特别强调"心"和"性"的作用，禅宗的这一套理论，对宋代的心学产生了一定的影响。

《唐六典》

开元十年（722 年），敕撰《唐六典》，盖据《周礼》天官掌建邦之"六典"，即治典、教典、礼典、政典、刑典、事典，取贞观六年（632 年）所定官令，分三师（公）、六省、九寺、五监、十二卫等职司、官佐、品秩，编而注之。至开元二十六年（738 年），以李林甫领衔进呈，共 30 卷。《唐六典》是中国古代最早的一部行政法典，标志着封建法制日趋完备。

《太白阴经》

《太白阴经》是中国古代的一部综合性的军事著作。中国古人认为太白星主杀伐，因此多用来比喻军事，《太白阴经》的名称由此而来。作者为唐朝的李荃，身世不详，唯《集仙传》称其仕至荆南节度副使、仙州刺史。又《神仙感遇传》云，荃有将略，作《太白阴符》10 卷，入山访道，不知所终。《太白阴符》当即此书。此书分人谋、杂仪、战具、预备、阵图、祭文、捷书、药方、杂占、遁甲、杂式等篇。先言主有道德，后言国有富强，内外兼修，可谓持平之论，与一般兵书以权谋相尚者迥异。杜佑《通典》"兵类"取通论二家，一为李靖《兵法》，一即此经，可见其为时人所重。传世版本主要有《墨海金壶》据影宋抄本、《守山阁丛书》据旧钞残本辑补，皆为10卷，《四库全书》本作8卷。

六花阵与撤退阵

唐朝名将李靖非常重视阵法的运用，他不仅熟悉古代的各种阵法，还根据实战，创造出了六花阵、撤退阵等阵法。

六花阵就是像"六出花"的阵形。通常中军居中，右厢前军、右厢右军、右虞候军、左虞候军、左厢左军和左厢后军六军在外，大阵包小阵，大营包小营，各阵营相连，不同兵种之间相互配合，使该阵具有集中、机动、协调配合等特点。

据《李卫公问答》和《武备志》记载，六花阵有方阵、圆阵、曲阵、直阵和锐阵五种阵形，五种阵形又各有五种变化，共有25种变化，指挥者根据不同的敌情、地形、攻防等布列不同的阵形。

撤退阵是与敌人交战不利、需要撤退时的阵形。其阵法是隔一队抽一队撤退，被抽撤退的队行至阵后百步列阵。未抽之队抵御敌人，待前队列阵完毕后撤退，在前阵后百步列阵，如此循环反复，直至撤出战斗。

《大唐西域记》

《大唐西域记》，简称《西域记》，是玄奘根据自己的亲身经历编著的一部佛教游记著作。

唐贞观元年（627年），玄奘为取"真经"，从长安出发，历时19年，经100多个国家，最后到达天竺。回国后，经他自己口述，由辩机整理成《大唐西域记》。全书分12卷，共10万余字。书中记载的既有玄奘亲身经过的西域及天竺的110个国家，也有他听闻的28个国家，同时还有附带提及的12个国家。书中记载了玄奘在取经途中所见国家的都城、疆域、政治、历史、地理、语言、文化、物产、气候、宗教信仰以及风土人情等状况。《大唐西域记》在世界史学界有着很高的地位，是我们研究古代中亚及印度历史的重要史料。

玄奘取经会意图

颜筋柳骨

盛唐书法大家颜真卿的书法劲健厚重，筋健丰满，而其后的书法家柳公权一方面承袭了颜真卿的书法风格，另一方面又将之修正和发展。颜、柳以严整的楷书笔法和完美的艺术风格，开创了盛唐豪迈奔放、胸襟博大和刚劲有力的书法艺术。后人称之为"颜筋柳骨"。

周昉的"仕女图"

周昉，生卒年不详，字仲朗，一字景玄，京兆（今陕西西安）人，唐朝时杰出的画家。先后任越州、宣州长史，因擅长绘画，曾被召入宫作画。其出身高门，与之交游者皆宫廷贵族、豪门雅士。他最擅画宫廷贵族女子，即仕女图。他观察人物细致深刻，所画仕女体态丰满，仪态从容，风姿绰然，构图简洁，用笔刚劲，极具神韵。《簪花仕女图》和《挥扇仕女图》是其代表作。

敦煌莫高窟

敦煌莫高窟位于今甘肃敦煌东南鸣沙山的断崖上，又称千佛洞。从南北朝到元朝历朝历代开凿不绝，其中，隋唐时开凿最盛。今存洞窟492座，仅唐代的就有300多个。佛窟中有精美的壁画、彩塑和佛像，其人物形象栩栩如生，极具艺术魅力，是研究隋唐时期美术、书法、音乐、舞蹈、建筑的珍贵史料。

唐三彩

唐三彩是一种盛行于唐代的陶器，以黄、白、绿为基本釉色，后来人们习惯地把这类陶器称为"唐三彩"。唐代是中国封建社会的鼎盛时期，经济上繁荣兴盛，文化艺术上群芳争艳。唐三彩就是这一时期产生的一种彩陶工艺品，它以造型生动逼真、色泽艳丽和富有生活气息而著称。

《历代名画记》

中国第一部绘画通史著作。唐代张彦远著。张彦远（815—907年），字爱宾，蒲州猗氏（今山西临猗县）人。他出身于颇富收藏的宰相世家，学问渊博，擅长书画，官左仆射补阙、祠部员外郎、大理卿。张彦远的高祖张嘉贞、曾祖张延赏、祖父张弘靖，均做过宰相，对于绘画和书法都有浓厚的兴趣，张家的世交李勉父子也是身居显职，而且爱好书画。他们和当时的皇室及其他贵族一样，承继了南朝的重鉴赏收藏的传统。这样的条件培养了张彦远对于绘画和书法的研究兴趣，他的两部著作：《历代名画记》和《书法要录》分别就绘画和书法搜集了丰富的前代的材料，尤其前一书更提出了自己的见解，是对于中国古代美术科学研究工作的重要贡献。他还著有《法书要录》《彩笺诗集》等。《历代名画记》成书于大中元年（847年），是他盛年之力作。

唐长安城

唐长安城，兴建于隋朝（时人称大兴城），唐朝易名为长安城，为隋唐两朝的首都，是中国历史上规模最为宏伟壮观的都城，一度也是世界上规模最大的城市。它是隋文帝君臣建立的，反映出大一统王朝的宏伟气魄。为体现统一天下、长治久安的愿望，城池在规划过程中包揽天时、地利与人和的思想观念。"法天象地"，帝王为尊，百僚拱侍。为容纳更多的人口以及迁徙江南被灭各国贵族以实京师的宏伟计划，将城池建设得超前宏大，面积达 84 平方千米，是汉长安城的 2.4 倍，明清北京城的 1.4 倍，是同时期的拜占庭王国都城的 7 倍，是 800 年所建的巴格达城的 6.2 倍，为当时世界大城市之一。长安城由外郭城、宫城和皇城三部分

唐长安城

组成，城内百业兴旺，最多时人口接近 300 万。唐王朝建立后，对唐长安城进行了多方的补葺与修整，使城市布局更趋合理化。龙首原上大明宫的建立，使李唐王朝统治者更加占有优越的地理位置。站在龙首原上，俯瞰全城，更显一代帝国一统天下的气度与风范。

昭陵六骏

昭陵是唐太宗李世民和文德皇后的合葬墓，位于陕西省礼泉县。墓旁祭殿两侧有庑廊，"昭陵六骏"石刻就列置其中。

"昭陵六骏"是指昭陵北阙前的 6 块骏马浮雕石刻，这组石刻立于贞观十年（636 年），分别表现了唐太宗在开创唐帝国重大战役中的鏖战雄姿，有平刘黑闼时所乘的"拳毛䯄"，平窦建德时所乘的"什伐赤"，平薛仁杲时所骑的"白蹄乌"，平宋金刚时所乘的"特勒骠"，平窦建德时所骑的"青骓"，平王世充时所乘的"飒露紫"。

唐太宗营建昭陵时，诏令立昭陵六骏的用意，除炫耀一生战功外，也是对这些曾经相依为命的战马的纪念，并告诫后世子孙创业之艰难。

六骏采用高浮雕手法，以简洁的线条，准确的造型，生动传神地表现出战马的体态、性格和战阵中身冒箭矢、驰骋疆场的情景。每幅画面都讲述了一段惊心动魄的历史故事，是驰名中外的石雕艺术珍品。

1914 年，六骏中的"飒露紫""拳毛䯄"被盗运到美国，现藏于费城宾夕法尼亚大学博物馆，其余 4 块现存于西安碑林博物馆。

乐山大佛

凌云寺位于今四川乐山岷江东岸的凌云山栖鸾峰上。因寺旁有弥勒大佛坐像（即乐山大佛），所以又名大佛寺。乐山大佛开凿于唐玄宗开元年间，到唐德宗贞元年间才告竣工。大佛的开凿工程浩大，技艺高超，防洪排水系统完善。大佛通高 71 米，头高 14.7 米，赤脚上可以围坐 100 多人，是中国现存最大最完整的摩崖造像。

火药的发明

火药是中国人民发明的，距今已有 1000 多年了。黑色火药在晚唐（9 世纪末）时候正式出现。火药是由古代炼丹家发明的，从战国至汉初，帝王贵族们沉醉于神仙长生不老的幻想，驱使一些方士道士炼"仙丹"，在炼制过程中逐渐发明了火药的配方。

隋末唐初的医药学家孙思邈在《孙真人丹经》中，记载了世界上最早的火药配方：硫磺、硝石和皂角，被称为硫磺伏火法。

唐元和三年（808 年），炼丹家清虚子所著的《铅汞甲庚至宝集成》卷二之中，记载了"伏火矾法"："硫二两，硝二两，马兜铃三钱半。右为末，拌匀。掘坑，入药于罐内与地平。将熟火一块，弹子大，下放里内，烟渐起。"该法用马兜铃代替了孙思邈方子中的皂角。

唐朝末年，火药已开始用于军事。唐哀帝天祐元年（904 年），郑璠攻打豫章（今江西南昌），他命令兵士"发机飞火"，烧了龙沙门。这是中国首次将火器用于战争的记录。

大约在 13 世纪时，火药传到了阿拉伯、波斯等地，后又从阿拉伯传到了欧洲。

《虬髯客传》

唐代传奇作品，作者杜光庭。《虬髯客传》中有 3 个主要人物：红拂、李靖、虬髯客。作品以杨素宠妓红拂大胆私奔李靖的爱情故事为线索，描写隋末有志图王的虬髯客在"真命天子"李世民面前折服并出海自立的故事。红拂，原为杨素府中歌伎，后来慧眼识英雄，化装夜奔李靖，从中足见红拂女非凡的见识，以及机智大方、豪爽的性格，和对自由爱情生活的热烈追求。此外，红拂不仅慧眼识李靖，更见出虬髯客的不凡。李靖是所谓"布衣之士"，气宇轩昂，曾谒见权臣杨素，以其不凡的见识及言语，使倨傲的杨素"敛容而起"，是隋末动乱之际的奇才。虬髯客豪爽慷慨，是本篇的主要人物和作者着意描写的形象。他为人豪俊卓异，疾恶如仇，一诺千金，本来胸怀大志，想在国土上一展拳脚称王霸业，但自认识"真命天子"李世民后，即把全部家财悉赠李靖，嘱咐李靖好好辅佐李世民，自己与妻带一奴，乘马而去，并在异地称王。这篇传奇成功刻画了这三个人的形象，后世因而称他们三人为"风尘三侠"。

《李娃传》

唐代传奇作品，作者白行简（776—826 年），字知退，白居易之弟。作品取材于当时民间传说《一枝花》，并进行了艺术加工。整个故事结构完整，情节缠绵，主要人物形象写得非常生动，一些细节描写极为传神。元人石君宝《李亚仙花酒曲江池》杂剧，明人薛近兖的《绣襦记》传奇，均取材于此。作品写妓女李娃与荥阳公之子某生的爱情故事，成功塑造了李娃这一女性形象。她起初顺从鸨母，欺骗某生，并在某生钱财花尽后抛弃了他。但她本性善良，在一个偶然机会巧遇饥寒交迫、沦为乞丐的某生，痛加自责，并不顾鸨母阻挠，自赎己身，尽可能调护、督促某生，安排某生重新温习学业，并最终科举及第。李娃与某生社会地位悬殊，但终得团圆，赢得幸福。作品具有强烈的反门阀制度的意义。

《南柯太守传》

唐代传奇作品，作者李公佐（约 770—850 年），字颛蒙，陇西人，曾中进士，所作传奇今存四篇，以《南柯太守传》成就为最高，"南柯一梦"的成语即由此而来。该作品受到刘义庆《幽明录》中"焦湖庙祝"以及干宝《搜神记》中"卢汾入蚁穴"的影响。它主要写淳于棼醉后入梦，被槐安国招为驸马，出任南柯太守，享尽荣华。后因与他国交战失败，公主又谢世，于是荣宠渐衰，最终被国王遣送出境。淳于棼梦醒后寻踪发掘，方知所谓槐安国，原来是蚁穴。从此他深感人生虚幻，于是栖心道门，不问世事。作者以简练质朴的文笔，暴露了封建统治阶级内部的黑暗。从技巧方面看，它不是平铺直叙地来描述梦里的一生，而是把梦境和现实结合起来，梦境的一切都符合现实，使人有真实的感觉。这篇传奇又宣扬了"浮生若梦"的观念，对后代有深刻影响。明人汤显祖的《南柯记》就是据此写成的。

《莺莺传》

唐代传奇作品，作者元稹（779—831 年），唐代诗人，字微之，祖籍在今河南洛阳附近。作品讲述了相门之女崔莺莺与张生的爱情悲剧，成功塑造了崔莺莺这一人物形象。她出身名门，面对张生与己的爱恋顾虑重重，私约张生，待张生到来，又斥责他"非礼之动"，以礼防大义训之，不久却主动趁夜至张生寓所。作品对她思想性格的矛盾刻画细致，而张生是个"始乱终弃"的文人，终于抛弃了莺莺。作品中崔、张诗词互酬，"隔墙花影动，疑是玉人来"传诵甚广。《莺莺传》因写"才子佳人"的恋爱，深得后世文人喜爱。该故事对文学产生了深远影响，宋金时期有赵令時《商调·蝶恋花》和董解元《西厢记诸宫调》的说唱作品，中国古典戏曲名作、元代王实甫创作的《西厢记》也以此为蓝本。

文章四友

唐初至武后时代的四位宫廷诗人：崔融、李峤、苏味道、杜审言。他们四人作品风格相近，"文章四友"因此得名，其中苏味道和李峤又以苏李并称。四友的成就主要在诗歌方面，李峤和崔融的文章也颇负盛名。他们积极利用当时日益为世人所重的近体诗形式从事诗歌写作，又对近体诗格律、声韵、对仗诸方面要素作了有益探讨。崔融作品多为近体诗，格律都很严整，仅有极少数作品的工对尚未全妥。李峤在四友中存诗数量最多。七言歌行《汾阴行》是他最著名的作品。苏味道诗作留存很少，只有十几首，全为近体诗，其中以《正月十五夜》最为著名，在当时被推为绝唱。在"文章四友"中，以杜审言成就最高。"文章四友"在当时地位甚高，然而其创作不外歌功颂德、宫苑游宴，并无深刻的思想意义，主要贡献在于促进了近体诗格律形式的完成。

初唐四杰

　　唐初四位杰出的文学家：王勃、杨炯、卢照邻、骆宾王。他们主要活动于高宗至武后初，"以文章齐名天下"。他们的社会地位都比较低下，在文学上有较一致的观点，不满齐梁绮艳的诗风，努力以自己内容充实、格调健康的作品扫荡齐梁文风。虽然他们的诗文并未脱尽齐梁风气，但是扩展了题材，笔意纵横，感情真挚，并且熟

王勃像

骆宾王像

练运用了七言歌行这一诗体。声律风骨兼善的唐诗是从他们开始的。"四杰"对唐诗发展所做出的贡献大致是，在作品题材与内容上，开拓了诗歌题材：有咏史诗、咏物诗、山水诗、歌颂征人赴边远戍的诗、描写征夫思妇的诗，表达对不幸妇女的同情的诗等。此外，"初唐四杰"为五言律诗奠定了基础，并且使七言古诗发展成熟。五言律诗在"四杰"之前已有出现，但作品不多。到了"四杰"的时候，五律才得到充分发挥，并在他们的作品中被逐渐固定下来。同时他们又以大量杰作把七言古诗推向了成熟阶段。

韩孟诗派

　　唐代以韩愈、孟郊为代表的一个诗歌流派，主要作家除韩、孟外，还有李贺、贾岛、卢仝、马异等。这一诗派继承杜甫"语不惊人死不休"的精神，标新立异，洗削凡近。韩气豪，孟思深，而皆能硬语盘空，精思独造。李贺在作意奇诡、思路峭刻方面接近韩孟，而旨趣幽深，色彩浓烈等方面与韩孟不同，孕育了晚唐温、李一派的作风。贾岛吸取前人营养，而又用功于锤字炼句，形成清奇僻苦的诗风。这一诗派把怪怪奇奇的审美情趣带进诗歌中，以光怪陆离、雄奇怒突为美，以生新瘦硬为美，重视作者的主观能动性，注重发挥作者的想象力，为抒情需要，甚至对客观事物进行面目全非的改造。语言上，出现散文化倾向，以文为诗，打破诗歌回环往复之美，构成不对称的美。这派诗歌主要通过个人不幸写出社会黑暗，深险怪僻。

大历十才子

　　指唐代宗大历年间的 10 位诗人，究竟包括哪些诗人，一直有不同说法。《新唐书·文艺·卢纶传》则这样说："纶与吉中孚、韩翃、钱起、司空曙、苗发、崔峒、耿沣、夏侯审、李端，皆能诗，齐名，号大历十才子。"他们的诗歌很少反映社会动乱和人民疾苦，多送别酬答之作，是中唐华美雅丽、轻酬浅唱诗风的代表。他们偏重诗歌技巧，擅长五言律诗，有形式主义倾向，风格柔靡，不及盛唐诗风

之浑厚。格律归整、字句精工是"十才子"作品中最明显的特点。其中卢纶、钱起的一些小诗在艺术上尚有一定成就。他们的作品体裁多用近体格律，很少能见到乐府歌行体。《四库全书》批评他们说："大历以还，诗格初变。开宝浑厚之气，渐远渐漓。风调相高，稍趋浮响，升降之关，十子实为之职志。"

元 结

　　元结（719—772年），唐代诗人，字次山，河南人。早年入长安应试不第，天宝十二载（753年）始登进士第。肃宗乾元二年（759年）由国子司业苏源明推荐，上《时议》3篇，擢山南东道节度参谋，后任道州刺史。卒年53岁，赠礼部侍郎。他与杜甫同时，强调诗歌的实用功能，要求诗歌反映现实，写作有大量反映批判现实、同情人民的诗歌，情感真挚动人。他的诗歌力求摆脱声律束缚，不尚词华，不事雕饰，朴素简淡，在当时自成一格，但忽视诗歌艺术，结果艺术成就往往不高。他多写古体诗和绝句，几乎不写近体诗。代表作是《悯荒诗》《贫妇词》《贼退示官吏》等。同时他的散文也取得了较高成就，为韩愈、柳宗元先驱，欧阳修曾说他"笔力雄健，意气超拔"（《集古录》卷七）。

钱 起

　　钱起，生卒年不详，唐代诗人，字仲文，吴兴（今浙江湖州市）人。天宝十载（751年）中进士，官秘书省校书郎，官终尚书考功郎中。他是"大历十才子"之一，曾和王维、裴迪等人唱和，诗风与王维相近。诗格新奇，理致清赡，代表诗作有《登胜果寺南楼，雨中望严协律》《题玉山村叟屋壁》等，"曲终人不见，江上数峰青"是为人称道的名句。《赠阙下裴舍人》："二月黄鹂飞上林，春城紫禁晓阴阴。长乐钟声花外尽，龙池柳色雨中深。阳和不散穷途恨，霄汉长怀捧日心。献赋十年犹未遇，羞将白发对华簪。"表现了功名不得实现的惆怅。《送僧归日本》中"惟怜一灯影，万里眼中明"，《谷口书斋寄杨补阙》中"竹怜新雨后，山爱夕阳时"，都是极佳的抒情写景诗句。

顾 况

　　顾况（727—约815年），唐代诗人，字逋翁，自号华阳真逸，苏州海盐恒山（今在浙江海宁境内）人，肃宗至德年间进士，德宗时官秘书郎。他在宰相李泌死后，写了《海鸥咏》一诗讥嘲权贵，被贬为饶州司户参军。晚年隐居茅山，以寿终。顾况是中唐时期的著名诗人，是从杜甫到白居易的重要桥梁之一。他和中唐另一诗人元结是新乐府运动的先驱，对于"新乐府"运动的理论和创作的形成与发展起了促进的作用。他们在新乐府诗歌方面的创作成就和影响仅次于白居易和元稹。顾况是个关心人民痛苦的诗人，根据《诗经》讽喻精神写成的《上古之什补亡训传十三章》，均是讽刺规劝之作，在内容、形式上给白居易写《新乐府》50首以一定的启发和影响。他作诗敢于大胆尝试，富有创造精神，多用口语，不避俚俗，著作有《华阳集》。

温庭筠

温庭筠（约812—870年），唐代诗人、词人，本名岐，字飞卿，太原祁（今山西祁县）人，唐宰相温彦博后代。他长期混迹于歌楼妓馆，为当时士人所不齿。早年才思敏捷，每入试，押官韵作赋，凡八叉手而成，时号温八叉。他以词作知名，韵格清拔，然屡试不第，终身困顿，晚年才任方城尉和国子监助教，世称"温方城""温助教"。他诗词兼善，诗歌与李商隐齐名，称"温李"，但其诗作藻饰过甚，实际是齐梁宫体诗风的延续，成就实不及李商隐。而他精通音律，熟悉词调，对词这种新的文学样式的发展起了很强的推动作用，只是题材狭窄，多写花前月下，闺思情怨，风格绮艳香软，被尊为"花间词派"鼻祖。清代刘熙载在《艺概》中说他："温飞卿词，精妙绝人，然类不出乎绮怨。"但也有人认为他词中所写的男女之情是另有寄托的。代表作是《菩萨蛮》《望江南》《更漏子》。

韦 庄

韦庄（836—910年），晚唐五代诗人、词人，字端己，京兆杜陵（今陕西西安）人。乾宁元年（894年）进士，曾任校书郎、右补阙等职。后入蜀，为王建书记。唐亡，王建建立前蜀，韦庄为宰相，死于蜀。他的诗词都很著名。《秦妇吟》一诗是他未第前写的一首长诗，时人曾因之称他为"秦妇吟秀才"，其中虽有嘲笑黄巢起义军之语，但客观上反映了官军的腐败无能，表达了对人民痛苦的同情。他的此种诗歌为数极少，多是抒发及时行乐、追念昔日繁华之作。较有成就的是《古离别》《台城》。词史上，他属花间派，是花间派代表作家，与温庭筠齐名，号称"温韦"。其词风格清新明朗，寓浓于淡，以清丽见长，艺术成就较高。《思帝乡》《女冠子》《菩萨蛮》是其优秀代表。有《浣花集》。

陆龟蒙

陆龟蒙（？—881年），唐代文学家，字鲁望，吴郡（今江苏苏州）人，举进士不第，隐居松江甫里，人称甫里先生，又号江湖散人。他是晚唐文学家皮日休的好友，文学主张和创作风格都与皮日休接近，并称"皮陆"。其文学成就主要是讽刺散文，这些作品，多愤世嫉俗之词，富有现实意义。在晚唐骈俪流行、文风衰落的时代里，他与众不同的作品表现得非常突出，鲁迅曾比之为"一塌糊涂的泥塘里的光彩和锋芒"（《南腔北调集·小品文的危机》）。这些作品，或者用比喻、寓言，借物寄讽，或者用历史故事，托古讽今，都有很强的讽刺力量。代表作是《野庙碑》《蚕赋》等。他的某些小诗，讽刺也很尖刻，《筑城词》是代表作。著有《笠泽丛书》《甫里先生集》。

五代十国

朱温篡唐

朱温原是黄巢起义军将领，于中和二年（882年）叛变降唐。唐僖宗任命他为左金吾卫大将军，充河中行营副招讨使，赐名"全忠"。由于他镇压义军有功，受封为宣武等四镇节度使、梁王，于汴州（今河南开封）建官署，逐步壮大实力，而成为唐末势力最大的藩镇。文德元年（888年），唐僖宗死。宦官杨复恭拥立僖宗弟李晔即位，是为唐昭宗。宦官与朝官间的斗争愈演愈烈，且各自拉拢藩镇以为后援，宦官韩全诲勾结凤翔节度使李茂贞，宰相崔胤则依靠朱温。

天复元年（901年），崔胤召朱温统兵入长安，谋诛宦官。韩令诲挟昭宗至凤翔（今属陕西）。朱温出兵击败李茂贞，挟持昭宗返回长安，又诛杀宦官数百人。天祐元年（904年），杀崔胤，逼昭宗迁都洛阳（今属河南）。是年八月，杀昭宗，立其子李柷为帝，是为哀宗。次年，又在白马驿杀宰相裴枢等30余人，沉尸黄河，遂独揽大权。天祐四年（907年），逼哀帝退位，自立为帝，国号梁，史称后梁。唐亡，从此，中国历史进入五代十国时代。

石敬瑭建后晋

后晋的建立者石敬瑭是后唐明宗李嗣源之婿，因随明宗征战有功，历任重镇的节度使。唐末帝时，他以割地、称臣、纳贡为条件，请契丹出兵灭唐。936年，石敬瑭出兵5万，一举攻入洛阳，灭了后唐。石敬瑭即位，国号晋，迁都大梁（今河南开封），史称后晋。石敬瑭从此认辽主为父皇，自称"儿皇帝"，每年贡给契丹帛30万匹，而且将"幽云十六州"割让给了契丹。

五代十国政权表

周世宗改革

周世宗（921—959年），本姓柴，名荣，邢州龙冈（今河北邢台西南）人。后周太祖郭威养子，更姓郭。显德元年（954年）嗣帝位。即位后，留心政事，锐意改革，在政治、经济、军事上多有建树。在政治上，他选用良才，整顿吏治；统一律令，整肃纲纪；并虚心求谏，明知得失。又于经济上奖励垦殖，招抚流亡；均平田租，压制豪强；兴修水利，整顿漕道；裁汰僧尼，抑制寺院经济。军事上，赏罚分明，严明军纪；汰弱选精，加强禁军。

通过改革，后周经济发展，社会安定，国力强盛，遂开始进行局部的统一战争。显德二年（955 年），他三次亲征淮南，攻占南唐江北、淮南 14 州 60 县；后收取瀛（今河北河间）、莫（今河北任丘）、易（今河北易县）等地，以及瓦桥关（位今河北雄县）、益津关（位今河北霸州市）、淤口关（位今霸州市信安镇）。世宗正欲挥师北进幽州时，突患重病身亡，北伐受挫。然世宗的南征北伐，为宋朝统一南北奠定了基础。

文盲皇帝王建

五代十国前蜀高祖王建是文盲皇帝。王建（847—918 年），字光图，许州舞阳（今属河南）人，出身贫寒，好习武，以屠牛贩盐为生。后参军并得以升迁，在唐亡同年，建立前蜀。他目不识丁，但登基后却厚待唐末名臣士族，敬重文人雅士，他还口述文辞来告诫太子。因此，很多文士纷至蜀中避难，这些使前蜀大有唐朝文风的气象。

南唐后主李煜

李煜（937—978 年），字重光，又称南唐后主、李后主。五代南唐皇帝，961—975 年在位。975 年，宋灭南唐，后主被俘囚禁。他虽是昏君，却善诗文，工书画，是五代时最著名的词人。他的词语言明快优美，多柔靡伤感之作。

后　梁

907 年，朱温废唐称帝，国号梁，定都汴（今河南开封），史称后梁。疆域相当于今河南、山东、宁夏、山西、陕西、湖北、安徽和江苏各一部分，共 78 州。公元 923 年为后唐所亡。历二帝，17 年。

后　唐

五代之一，923 年李存勖（即后唐庄宗）所建，都洛阳。疆域约为今河南、山东、山西三省，四川、重庆、陕西、河北等省市的大部，甘肃、宁夏、湖北、江苏、安徽等省的一部分。历四帝，前后 14 年。

后　晋

五代之一。936 年石敬瑭（即后晋高祖）所建，都开封。盛时疆域约为今山东、河南两省，山西、陕西的大部，及河北、宁夏、甘肃、湖北、江苏、安徽的一部分。历二帝，前后 12 年。

后汉与后周

947 年，辽主进入大梁（今河南开封）不到 3 个月就仓皇北退，时任河东节度使的刘知远乘机在太原称帝，并率军南下，一路兵不血刃，于当年六月进入汴州，建国号为汉，史称后汉。4 年后，后汉大将郭威发动兵变，夺取了后汉政权，改国号为周，史称后周。

吴 越

十国之一。唐朝末年，钱镠任镇海、镇东节度使，以杭州为治所。907年，后梁封钱镠为吴越王，统辖今浙江及江苏的一部分。978年，吴越被北宋所灭。历五主，共72年。

幽云十六州

幽州指今天北京一带，云州指山西大同周围。幽云十六州自战国时代以来一直都是中原王朝抵挡北方游牧民族南下侵扰的战略要地。后唐末年，石敬瑭将幽云十六州割与契丹，使以后相继的王朝（后汉、后周、北宋）在与游牧民族的交战中处于不利境地。北宋初年，曾试图收复该地区，未能成功。

词的发展

五代十国是词这种文学体裁的重要发展时期，其中以西蜀和南唐词人较多，水平也较高。西蜀出现了韦庄等著名词人，而南唐最重要的词人就是后主李煜。当时的词作大都风格柔靡，花间派就是最具代表性的一派。李后主前期作品也属于这一派，亡国后，他的词作在内容和意境上都有创新，为宋词的发展开拓了新境界。

契丹文字

契丹族原本没有自己的文字。耶律阿保机建国称帝后，于920年命突吕不等人在汉字隶书的基础上增减笔画，创制出契丹文字。924年，阿保机的弟弟耶律迭剌又根据回鹘文创制了契丹小字。契丹文字创制后，在当时戎马为生的契丹人中使用并不普遍，但对西夏文字和女真文字的创制有很大影响。

柴荣继位

显德元年（954年）正月，后周太祖郭威病逝，养子柴荣继位。柴荣是郭威圣穆皇后之侄，其文韬武略深受郭威赏识，后被收为养子。广顺三年（953年）封晋王。郭威临死前，罢免一批恃功自傲的大臣，又任命一批新官吏，将朝政委归柴荣。

柴荣就是后周世宗。即位后，柴荣继承郭威重农恤民的政策和统一中国的大志，重用王朴等贤能之士，浚通漕运，发展文教，虽然在位仅6年，却是一位有作为的皇帝。

柴荣重用王朴，王朴献"平边策"，提出先攻南唐，取江北以控制南方诸国，再取后蜀和幽州，最后解决契丹边患的战略思想；又提出争取民心和避实击虚等建议，柴荣都加以采纳，成功地发动了

后周世宗柴荣像

一系列统一兼并战争。后周显德二年（955 年）、显德三年（956 年）、显德四年（957 年）三次征伐南唐，柴荣每次都胜，后南唐自去帝号，割地请和。后周平定长江以北，得 14 州、60 县。后周又谋取蜀邻地，显德二年（955 年）大败后蜀，取秦、成、阶、凤 4 州。显德六年（959 年），柴荣以契丹没有彻底离开中原为由，决意北伐。后周多次将辽师击败，取燕南之地，柴荣于此役染病班师，很快就病逝，未能完成统一大业。

柴荣在位 6 年，多施仁政惠民，不只是减免苛政，还在大兵过后，淮南大饥时，命发放米粮与淮南饥民。其未竟之志，死后由赵匡胤继续完成。

厉归真学画虎

五代画虎名家厉归真从小喜欢画画，尤其喜欢画虎，但是由于没有见过真的老虎，总把老虎画成病猫，于是他决心进入深山老林，探访真的老虎。经历了千辛万苦，在猎户的帮助下，终于见到了真的老虎。通过大量的写生临摹，其画虎技法突飞猛进，笔下的老虎栩栩如生，几可乱真。从此以后，他又用大半生的时间游历了许多名山大川，见识了更多的飞禽猛兽，终于成为一代绘画大师。

花蕊夫人

花蕊夫人，生卒年不详，后蜀主孟昶的费贵妃，五代十国女诗人，青城（今都江堰市东南）人，也号花蕊夫人。幼能文，尤长于宫词。得幸蜀主孟昶，赐号花蕊夫人。其宫词描写的生活场景极为丰富，用语以浓艳为主，但也偶有清新朴实之作，如"三月樱桃乍熟时，内人相引看红枝。回头索取黄金弹，绕树藏身打雀儿"这一首，就写得十分生动活泼，富有生活情趣。其《述国亡诗》亦颇受人称道，实难得之才女也。

冯　道

冯道（882—954 年），是中国大规模官刻儒家经籍的创始人。字可道，自号"长乐老"。五代瀛洲景城（今河北交河东北）人。后唐（923—936 年）、后晋（936—947 年）时任宰相。契丹灭后晋，到契丹任太傅。后汉（947—950 年）时任太师。后周（951—960 年）时任太师、中书令。曾著《长乐老自叙》。

后唐长兴三年（932 年），冯道为印行经籍标准文本，经皇帝批准由尚书屯田员外郎田敏等人任详勘官，李鹗、朱延熙等书写，依唐刻《开成石经》，并和经注合刊，开雕"九经"：《易》《书》《诗》《春秋左氏传》《春秋公羊传》《春秋穀梁传》《周礼》《仪礼》和《礼记》，以端楷书写，能匠刊刻。到了后周广顺三年（953 年）五月雕印完成，历时 22 年。同时刻成的有唐代张参撰《五经文字》、玄度撰《九经字样》等书。因刻书事业由国子监主持，故史称"五代监本九经"，创官刻书籍之始。当时流传甚广，影响深远。对此，元王祯评为"因是天下书籍遂广"。印本后来失传。

宋辽西夏金元时期

北 宋

黄袍加身

后周大将赵匡胤曾屡立战功，拥有精兵且威信极高。周世宗死后，7岁的恭帝即位，国内人心浮动。显德七年（960年）正月初一，赵匡胤奉命率军北上抵抗北汉入侵，到达陈桥驿（今河南开封东北）时，被部下将士黄袍加身，拥上马返回开封。赵匡胤于是代周称帝，改国号为宋，史称北宋。

内外相制

宋太祖赵匡胤鉴于唐末五代藩镇割据对国家造成的危害，采纳宰相赵普的建议，实行了强干弱枝的政策，即收天下精兵尽数送往京师充当禁军，地方上只保有少数供役使的厢兵。当时禁军约有20万，10万屯扎在京师，以制外变，10万屯扎在外郡，以制内患。如此环环相扣，加强了中央的集权统治。

宋太祖赵匡胤像

杯酒释兵权

967年，宋太祖接受赵普的建议，召石守信、王审琦等手握兵权的宿将饮酒，劝谕他们放弃兵权，多积钱财，多置田产，颐养天年。次日，石守信等大将都辞去了中央军职，离开京都去当了各地节度使。从此，自晚唐以来武将专横、臣强君弱的痼疾终于被解除了。

宋太祖借刀杀人

宋太祖赵匡胤代周建宋后，开始逐个收拾南方的割据势力，以建立天下一统的大宋王朝。后主李煜统治的江南大国南唐自然成为赵匡胤圈定的重点攻伐对象，但李煜手下的一员虎将却让赵匡胤大为头疼，他就是林仁肇。

林仁肇体魄雄健，骁勇善战，素有"林虎子"的美称，时任南唐南都留守。赵匡胤深知此人非等闲之辈，想要拿下南唐，必先敲断这根顶梁柱。于是，他暗中派画师潜入南唐，秘密画下林仁肇的像，然后带回悬挂在自己的侧室。

开宝六年（973年）的一天，李煜的胞弟李从善以江南进奉使的身份觐见宋太祖，看到林仁肇画像不觉一愣："好面熟啊！这不是敝国林仁肇将军吗？他的像怎么会挂在这里？""正是林将军。"陪同一脸神秘地压低声音说，"不瞒你说，林将军已私下与我方约定投降，这画就是他送来的信物。我们皇上自然不会亏待林将军，已专门为他筑起一座高门豪宅，只等他前来归降。"

李从善听罢大吃一惊，这可是要南唐命的大事，一刻耽搁不得，立即就将情报十万火急密报给李煜。李后主得知林仁肇要"投敌卖国"，怒不可遏，当下命人在酒里下了毒药，以赐酒名义将林仁肇毒杀。

主客户制

宋代户籍分为主户和客户。主户，指拥有土地和资产，承担租税赋役的人户，亦称税户。户籍又分为城郭主户和乡村主户。乡村主户依据田产多寡列为五等，官府按户等高下摊派赋税和差役。但上户常凭借权势，隐产逃税。尤其是官户、吏户这些地方上有势力的豪富人户，时称"形势户"，更依仗权势，横行乡里。宋代对官户，即品官之户，还免除其应承担的大部分差役，享受朝廷的俸禄和赏赐，且另立户籍，与民户不同。

客户，指无土地和资产的人户，亦分城郭客户和乡村客户。乡村客户也称佃户、浮客、牛客、小客等，为乡村中的佃农，他们租佃乡村上户的田地、耕牛，受地租和高利贷的剥削。地租一般为对分制，若租人之牛，则需交纳收获物的十分之六。客户不作为地主的"私属"，是国家的正式编户，需缴纳身丁税，承担劳役，受朝廷的剥削。亦常要与下户共同承担上户转嫁的赋役，负担尤为沉重。

禁　军

禁军有专指与泛指之分。泛指历代皇帝的亲兵，即侍卫宫中及扈从的军队。专指北宋正规军。北宋称正规军为禁军或禁兵，从各地招募，或从厢军、乡兵中选拔，由中央政府直接掌握，分隶三衙。除防守京师外，并分番调戍各地，使将不得专其兵。每发一兵，均需枢密院颁发兵符。编制单位有军、指挥、都。士兵出自雇佣，且沿五代定制，文面刺字，社会地位低于一般人民。北宋中叶，单禁兵就已增至80余万人。王安石变法时裁减兵额，置将分领，军队战斗力有所提高。北宋末年，政治腐败，军队缺额极多，京师三衙所统实际仅存3万人。北宋亡，禁兵主力溃散。南宋时，各屯驻大军取代禁兵，成为正规军，而各地尚存的禁兵，则成为专供杂役、不从事战斗的部队。

雍熙北伐

982年，辽景宗死，年幼的圣宗继位。雍熙三年（986年），有大臣劝宋太宗趁辽主年幼出兵攻辽，于是太宗派三路大军讨伐，兵力超过30万，结果遭到惨败。雍熙讨伐失败后，宋朝君臣就与辽的和战问题展开激烈的争议，最后，主和的意见占了上风。于是，北宋对契丹（辽）完全停止了争战，从而转入了被动的防御。

王小波、李顺起义

北宋统一后，蜀地百姓的负担并未减轻。淳化四年（993年），蜀地大旱，饿莩遍野，官府赋敛仍然十分沉重，社会矛盾激化。四川青城茶贩王小波领导广大农民起义。他对民众说："吾疾贫富不均，今为汝均之！""均贫富"的口号，使起义军迅速壮大到数万人，攻州克县，势不可当。西川大捷以后，王小波中箭身亡，其妻弟李顺继为统帅，率军攻取蜀、汉、彭、邛等州。994 年，起义军攻占成都，建立了大蜀农民政权。五月，宋军包围成都，不久城破，起义失败。此次农民起义，明确提出了"均贫富"的政治纲领，反映出广大农民要求土地和贫富均等的强烈愿望，标志着中国农民战争已经发展到一个新的高度。

杨延昭镇河朔

999 年冬，辽军扰边。杨延昭是杨业之子，当时驻守遂城（今河北徐水），遂城没有防守而遭到了辽军的猛烈围攻，城中人心惶惶。杨延昭命人担水浇在城墙上，一夜之间就冻成了坚冰，城墙光滑难登，辽军的猛烈攻势也无法继续，只好撤退。这以后，杨延昭又曾多次挫败辽军的侵扰，因功屡次升迁。他不仅智勇双全，号令严明，而且与士兵同甘共苦，守边关 20 余年，辽人对他十分忌惮。

宋、辽澶渊之盟

1004 年，辽皇太后和辽圣宗以收复瓦桥关南十县为名率兵南犯北宋境内。十一月，抵达重镇澶渊城北，直接威胁宋朝的都城东京（今河南开封）。宰相寇准临危不乱，力请宋真宗亲征澶渊（今河南濮阳）。宋军在澶渊前线射杀了辽军统军使萧挞凛，辽军士气受挫。宋真宗在寇准的催促之下登上澶州北城门楼以示督战，宋军士气大振。两军对峙，辽军因折将受挫，同意与宋议和。同年十二月，双方达成以下协议：一、宋辽各守疆界，互不侵犯，约为兄弟之国，辽帝称宋帝为兄，宋帝称辽帝为弟。二、宋朝每年给辽绢 20 万匹，银 10 万两，称为岁币。三、双方人户不得交侵，对于逃亡越界者，双方都要互相遣送。澶渊之盟是宋、辽双方势力均衡条件下的产物。此后与辽形成了长期并立的形势，两国之间不再有大的战事。

好水川之战

1041 年，西夏发精兵 10 万攻打渭州（今甘肃平凉），北宋将领任福率领数万轻骑与夏军战于张家堡（今甘肃隆德北），夏军佯装败退，引宋军追至好水川（今甘肃静宁东），却暗中在此埋伏了 10 万精兵，宋军中了夏军埋伏，遭到惨败。从此以后，宋对西夏完全变为守势，不再轻言进攻。

好水川之战遗址

在今宁夏隆德西北。1041 年，宋将任福奉命率兵数万进攻西夏。夏景宗元昊领兵 10 万在好水川设伏。当宋军进至埋伏圈后，夏军四面围攻，大败宋军，宋将任福战死。图为宋、夏好水川之战遗址。

宋代的谏院

宋代谏官并不专任谏职，亦常弹劾大臣，而御史台的御史，也并非专察臣僚，言事御史即主要是向皇帝进言，其职责类同谏官，宋代常以台谏并称。南宋淳熙十五年（1188 年）因谏官不专任谏职，曾再度设置左右补阙、拾遗，专任谏正皇帝之职，不久亦废。

谏院于宋天禧元年（1017 年）由门下省设置，以左右谏议大夫、左右司谏、左右正言为谏官。掌谏诤，凡朝政缺失，大臣及百官任用不当，朝廷各部门事有违失，皆可谏正。如以他官主管谏院称知谏院，司谏、正言亦有主管谏院称知谏院，司谏、正言亦有主管其他事务而不预谏诤者。元丰五年（1082 年）改革官制，定左右谏议大夫为谏院长官，谏官专司谏诤。元祐八年（1093 年），规定谏官不用执政官亲戚。辽有左谏院属门下省，右谏院属中书省，金亦有谏院，设官与宋略同。

庆历和议

1040—1042 年，西夏连续对宋发动了三川口（今陕西延安西北）、好水川（今宁夏隆德西北）、定川寨（今固原西北）三次大规模的战争，每次都大败宋军，宋军损失惨重。宋在屡屡失利之后，虽表示要整军决战，但实际上仍想与西夏言和。西夏虽胜，但也受到损失，掳掠所获还抵偿不了战争的消耗，与先前依照和约及通过榷场贸易所得物资相比，实在是得不偿失；另外，由于民间贸易中断，使得西夏人民饮无茶、衣帛贵，民怨沸腾；而此时，西夏与辽之间也出现了矛盾，所以西夏也同意议和。十月，双方达成协议：宋册封元昊为西夏国主；西夏取消帝号，名义上向宋称臣；宋每年"赐"西夏绢 13 万匹、银 5 万两、茶 2 万斤。另外，每年在各节日和赵祯、元昊生日共"赐"绢、帛、衣着等 2 万余匹，茶 1 万斤。宋、夏重开沿边榷场贸易。

庆历新政

宋仁宗时，对西夏战争的失利和向辽国输"纳"的增加，给国家带来了沉重的负担，统治的危机迅速加深。庆历三年（1043 年），范仲淹为相，他在富弼、韩琦和欧阳修等人的支持下，提出改革方案，内容涉及整顿官僚机构、改革吏治、富国强兵、取信于民等，历史上称作"庆历新政"。庆历新政以缓和阶级矛盾为主要目标，触动了官僚地主的利益，遭到了他们的强烈反对。范仲淹被诬陷专权结党而被迫请补外职，其他参与改革的人也相继罢官，实行仅仅一年多的新政措施被全部废除，新政宣告失败。社会危机依然没有解除。

市舶司

971 年，宋首先在广州设立市舶司，后来先后在杭州、泉州、明州等地设置市舶司、市舶务或市舶场。其主要职能是检查出入海港的船舶，登记、发给公据公凭及引目，征收商税，管理外商，收买官府专卖物资等。由于两宋海上对外贸易的发达，市舶收入在财政收入中占的比重越来越大，至南宋绍兴三十二年（1162 年），仅广州、泉州两市舶司的收入就占到了当时财政总收入的 20%。

王安石

　　王安石（1021—1086 年），字介甫，晚号半山，封荆国公，世人又称王荆公。抚州临川人（现为抚州东乡县上池里洋村），北宋杰出的政治家、思想家、文学家。他先后任淮南判官、鄞县知县、舒州通判、常州知州、提点江东刑狱等地方官吏。治平四年（1067 年），神宗初即位，诏王安石知江宁府，旋召为翰林学士。熙宁二年（1069 年）提为参知政事，从熙宁三年（1070 年）起，两度任同中书门下平章事，推行新法。熙宁九年（1076 年）罢相后，隐居，病死于江宁（今江苏南京市）钟山。

王安石像

王安石变法

　　神宗即位后，想改变国家积贫积弱的局面，对王安石的变法主张十分赞赏，于熙宁二年（1069 年）任命他为参知政事（副宰相），次年升任同中书门下平章事（宰相）。变法中建立制置三司条例司（主管制定盐铁、度支、户部三司条例的官署），作为领导变法的机构。王安石从"理财"和"整军"两方面着手，颁布一系列新法，属于"理财"范围的有农田水利法、青苗法、募役法、方田均税法、市易法、均输法；属于"整军"方面的有保甲法、保马法、置将法和设军器监。新法推行的结果，在一定程度上限制了豪强兼并势力，缓和了国家财政和军事危机，但因各项新法或多或少地触犯了中上级官员、皇室、豪强和高利贷者的利益，最终被废除。

蔡京擅权

　　蔡京在 1102 年任宰相。他年轻时为了出人头地，曾一度参与王安石变法，官职得到迅速提升。神宗死后，旧党掌权，蔡京见风转舵，又极力靠拢司马光，他曾先后 4 次任相，前后达 17 年之久。当权期间，他不仅大兴土木、劳民伤财，而且把持朝政、排除异己、公然受贿、卖官鬻爵。金军南下之际，蔡京携重金首先逃出开封，以避战乱，引起群臣的攻击。1126 年被贬去官职。

方腊起义

　　北宋宣和二年（1120 年）十月，睦州（今浙江建德东北）青溪（今淳安西）农民在方腊的领导下聚众起义。方腊自称圣公，建立了政权，任命了一批官吏将士。两浙地区的农民纷纷响应，起义队伍很快就扩大到了数万人。到了第二年二月，义军占领了睦、歙、杭等6州52县，起义斗争达到了高潮。北宋朝廷任命童贯为江淮荆浙宣抚使，率领15万精锐禁军南下镇压。宣和三年（1121年），起义失败，方腊被俘，就义于开封。

宋江起义

在方腊起义之前，宋江就已经在河东和京东地区起义，义军转战青、齐、单、濮各州，多次打败官军的进攻，宋江还拒绝了朝廷的招安。宣和三年（1121年），起义军被海州知州张叔夜伏击，损失巨大，宋江向张叔夜投降。这次起义，极大地震撼了北宋王朝的统治。

李纲抗金

1125年，金人分两路南下侵宋。宋徽宗慌忙禅位给太子赵桓，是为钦宗，自己退位为太上皇，然后匆匆南逃到京口（今江苏镇江）。1126年，金兵直逼京城汴梁（今河南开封），太常少卿李纲力主抗战，被封为东京留守，全权保卫汴梁。李纲率兵守城，金兵屡攻不克，天下勤王兵马又云集京师，金兵被迫无功而返。

靖康之变

北宋靖康元年（1126年），金兵分东、西两路南侵。十一月，两路金军陆续抵达汴京城下，城中宋军不过数万，京城危在旦夕，但城中军民的抗敌情绪十分高昂，请求作战的群众多达30万人。宋钦宗却亲往金营议降，答应了金人提出的巨额勒索。靖康二年（1127年），钦宗再赴金营时被扣押。北宋朝廷严令禁止军民武装抗金。二月，金军下令废除徽宗和钦宗二帝，北宋宣告灭亡。四月，金军掠夺了大量的财物，带着徽、钦二帝及宗室、大臣等3000多人撤离汴京北归。这就是"靖康之变"。

赵　普

赵普（922—992年），字则平，幽州蓟县（今属天津）人，迁居洛阳。原是赵匡胤的幕僚，策划陈桥兵变，助赵匡胤夺取政权。乾德二年（964年）为相，参与政要。宋太宗赵光义在位时，赵普两度为相。后以老病退职，封魏国公，死后追封韩王。他读书不多，但吏治精明，相传他以"半部《论语》治天下"。

宋太祖赵匡胤

赵匡胤（927—976年），就是宋太祖，北宋的开国皇帝，960—976年在位。原籍涿州（今河北涿州市），生于洛阳夹马营。原属后周太祖郭威帐下，历任东西班行首、滑州副指挥、开封府马直军使。周世宗时，任禁军殿前都虞侯、殿前都点检。960年，发动陈桥兵变，取代后周建立宋朝，定都东京（今河南开封）。他在位期间，陆续消灭各地割据政权，统一全国；同时，改革官制，加强中央集权。

全国统一后，解除石守信等统军将领的兵权，挑选其精壮兵士编入禁军，以削弱地方势力。以文臣为地方官吏，设转运使掌管地方财政，并兴修水利，奖励农桑。他的这些措施促进了当时的社会稳定和经济发展。公元976年病死。一说为其弟赵光义所害。

石守信

石守信（928—984年），开封人，北宋开国勋臣。初仕周领洪州防御使，加领义成军节度，与赵匡胤相亲厚，是后来陈桥兵变的主谋之一。宋太祖即位后，改领归德军节度，后又平李筠、李重进之乱。建隆二年（961年），宋太祖杯酒释兵权，自请解除兵权。卒后追封威武郡王，谥武烈。

寇 准

寇准（961—1023年），字平仲，华州下邦（今陕西渭南）人。太平兴国四年（979年）进士。寇准为官刚正不阿，敢犯颜直谏，曾一度被排挤出朝。宋真宗即位，又入朝任官。景德元年（1004年），升同中书门下平章事。当年冬天，辽皇太后和辽圣宗亲统大军攻宋，他力排众议，劝真宗亲征，遂与辽订立澶渊之盟。次年，遭参知政事王钦若谗言所害，被罢相知陕州。天禧三年（1019年）再相，不久又罢相，封莱国公。后因副相丁谓陷害，被贬为道州司马、雷州司户参军，死于雷州贬所。

宋神宗

宋神宗（1048—1085年）为宋朝第六代皇帝。1066年被立为太子，次年即位时年仅20岁。他立志改革，重用王安石，实行变法，力图挽救北宋中叶的财政危机。神宗在位19年，38岁便英年早逝。

毕昇和活字印刷术

毕昇（？—约1051年），籍贯不详，北宋人。活字印刷术的发明者。布衣出身，原是杭州肆坊的刻工。据沈括《梦溪笔谈》记载，毕昇于宋朝庆历年间（1041—1048年）发明活字印刷术，其方法还未来得及推广就去世了。他对木活字排版亦有研究。

毕昇发明的活字印刷术，用胶泥刻成单个的字，印刷时排版，一版印完以后，排版再印，字印可以重复使用，和雕版印刷相比，极为方便。活字印刷术的发明，大大提高了书籍的印刷速度，是印刷史上具有里程碑意义的事件。

毕昇雕像

林 逋

林逋（967—1028年），宋代诗人，字君复，钱塘（今浙江杭州）人。少时多病，未婚娶，布衣终身。40岁之前，长期漫游于江淮一带，后期隐居于杭州西湖孤山。死后赐号"和靖先生"。《宋史·隐逸传》称其"性恬淡好古，弗趋荣利"，"初放游江、淮间，久之，归杭州，结庐西湖之孤山，二十年足不及城市"。他喜爱种梅养鹤，自称"以梅为妻，以鹤为子"。他常与范仲淹、梅尧臣诗词唱和。其诗除赠答以外，以自然风光、隐逸生活为主要题材，风格淡远，长于五七言律，尤以咏梅著称，"疏影横斜水清浅，暗香浮动月黄昏"（《山园小梅》）两句被视作千古绝唱。著有《和靖先生诗集》，存词3首。

柳 永

柳永（987—1053年），北宋词人，字耆卿，初名三变。因排行第七，又称柳七。祖籍河东（今属山西），后移居崇安（今属福建）。宋仁宗朝进士，官至屯田员外郎，故世称柳屯田。为人放荡不羁，流连歌楼舞榭，为当时士人不屑。曾应试，仁宗批曰："且去填词"，故自谑"奉旨填词柳三变"。由于仕途坎坷、生活潦倒，他由追求功名转而厌倦官场，耽溺于旖旎繁华的都市生活，在"倚红偎翠""浅斟低唱"中寻找寄托。作为北宋第一个致力作词的词人，他不仅开拓了词的题材内容，而且制作了大量的慢词，发展了铺叙手法，使词通俗化、口语化，在词史上产生了较大影响。代表作品有《雨霖铃》《八声甘州》，"杨柳岸，晓风残月"是人所皆知的名句。著有《乐章集》。

范仲淹

范仲淹（989—1052年），宋代政治家、军事家、文学家，字希文，吴县（今属江苏）人，真宗朝进士。庆历三年（1043年），授参知政事，主持庆历改革，力图革新，因守旧派阻挠而未果。次年罢政，自请外任，历知邓州、杭州、青州。卒谥文正。散文、诗、词均有名篇传世。其散文多富有政治内容，《岳阳楼记》通过写景以抒情，又转而言志，颇具匠心。最后提出"先天下之忧而忧，后天下之乐而乐"，表现出作者积极有为的抱负与忧国忧民的思想，为千古名篇。其词存世不多，仅3首比较完整，但意境宏阔，气象雄奇，以反映边塞风光和征战劳苦见长，突破了唐末五代词的绮靡风气，以《渔家傲·塞下秋来风景异》《苏幕遮·碧云天》为代表。有《范文正公集》。

张 先

张先（990—1078年），北宋词人，字子野，乌程（浙江吴兴县）人。晏殊任开封尹时曾辟为通判，曾任渝州知州，历官至都官郎中。晚年往来于杭州、吴兴之间，过着游历的生活。他的词与柳永齐名，而才力不如柳永，主要写当时文人诗词酬唱、樽酒交欢的生活，以及离愁别绪、自然风景。其词多用慢词形式，风格清新工巧、雅致含蓄，韵味隽永。以"云破月来花弄影""娇柔懒起，帘压卷花影""柳径无人，堕风絮无影"三句写"影"极善的句子而被称为"三影郎中"，时人称他为"张三影"。此外又有"不如桃杏，犹解嫁东风"名句，而或称为"桃杏嫁东风郎中"。《天仙子·水调数声持酒听》《木兰花·龙头舴艋吴儿竞》等词最为著名。著作有《安陆词》，又名《张子野集》。

晏 殊

晏殊（991—1055年），北宋词人，承接北宋词前期与中期的关键人物。字同叔，抚州临川（今属江西）人。少年以"神童"被荐入朝。景德中赐同进士出身，庆历中官至集贤殿大学士、同中书门下平章事兼枢密使，官至仁宗朝宰相，当时名臣范仲淹、富弼、欧阳修和词人张先等均出其门。卒谥元献。他一生生活优裕自在，志得意满，所以其词亦有一种雍容典雅的"富贵气"。擅长小令，多表现诗酒生活和悠闲情致，以及抒发伤春感时、好景不长的感慨。虽然其创作题材狭窄，但晏殊善于捕捉和描绘意象，表现细腻的心理感受，清丽疏淡，语言婉丽，颇受南唐冯延巳的影响。《浣溪沙》中"无可奈何花落去，似曾相识燕归来"二句，传诵颇广。此外，《蝶恋花·槛菊愁烟兰泣露》《破阵子·燕子来时新社》等也是他的优秀词作。其诗属西昆体。著作有《珠玉词》及清人所辑《晏元献遗文》。

梅尧臣

梅尧臣（1002—1060年），北宋诗人，字圣俞，宣州宣城（今属安徽）人，宣城古名宛陵，故世称宛陵先生。曾任尚书都官员外郎，后世又称"梅都官"。在北宋诗文革新运动中他与欧阳修、苏舜钦齐名，并称"梅欧"或"苏梅"，与欧阳修是莫逆之交，亦曾发现并举荐苏轼。梅尧臣早年与西昆诗派过从甚密，但后期诗风发生变化，并提出了同西昆派针锋相对的诗歌理论。他强调《诗经》《离骚》的传统，主张诗歌创作必须"因事有所激，因物兴以通"。并且提出了"状难写之景如在目前，含不尽之意见于言外"的艺术标准，倡导"平淡"的艺术境界。梅尧臣专力作诗，存诗达2800多首，题材广泛，内容丰富。梅尧臣创作了大量反映现实政治问题和民生疾苦的作品，如《田家四时》《田家语》《陶者》等。梅尧臣还善于以朴素自然的语言，描画出清切新颖的景物形象，如名篇《鲁山山行》和《东溪》等。梅尧臣以琐碎平常的生活题材入诗，寻找前人未曾注意的题材或在前人写过的题材上翻新，开创了宋诗好为新奇、力避陈熟的风气。著作有《宛陵先生文集》。

欧阳修

欧阳修（1007—1072年），字永叔，号醉翁，晚年又号六一居士，吉州庐陵（今江西永丰）人，北宋文学家、史学家。庆历三年（1043年）任谏官，支持范仲淹的改革，要求在政治上有所改良，被诬陷贬知滁州。官至翰林学士、枢密副使、参知政事，是北宋古文运动的领袖，"唐宋八大家"之一。曾与宋祁合修《新唐书》，并独撰《新五代史》。有《欧阳文忠公文集》传世。

狄 青

狄青（1008—1057 年），字汉臣，汾州西河（今山西汾阳）人，北宋大将。宋廷择京师卫士从边，狄青入选，任延州指挥使。在战争中，他骁勇善战，多次充当先锋，率领士兵夺关斩将。在宋与西夏的战争中，立下了累累战功，声名也随之大振。后遭朝廷猜忌，郁郁而死。

司马光

司马光（1019—1086 年），字君实，世称涑水先生，陕州夏县（今属山西）人。他是北宋名臣、史学家。自幼爱读书，尤其喜爱读《左氏春秋》。仁宗宝元年间中进士，神宗时官至翰林学士、御史中丞。他极力反对王安石变法。哲宗即位后，他出任宰相，几乎全部废除王安石的变法措施。为给统治者提供历史借鉴，主持编写《资治通鉴》一书，成为古代一部杰出的编年史。1086 年卒，赐温国公，谥文正。著有《司马文正公集》。

新古文运动

北宋文坛受变法思潮影响，也兴起了革新之风。欧阳修、王安石、曾巩、苏洵、苏轼、苏辙，与唐代韩愈、柳宗元一起合称"唐宋八大家"。欧阳修亦主张"文道合一"，提出散文要与社会现实结合的观点，提倡创新精神。王安石也主张文章的实用性；曾巩的作品严密周详，语言简练含蓄，多为书信、杂记的形式；"三苏"父子之文更是雄健奔放，名冠一时。新古文运动极大地冲击了晚唐以来文坛上的陈腐华靡之风，使散文内容充实，意境开阔，开创了散文创作的新阶段。

三 苏

苏洵（1009—1066 年），字明允，号老泉，眉州眉山（今属四川）人；苏轼（1037—1101 年），字子瞻，一字仲和，号东坡居士，苏洵长子；苏辙（1039—1112 年），字子由，一字同叔，晚年号颍滨遗老，苏洵子，苏轼弟。父子三人，号称"三苏"。苏洵主张散文应"有为而作"，反对华而不实的形式主义文风，笔调雄健奔放，论据精辟，代表作有《管仲论》《辨奸论》。苏轼认为散文应酣畅淋漓，简明透彻地表述作者的思想感情。其作品汪洋恣肆，意态横生，代表了宋代散文的最高水平。论说文《教战守策》，记叙文《喜雨亭记》《石钟山记》，赋体散文《前后赤壁赋》，都是名篇佳作。苏辙以政论文见长，剖辨明析，论理严谨，如《六国论》。

苏门四学士

"苏门四学士"是北宋文学家黄庭坚（1045—1105 年）、秦观（1049—1100 年）、晁补之（1053—1100 年）和张耒（1054—1114 年）的并称。苏轼是继欧阳修之后主持北宋文坛的领袖人物，在当时的作家中间享有巨大的声誉，一时与之交流或接受他的指导者甚多，黄、秦、晁、张四人都曾得到他的培养、奖掖和荐拔。

在苏轼的众多门生和崇拜者中，他最欣赏和重视这四个人。最先将他们的名字并提和加以宣传的就是苏轼本人。他说："如黄庭坚鲁直、晁补之无咎、秦观太虚、张耒文潜之流，皆世未之知，而轼独先知。"由于苏轼的推誉，四人很快名满天下。

曾 巩

曾巩（1019—1083年），北宋散文家，"唐宋八大家"之一，字子固，建昌郡南丰（今属江西）人，理宗时追谥文定。幼年聪慧，12岁即能作文，言简意赅，得到欧阳修的赞赏，名闻四方。嘉祐二年（1057年）进士。历任馆阁校勘、集贤校理等职，官至中书舍人。他接受了欧阳修先道后文的古文创作主张，而且比欧阳修更着重于道。其散文在"八大家"中是较少情致文采的一家，但曾文长于议论，语言质朴，立论精辟，说理曲折尽意，文风以"古雅、平正、冲和"见称，如《上欧阳舍人书》《上蔡学士书》等。记叙文亦常多议论，《宜黄县县学记》《墨池记》是其代表。曾巩亦能诗，存诗400余首，以七绝成就为高，为文所掩，不大受人重视。《宋史》本传称其"为文章，上下驰骤，愈出而愈工。本源六经，斟酌司马迁、韩愈，一时工作文者，鲜能过也"。著作有《元丰类稿》。

晏几道

晏几道（1030—1106年，一说1038—1110年，一说1038—1112年），北宋词人，字叔原，号小山，抚州临川（今江西抚州）人，晏殊第七子，能文善词，与其父齐名，合称"二晏"。自述写词是"往者浮沉酒中，病世之歌辞不足以析酲解愠，试续南部诸贤绪余，作五、七字语，期以自娱"，受五代艳词影响而又兼"花间"之长，以小令见长，工于言情，语言华丽，曲折轻婉。清代词论家陈廷焯在《白雨斋词话》中说他："北宋晏小山工于言情，出元献（晏殊）文忠（欧阳修）之右，然不免思涉于邪，有失风人之旨。而措词婉妙，则一时独步。"其词作多抒写人生失意之苦与男女悲欢离合之情，对歌女常怀深刻之同情，感情真挚，深沉动人，如《鹧鸪天》："舞低杨柳楼心月，歌尽桃花扇底风。从别后，忆相逢，几回魂梦与君同。今宵剩把银钲照，犹恐相逢是梦中。"《临江仙·梦后楼台高锁》《鹧鸪天·彩袖殷勤捧玉钟》等也是其代表作。著作有《小山词》。

秦 观

秦观（1049—1100年），北宋词人，字少游、太虚，号淮海居士，高邮（今属江苏）人。曾任秘书省正字兼国史院编修官等职。政治上倾向旧党，被列为元祐党人，绍圣初，新党执政，他屡遭贬谪。徽宗即位召还，中途死于藤州。其文辞为苏轼所赏识，是"苏门四学士"之一，宋词坛上的大家，取得多方面的成就。他吸取了"二晏"、欧阳修、苏轼词的精华，并学习民间乐曲，形成"柔婉清丽"

风格。其词作语言清新秀丽，明白晓畅，很少使用典故、僻字，艺术成就较高，是婉约派的代表。内容则多写男女恋情及感叹身世。《满庭芳·山抹微云》《踏莎行·雾失楼台》《鹊桥仙·纤云弄巧》等是其代表词作，尤其《满庭芳》为佳，因此获得"山抹微云君"的雅号。他也写诗，诗风与词风相近。著作有《淮海集》《淮海居士长短句》。

贺 铸

贺铸（1052—1125 年），宋代词人，字方回，自号庆湖遗老，原籍山阴（今浙江绍兴），居卫州（今河南汲县）。长身耸目，面色铁青，人称"贺鬼头"。他出身贵族，少时义气豪侠，做过武官，后转文职，喜论天下事，不附权贵，因此浮沉下位，郁郁不得志。晚年退居苏州。他诗、词、文皆善，尤长于作词度曲。其词题材丰富，多刻画闺情离思，也有抒发怀才不遇之慨叹及纵酒狂放之作品。其词兼具婉约与豪放的风格，各极其妙，长于锤炼语言并善融化前人成句，是北宋后期一重要词家，用韵特严，富有节奏感和音乐美。张耒在《东山词序》中指出他词风有盛丽、妖冶、幽索、悲壮等方面。《青玉案》一词中"一川烟草，满城风絮，梅子黄时雨"是最为人称道的名句，时人皆服其工，而称他为"贺梅子"。此外，《鹧鸪天·重过阊门万事非》也是其优秀词作。著作有《庆湖遗老集》和《东山词》。

周邦彦

周邦彦（1056—1121 年），北宋词人，字美成，号清真居士，钱塘（今浙江杭州）人。少年落魄不羁，因献《汴京赋》而得官。历官太学正、庐州教授，知溧水县等。他精通音律，徽宗时提举大晟府为皇室制乐。周邦彦继承了柳永的铺叙，舍弃其平直，施展点染、勾勒等艺术技巧，融合不同时间地点的情景，进行多层面的描写。他的写景咏物之作，刻画入微。其词语言典雅精炼，注重炼字。他精通音律，为后世格律词派所宗，称之为"词家之宗""集大成者"，开南宋姜夔、张炎一派，影响巨大。近代著名学者王国维在《清真先生遗事》中称周邦彦为"词中老杜"，评说他"美成深远之致，不及欧、秦，惟言情体物，穷极工巧，故不失为第一流之作者；但恨创调之才多，创意之才少耳"。（《人间词话》）《兰陵王·柳》《少年游·并刀如水》为其代表作品。著作有《清真集》。

西昆体

北宋初社会安定繁荣，宋太宗、宋真宗都奖掖文士，君臣时常唱和，蔚成风气。宋真宗景德二年到大中祥符元年（1005—1008 年），杨亿、刘筠、钱惟演等馆阁之臣相互唱和，共得诗 250 首。杨亿取传统中昆仑山之丘，群玉之山、西山母之所居为策府之意，编集成《西昆酬唱集》，后人遂称之为西昆体。西昆体诗歌内容多为吟咏前代帝王和宫廷故事。西昆体作者群标榜学习李商隐，但主要拾取了李诗典雅精丽、委婉深密的艺术技巧，而缺乏充实的生活感受。西昆体诗歌在宋初诗坛影响很大，欧阳修《六一诗话》说"杨、刘风彩，耸动天下"，"时人争效之，诗体一变"。

江西诗派

宋代影响较大的一个诗歌流派，形成于北宋后期，以江西诗派的黄庭坚为首。北宋末，吕本中作《江西诗社宗派图》，"江西诗派"名称由此而来。但这些诗人并非都是江西人。这一诗派论诗，主张多读书，要求字字皆有来历。江西派诗人号召学杜甫，以杜甫为一祖，黄庭坚、陈师道、陈与义为三宗。江西诗派过分追求新奇、险僻、典故而忽视了诗歌的社会内容，产生很大流弊。但他们扫荡了西昆体的形式主义，值得肯定。他们也有一些较好的诗歌作品。

乌台诗案

王安石主张变法以后，苏轼对变法中的一些条款很不赞成，并做了指责。苏轼诗词中有一首《咏桧》诗，当时的监察御史告发此诗指刺皇上，图谋不轨。苏轼被革职治罪，打入监狱。御史台自汉以来即别称"乌台"，所以此案称为"乌台诗案"。后来，神宗帝亲阅案卷，觉得此案未免有些牵强附会。他说："诗人之词，安可如此论？彼自咏桧，何与朕事？"于是下令将苏轼免罪释放，贬谪黄州。乌台诗案实质上是宋神宗时代由于苏轼作诗而触发的一桩政治官司。可以说是中国历史上文字狱的开始。

《资治通鉴》

《资治通鉴》是一部编年体通史巨著，北宋司马光主持编修，参加编撰的还有刘恕、刘敛、范祖禹等人。司马光认为历代史籍浩繁，后人难以遍览，遂决定取诸史籍精要内容，编撰一部编年体史书。该书历时 19 年完成。全书 294 卷，记载了上起战国周威烈王二十三年（公元前 403 年），下迄后周世宗显德六年（959 年），共1362 年的历史。以朝代为纪，共有 16 纪。天祐元年（1086 年）书成后，呈送宋神宗阅。神宗阅后认为"鉴于往事，有资于治道"，遂赐书名《资治通鉴》。该书虽以政治、军事为主，略于经济、文化，但所包含的时间长，且取材广泛，保存的史料尤为丰富，在古代史学史中占有极重要的地位，为后世史家所推崇。

《梦溪笔谈》

北宋沈括撰。26 卷，并有《补笔谈》3 卷，《续笔谈》1 卷。沈括博学广闻，晚年居住润州（今江苏镇江）著成此书，以其居地梦溪地名作为书的名字。全书共分故事、辩证、乐律、象数、人事、官政、机智、艺文、书画、技艺、器用、神奇、异事、谬误、讥谑、杂志、药议等 17 目，约 609 条。内容涉及天文、数学、物理、化学、生物、地理、医学、地质、气象、工程技术、文学、史事、音乐和美术等，记述了中国古代许多科技成就，如毕昇发明活字印刷等，也包括沈括自己的一些科学创见。

清明上河图（局部） 北宋 张择端

这是一幅巨幅风俗画，描绘的是北宋都城汴京（今河南开封）清明时节汴河及其两岸的风光。作品生动地记录了中国 12 世纪城市生活的面貌，这在我国乃至世界绘画史上都是独一无二的，堪称中国绘画史的骄傲。

《清明上河图》

在中国保存下来的许多古代名画中，有一幅奇画《清明上河图》，它的作者是北宋画家张择端。这幅画是一幅长卷，宽 20 多厘米，长 5 米多。画中展现的是北宋京城的风光景物与人们的生活习俗。只见街道纵横，房屋稠密，路上车水马龙，店里生意兴隆。画面上，茶坊、酒楼、肉铺、布店，直到医药门诊、马车修理、看相算命、理发修面，真是各行各业应有尽有。男女老幼各种人物画了 500 多个。《清明上河图》的绘画功力深厚、造型细致逼真，真实地描绘了中国北宋时期的都市生活，有如一部图片百科全书，在中国的书画遗产中是极为罕见的。它具有极高的艺术价值和历史价值，堪称国宝。

瘦金体

瘦金体是宋徽宗（赵佶，1082—1135 年）创造的书法字体，亦称"瘦金书"或"瘦筋体"，也有"鹤体"的雅称，是楷书的一种。宋徽宗早年学薛稷、黄庭坚，参以褚遂良诸家，出以挺瘦秀润，融会贯通，变化"二薛"（薛稷、薛曜），形成自己的风格，号"瘦金体"。其特点是瘦直挺拔，横画收笔带钩，竖划收笔带点，撇如匕首，捺如切刀，竖钩细长；有些连笔字像游丝行空，已近行书。其用笔源于褚、薛，写得更瘦劲；结体笔势取黄庭坚大字楷书，舒展劲挺。现代美术字体中的"仿宋体"即模仿瘦金体神韵而创。

《虎钤经》

中国宋代著名兵书。北宋吴郡（今江苏吴中区）人许洞历 4 年于景德元年（1004 年）撰成，凡 20 卷，210 篇，共论 210 个问题。许洞曾任雄武军推官、均州参军等职。该书现存明嘉靖刊本及清《四库全书》等刊刻本。《虎钤经》以上言人谋，中言地利，下言天时为主旨，兼及风角占候、人马医护等内容。许洞认为天、地、人三者的关系应是"先以人，次以地，次以天"（《虎钤经》，明刊本，下同），重视人（主要是将帅）在战争中的作用。要求将帅应"观彼动静"而灵活用兵，做到"以虚含变应敌"。尽管天时有吉凶，地形有险易，战势有利害，如能吉中见凶、凶中见吉，易中见险、险中见易、利中见害、害中见利，就能用兵尽其变。此外，还汇集了不少阵法，并创造了诸如飞鹗、长虹等阵。但书中天人感应等荒诞迷信之谈，则不可取。

宋　词

　　词始于唐，兴于五代，盛于两宋。宋代宫廷设教坊教习音乐，城市有歌楼瓦肆，乡村传唱民歌小调，为词的繁兴创造了条件。因此，词成为两宋的主要文学形式，故称宋词。宋词数量巨大，《全宋词》共收录词人 1330 多位，作品 19900 多首。宋代词人创作风格各异。婉约派，代表人物柳永，擅长慢词长调创作，多反映市民生活，代表名篇《雨霖铃》（寒蝉凄切）；女词人李清照继承了柳词风格，其词委婉含蓄、清新淡雅，被视为婉约派正宗，代表作《声声慢》（寻寻觅觅）。豪放派词风豪迈奔放，代表词人有苏轼、陆游、辛弃疾。格律派因其注重格律而得名，其词辞藻工丽，音律典雅，但内容狭隘，意境不高，代表人物有周邦彦、姜夔等人。

话　本

　　宋代"说话"（说书）人的底本，也称为"话文"或简称"话"。"说话"就是讲故事，类似现代的说书。话本的内容有佛经故事（说经）、历史故事（讲史），脂粉、灵怪、传奇、公案、武打、人物（小说）等。其中最为世人喜欢的是小说。宋代传到今天的"话本"有《大唐三藏取经诗话》《国志平话》《五代史平话》《大宋宣和遗事》及《京本通俗小说》等。以"说话"为主的艺人称"说话人"，"话本"各有独立的科目。宋代各大城市都有不少娱乐场所，如瓦子、勾栏等。"说话人"不仅在这些场所表演，还经常深入到乡村。

　　陆游曾以诗记述宋代"说话"艺术的景况："斜阳古柳赵家庄，负鼓盲翁正作场。身后是非谁管得，满村听说蔡中郎。"

程朱理学

　　从北宋时起，理学家们继承唐朝韩愈的思想，重新整理儒家学说的传统，把儒、释、道三家加以融合。北宋时理学的奠基人是周敦颐，其主要著作是《太极图说》和《通书》。在书中，他主要阐述了自己的客观唯心主义宇宙观。他的学生程颢和程颐进一步发展了这种学说，初步建立了理学的客观唯心主义体系，他们的哲学最高范畴就是"理"，这是不以人的意志为转移的、不受时空限制的宇宙的本体，是自然界和人类社会的最高法则，能做到"明天理，去人欲"，自然就可以天下太平。南宋时，朱熹发展了"二程"关于"理"的学说，建立起了庞大的理学体系。因为朱熹师承"二程"的学说，所以后代把他们所建立的这种哲学称为"程朱理学"。

北宋的"四大书院"

　　北宋承五代之乱，宋初又忙于军事征战和政治制度变革，统治者为谋求长治久安，注意以科举笼络士子，而忽视兴办学校教育。开国初 80 余年没有兴办学校，出现士大夫无所学的情况，作为民间教育组织的书院于是兴起。一些富室、学者纷纷自行筹款，依山靠林，辟舍建院讲学。北宋最著名的书院有白鹿洞、岳麓、应天府、嵩阳（或石鼓）书院，合称为"四大书院"。

花石纲

北宋末年，统治阶级极为奢侈腐朽。宋徽宗竭天下之财以自奉，在京师大兴土木，营建宫殿及亭台楼阁达 20 余年。崇宁四年（1105 年），他命令在苏州设立苏杭应奉局，专门在东南搜罗奇花异石，然后用船队不断运往开封，当时，这种运送花石的船队叫"花石纲"。

程门立雪

北宋时期，福建将东县有个叫杨时的进士，他特别喜好钻研学问，到处寻师访友，曾就学于洛阳著名学者程颢门下。程颢死前，将杨时推荐到其弟程颐门下，在洛阳伊川所建的伊川书院中求学。

程门立雪

杨时那时已四十多岁，学问也相当高，但他仍谦虚谨慎，不骄不躁，尊师敬友，深得程颐的喜爱，被程颐视为得意门生，得其真传。一天，杨时同一起学习的游酢向程颐请教学问，却不巧赶上老师正在屋中打盹儿。杨时便劝告游酢不要惊醒老师，于是两人静立门口，等老师醒来。一会儿，天飘起鹅毛大雪，越下越急，杨时和游酢却还立在雪中，游酢实在冻得受不了，几次想叫醒程颐，都被杨时阻拦住了。直到程颐一觉醒来，才赫然发现门外的两个雪人！从此，程颐深受感动，更加尽心尽力教导杨时，杨时不负众望，终于学到了老师的全部学问。之后，杨时回到南方传播程氏理学，且形成独家学派，世称"龟山先生"。

后人便用"程门立雪"这个典故来赞扬那些求学师门，诚心专志，尊师重道的学子。

沈 括

沈括（1031—1095 年），字存中，杭州钱塘（今浙江杭州）人，北宋科学家、政治家。幼时南迁至福建的武夷山、建阳一带，后隐居于福建的尤溪一带。仁宗嘉祐八年（1063 年）进士。神宗时参与王安石变法运动。熙宁五年（1072 年）提举司天监，次年赴两浙考察水利、差役。熙宁八年（1075 年）出使辽国，驳斥辽的争地要求。次年任翰林学士，权三司使，整顿陕西盐政。后知延州（今陕西延安），加强对西夏的防御。元丰五年（1082 年），受宋军于永乐城之战中为西夏所败连累，被贬。晚年以平生见闻在镇江梦溪园撰写了《梦溪笔谈》。

沈括的科学成就是多方面的。他精研天文，所提倡的新历法，与今天的阳历相似。在物理学方面，他记录了指南针原理及多种制作法；发现地磁偏角的存在，比欧洲早了 400 多年；曾阐述凹面镜成像的原理，还对共振等规律加以研究。

余 深

余深（约 1050—1130 年），字原仲，北宋时期罗源人，宋神宗元丰五年（1082年）进士，位列太宰（副宰相），进拜少保，封丰国公，再封卫国公加太傅。《宋史》《八闽通志》《福州府志》《罗源县志》皆有传。他因由奸臣蔡京引荐，故多遭时人非议，如《宋史》。但后人多给辩解，到了明朝的《大明一统志》，就将他列入"人物传"中，并称其忠谏。作为名宦名人，他的许多故事流传民间或记载在各种史书志乘笔记中，最有名的可数"修建余家塘""举士避亲嫌""缘结荔枝深"这三件事。

朱淑真

朱淑真（约 1135—约 1180 年），宋代女词人，一作淑贞，号幽栖居士。朱淑真籍贯身世历来说法不一，《四库全书》中定其为浙中海宁人，一说浙江钱塘（今浙江杭州）人。祖籍安徽歙州（州治今安徽歙县），南宋初年时在世，相传为朱熹侄女。朱淑真生于仕宦家庭，其父曾在浙西做官，家境优裕。幼颖慧，博通经史，能文善画，精晓音律，尤工诗词，素有才女之称。相传因父母做主，嫁给一文法小吏。因志趣不合，婚后生活很不如意，抑郁而终，其墓在杭州青芝坞。

"东坡肉"的由来

据传苏东坡第二次回杭州做地方官时，西湖已被葑草淹没了大半。他上任后，发动数万民工除葑田、疏湖港，用挖起来的泥堆筑了长堤，并建桥以畅通湖水，使西湖秀容重现，又可蓄水灌田。这条堆筑的长堤，改善了环境，既为群众带来水利之益，又增添了西湖景色。后来形成了被列为西湖十景之首的"苏堤春晓"。

当时，老百姓赞颂苏东坡为地方办了这件好事，听说他喜欢吃红烧肉，到了春节，都不约而同地给他送肉，来表示自己的心意。苏东坡叫家人把肉切成方块，用他的烹调方法烧制，连酒一起，按照民工花名册分送到每家每户。他的家人在烧制时，把"连酒一起送"领会成"连酒一起烧"，结果烧制出来的红烧肉，更加香酥味美，食者盛赞苏东坡送来的肉烧法别致，可口好吃。众口赞扬，趣闻传开，遂流传至今。

佛印禅师

佛印（1032—1098 年），是北宋一位金山寺名僧的法号。名了元，字觉老，3岁能诵《论语》，五岁能诵诗 3000 首，被称为神童。住云居 40 余年。与苏轼友善，轼谪黄州，佛印住庐山，常相往来。

苏 轼

苏轼（1037—1101 年），字子瞻，又字和仲，号"东坡居士"，世人称其为"苏东坡"。眉州（今四川眉山，北宋时为眉山城）人，祖籍栾城。北宋著名文学家、书画家、诗人，豪放派词人代表。

作为杰出的词人，苏轼开辟了豪放词风，同杰出词人辛弃疾并称为"苏辛"。在诗歌上，与黄庭坚并称"苏黄"。苏轼的作品有《东坡七集》《东坡乐府》与《前后赤壁赋》等。在政治上属以司马光为领袖的旧党。在书法方面成就极大，与黄庭坚、米芾、蔡襄并称"宋四家"。

漕运四渠

北宋东京开封府有汴渠、黄河、惠民、广济（五丈）四水（或以金水河为四河之一，不含黄河），流贯城内，以通各地漕运，合称"漕运四渠"。

上述漕运四渠经宋初疏浚和开凿后，形成了以东京开封府为中心的水运交通网。宋史记载，汴都"有惠民、金水、五丈、汴水等四渠，派引脉分，成会天邑，舳舻相接，赡给公私，所以无匮乏"。但金水河主要作用是供给广济河的水源，兼及运输京西木材入都城，并无正式漕运之利。其他三渠则为东京经济命脉所系，连同漕引陕西诸州物资的黄河，历史上又合称"漕运四河"。

中国最早的商标

中国最早的商标，可追溯到北宋时期。当时济南有家姓刘的针铺店，以白兔为商标，颇负盛名。这个商标是用铜版印刷的，近似方形，中间绘有白兔捣药图，画像鲜明突出。图画的上端横写着店名"济南刘家功夫针铺"，两侧写有"认准门前白兔儿为记"的条幅，图下方从左到右写关于经商范围、方法和质量要求的告白。这件历史文物现存中国国家博物馆。国外最早的商标是 1473 年出现在英国伦敦街头的张贴印刷商标，比中国刘记针铺商标要晚好几百年。

交 子

交子是世界上最早流行的纸币，它于北宋初年在四川成都开始流行。成都在北宋时期是一个商业繁荣、商品交易发达的地区，然而最初使用的交换货币是铁钱。这种铁质的钱不仅重，而且价值很低。这就促使一些商人在交易中发明了一种制楮（纸）的卷。他们在楮卷上暗藏标记，隐蔽密码，并以此代替铁钱，从而大大方便了商人们的商品交易。当时这种楮卷被称为"交子"，它的性质与现在的存款凭据相近。

"交子"的出现，便利了商业往来，弥补了现钱的不足，是中国货币史上的一件大事。此外，"交子"作为中国乃至世界上发行最早的纸币，在印刷史、版画史上也占有重要的地位，对研究中国古代纸币印刷技术有着重要的意义。

交子 北宋

— 217 —

南 宋

宗泽保卫东京

1127 年，由李纲推荐，宗泽为开封府尹，负责守卫旧都。宗泽到任后，积极募集新军，加以训练，他又单骑出城，劝说各路绿林好汉以国事为重。于是，宗泽请求派大军北伐，收复失地，请高宗速还汴京，均为黄潜善、汪伯彦所阻，不被采纳。宗泽忧愤成疾，疽发于背，不幸病逝，死前一日，他长吟"出师未捷身先死，长使英雄泪满襟"，嘱咐部下继续抗金，连呼三声"过河"，念念不忘抗金大业。

建康之战

1129 年冬，金将兀术率军渡江南侵，尾追高宗不及，掳掠一番后北归，在黄天荡（今江苏南京附近）遭到宋将韩世忠的截击，逃往建康。岳飞率兵出击，半月内多次大败金军，歼敌 3000，收复了建康（今南京）。这是岳家军首次大捷。

韩世忠大战金兀术

1129 年，金兀术征伐南宋，宋高宗渡海潜逃，金兀术率军焚临安城后北还。次年三月丁巳，全军至镇江，为浙西制置使韩世忠所阻，金军水战失利，不得渡江，最后被堵在了黄天荡。黄天荡是条死水港，金军多次突围，均未奏效。后听说由老鹳河故道可以通秦淮，金兀术便用了一个晚上开渠数千里，才得以逃往建康，但仍不得过江。

四月，金兀术依福建人王某之计，才击败韩世忠军，退还镇江渡江北归。韩世忠以 8000 兵抗拒金兵 10 万之众，阻击 48 天，虽败而使金军从此不敢轻易渡江，南宋都城临安和半壁江山得以保全。

钟相、杨么起义

南宋初年，在金兵南侵的同时，洞庭湖边的钟相、杨么也发动了起义。北宋末年，湖南常德人钟相在家乡利用宗教活动组织群众。他宣称："法分贵贱贫富，非善法也。我行法，当等贵贱，均贫富。"他的这个主张比北宋初王小波"均贫富"的思想又进了一步。1127 年初金人入侵，钟相组织民兵 300 人北上"勤王"，还未与金兵接触，就被宋高宗命令遣返。

建炎四年（1130 年），钟相发动起义，攻占了洞庭湖周围的 19 个县，建立了大楚农民政权。起义军攻伐官吏、儒生、僧道等人，夺取他们的财物。钟相后来被叛徒杀害，杨么继续领导斗争。起义军凭借水军优势，多次给官军以痛击。绍兴五年（1135 年），南宋王朝派遣岳飞镇压，最后消灭了这支起义军。

岳飞抗金

岳飞（1103—1142 年），字鹏举，相州汤阴（今属河南）人，是南宋著名军事家，抗金英雄。他童年时候跟从名师学习武艺，能左右开弓。他还精通兵法，喜欢学习历史。南宋初，他参加了北方人民组织的抗金队伍"八字军"。后来到开封，受到南宋抗金老将宗泽的赏识。由于他的勇敢和才干，立下多次战功，很快升为一支军队的将领。岳飞的军队纪律严明，行军露宿，只许士兵睡在廊檐下，老百姓请他们进屋，他们也不进去。老百姓亲切地称呼他们为"岳家军"。岳家军练兵认真，作战勇敢，能够以少胜多，在突然受到敌人袭击时一点儿也不慌乱。金兵畏惧他们，说："撼山易，撼岳家军难！"

郾城大捷

宋金战争重要战役之一。1140 年，岳飞率军北伐，在郾城（今属河南）与金军主将兀术展开决战，金军以全副武装的步兵居中，以号称"拐子马"的 1.5 万骑兵分居两翼，列阵进攻。岳飞同儿子岳云等迎战，令将士手持刀斧专砍马足，使"拐子马"失去战斗力。宋将杨再兴单骑冲入敌阵，欲活捉兀术未成，杀敌数百。两军战至傍晚，金军败退。

秦桧擅权

秦桧（1090—1155 年），字会之，江宁（今江苏南京）人，宋徽宗时官任御史中丞，于 1127 年被掳到金国。1130 年，秦桧被放回南宋，得到宋高宗的信任，官至宰相。1140 年，秦桧怂恿宋高宗解除主战将领的军权，并诬构谋反罪状，杀害岳飞，促成了绍兴和议。秦桧任相期间，独揽朝政，排除异己，大兴文字狱，极力贬斥主张抗金的官员，压制抗金舆论，篡改宫史，奖励歌颂和议的诗文。他还推行经界法，丈量土地，重定税额，又密令各地暗增民税十分之七八，使很多贫苦农民家破人亡。

隆兴和议

绍兴十九年（1149 年），金廷政变，海陵王完颜亮杀金熙宗完颜直自立为帝。三十一年（1161 年）九月，金对南宋发起大规模的进攻，进逼至长江北岸。高宗随即传位给养子赵眘，是为孝宗。孝宗力主抗金，启用张浚等主战派，并为岳飞父子昭雪，斥逐朝中秦桧党人。隆兴元年（1163 年）五月，在枢密使张浚等人的倡议和策划下，宋军北伐，一度收复宿州（今安徽宿县）等地。但因副招讨使邵宏渊消极退却，北伐失败。

宋廷内投降派借机攻击主战派，张浚等人辞官。隆兴二年（1164 年），在太上皇赵构等人的压力下，孝宗被迫与金订立和约：改金与南宋的君臣关系为叔侄关系；改"岁贡"为"岁币"，改进银、绢各 5 万两（匹）为各 20 万两（匹）；双方疆界仍以"绍兴和议"为准。史称"隆兴和议"。

嘉定和议

宋淳熙十六年（1189 年），孝宗赵昚传位给太子赵惇，是为光宗，自己做太上皇。光宗即位后，受制于李皇后，不问政事。宗室赵汝愚、外戚韩侂胄借机逼光宗退位，立其子赵扩为帝，是为宁宗。此后韩侂胄于朝中排斥异己，独柄朝政。

开禧二年（1206 年），北方蒙古起兵反金。未及认真准备，韩侂胄即贸然出兵伐金。宋军大部分将领无心抗金，在收复一些失地后，遭金军反击，宋军大败而逃。北伐失利，投降派又向金朝乞和。开禧三年（1207 年），礼部侍郎史弥远遵照金朝要求，勾结参知政事钱象祖等人，将韩侂胄秘密处死。事后，钱象祖升任右相，史弥远任同知枢密院事，投降派复又控制了朝政。嘉定元年（1208 年），史弥远刨棺割取韩侂胄首级呈献金朝，与金重订和约：改金、南宋叔侄之国为伯侄之国；岁币由 20 万增至为银 30 万两、绢 30 万匹；南宋另付金犒军费银 300 万两；两国疆界仍以"绍兴和议"为准。史称"嘉定和议"。和议订立后，金军已无力南侵，南宋在史弥远专权下，统治愈发腐朽、黑暗，全面走向衰败。

绍熙内禅

淳熙十六年（1189 年）二月，宋孝宗禅位于太子赵惇，即宋光宗，第二年改元绍熙。宋光宗长期患病，不能理政。李皇后操纵朝政，宦官、权臣乘机弄权，政治十分黑暗。绍熙五年（1194 年），太上皇病危去世，光宗始终未去问疾，也不执丧，朝中对这件事议论纷纷。有大臣向光宗建议由嘉王赵扩监国，光宗表示想要退位。枢密使赵汝愚和知阁门事韩侂胄随即立嘉王赵扩为帝，是为宁宗。光宗被尊为太上皇，史称"绍熙内禅"。

庆元党禁

大臣赵汝愚和韩侂胄拥立宁宗即位后，两人之间的不和渐深。庆元元年（1195 年），韩侂胄上书弹劾赵汝愚，赵汝愚被罢相，后又被迫自杀，为他说话的人也都陆续被放逐。庆元二年（1196 年），韩侂胄当政，凡和他意见不合的都被称为伪学，定为逆党，获罪的人达到 50 多人，史称"庆元党禁"。

蒙古、南宋合力灭金

南宋晚期，蒙古族为求向南发展，欲利用宋金矛盾，联宋攻金。1232 年，蒙古可汗窝阔台派使来到南宋，商议共同伐金。双方协议，灭金后黄河以南的土地归宋。次年，宋朝精兵与蒙古军共同攻打金国最后的战略据点蔡州（今河南汝南），蔡州城破，金国灭亡。但蒙古军不肯如约将黄河以南的土地归宋，双方由此引发了战事。

文天祥抗元

1276 年，元军大举进攻南宋并占领了临安，宋恭帝被俘。临安（今浙江杭州）

陷落以后，文天祥、张世杰、陆秀夫等仍然率领军民坚持抗元斗争。同年五月，益王赵昰即位，是为宋端宗。端宗任命文天祥为丞相兼知枢密院事。文天祥建议组织水军经海路收复两浙失地，被左丞相兼都督陈宜中否决，他只好以同都督的身份离开朝廷前往江西发动军民抗战。

文天祥像

景炎二年（1277年），文天祥率军反攻江西，先后收复了赣州、吉州的部分土地。次年四月，宋端宗死，赵昺即位，改元祥兴，移驻广东。文天祥收拾宋军残部，继续坚持战斗，直至兵败被俘。文天祥被押往大都以后，拒绝了忽必烈的亲自劝降，于1283年从容就义。1279年二月，宋、元双方在海上展开会战，宋军大败，陆秀夫背着幼帝赵昺投海而死。南宋王朝的抗元力量被全部消灭。

崖山殉难

临安陷落后，益王赵昰在福州被拥立为帝，是为宋端宗。1278年，端宗病逝。张世杰、陆秀夫等人又立8岁的广王赵昺为帝。张世杰驻兵于新会的崖山（今台山东南），据守天险。1279年，元将张弘范率水军入海攻崖山，张世杰力战后溃败，陆秀夫背起赵昺投海自尽，张世杰也因船翻而死。宋朝灭亡。

襄阳重镇

现在湖北襄樊就是由古时的襄阳、樊城两城组成。襄樊地处南阳盆地南端，居汉水上流，三面环水，一面傍山，是控制南北交通的要地。自古襄樊就有"七省通衢""南船北马"之称。

它是中国最悠久的地区之一，远在60万年前，人类已在此繁衍生息。樊城因周宣王封仲山甫（樊穆仲）于此而得名，襄阳以地处襄水（今南渠）之阳而得名。樊城始于西周，襄阳筑城于汉初。自东汉献帝初平元年（190年）荆州牧刘表徙治襄阳始，襄阳历来为府、道、州、路、县治所。

蒙古人在攻打南宋之时就认识到，只有拿下襄阳才能打倒南宋，所以举全国之兵来攻打襄阳。这就是历史上著名的襄阳大战，发生在13世纪宋末元初。这场战役使蒙古迅速灭亡了南宋，建立了版图辽阔的元朝。

抗金八字军

金军南下时，烧杀淫掠，无恶不作，激起了北方人民的强烈反抗。北方人民纷纷拿起武器，抵抗入侵的金军，其中最著名的就是王彦领导的八字军。

王彦（1090—1139年），字子才，上党（今山西长治市）人，抗金名将。王彦原为河北招抚司都统制，建炎元年（1127年）他率岳飞等11员将领和8000人渡过黄河，击败金军，收复卫州、新乡等失地。后来遭到了金军的重兵围攻，王彦突围到共城县西山（今河南辉县一带），收集余部700人，以太行山为根据地，继续抗金，发展到10余万人。他领导的抗金武装，因人人脸上刺有"赤心报国，誓杀金贼"，所以被称为"八字军"。八字军联络河北的其他义军共同抗金，声势浩大，屡败金军，使金人在河北的统治始终不能稳定，同时也极大地牵制了金军的南下。

王彦所率的八字军后被改编为南宋部队。因受到投降派的排挤，王彦忧愤而死。

李清照

李清照（1084—约1151年），号易安居士，南宋人。济南历城（今山东济南）人，其父李格非曾任北宋著作佐郎、礼部员外郎，著有《洛阳名园记》。李清照早年生活优裕，帮助其夫赵明诚搜集金石书画并有研究，著有《金石录》。

北宋末年，金兵入侵，李清照等避乱江南。途中，赵明诚病死。晚年处境寂寞悲愁。作品风格委婉含蓄、清新淡雅，有作品《漱玉集》传世。

李纲

李纲（1083—1140年）字伯纪，邵武（今属福建）人，南宋初抗金名臣。京师危急时，先后任亲征行营副使、正使，组织军民保卫东京，抗击金兵，迫使金军撤兵。有《梁溪集》传世。

赵构

赵构（1107—1187年），就是南宋高宗。他是宋徽宗的第九个儿子，初封康王。1127年，金兵俘获徽宗、钦宗二帝北去，北宋灭亡。赵构于南京（今河南商丘）即帝位，后定都临安（今浙江杭州），史称南宋，1127—1162年在位。一度为形势所迫，任用岳飞、韩世忠等抗金名将。后为向金求和，与宰相秦桧勾结，杀害岳飞。1141年，与金达成割地、称臣、纳贡的屈辱和议。

兀术

兀术（？—1148年），原名完颜宗弼，阿骨打第四子，金军骁将，他曾参加灭辽及攻打北宋的战争。1129年冬，他率军渡过长江，追袭宋高宗，先后攻占湖州、越州、杭州等地，一路烧杀抢掠。他多次与宋军作战，败多胜少，勾结秦桧，使岳飞被冤杀，促成"绍兴和议"，不战而得大片土地。

朱熹

朱熹（1130—1200年），字元晦，号晦翁，别称紫阳。绍兴进士，曾任同安县主簿等职，改提举浙东茶盐公事，救荒革弊有善政。后主持白鹿洞书院、岳麓书院，教授50余年，弟子众多。主张"去人欲，存天理""格物致知"，以及"穷理尽性"。他学识广博，毕生著述讲学，对经学、史学、文学、乐律都有贡献。

他发展"二程"的学说，形成程朱学派，集大成的朱熹理学思想成为元、明、清时代占统治地立的官方哲学，影响极大。

唐宋八大家

指唐宋两代 8 位散文作家，即唐代韩愈、柳宗元，宋代欧阳修、苏洵、苏轼、苏辙、王安石、曾巩。明初朱右把这"八大家"的作品编为《八先生文集》。明中叶唐顺之纂《文编》，只取这八位散文家的文章。后来茅坤选辑他们的作品，取名为《唐宋八大家文钞》，唐宋八大家名称由此流传至今。唐宋八大家是主持"古文运动"的核心人物，提倡散文，反对骈文。韩愈（768—824 年），字退之，河阳（今河南孟州市）人，自称郡望昌黎（今属辽宁），世称韩昌黎，唐代重要的文学家、思想家，古文运动的领袖，"唐宋八大家"之首，被苏东坡誉为"文起八代之衰"，其文章针砭时弊、逻辑严整、气势宏大、豪逸奔放。柳宗元（773—819 年），

唐宋八大家像

字子厚，祖籍河东解县（今山西永济）。唐代杰出的思想家和文学家，也是唐代古文运动倡导者，反对六朝以来绮靡浮艳的文风，提倡质朴流畅的散文。欧阳修（1007—1072 年），字永叔，号醉翁、"六一居士"，吉州庐陵（今江西永丰）人。宋代散文革新运动的领导者，反对浮靡雕琢、怪僻晦涩的"时文"，提倡简而有法、流畅自然的风格，其名篇《醉翁亭记》《秋声赋》等传诵千古。苏洵和其子苏轼、苏辙并称"三苏"。"三苏"散文各有特色，以苏轼成就最高。王安石（1021—1086 年），字介甫，后人称之王荆公，抚州临川（今江西抚州）人，北宋著名政治家、思想家、文学家，其文说理透辟、论证严谨且气势逼人、词锋犀利。曾巩（1019—1083 年），字子固，建昌军南丰县（今属江西）人，曾文长于议论，语言质朴，说理曲折尽意，文风以"古雅、平正、冲和"见称，如《上欧阳舍人书》《上蔡学士书》等。

豪放派

豪放派词人的代表人物有苏轼、陆游、辛弃疾等。他们将词的题材从狭隘的个人情感中摆脱出来，走向社会，走向自然，豪迈奔放。苏轼的词境界宏阔，视野高远，气势恢宏，感情奔放，被时人奉为一代词宗。《念奴娇·赤壁怀古》是苏轼的代表作。南宋陆游，高唱抗战建功的宏愿，抒发壮志难酬的愤懑，也表现孤芳自赏的情调，名作如《诉衷情》《钗头凤》等颇具感染力。辛弃疾以爱国思想和

战斗精神为主旋律，词风慷慨激昂，豪雄悲郁，《破阵子》(醉里挑灯看剑)、《永遇乐》(千古江山)等作品意境开阔，令人振奋。

辛弃疾

辛弃疾（1140—1207 年），南宋词人，原字坦夫，改字幼安，别号稼轩居士。历城（今山东济南）人。出生前 13 年，家乡即已为金兵侵占。绍兴三十一年（1161年）率 2000 民众参加北方抗金义军，次年奉表归南宋。历任湖北等地安抚史，在各地任上认真革除积弊，积极整军备战。曾进奏《美芹十论》，又上宰相《九议》，力主抗战，未得采纳和施行，闲居江西 20 年。后虽被起用，但壮志终于不展，抱恨而死。今存词 629 首，数量为宋词人之冠。词作题材广泛，风格多样，抒发对祖国统一的渴望，批判南宋统治者的苟安投降，倾诉壮志难酬的悲愤。慷慨悲壮是其词作主调，代表作有《永遇乐·京口北固亭怀古》《水龙吟·登建康赏心亭》《破阵子·为陈同甫赋壮词以寄之》《菩萨蛮·书江西造口壁》等。表现闲适生活的词数量最大，这类词往往流露出无可奈何的情绪，其精神仍与爱国词一脉相通，如《沁园春·带湖新居将成》《水调歌头·盟鸥》等许多词中都带有这种情绪。一部分写农村生活的词清新淳朴，语言浅近，如《清平乐·村居》《鹧鸪天·戏题村舍》《西江月·夜行黄沙道中》《浣溪纱·常山道中即事》。辛弃疾诗今存 133首，内容和风格大体上亦如其词。有《稼轩长短句》。

贾似道

贾似道（1213—1275 年），字师宪，号悦生、秋壑，天台人。贾涉之子，母胡氏，为涉之出妾。涉死，似道年仅 11 岁，后以父荫为嘉兴司仓。嘉熙二年（1238 年）登进士第，时姐已为宋理宗贵妃，得擢太常丞、军器监。京尹史岩之言其材可大用，遂升知澧州。

贾似道好收藏，聚敛奇珍异宝，书法名画，今尚存世的许多古代书画，如《王羲之快雪时晴帖》《展子虔游春图》《欧阳询行书千字文卷》等，均是他的藏品。

陆　游

陆游（1125—1210 年），字务观，号放翁，越州山阴（今浙江绍兴）人。南宋诗人、词人。陆游具有多方面文学才能，尤以诗的成就为最。12 岁即能诗文，一生作品丰富，有《剑南诗稿》《渭南文集》等数十个文集存世，自言"六十年间万首诗"，今尚存 9300 余首，是中国现有存诗最多的诗人。

其中许多诗篇抒写了抗金杀敌的豪情和对敌人、卖国贼的仇恨，风格雄奇奔放，沉郁悲壮，洋溢着强烈的爱国主义激情，在思想上、艺术上取得了卓越成就，在生前即有"小李白"之称，不仅成为南宋一代诗坛领袖，而且在中国文学史上享有崇高地位，是中国伟大的爱国诗人。

陆游的词作量不如诗篇巨大，但和诗同样贯串了气吞残虏的爱国主义精神。陆游的著作有《放翁词》一卷、《渭南词》二卷，《南唐书》《老学庵笔记》等，存词 130 余首。他的名句"山重水复疑无路，柳暗花明又一村""小楼一夜听春雨，深巷明朝卖杏花"等一直被百姓广为传诵。

范成大

范成大（1126—1193 年），南宋诗人，字致能，号石湖居士，平江吴郡（今江苏苏州）人，早年境况贫寒，绍兴二十四年（1154 年）中进士，仕途比较顺利。任徽州司户参军，累迁礼部员外郎。后出知处州，减轻赋税，兴修水利，颇有政绩。淳熙时，官至参知政事。晚年隐居故乡石湖。他与陆游、杨万里、尤袤齐名，称"中兴四大诗人"。其诗风格纤巧婉丽，温润精雅，富有民歌风味。他写诗初从江西诗派入手，后摆脱其束缚和影响，自成一家。他的诗内容充实，有许多揭露剥削、同情农民的作品，《秋日二绝》中"莫把江山夸北客，冷烟寒水更荒凉"更是对南宋统治者炫耀半壁江山无耻行为的尖锐讽刺。他的田园诗成就也较高，富有乡土气息，更可贵的是把自然景物的描写同揭露封建剥削制度结合起来，《四时田园杂兴》等为代表。

杨万里

杨万里(1127—1206 年)，南宋诗人，字延秀，号诚斋，江西吉水人。与范成大、陆游、尤袤称"中兴四大诗人"。绍兴二十四年（1154 年）进士，历任漳州、常州等地方官，官至宝谟阁学士。后因指责朝政，得罪权贵，罢官家居 15 年，忧愤而死。杨万里的诗歌创作大致经历了从模仿、过渡到自成一体的过程。他作诗本从江西诗派入手，中年以后转学晚唐人空灵轻快的绝句，批判江西诗派，形成了自己独特的风格——诚斋体，其特点是：仔细观察世界，用活泼的语言把亲身的感受生动而巧妙地表现出来；诙谐幽默，极富风趣。为追求诗歌语言的口语化，他有意大量采用民间俗语，有时矫枉过正，出现了近乎游戏的诗句，故后人批评它"俚熟过甚"，这是诚斋体中的一个败笔。但这种诗风为当时受江西诗派笼罩的诗坛试验了新的诗歌创作的可能性，引进了新的诗风。《戏笔》《檄风伯》等是其代表作品。

姜 夔

姜夔(1154—1221 年)，南宋词人，字尧章，号白石道人，饶州鄱阳（江西鄱阳)人。早年孤贫，生活比较艰苦，视野较广阔。他具有多方面文艺才能而屡试不第。中年后，长住杭州，渐渐厌倦江湖游士的生活，豪门清客色彩渐浓。为诗初学黄庭坚，而自拔于宋人之外，所为《诗说》，多精当之论。尤以词著称，能自度曲，格律精严，字句雕琢，其格甚高，而意境则浅。清空峭拔，幽远淳雅，"如野云孤飞，去留无迹"（《词源》），上承周邦彦，下开吴文英、张炎一派，被清初浙西词派奉为圭臬，并被后人誉为"如盛唐之有李杜""文中之有昌黎""词中之圣"等。近人王国维《人间词话》说他"古今词人格调之高，无如白石，惜不于意境上用力，故觉无言外之味，弦外之响"。《暗香》《疏影》是其最有名的自度曲作。著作有词集《白石词》。

江湖诗人

南宋中叶后期一些诗人。南宋中叶后杭州书商陈起陆续刻了许多同时代诗人的集子，合称为《江湖集》，"江湖诗人"由此得名。所谓江湖诗人，大都是一些落第文士，由于功名上不得意，只得流传江湖，靠献诗卖艺来维持生活。他们的作品很杂，大致分为两类：生活接触面狭窄，不关心政治，希望在文艺上有所成就，以赢得时人赏识；生活面较广，关心政治，爱好高谈阔论以博时名。戴复古、刘克庄为后一类诗人的代表。

陆九渊

陆九渊（1139—1192年），字子静，号象山，抚州金溪（今属江西）人。南宋著名哲学家、教育家。与当时著名的理学家朱熹齐名，史称"朱陆"。陆九渊是中国"心学"的创始人。明代王阳明发展其学说，成为中国哲学史上著名的"陆王学派"，对近代中国理学产生深远影响。

陆九渊曾在贵溪龙虎山建茅舍聚徒讲学，因其山形如象，自号象山翁，世称象山先生、陆象山。"居山五年，阅其簿，来见者逾数千人。"乾道八年（1172年）登进士第。他承认王安石英才盖世，不合流俗，但认为王安石学术上没有触及根本，不苟同其政治改革。对"靖康之变"胸怀复仇雪耻之大义，故访求智勇之士，共谋恢复失地，陆九渊任地方官时，政绩颇著，却不忘教育，常授徒讲学。去官归里后，他在学宫内设讲席，贵贱老少都赶来听讲，据《象山年谱》称，"从游之盛，未见有此"。著有《象山全集》。

梁红玉

梁红玉（1102—1135年），史书中不见其名，只称梁氏。"红玉"是其战死后各类野史和话本中所取的名字，首见于明朝张四维所写传奇《双烈记》："奴家梁氏，小字红玉。父亡母在，占籍教坊，东京人也。"宋朝著名抗金女英雄。原籍安徽池州，生于江苏淮安。后结识韩世忠。梁红玉感其恩义，

金山今景

以身相许。韩赎其为妾。原配白氏死后成为韩的正妻。建炎三年（1129年），在

平定苗傅叛乱中立下功勋，一夜奔驰数百里召韩世忠入卫平叛。因此被封为安国夫人和护国夫人。

后多次随夫出征。在建炎四年（1130年）长江阻击战中亲执枹鼓，和韩世忠共同指挥作战，将入侵的金军阻击在长江南岸达48天之久，从此名震天下。后独领一军与韩世忠转战各地，多次击败金军。

绍兴五年（1135年），随夫出镇楚州，"披荆棘以立军府，与士卒同力役，亲织薄以为屋"。八月二十六遇伏遭到金军围攻，力尽伤重落马而死，终年33岁。金人感其忠勇，将其遗体示众后送回，朝廷闻信大加吊唁。1151年，韩世忠病逝。夫妇合葬于苏州灵岩山下。

《满江红》

绍兴六年（1136年）岳飞率军从襄阳出发北上，陆续收复了洛阳附近的一些州县，前锋逼北宋故都汴京，大有一举收复中原，直捣金国的老巢黄龙府（今吉林农安，金故都）之势。但此时的宋高宗一心议和，命岳飞立即班师，岳飞不得已率军退至鄂州。他痛感坐失良机，收复失地、雪洗靖康之耻的志向难以实现，在百感交集中写下了气壮山河的《满江红》词：

岳飞像

怒发冲冠，凭阑处、潇潇雨歇。抬望眼，仰天长啸，壮怀激烈。三十功名尘与土，八千里路云和月。莫等闲、白了少年头，空悲切。

靖康耻，犹未雪。臣子恨，何时灭？驾长车，踏破贺兰山缺。壮士饥餐胡虏肉，笑谈渴饮匈奴血。待从头、收拾旧山河，朝天阙。

"莫须有"

南宋时，金人大举进犯，岳飞英勇抵抗，多次获胜。正当岳飞决心乘胜大进军时，与金人暗中勾结的奸相秦桧却大造谣言，诬陷岳飞阴谋造反，屈杀岳飞父子于风波亭上。大将韩世忠听说后，十分气愤，他找到秦桧责问事实真相。秦桧回答说："其事莫须有。"这话意思是说，岳飞造反的事恐怕有，大概有吧！韩世忠听后极为气愤地说："'莫须有'三字，何以服天下？"意思是"莫须有"这三个字，哪能使天下人信服呢？

"莫须有"因此而成为典故。它本来是指岳飞的冤狱，后来引申开来，就泛指各种冤狱。也常写作"风波狱"或"三字狱"，意思是一样的。

九 州

中国所谓的九州，相当于黄河和长江的中下游地区。九州计为冀、兖、青、徐、扬、荆、豫、梁、雍州。《周礼·职方》所记有幽、并州，无徐、梁州。《尔雅·释地》所记有幽、营州，无青、梁州。《吕氏春秋·有始览》所记有幽州，无梁州。

九州又有"九有""九囿""九原"等别称。古人既分当时的土地为九州，天长日久，"九州"也就自然成为中国的代称，这在历代诗人的喻咏中有所见，如唐王昌龄"情乐动千门，皇风被九州"（《放歌行》）。

九州虽然并非完全准确的行政区划，但对中国后世的政区划分影响甚大，特别是以"州"作为行政区域名称，自汉以后很多朝代都采用过。

南 戏

宋代，戏剧艺术也流行开来。宋统治区内有傀戏（木偶）、影戏（皮影）、杂剧。杂剧从唐代参军戏发展而来，角色由2人发展为5—7人之多。此外还有以歌舞讲唱为主的戏曲。两宋之际，南方各地则流行着各种唱法的地方戏，总称"南戏"。南戏原是由顺口可歌的小曲发展起来的，后吸收杂剧及其他民间技艺。作者多为下层文人，词语通俗，不为士大夫所重视，主要流行于今浙东、福建地区。到南宋末年，渐由民间繁衍而盛行于都下。最早的作品有《赵贞女蔡二郎》和《王魁负桂英》。

西湖十景

西湖十景形成于南宋时期，主要有苏堤春晓、曲苑风荷、平湖秋月、断桥残雪、柳浪闻莺、花港观鱼、雷峰夕照、双峰插云、南屏晚钟、三潭印月，十景各擅其胜。

《洗冤集录》

世界最早的一部较完整的法医学专书。南宋宋慈著，全书5卷。1247年成书，颁行全国。作者博采治狱之书以及官府历年所公布的条例和格目加以订正、补充。吸取民间医药知识与官府刑狱检验经验，将全书分为验尸、四季尸体变化、自缢、溺死、杀伤、服毒以及其他伤死等53项。该书成为办案官吏检验的指南，是世界上第一部系统的法医学专著。该书曾被译成荷、英、法、德等国文字。以此为蓝本的《无冤录》（元代王与著）也被译成朝鲜文和日文，对法医学的发展有重大贡献。

五大名窑

宋时的制瓷业发展到一个新阶段，烧制技术、产量、质量以及瓷窑的数量和规模都大大超过前代，大小瓷窑遍布全国，出现了定、汝、官、哥、钧五大名窑。宋代瓷器加彩已较盛行，并掌握了窑变、裂冶技术，南北各瓷窑产品均各具特色，成为畅销海内外的商品。

辽

耶律阿保机建国

契丹族起源于东胡语系的鲜卑族，南北朝以来就在今西拉木伦河一带活动。842 年，契丹摆脱了回鹘的统治，逐渐发展起来。907 年，契丹迭刺部的军事首领耶律阿保机成为契丹可汗，经过几年征战，于 916 年称帝，建国"大契丹"，年号神册。

景宗中兴

969 年，辽穆宗被弑，世宗之子耶律贤继位，是为景宗。当时，辽朝由于统治集团内部纷争不断，已呈现衰败迹象。景宗即位后，进行了一系列的革新，改革吏治，任用贤能。并于 979 年在高梁河（今北京西直门外）之战中击败宋军，稳定了政局，为辽朝的中兴奠定了基础。

契丹文字

辽建国后，出于统治的需要，而参照汉字创制成的一种民族文字，有大字、小字两种。契丹大字为辽太祖耶律阿保机从侄耶律鲁不谷和耶律突吕不参照汉字偏旁部首，于神册五年（920 年）创制而成，字形近似汉字的方块字，大约有 3000 余字。契丹小字由辽太祖弟耶律迭刺参照回鹘文的造字法创制而成。小字属于拼音方式，每个字由 1—7 个原字组成。这两种文字在辽朝并用，但汉字亦通用。辽灭亡后，契丹大、小字曾继续沿用，直至金明昌二年（1191 年），章宗下诏罢契丹字，才废止使用。现存契丹文字，主要见于碑刻、墨书题字、墓志，以及铜镜、印章、货币等。

出行图 契丹

图中人物为典型契丹男子形象，留髡发，戴耳环，身着各色长袍，腰系革带。有拿笔砚的，有握短刀的，也有双手捧黑色皮帽的，描绘出等待出发的情形。

圣宗改革

辽圣宗耶律隆绪在位期间（982—1030 年），在萧太后和韩德让等贤臣的辅佐下，进行了一系列改革，包括整顿吏治、开科举，修订法律，改革赋税，重编部族，等等，效果十分显著，使契丹社会完成了封建化的过程，从而将辽朝推向了极盛时期。

兴宗亲征西夏

1044年，党项及山西五部归附西夏，于是兴宗亲率大军讨伐西夏。夏主元昊见辽军压境，连忙上表请罪，还没等元昊到达辽营，辽军就发起进攻，结果被夏军击败，双方议和。1049年，兴宗再次亲征西夏，大获全胜。西夏王李谅祚请和称臣，双方再次议和。

西辽国

辽末，辽皇族耶律大石眼见天祚帝回天乏术，便领二百骑兵连夜逃走，并自立为王。金灭辽后，随即南下，而辽西北各部落实力并未受损。大石以恢复故国相号召，得精兵万余人，又组织了一支军事力量。1130年，他决意西征，成功地说服了回鹘国王，得以借道西去，摆脱了金军的追击。大石率军击败10万西域诸国联军，行至起儿漫（今乌兹别克斯坦克尔米涅）称帝，号天祐皇帝，仍用辽国号，史称西辽，又称哈喇契丹（黑契丹）。西辽历五帝，1218年为蒙古所灭。

萧太后

承天太后（953—1009年），名萧绰，小名燕燕，辽景宗皇后，辽圣宗耶律隆绪的母亲，她执掌辽国政权近20年，为辽国制度的发展和版图的扩大做出了很大贡献。她的名字在民间杨家将故事中多次出现，她曾多次对北宋用兵，但取得的成效不大。

耶律阿保机

耶律阿保机（872—926年），契丹族首领，辽朝建立者。即辽太祖，汉名亿。契丹迭剌部人。唐昭宗光化四年（901年），选任遥辇氏联盟夷离堇。唐哀帝天祐四年（907年），任部落联盟首领。后梁末帝贞明二年（916年）称帝，建元神册，国号契丹。于潢河（今西拉木伦河）建都（今内蒙古巴林左旗南），后更名上京临潢府。又令其从侄耶律鲁不谷和耶律突吕不、其弟耶律迭剌分别创制了契丹大、小字。还制定法律，建立宫卫骑军和州县部族军。耶律阿保机建国后，东征西讨。天赞五年（926年），灭渤海国，于其地建东丹国，封太子倍为东丹王。回京途中，病死于扶余（今内蒙古巴林左旗西）。庙号太祖，谥号异天皇帝。

萧观音

萧观音（1040—1075年），是辽代著名的女作家，辽道宗耶律洪基懿德皇后，死后追谥宣懿。她爱好音乐，擅琵琶，工诗词，能自创歌词。曾作诗《伏虎林应制》

《君臣同志华夷同风应制》等，被道宗誉为女中才子。后来，由于谏猎秋山被疏，作词《回心院》等10首，抒发幽怨怅惘心情。太康初年，被耶律乙辛等人诬陷，含冤而死。

辽女流行"佛装"

宋使至辽，看到契丹妇女的化妆与中原大不一样，她们面涂深黄，红眉黑唇，称为"佛妆"或"物妆"。据说其法是冬天用括蒌涂面，然后整个冬天只补妆而不卸妆，直到春暖方才洗去，因久不受风日侵蚀，故卸妆后肤色洁白如玉。括蒌是一种藤生植物，果实即黄瓜。这种化妆法看来是一种护肤的美容法，颇近于现代的面膜。

西 夏

元昊改制

1031年，党项族拓跋氏首领德明逝世，太子元昊即位。他一向主张拓跋氏应当建国立邦，所以即位后就进行了一系列改革：他首先废了唐、宋两朝赐的国姓，又改元显道，颁布秃发令，并且建立完整的文武官制和兵制，创设西夏文字，制定礼乐。至此，西夏立国的条件日渐成熟。

西夏建立

元昊即位后，将都城兴州（今宁夏银川）升为兴庆府，并于1038年在城南筑坛，即皇帝位，国号大夏，以兴庆府为国都。次年，元昊又遣使入告北宋，并且仿照北宋完善了官制。

天盛之治

1139年，西夏仁宗即位。当时，西夏连遭地震、饥荒之灾，为缓和社会矛盾，仁宗下令赈济灾民，归还宋俘，平息各地叛乱，使局面逐渐稳定下来。接着，仁宗实行了推崇儒学、开设科举、修订法律、发展生产等一系列有利于社会发展的政策。在他的统治下，西夏国内秩序安定，经济繁荣，史称"天盛之治"。

河西失陷

西夏神宗时，西夏军多次被蒙古大军打败，被迫与蒙古合兵攻打金国，国力日益衰败。1223年，西夏军与蒙古军攻打凤翔（今陕西凤翔）时，因为久攻不下，西夏军统领竟领兵不辞而别。神宗怕蒙古责难，被迫让位给太子德旺，为夏献宗。德旺即位后，结交漠北各部共拒蒙古，成吉思汗得知此事，派兵攻夏。德旺畏惧请降，蒙古退兵，可德旺没有按约定遣子入蒙古为质，而且接纳了叛逃而来的蒙古贵族。成吉思汗以此为由，于 1226 年亲率 10 万大军伐夏，占领了河西之地。

西夏王陵

西夏王陵又称西夏陵、西夏帝陵，有"东方金字塔"之称，位于银川市西郊贺兰山东麓，距市区大约 35 千米，是西夏历代帝王陵墓所在地。陵区南北长 10 千米，东西宽 4 千米，里边分布着 9 座帝王陵和 140 多座王公大臣的殉葬墓，占地近 50 平方千米。整个陵区规模宏伟，布局严整。每座帝陵都是独立完整的建筑群体，坐北向南，呈纵长方形，规模同明十三陵相当。

西夏王陵

西夏王陵是西夏历代帝王和达官贵戚的埋葬地。陵园内有 9 座西夏帝王陵墓，近 200 座陪葬墓似众星拱月布列其周围。西夏王陵糅合了汉族传统风格与本族特色，气势宏伟，号称塞外戈壁的"金字塔"。

西夏王陵受到佛教建筑的影响，是汉族文化、佛教文化、党项族文化的有机结合体，构成了中国陵园建筑中别具一格的形式。可惜陵区在明代以前就遭损毁，现在只留下遗址。

金

完颜阿骨打建国

1112 年，辽天祚帝在混同江举行头鱼宴（春季第一次由皇帝亲自钓鱼并举行的宴会），女真各部依例前来朝会。席间，天祚帝令女真各部首领歌舞助兴，只有辽女真节度使阿骨打始终不肯依从，引起群臣的不满。此后，阿骨打开始进行反辽的准备，1114 年，完颜阿骨打率 2500 人起兵反辽，攻破宁江州（今吉林扶余东南），势力迅速壮大起来。1115 年，完颜阿骨打即皇帝位，国号大金，他就是金太祖。

女真族

女真族源自 3000 多年前的肃慎，汉朝、晋朝时期称挹娄，南北朝时期称勿吉，隋唐时期称靺鞨，女真源自靺鞨七部中的黑水靺鞨，当契丹建国后，在译名上始被称为"女真"。经过约两个世纪的发展，女真族于 12 世纪初建大金国后，先后灭辽朝，亡北宋，称雄中原 100 年有余。

女真文字

和契丹文一样，女真文也分大小字。女真人初用契丹文字，阿骨打建国后，将任务交给了完颜希尹和叶鲁，他们参考汉字、契丹字创造了能记录女真语的新文字，于天辅三年（1119 年）颁行，史称女真大字。金熙宗天眷元年（1138 年）又颁布了一套笔画更为简省的新字，称女真小字。现存有关女真字的材料有文献、金石、墨迹三类：文献主要有明朝四夷馆编的《女真译语》，有女真字、汉文注音及译义；金石至今发现八处碑刻、摩崖；墨迹也十分珍稀。但迄今所发现的资料仅见一种女真文，它究竟是大字还是小字，学者意见不一。

金太宗灭辽

1122 年，辽天祚帝在太祖的进攻下，逃到西夏境内。太宗派使对夏主晓以利害，夏国奉表称臣。1123 年，金太祖完颜阿骨打去世，其弟完颜晟继位，是为太宗。太宗继承太祖灭辽的方针，继续发兵征讨辽国。1124 年，天祚帝重新出兵，结果大败被俘，1125 年辽灭亡。

金熙宗改制

1135 年，金熙宗即位，对金朝政治、经济等方面进行了重大改革。首先废除旧制度，采用汉官制度，建立了新的官制，并且颁行了统一的法律，在经济方面，实行计口授地，兴修水利，使金朝生产复苏，人民安居乐业，社会经济稳定发展。

金世宗治世

1167 年金世宗即位后，迁都中都（今北京），为改变国势不安定的局面，采取了一系列政策，任人唯贤，虚心纳谏，发展生产，减轻赋税和徭役。并且与南宋议和，与西夏和平共处，为生产的恢复和发展创造了条件。金世宗在位近 30 年，金朝封建化完成，社会上出现了繁荣的局面。

猛安谋克制

辽天庆四年（1114 年），完颜阿骨打出于反辽的需要，定制每 300 户为 1 谋克，10 谋克为 1 猛安。谋克为百夫长，猛安为千夫长。金朝建立之初，曾将投降的契丹、渤海、汉人也按猛安谋克编制。天会二年（1124 年），这一规定废止。天会十一年（1133 年）后，金廷将东北地区的女真猛安谋克户迁入内地，在村落之间修建要塞。这些女真人自成组织，不隶属于州县，实行屯田，成为世袭军户。海陵王时，又将金上京(今黑龙江阿城南)的猛安谋克户南迁。猛安谋克户平时生产，战时出征。谋克以下分设村寨，50 户以上设寨使 1 人，负责督催赋役。

榷场

"榷场"，辽、宋、西夏、金政权各在接界地点设置的互市市场。据《宋史·真宗纪》载："（景德二年二月）置霸州、安肃军榷场。"另据《建炎以来系年要录》载，建炎元年(1127 年)："（九月）又欲于河阳置榷场，以通南贷。"场内贸易由官吏主持，除官营贸易外，商人须纳税、交牙钱、领得证明文件后方能交易。贸易物品宋代以茶叶、香料、丝织品、药材、木棉、象牙为主，辽金以毛皮、马、人参等为主。

元灭宋前，双方在边境地区都设榷场贸易。管理方法也较前严格，如对榷场地点的选定、货物内容、交易的方法等都有限制。

榷场贸易是因各地区经济交流的需要而产生的，对于各政权统治者来说，它还有控制边境贸易，提供经济利益，以及安边绥远的作用。所以榷场的设置，常因各政权间政治关系的变化而兴废无常。

中都失守

1213 年，金朝面临蒙军南侵、中都失守的局面，于是宣宗决定南迁。百官士庶极力劝阻，但宣宗仍然一意孤行，于 1214 年五月下召南迁，七月，抵达汴京。宣宗南迁时命右丞相兼都元帅完颜承晖与皇太子留守中都（今北京）。成吉思汗得知宣宗南迁后立即下令大军围攻中都，金守城将领弃城南逃，中都失守，完颜承晖自尽殉国。

完颜阿骨打

阿骨打（1068—1123 年），姓完颜氏，就是金太祖。女真族政治家，金王朝的建立者。1115—1123 年在位。他原是女真族完颜部的首领，12 世纪初，率众起兵抗辽，不断取得胜利。1115 年在会宁（今黑龙江阿城）称帝，建金朝。建国后，改革猛安谋克制度，颁行女真文字。与宋朝相约，夹攻辽朝，基本摧毁了辽朝的基础。1123 年，病故于征辽途中。

元好问

元好问（1190—1257 年），字裕之，太原秀容（属今山西忻州）人。金文学家、史学家。曾任国史院编修、南阳令、行尚书省左司员外郎等职，金亡不仕。他在诗、词、文、曲、小说和文学批评方面均有造诣，在金、元之际声誉很高。编有金诗总集《中州集》十卷，后附乐府。

元

蒙古国建立

12 世纪末，蒙古乞颜部的首领铁木真先后击败了蔑儿乞、主儿乞、泰赤乌、札只剌惕、塔塔儿、克烈、乃蛮等部，统一了蒙古高原。1206 年，蒙古各部在斡难河（今蒙古鄂嫩河）举行忽里台大会，奉铁木真为大汗，尊号成吉思汗。成吉思汗把全蒙古的牧民统一编为 95 个千户，授建国功臣。贵戚为千户那颜，世袭领管。大蒙古国建立。

蒙古西征

蒙古汗国成立以后，成吉思汗率领精锐的铁骑对邻国进行了旷日持久的掠夺战争。先后征服了中亚、西亚、欧洲诸国，建立起了地跨欧亚大陆的幅员辽阔的国家。从 1219 年起，成吉思汗带着他的儿子术赤、察合台、窝阔台三人，统领 20 万大军大举西征，一直打到里海边。在攻城略地的同时，西征部队与以前的异族征战部队一样，一路野蛮地烧杀抢掠。成吉思汗死后，

蒙古军作战图 伊朗 志费尼

他的后代又发动了两次西征，一直打到了欧洲，先后攻下了不里阿耳（保加利亚）、孛烈儿（波兰）、报达（巴格达）等地区。成吉思汗及其子孙的西征，给中亚、西亚和欧洲国家的人民带来了巨大灾难，另一方面又促进了这些地区的文化交流。

戊戌选试

1237 年，窝阔台下诏遍试儒生，以论、经义、辞赋三科考试，中试者免其赋役，并可以与各处长官同署共事。考试于 1238 年（农历戊戌年）进行，后因此举触犯了当权者的利益，考试及格者多未能入官。所以，戊戌选试实际上是蒙古建国时期最早一次恢复科举制度的失败尝试。

元朝建立

1260 年，忽必烈在开平（今内蒙古锡林郭勒盟正蓝旗东）即位。同时，他的弟弟阿里不哥也在国都和林（今蒙古国哈尔和林）即大汗位，兄弟二人开始了争位的斗争。1264 年，阿里不哥众叛亲离，只好投降。1271 年，忽必烈宣布建国号大元，他就是元世祖。

丘处机

丘处机（1148—1227 年），字通密，号长春子，后赠号长春真人，登州栖霞人（今属山东）人，是道教的一支全真道掌教人。19 岁出家宁海昆仑山（今牟平东面），师从王重阳，和其他师兄弟合称"全真七子"。他们是：丹阳子马钰、长真子谭处端、长生子刘处玄、长春子丘处机、玉阳子王处一、广宁子郝大通、清静散人孙不二（马钰之妻）。

全真七子随王重阳一起创立道教全真派，丘处机在王重阳去世后入磻溪穴居，历时 6 年，行携蓑笠，人称"蓑笠先生"。后又赴饶州龙门山（在今宝鸡市）隐居潜修 7 年，成为全真龙门派创始人。

拖 雷

拖雷(1193—1232 年)，成吉思汗第四子。拖雷正妻唆鲁禾帖尼，生长子蒙哥、二子忽必烈、三子旭烈兀、四子阿里不哥。1213 年，蒙古帝国攻伐金朝，拖雷从其父成吉思汗率领中路军，攻克宣德府（今河北宣化），遂攻德兴府（今河北涿鹿）。拖雷与驸马赤驹先登，拔其城。既而挥师南下，拔涿州、易州，摧毁河北、山东诸郡县。1219 年，从成吉思汗西征，攻陷不花剌、撒麻耳干。

1221 年，分领一军进入呼罗珊境（阿姆河西南，兴都库什山脉以北地域），陷马鲁（今土库曼共和国马里）、尼沙不儿（今伊朗内沙布尔），渡搠搠阑河，降也里（今阿富汗赫拉特）。遂与成吉思汗合兵攻塔里寒寨。按照蒙古习俗，幼子继承父业，而年长诸子则分别外出，自谋生计。故成吉思汗生前分封诸子，拖雷留在父母身边，继承父亲所有在斡难河和怯绿连游的斡耳朵、牧地及军队。成吉思汗留下的军队共有 12.9 万人，其中 10.1 万由拖雷继承。

1227 年成吉思汗死后，拖雷监国。1229 年，在选举大汗的忽里台上，窝阔台被推为大汗。1231 年，与窝阔台分道伐金，拖雷总领右军自凤翔渡渭水，过宝鸡，入大散关。十一月，蒙古军假道南宋境，沿汉水而下，经兴元（今陕西汉中）、洋州（今陕西洋县），在均州（今湖北均县西北）、光化（今湖北光化北）一带渡汉水，北上进入金境。1232 年初，与金军在均州（今河南禹县）遭遇。拖雷趁雪夜天寒，大败金将完颜合达、移剌蒲阿、完颜斜烈于三峰山，尽歼金军精锐。此役毕，拖雷与自白坡渡河南下的窝阔台军会合。同年北返，病死途中，享年 40 岁。

蒙哥汗

蒙哥汗，谥曰宪宗桓肃皇帝。成吉思汗孙、拖雷长子，1251—1259 年在位。即位前曾参加长子军西征，活捉钦察首领八赤蛮，进攻俄罗斯等地。1251 年，被拔都拥立为大汗。

马致远

马致远，生卒年不详，大都（今北京）人，是元代著名的杂剧家。马致远字"千里"，晚年号"东篱"，以示效陶渊明之志。他的年辈晚于关汉卿、白朴等人，生年当在至元（始于 1264 年）之前，卒年当在至治改元到泰定元年（1321—1324 年）之间。马致远与关汉卿、郑光祖、白朴同称"元曲四大家"，是中国元代时著名大戏剧家、散曲家。青年时期仕途坎坷，中年中进士，曾任江浙行省官吏，后在大都任工部主事。马致远晚年不满时政，隐居田园。

刘秉忠

刘秉忠（1216—1274 年），初名侃，字仲晦，邢州（今邢台市）人，元代政治家、作家。曾祖于金朝时在邢州任职，因此移居邢州。蒙古王朝灭金后，刘秉忠出任邢台节度府令史，不久就归隐武安山，后从浮屠禅师云海游，更名子聪。元世祖忽必烈即位前，注意物色人才，他与云海禅师一起入见，忽必烈把他留在身边，商议军国大事。即位后，国家典章制度，他都参与设计草定。拜光禄大夫太保，参领中书省事，改名秉忠。

郭子兴

郭子兴（？—1355年），濠州定远（今安徽定远）人，元末江淮地区的红巾军领袖。地主出身，远祖为唐代汾阳王郭子仪第六子郭暧。他信奉白莲教，并加入其组织，发散自己的钱财。元至正十一年（1351年），他响应刘福通起义，与农民孙德崖等率众起义，于次年攻克濠州（今安徽凤阳东北），称元帅。是年秋，彭大、赵均用等因徐州失守，率军与郭子兴等会合。起义者又推彭大为首，共抗围濠州的元军。郭子兴与孙、彭、赵等都不合，曾险遭暗害。后郭子兴转向依结朱元璋，并在其支持下，与彭、赵、孙等分离，移驻滁州，任朱元璋军主帅，将义女马氏嫁与朱元璋（马氏就是后来的马皇后）。至正十五年（1355年）用朱元璋之计，郭子兴取下和州，同年春在和阳（今安徽和县）病死。明初被追封为滁阳王。

探马赤军

探马赤军是元朝建国前后组建的攻城略地的先头精锐部队。蒙古国时期，从下层部落中挑选士兵，组成精锐部队，在野战和攻打城堡时充当先锋，战事结束后驻扎镇戍于被征服地区，称为探马赤军。元代，始终保持探马赤军的建制。

"探马赤"意为"探马官"。对"探马"一词，学界考释甚多。有的认为此即汉语"探马"，指先锋；有的认为"探马赤"来自突厥语"达摩支"（泛称达官）；也有人认为来自契丹语"挞马"（扈从官）；还有的人认为来自蒙古语语根 Tama，意为"收集"。

驱　口

"驱口"是元朝特殊历史条件下的产物。他们大部分是战争中被掳掠来的人口，后来也有因债务抵押、饥寒灾荒卖身，或因犯罪沦为驱口的。在统治阶级的残酷压迫和剥削下，元朝广大劳动人民的处境十分悲惨，其中受压迫和剥削最深的是驱口。驱口有官奴，私奴之分。官奴主要从事官手工业劳动；私奴是主人的私有财物，子孙永远为奴，可以由主人自由买卖。

行中书省

元朝统一中国后，疆域辽阔，为对国家实施有效治理，实行行省制度。元世祖忽必烈在中央设中书省，统辖大都附近河北、山东、山西、内蒙古等地，其余各地除西藏归宣政院统辖外，均置行中书省，简称行省或省，作为地方最高行政机构。

行省掌管境内的钱粮、兵甲、屯种、漕运及其他军国重事，统领路、府、州、县。全国共设 10 个行省，即岭北、辽阳、河南江北、陕西、四川、甘肃、云南、浙江、江西、湖广。中国疆域轮廓大致形成。元代行省制度的确立，是中国行政制度的一大变革。

明灭元后，改行省为承宣布政使司，但习惯上仍称行省，一般简称省。省作为地方一级行政区的名称，一直沿用到现代。

怯薛制度

铁木真在称汗之后，下令挑选各部贵族子弟及"自身人"（自由民）中"有技能、身体健全者"，组成一支 1 万人的怯薛。这支军队由他直接指挥，驻扎在他的大斡耳朵（殿帐）周围，分为四班，由四个亲信的那可儿任怯薛臣长，每三日轮流值班。这是蒙古军的精锐，也是对地方加强控制的主要武装力量。

土　司

土司出现在南宋时期，元朝时形成土司制，明朝时土司制完善，清朝时土司制衰落，民国时土司继续在边疆地区存在，是中央封授给西北、西南地区的少数民族部族首领的官职名称。土司的职位可以世袭，但是袭官需要获得中央政府的批准。元朝的土司有宣慰使、宣抚使、安抚使三种武官职务。明朝与清朝沿置土司制度，自明朝起，增加了土知府、土知州、土知县三种文官职务。土司对朝廷承担一定的赋役，并按照朝廷的征发令提供军队，对内维持其作为部族首领的统治权力。

清朝雍正年间，为加强对边疆地区的统治，开始改土归流，即将世袭的土司改为由朝廷任免的流官，而不再世袭。为了推行改土归流的政策，清朝发动了对少数民族的多次战争，但是土司制度直到清朝结束也没有完全消失。中华民国时期，宁夏、青海一带的马步芳武装接受民国政府的任命，但对于其辖地仍然自行管辖，实际上和前朝的土司制度没有什么不同。中华人民共和国成立后，经过剿匪、土地改革、民族区域自治等政策，土司制度被彻底废除。

羁縻制度

羁縻制度是历代封建王朝对社会发展不平衡的少数民族地区所采取的因地制宜的一种民族政策。所谓羁就是用军事和政治的手段加以控制；縻就是以经济和物质利益给以抚慰。这一制度能基本保持少数民族原有的社会组织形式和管理机构，承认其酋长、首领在本民族和本地区中的政治统治地位。羁縻地区除在政治上隶属于中央王朝、经济上有朝贡的义务外，其余一切事务均由少数民族首领自己管理。

羁縻制度在当时的历史条件下，有利于多民族中央集权国家力量的增强和全国大一统局面的相对安定，并且也有利于各民族地区社会经济、文化的发展。

仁宗之治

元仁宗爱育黎拔力八达（1312—1320年在位），自幼熟读汉族典籍。他即位后整饬吏治，废除武宗时设立的尚书省，仍恢复原来的中书省，并将武宗一朝的当权人物处死，恢复各地的行中书省，惩治地方贪官污吏，严禁诸王、贵戚的扰民行为。此外，他还倚重汉人文臣，推行汉法，尊孔崇儒，仿照唐宋旧制，恢复科举取士。

宣政院

宣政院执掌佛教和吐蕃事务。初称总制院，至元元年（1264年）始置，由国师（为赠号，系皇帝封赐僧人的尊号）总领。至元二十五年（1288年），以唐制在宣政殿接见吐蕃使臣，故改称宣政院。如遇吐蕃有事，则临时设置宣政分院赴当地处理。

南坡之变

元延祐七年（1320年），仁宗死，硕德八剌即位，是为英宗，时年17岁。英宗即位后锐意改革朝政，起用有"蒙古儒者"之称的拜住任中书左丞相。至治二年（1322年），英宗在拜住的协助下，全面推行新政：任用大批汉族知识分子，提倡举善荐贤，选拔人才；罢免一批有劣迹的蒙古人、色目人官僚，以清廉吏治；推行助役法，以减轻农民负担；颁行《大元通制》，统一政令。

至治三年（1323年），英宗下令追查原中书右丞相铁木迭儿生前贪赃巨案，处死一批同党，追夺其官爵封赠，籍没其家。以御史大夫铁失为首的铁木迭儿余党惊恐万状，密谋刺杀英宗。同年八月，英宗与拜住等自上都（今内蒙古正蓝旗东）南返，行至距上都南30里的南坡驿驻营。是夜，铁失与铁木迭儿锁南、知枢密院事也先帖木儿等16人，闯入皇帝行帐，杀英宗、拜住。史称"南坡之变"。英宗的新政夭折。随后，铁失等人北迎晋王也孙铁木儿于上都即位，是为泰定帝。泰定帝先是加封铁失等人，但不久又将他们全部诛杀。

元朝的疆域

元朝的疆域包括：在北方，西起今额尔齐斯河，东至鄂霍次克海。在东部，拥有朝鲜半岛东北部。在西南，包括今克什米尔地区以及喜马拉雅山南麓的不丹、印度锡金邦等地，今缅甸东北部和泰国北部。

红巾军起义

元后期，蒙古贵族疯狂地兼并土地，大批农民沦为奴婢。官府横征暴敛，苛税名目繁多，全国税额比元初增加了20倍。在这种情况下，韩山童、刘福通利用白莲教组织农民，于至正十一年（1351年）五月在颍州（今安徽阜阳）准备起义。

消息泄露，遭到敌人包围，韩山童被害。刘福通率众突围，攻占颍州，起义正式爆发。义军以红巾裹头，所以称作红巾军。

1355年，刘福通率军攻下亳州以后，立韩林儿为"小明王"，国号"大宋"，年号"龙凤"，建立了农民革命政权。1357年起，刘福通分兵三路北伐。但是由于北伐没有严密的战略部署和相对集中的统一指挥，而且没有巩固的根据地，所以进行得并不顺利，至1362年止，各路北伐大军被各个击破。1365年，刘福通遇难。红巾军起义逐渐被镇压下去了。

"鲁班天子"

元末代皇帝元顺帝妥欢帖睦尔（1333—1368年在位），政治昏庸，不谙权术，但却是一位优秀的建筑师、设计师、发明家。他精通木工设计、制作，通晓机械，极富智慧和创造力，因此京城人称他为"鲁班天子"。

成吉思汗

成吉思汗像

元太祖成吉思汗，本名铁木真。1162年出生于蒙古部孛儿只斤氏族，是中国古代蒙古族首领、杰出军事家和政治家。

1206年以前的蒙古一直处于分裂割据的局面。铁木真经过长期征战用武力统一各部落，蒙古才形成一个政治、经济、军事、文化统一的高度集权的大部落，并且用蒙古作为统一名称。1206年蒙古各部落首领在斡难河边开会，共同推铁木真做大汗（"汗"就是大帝的意思），并且给他加了一个称号叫"成吉思汗"。

元太宗窝阔台

窝阔台（1186—1241年），大蒙古国第二代大汗。1219年窝阔台被确定为大汗继承人。1227年，随成吉思汗征西夏。1229年，成吉思汗死后第三年，窝阔台即大汗位。即位后，强化了国家机器，提高了大汗权威。他改革朝仪、税法，但因纵情声色、挥霍无度而暴死。庙号为太宗。

耶律楚材

耶律楚材（1190—1244年），字晋卿，号湛然居士，蒙古名吾图撒合里（意长髯人）。蒙古国大臣，契丹人。辽东丹王突欲八世孙，金尚书右丞相耶律履之子。他博览群书，学识渊博，天文、地理、术数、佛、道、医等无不通晓。曾任金燕京行尚书省左右司员外郎。金贞祐三年（1215年），成吉思汗攻取燕京（今北京），他投降蒙古。

元太祖十四年（1219年），随成吉思汗西征。途中劝说成吉思汗早日班师，勿滥杀无辜。窝阔台即汗位后，协助订立君臣之礼，奏请设置燕京等十路征收课税使，推行赋税制，自此蒙古国始有礼制及法制。耶律楚材后任必阇赤（书记官），掌管汉人文书，被汉人尊称为中书令、中书相公等。他在随窝阔台汗灭金时，曾劝其废蒙古屠城旧制。破金都汴京（今河南开封）时，奏封孔子五十一代孙孔元措为衍圣公。又奏请于燕京置编修所，于平阳（今山西临汾）置编籍所，编印儒家典籍。请用儒学设科举士，召名儒讲授儒家经典。此后，又提十项改革措施，多为窝阔台汗所采纳。窝阔台汗死后，乃马真皇后称制，他以先朝旧臣身份多次劝谏、争辩，终不得志，忧愤而死。著有《湛然居士集》《西游录》等书。

元世祖忽必烈

　　忽必烈（1215—1294 年），即元世祖，元朝皇帝，1260—1294 年在位。他是成吉思汗的孙子。他在早年就热心学习汉族文化，了解儒学治道。1251 年，奉命总理漠南汉地军国庶事，兴办屯田，建立学校。1253 年，他率军渡大渡河，灭大理国。1260 年即汗位，1264 年，迁都燕京（后称大都，即今北京）。1271 年，定国号为元。1279 年灭宋，统一全国。忽必烈在位期间，吸收汉族的统治经验，建立行省制度，加强对边地的控制，注重农桑，兴修水利，使元朝初期的社会经济得到恢复，巩固和发展了统一的多民族国家。

郭守敬

　　郭守敬（1231—1316 年），字若思，顺德邢台（今属河北）人，元代数学家、天文学家、水利学家。1262 年，元世祖忽必烈召见他，他提出 6 项有关水利建设的建议，被元世祖任命为督水监，兼提调通汇河漕运事，提举诸路河渠。1264 年，他奉命修浚西夏旧地古渠，以便灌溉农田。1279 年，他领导全国大规模的天文测量，在全国各地设立 27 个观测站进行大地测量。根据观测和研究结果，于 1280 年编定了新历法《授时历》。1291 年主持开凿由通州至大都积水潭（今北京什刹海的西海）的大运河最北一段通惠河的修建工程，并于 1293 年完成，解决了多项工程难题。

赵孟頫

　　赵孟頫（1254—1322 年），字子昂，号松雪道人、水晶宫道人、在家道人、太上弟子等，因其所居有鸥波亭、松雪斋，故世称赵鸥波、赵松雪。浙江湖州人，宋太祖第十一世孙。南宋末曾任真州司户参军，入元后历官兵部郎中、集贤直学士等职，封魏国公，谥文敏。他是中国古代著名的书画家，是当时书画界领袖。其书法各体皆善，后世称为'赵体"，其画则为"元画之冠"。除了书画之外，赵孟頫还精音乐、冠文章、熟诗歌、嗜篆刻、通佛老，可谓是集艺术学术于一身的全才。

黄道婆

　　黄道婆，又称黄婆，生卒年及姓名无从查考，松江乌泥泾镇（今属上海）人，元朝女纺织技术家。出身贫苦，少年时受封建家庭压迫，年轻时流落崖州（今海南岛），从黎族人那里学习先进棉纺织技术。1295—1296年，她回到家乡，传授推广这种技术，改进纺织工具，对棉纺织业发展做出了很大贡献。

马可·波罗

马可·波罗（1254—1324年），威尼斯人，意大利旅行家。1271年，他跟随父亲、叔父沿丝绸之路东行，于1275年来到上都，从此侨居在中国17年。他在侨居中国期间，因通晓蒙古语和汉语，得到忽必烈信任，多次奉命出使各地。据说曾游历大都、上都、京北、成都、昆明、大理、济南、扬州、杭州、福州、泉州等地。他1295年回国后，于1298年在威尼斯对热那亚的海战中被俘。在狱中讲述了他在东方的见闻，由同狱的比萨人鲁思梯切诺笔录成《马可·波罗行记》一书。1299年获释返抵威尼斯。《马可·波罗行记》一书对15世纪末新航路的开辟影响颇大。

黄公望

黄公望（1269—1354年），本姓陆，名坚，江苏常熟人，后过继给浙江永嘉黄氏为义子，其父九十始得之，说："黄公，望子久矣。"因而得名黄公望，字子久，号一峰。元代著名画家，"元四家"中声望最高的画家。黄公望中年曾做过小吏，因上司贪污案受牵连，被诬入狱。出狱后改号"大痴道人"，从此信奉道教，云游四方，寄情于山水，以诗画自娱。所绘山水，必亲临体察，画上千丘万壑，奇谲深妙，善用湿笔披麻皴，为明清画家所推崇。传世作品有《九峰雪霁图》《丹崖玉树图》《天池石壁图》《富春山居图》等，此外，还有《写山水诀》《论山水画》等理论著作，皆为后世典范之学。

八思巴创立蒙古新字

八思巴（1235或1239—1280年），本名罗古罗思坚藏，尊称八思巴（意为圣者）。元代第一代帝师（即元代皇帝从吐蕃请来藏传佛教僧侣充当的一种最高神职），学者。

八思巴曾创制蒙古新字。蒙古原无文字，成吉思汗于1204年灭乃蛮后，始令维吾尔人塔塔统阿教太子诸王以维吾尔字母书写蒙古语。世祖即位后，认为应当有一种可以书写其所统治下之各种民族语言的文字，便将此责任委之八思巴。八思巴于是在1269年按照梵文和藏文的形态制成蒙古新字。

关汉卿

关汉卿，大都人（今河北安国），号已斋（一作一斋）、已斋叟。生于金代末年（约1220年前后），卒于元成宗大德初年（约1300年前后）。元代杂剧作家。是中国古代戏曲创作的代表人物。与马致远、郑光祖、白朴并称为"元曲四大家"，关汉卿位于"元曲四大家"之首。

《窦娥冤》

元代杂剧，关汉卿作，世界戏剧史上的名作。全剧四折，写弱小寡妇窦娥，在无赖陷害、昏官毒打下，屈打成招，自认是杀人凶手，被判斩首示众。临刑前，满腔悲愤的窦娥许下三桩誓愿：血溅白练，六月飞雪，亢旱三年。果然，窦娥冤屈感天动地，三桩誓愿一一实现。这出戏展示了下层人民任人宰割、有苦无处诉的悲惨处境，控诉了贪官草菅人命的黑暗现实，生动刻画出窦娥这个女性形象。窦娥与婆婆相依为命，她聪明机智，善良坚忍，是中国古代著名的妇女形象。该剧同时体现了关汉卿既本色又当行的语言风格，言言曲尽人情，字字当行本色。《窦娥冤》的语言通俗自然、清新质朴、生动流畅，毫无晦涩雕琢之病，同时曲白符合人物身份性格，曲白相生，自然熨帖，与关汉卿其他杂剧相比，本折曲词则更倾向于直截了当慷慨激昂的表达和抒情方式，前人评为"激厉而少蕴藉"（何良俊《四友斋丛说》）。

《西厢记》

元代著名杂剧剧本，中国古代的一部爱情经典，作者王实甫。主要情节是书生张生和相国小姐崔莺莺一见钟情，在侍女红娘帮助下，经过种种波折，终于"有情人终成眷属"，描写了青年人的生活愿望与家长意志的冲突，抒发了青年男女对自由的爱情的渴望，反映了情与欲的不可遏制和正当合理。故事源于唐代元稹所作传奇《莺莺传》，北宋赵令改写为《商调蝶恋花》鼓子词，金代董解元改编为《西厢记诸宫调》，而王实甫的《西厢记》则进行了创造性的改编。《西厢记》关目布置巧妙，情节波澜起伏，往往山穷水尽之时能够柳暗花明。《西厢记》还成功塑造了张生、崔莺莺、红娘这三个艺术形象，个性鲜明而丰富，其中聪明美丽、机警善良的红娘形象最深入人心。《西厢记》的语言华美，富有诗意，情调缠绵，"长亭送别"一折中莺莺的两段唱词最为人称道。

《西厢记》插图

《录鬼簿》

元代的戏曲史料性著作。作者钟嗣成（约1279—约1360年），号丑斋。祖籍大梁（今河南开封），寄居杭州。约在至元末、大德初（13世纪末）在杭州官学进学，是邓文原、曹鉴、刘濩的受业弟子，与戏曲家赵良弼、屈恭之、刘宣子、李齐贤等是同窗学友。曾多次参加"明经"考试，不中。后在江浙行省任掾史，但是不得升擢，他也不屑于去追求官禄，于是杜门著书。除《录鬼簿》外，他著有杂剧7种：《寄情韩翊章台柳》《讥货赂鲁褒钱神论》《宴瑶池王母蟠桃会》《孝谏郑庄公》《韩信泜水斩陈馀》《汉高祖诈游云梦》《冯骥烧券》。这些剧作，今都不传。他还著有散曲，今存小令 51 首，散套 1 首。散套《丑斋自序》是他的代表作。此外，《录鬼簿续编》载他"有文集若干卷藏于家"，今也不传。

元代"三大农书"

元朝统一以后，农业得到恢复和发展，出现了三部著名的农业方面的书籍：《农桑辑要》《农书》和《农桑衣食撮要》。《农桑辑要》是中国现存最早的由国家组织编写的农书。这本书记载了许多珍贵的资料和经验，专门用来指导黄河中下游地区的农业生产。王祯编写的《农书》也是一部大型综合性农书，书中的 308 幅农器图，是现存最早最全的农具图谱。这本书被称为中国最早的图文并茂的农书。鲁明善编写的《农桑衣食撮要》，以月份为顺序，记述全年各个时节的农业活动，也是一部比较优秀的农学著作。

元代的戏曲

元代的儒生出路较窄，一部分转而关注通俗文学，故戏曲、小说都得到发展。戏曲在元代逐渐完备，分为杂剧（北曲）和南戏两个系统。杂剧有本色派和文采派之分，一般认为关汉卿为本色派大师，而王实甫为文采派的巨擘。

杂　剧

杂剧是历代歌舞艺术、讲唱技艺长期发展而成的新的戏曲形式。始于两宋，盛于元朝。它是在宋杂剧、金院本和诸宫调的基础上逐步形成的。杂剧把歌曲、宾白、舞蹈结合在一起，成为一种综合艺术。元杂剧共 600 多种，现存 200 多种，杂剧作家 200 人左右。前期著名作家有关汉卿、王实甫、白朴、马致远、康进之、高文秀等，活动中心在大都，主要作品有关汉卿的《窦娥冤》、王实甫的《西厢记》、马致远的《汉宫秋》、白朴的《墙头马上》等。后期作家有郑光祖、乔吉、宫天挺、秦简夫等，活动中心在杭州，主要作品有郑光祖的《倩女离魂》等。关汉卿、马致远、郑光祖、白朴被誉为"元曲四大家"。

散　曲

散曲起源于民间小曲和少数民族音乐。分小令、带过曲、套曲三种基本格式。元前期散曲家有关汉卿、马致远、卢挚等，后期有张养浩、刘致、张可久、乔吉等。

元曲四大家

"元曲四大家"之说，最早见于文字记载的是元音韵学家周德清的《中原音韵》。周以存世剧本和已知作家为基础，主要从音韵学角度，提出了关、郑、白、马为"元四家"之说。关即关汉卿，郑即郑光祖，白即白朴，马即马致远。此说一直为后世曲论家，如王国维等所推崇。

明清时期

明 朝

朱元璋建明

朱元璋以应天（今江苏南京）为中心建立根据地之后，陆续消灭了陈友谅、张士诚、方国珍等割据势力。1367年，大将军徐达奉命率军25万北伐中原，由于朱元璋军纪严明，又有一套正确的军事战略和顺应民心的政策，所以北伐进展神速。1368年，徐达大军兵锋直指大都，元顺帝率后妃、太子逃往上都（今内蒙古正蓝旗东）。北伐军随后进入大都，结束了元朝的统治。1368年正月初四，朱元璋即皇帝位，改国号大明，建元洪武，定都应天。

锦衣卫

朱元璋建明朝后，设立了特务机构——锦衣卫。锦衣卫的"诏狱"，有不经法司而进行刑讯、判罪和行刑的权力。锦衣卫官员经常利用特权任意逮人、草菅人命，造成了人人自危的恐怖气氛。锦衣卫与政府各部门没有隶属关系，所以明朝历代帝王都将其作为爪牙，用来监视臣民。

明太祖朱元璋像
朱元璋道："天下之治，天下之贤共理之；天下始定，民财力俱困，要在休养安息、得贤为宝。"

司礼监

官署名。明置，明朝内廷管理宦官与宫内事务的"十二监"之一，有提督、掌印、秉笔、随堂等太监。提督太监掌督理皇城内一切礼仪、刑名及管理当差、听事各役。

明朝初年，太监识字被严格禁止，但明宣宗设置了太监学堂，鼓励太监识字，于是凡皇帝口述命令，例由秉笔太监用朱笔记录，再交内阁撰拟诏谕并由六部校对颁发，其实是为了让司礼监的太监牵制内阁的权力。但自明武宗时宦官刘瑾专权以后，司礼监遂专掌机密，批阅章奏，实权在内阁首辅之上。

明朝的科举制度

明代的科举考试分为三级，第一级是院试，考试者不分年龄通称为童生，考试范围是州县。考试合格后成为秀才，秀才摆脱了平民的身份，有某些特权，如免徭役、见县官大人不下跪等。

第二级是乡试，为省一级的统考，三年一次，一般在八月，由省出题，而且有名额限制。考试过关的叫举人，举人有资格做官，但不一定能做官。在这级考试中获得第一名的人叫解元，这是三元里的第一元。

第三级是会试，只有获得举人资格才能参加，朝廷在其中大约挑选300人，称为"贡生"。会试考试的第一名叫会元，这是三元中的第二元。

通过会试的精英面对的最后一道考验就是殿试，在这场考试中，他们面对的是帝国的统治者，考试方式是皇帝提问，考生回答。皇上及大臣根据考生的表现，划分档次，共有三甲，一甲只有三个人，叫进士及第，分别是状元、榜眼、探花；二甲若干人，叫赐进士出身；三甲若干人，叫赐同进士出身。状元是三元里的第三元。通过会试，不管大小，就有官可做了。

状元三年才有一个，概率很低，但毕竟是有。所以读书人心中的最高荣誉不是状元，而是另一种称号，就是连中三元，具体说来就是身兼解元、会元、状元三个称号于一身，这是所有考生都向往的。

明朝宗室封爵制度

明制，皇子封亲王，授金册金宝，岁禄万石，府置官属。护卫甲士少者3000人，多者至9000人，隶籍兵部。冕服车旗邸第，下天子一等。公侯大臣伏而拜谒，无敢升礼。亲王嫡长子，年及10岁，则授金册金宝，立为王世子，长孙立为世孙，冠服视一品。诸子年十岁，则授涂金银册银宝，封为郡王。嫡长子为郡王世子，嫡长孙则授长孙，冠服视二品。诸子授镇国将军，孙辅国将军，曾孙奉国将军，四世孙镇国中尉，五世孙辅国中尉，六世以下皆奉国中尉。

皇姑曰大长公主，皇姊妹曰长公主，皇女曰公主，俱授金册，禄二千石，婿曰驸马都尉。亲王女曰郡主，郡王女曰县主，孙女曰郡君，曾孙女曰县君，玄孙女曰乡君，婿皆仪宾。郡主禄八百石，郡主以下依次递减。

明朝选妃制度

朱元璋从预防前代女宠之祸、外戚专权出发，在为其子孙组建家庭时，确定了从民间选取良家女子入宫的制度。这一制度建设的着眼点就是要严宫闱之禁，通过限制后、妃、嫔的出身，不与权贵之家联姻，进而杜绝历史上后妃干政、外戚擅权现象在明代重演。

综观明代历史，这种选秀女之制大致分为三种情况：其一是历代天子、太子或亲王长大成人，年及婚龄，要为他们选取配偶，这是选秀女制度的核心，由此而组成了明代皇帝以后、妃、嫔等为主的一夫多妻制等级大家庭。

其二是为选取宫中服务人员而选秀女，在有明一代的秀女选取中，以这种入宫备使令的选取人数为最多，年龄可从10岁以上至40岁以下不等。

其三是皇帝为了自己的淫乐需要而强索民间女子，如嘉靖皇帝为炼丹药，数年间就选了760人入宫。从社会性别的视角分析明代皇帝这种以一个成年男性及其正式配偶为主、众多侍妾及服侍女性为从而构成的家庭结构，可见其主导意向是以张扬皇权、男权为主，压制女性的权力，蔑视女性的存在，严防因女性非正式权力的膨胀而威胁封建政权的稳定。从明代历史看，选秀女之制确实有效地防止了历史上后妃干政、外戚擅权现象的重演，但它确实也是皇权专制强化的产物，是对民众权利的一种蔑视。随着历史的发展，选秀女之制也就从加强皇权的制度变成扰民的弊政，给明代的社会造成了破坏性影响。

胡惟庸案

胡惟庸（？—1380 年），定远（今属安徽）人，龙凤元年（1355 年）随朱元璋起义于和州。历任宁国主簿、太常少卿等，洪武三年（1370 年），官至中书省参知政事，后任左丞。洪武六年（1373 年），升右丞相，后进左丞相。在此期间，专权树党，毒害御史中丞刘基（即刘伯温）。朱元璋多次颁布诏令，规定功臣权限。洪武十三年（1380 年），朱元璋以"谋不轨"罪将其处死，并借机大兴党狱。洪武二十三年（1390 年）颁布《昭示奸党录》，以伙同胡惟庸谋不轨罪，处死韩国公李善长、列侯陆仲亨等开国功臣。后又以胡惟庸通倭、通元（北元），罪不容诛而究其党羽，前后共诛杀 3 万余人，史称"胡狱"。胡惟庸案与蓝玉案并称"胡蓝党案"，为明朝初年来朱元璋杀戮开国功臣的两大要案。

蓝玉案

蓝玉（？—1393 年），定远（今属安徽）人。初为常遇春部下，英勇善战，官至大都督府佥事，后参加平蜀、北伐、平定云南等战役。洪武二十年（1387 年），任大将军。洪武二十一年（1388 年），率 15 万兵征伐北元，大获全胜，晋封凉国公。此后蓝玉恃功骄横，蓄养大批庄奴、假子，又强占东昌民田，欺凌百姓，横行乡里。洪武二十六年（1393 年），锦衣卫指挥使告其谋反，蓝玉随即被诛。列侯张翼等以下共 1.5 万余人悉遭株连，史称"蓝狱"。蓝玉案后，明初开国元勋功臣几乎被杀戮殆尽，诸多江南豪族亦遭杀戮。

《大明律》

洪武七年（1374 年），明政府颁行《大明律》。朱元璋称帝前，即令人修订法律，1374 年制成《大明律》。《大明律》以《唐律》为蓝本，共 12 篇 606 条，克服了元朝法例条律冗繁的弊病。经过 1397 年的进一步修订，《大明律》成为中国封建社会较为完备的法典。与前代相比，在量刑上大抵罪轻者更为减轻，罪重者更为加重。前者主要是指地主阶级内部的诉讼，后者主要指对谋反、大逆等阶级镇压的严厉措施，不准"奸党""交结近侍官员""上言大臣德政"等，反映了明朝初年来朱元璋防止臣下揽权、交结党援的集权思想。

改土归流

云南、贵州、广西地区是我国苗、彝、瑶、侗等少数民族聚居之地。明初承继了元朝的土司制度，任用少数民族上层分子为这些地区的各级长官。这些世袭的土司不断进行争夺地盘和反叛中央的战争。在平定战乱后，明朝遂逐渐裁撤土司，代之以可调迁的"流官"，即"改土归流"。明永乐十一年（1413 年），思南、思帅的土司互相仇杀，明成祖派兵平定战乱后，分其地为八府四州，设贵州布政使司。乾隆年间，又在四川西北部地区派设流官。在西南地区改土归流后，清政府在那里加强了控制。改土归流的结果，是西南地区基本上消除了土司的割据状态，有利于巩固边疆。

布政使司

明初沿袭元制，在地方设行中书省，置平章政事和左、右丞，总管一省军、政、司法。后朱元璋认为行中书省权力过大，遂于洪武九年（1376 年）废行中书省。在全国陆续设置 13 个承宣布政使司，简称布政司，俗称藩司。置左、右承宣布政使各一人，掌管一省民政和财政；设提刑按察使司，掌司法；都指挥使司，掌军队，合称"三司"。军、政、司法三权分立，三署互不统属，分别归中央有关机构统辖，布政司下设府（直隶州）、县（州）两级地方行政区划，长官称知府（知州）、知县。

里甲制

洪武三年（1370 年），里甲制在江南一些地区推行。即以 100 户为里，每里分 10 甲，编制民户。洪武十三年（1380 年），定制以 110 户为 1 里，择其中丁粮多者 10 人为里长。余下的百户为 10 甲，1 甲 10 户，设甲首 1 人，称甲长，由 10 户轮流出人担任。1381 年，里甲制在全国推行。

三法司

明初沿袭元制，置六部，以刑部掌法律、刑狱之事；置御史台，掌监督、弹劾官吏，参与审理重大案件；置大理寺，掌复审大案，平反冤案。洪武十五年（1382 年），改御史台为都察院。后令刑部、都察院、大理寺共同理刑审狱。以刑部受理刑名，都察院纠察，大理寺驳正。初审时，以刑部、都察院为主；复审时，以大理寺为主。明太祖设三法司会审制，名为审慎断案，避免冤狱，实为互相制约，防止专权。清朝沿置。光绪三十二年（1906 年），将大理寺改为大理院。

内　阁

内阁是明朝废止丞相后设立的中央官署。洪武十五年（1382 年），为解决废除丞相后政务繁忙之弊，明太祖朱元璋定置华盖殿、谨身殿、武英殿、文渊阁、东阁大学士，备皇帝顾问，时称"殿阁大学士"，为内阁前身。殿阁大学士品阶较低，且不能参与政务，仅是皇帝的秘书班子。明成祖时，正式启用内阁名号，并准许阁臣参与机务，参加讨论国家机密，但不置僚属，不得专制百官。从明仁宗开始，阁臣权力渐重。明中叶以后，阁臣又取得"票拟"大权，已经影响皇帝决策了。内阁则成为事实上的全国行政中枢机构，虽无宰相之名，实有宰相之权。

巡　抚

巡抚又称抚台。明洪武二十四年（1391 年）始设，宣德五年（1430 年）渐成制度。

巡抚初设时，仅负责督理税粮、总理河道，后才偏重军事。明代巡抚虽非地方正式军政长官，但因出抚地方、节制三司（承宣布政使司、提刑按察使司、都指挥使司），实际掌握着地方军政大权。清代巡抚是一省最高军政长官，统领全省民政、司法、监察及军事大权。

总　督

总督又称总制，分专务和地方两种。专务总督以所辖专务为职。地方总督多因防边或镇压人民而设，以所辖地区军务为主。明正统六年（1441年），首次以总督军务入衔。成化年间，总督近于定制。总督在清代为地方最高级长官，位在巡抚之上。清初总督额数及辖区并不固定，乾隆以后成为定制，全国设有8个总督，另有漕运及东河、南河总督三员。光绪三十二年（1906年），东北建行省，改将军为总督，名曰东三省总督。

总体讲，总督权力较巡抚大，辖区较巡抚广，级别较巡抚高。总督的作用是：以文臣钳制武臣；协调各省、各镇关系；统一事权，防止各省、各镇互不相属，互相推诿，体现了中央对地方军事控制权的加强。

九　边

九边是明代北部边塞的9个军事要镇。明朝建立后，逃亡北方边塞以外的北元仍不时骚扰，严重威胁着明朝的统治。明太祖朱元璋为巩固北部边防，屡次派将北征，同时，还分封子朱棣、朱权等将重兵驻守北部边塞。明成祖朱棣五出漠北，又沿边设镇，派兵驻守。初设辽东、宣府、大同、延绥四镇，继设宁夏、甘肃、蓟州三镇，又设山西、固原两镇，是为九边。

九边各镇设镇守总兵官、副总兵官、参将、游击将军、守备、千总、把总等官，无品级、无定员。其总镇一方者为镇守，独镇一路者为分守，分守一城一堡者为守备，与主将同守一城者为协守。此外，又有提督、提调、巡视、备御等官。各镇都驻有重兵。万历中期，各边仅主兵就有60万左右，还有为数甚多的客兵。如蓟州镇，隆庆时，主兵原额为3万人，万历初连客兵在内达16.5万余人。

九边之设，使明朝北部边塞形成一条东起鸭绿江，西抵嘉峪关，广袤万里、烽堠相望、卫所互联的北方防线，对加强北部边防，起了一定的作用，但也耗费了大量人力物力。明朝为此加饷加税，尤其在明中叶以后，使人民负担沉重，而各级军官的残酷盘剥，又使饷银短缺，军士往往因生活无着而发动兵变。

宗喀巴改革藏传佛教

藏传佛教格鲁派首领宗喀巴进行宗教改革，从此取得了藏传佛教的领导地位。藏传佛教分为宁玛派、噶举派、萨迦派、格鲁派等。明朝前期宁玛派最盛。14世纪末，格鲁派首领宗喀巴在西藏进行宗教改革。制定了清规戒律，提倡僧侣的刻苦修行，不许娶妻，划清僧俗界限。此后，格鲁派取代了宁玛派的统治地位。

宗喀巴的弟子达赖管理前藏，驻拉萨。另一个弟子班禅管理后藏，驻扎什仑布。宗喀巴死后，达赖与班禅世世以"呼毕勒罕"法(转世法)继承他的衣钵。永乐、宣德时期，宗喀巴的弟子释迦也失两度来京，被明封为"大慈法王"。达赖三世还与明朝的大学士张居正有过书信往来，明朝中央政府承认了达赖和班禅的继承办法。

靖难之役

明太祖为巩固统治，实行分封藩王制度。把24个儿子和1个从孙，分封在北部边疆和战略要地，以辅卫王室。受封诸王中，燕王朱棣拥兵10万，实力最强。洪武三十一年（1398年），明太祖死。因其长子朱标早夭，遂由皇太孙朱允炆继位，是为惠帝，亦称建文帝。诸王骄横跋扈，令惠帝颇感不安，恐形成尾大不掉之势。遂用齐泰、黄子澄削藩之策，借故先后削废周、齐、湘、岷、代五王。建文元年（1399年）七月，燕王朱棣以"清君侧，诛齐黄"为名，起兵北平（今北京），号"靖难军"，先夺占河北大部分地区，后挥师南下，直捣南京（今属江苏）。建文四年（1403年），靖难军攻入南京，惠帝死于宫中。"靖难之役"后，朱棣夺取帝位，改元永乐，后建都北京，是为明成祖。

迁都北京

永乐元年(1403年)正月，明成祖朱棣改北平为北京。永乐四年(1406年)七月，他派大臣宋礼等到四川、湖广、江西、浙江等地采木备料，第二年征调23万工匠、上百万民夫及大量兵士营建北京宫殿。永乐十八年(1420年)，北京宫殿基本竣工。永乐十九年（1421年）正月，明朝迁都北京。

郑和下西洋

郑和（1371—1434年），原姓马，名三保，云南昆阳（今晋宁）人。少年时进宫当了太监，在朱棣争夺皇位的战争中立下了军功，因而被赐姓名为郑和。朱棣在筹划迁都北京时，宫殿需要大批的器材、染料、香料及各种珍宝，都需要到海外去采购。所以朱棣亲自选派郑和下西洋（越南、柬埔寨、泰国、马来西亚一带）寻宝。郑和下西洋虽以寻宝为目标，却促进了明王朝与邻近各国的友谊，尤其郑和远航亚非各国，在政治、经济和科学文化方面都产生了深远的影响。郑和下西洋后，亚非许多国家都先后派遣使节与明朝开展贸易。

郑和像

《永乐大典》

明永乐年间编纂的大型类书。永乐元年（1403年），由大学士解缙主持纂修，至永乐六年（1408年）辑成22877卷，凡例、目录60卷，计11095册，定名《永乐大典》。全书以韵为纲，按字、句、篇名、书名分韵收录，未刻板付印，后缮写一部副本。1900年八国联军入京，掠走大部分。1960年中华书局以历代征集的卷册影印出版。

仁宣之治

明仁宗朱高炽、明宣宗朱瞻基在位时期（1425—1435年），在政治和经济等方面采取措施，稳定社会秩序，促进经济发展。这一时期，内阁制度确立。以"三杨"（杨士奇、杨荣、杨溥）等为代表的殿阁大学士悉心辅佐，政治比较清明。且多次蠲免一些地区的租赋，又于水患多发地区兴修水利、疏浚河道、开仓赈济饥民。还肃正吏治，惩治贪官，抑制豪强，使社会矛盾得以缓和，国内没有发生大规模的农民起义。百姓生活较为安定，生产进一步发展，出现社会经济繁荣的景象。史称"仁宣之治"。

土木堡之变

1449年，蒙古瓦剌首领也先率大军进犯中原，在宦官王振的怂恿下，明英宗率兵亲征。因出兵仓促，明军士气十分低落，抵达大同时，先头部队中伏击而大败。王振惊慌中下令撤退，明军在土木堡（今河北怀来县东）遭到敌人围攻，不战自溃，明英宗被俘，王振也被护卫将军樊忠所杀。

二十四衙门

二十四衙门是明代宫廷内负责皇帝及其家族私人生活的宦官机构。明朝宦官设置始于明初。洪武三十年（1397年）设有十二监二司七局，各监设太监、少监、监丞等。成祖迁都北京后，正式形成二十四衙门，包括十二监四司八局。十二监为司礼监、内官监、御用监、司设监、御马监、神宫监、尚膳监、尚宝监、印绶监、直殿监、尚衣监、都知监。四司为惜薪司、钟鼓司、宝钞司、混堂司。八局为兵仗局、银作局、浣衣局、巾帽局、针工局、内织染局、酒醋面局、司苑局。二十四衙门各设掌印太监统领本衙之事。

二十四衙门中，以司礼监最为显要，其在明代历史上因为可以代替皇帝誊写"朱批"而出尽风头。

明朝六部

六部于洪武元年（1368年）始置，初属中书省。中书省废除后，直属皇帝，成为分掌全国庶务的机构。所谓六部即吏、户、礼、兵、刑、工部。各部由尚书主持部务，下设左、右侍郎。明初重部权，又以吏、户、兵三部之权尤其重。明中叶以后，内阁权力日重，部权渐轻。明朝特殊之处在于，明成祖迁都北京后，在南京留置了几个部，这一特殊的格局造成后来形成两套六部机构。但南京六部多闲职或老臣，各部仅置尚书、右侍郎，司员数额较少。

北京保卫战

土木堡之变后，主战派官员于谦毅然负起守卫北京的重任，并立英宗之弟朱祁钰为帝，使瓦剌想借英宗要挟明廷的愿望落空。1421年，也先率瓦剌军挟持英宗进抵北京城外，与于谦指挥的明军激战5天，最后被击败，只好退出塞外。京师保卫战的胜利，粉碎了也先想夺取北京的野心，明朝转危为安。

夺门之变

土木堡之变后，兵部尚书于谦等朝臣拥立英宗弟、郕王朱祁钰为帝，是为明景帝（景泰帝）。北京保卫战的胜利使瓦剌深知北京城防坚固，知取胜无望，遂于景泰元年（1450年）秋将英宗放还。英宗回到京城后，居皇城南宫，称太上皇，然对朱祁钰称帝之事极为不满。景泰八年（1457年），景帝病危。在宦官曹吉祥、将领石亨和臣僚徐有贞等人的策划和支持下，英宗发动宫廷政变，夺占宫门，登奉天殿复位。英宗复位后，改元天顺，以叛逆罪杀害于谦，将病中的景帝勒死。史称"夺门之变"。

《大诰》

《大诰》由明太祖朱元璋撰，最先颁布于洪武十八年（1385年），此后经过几次续编，洪武三十年（1397年）附在《大明律》后，称为《律诰》。《大诰》总共罗列族诛、凌迟、枭首几千人，斩首、弃市以下万余人，其中酷刑种类有族诛、凌迟、枭首、斩、死罪、墨面文身、挑筋去指、挑筋去膝盖、断手、斩趾、刖足、枷令、常号枷令、枷项游历、重刑遇、充军、阉割为奴等几十种。这种以诏令形式颁布的，由案例、峻令、训导三方面内容组成的法规文献，在我国法制史上是前所未有的。

厂　卫

厂卫是东厂、西厂与锦衣卫的合称，明朝设置的特务机构。锦衣卫，又称锦衣亲军都指挥使司。洪武十五年（1382年）设于应天府（今江苏南京）。原为护卫皇帝的亲军，掌管皇帝出入仪仗。太祖为加强专制统治，特令锦衣卫兼管刑狱，赋予巡警、缉捕之权。且置官校，专事侦查。锦衣卫下设镇抚司，分南北两司，北镇抚司专理诏狱，直接取旨行事，用刑极残酷。南镇抚司掌军匠。

东厂，设置于永乐十八年（1420年），位于京城（今北京）东安门北。以宦官任

锦衣卫木印　明

锦衣卫是明代内廷侍卫侦查机关，始建于洪武十五年，专门从事侍卫缉捕弄狱之事，是皇帝的侍卫与耳目，与明王朝相伴始终。明初朱元璋为加强中央集权，以刑部、都察院、大理寺分典刑狱，称三法司，让其互相制约，如遇重大要案由三法司会审结案。这枚木印是三法司会同刻置的。

提督，专事侦查和镇压百姓及官僚中的反对派。诸事直接报告皇帝，位居锦衣卫之上。西厂，设置于成化十三年（1477 年），初以太监汪直为提督。权力高于东厂，活动范围从京师遍及全国各地。可不经奏请，逮捕朝臣，后遭到朝野官员强烈反对，被迫撤销。明武宗时，太监刘瑾专权，复设西厂。内行厂，又称"内办事厂"，权力在东、西厂之上，东、西厂均受"内行厂"监督。刘瑾死后，"内行厂"被废。明中叶后，锦衣卫、东厂、西厂合称"厂卫"。

弘治中兴

明孝宗（1488—1505 年）朱祐樘即位后，推出一系列改革措施。首先，斥逐奸佞，任用贤能。其次，广开言路。最后，改良政治。明孝宗勤于政事，除"早朝"外，又增"午朝"。注意节俭，抑制勋戚、中官等势家近幸。

孝宗曾申明禁令，禁止宗室、勋戚奏请田土及受人投献，禁止势家侵夺民利，注意救济灾民。以明孝宗为首的弘治君臣所进行的政治改革运动，有利于生产发展和社会安定，社会矛盾暂时有所缓和，是政治上的一个相对稳定时期，被称为"弘治中兴"。

刘瑾专权

刘瑾是明武宗时的太监。他善于察言观色，随机应变，深受明武宗信任，升为司礼监掌印太监。他引诱武宗沉溺享乐，自己趁机专擅朝政，排除异己。为了满足私欲，刘瑾利用职权，肆意贪污，公然受贿。此外，他还派亲信到地方供职，为其敛财，给国家和人民带来了无穷灾难。刘瑾后来被杀。

诏　狱

诏狱又称锦衣卫监狱，是直辖于皇帝的特种监狱。里边阴森恐怖，设有一般刑具 18 套，其中最常用的有 5 种：械刑、镣刑、棍刑、拶刑、夹棍刑，五刑并用，叫"全刑"。此外，还有剥皮、抽肠、钩背、刺心等酷刑。

廷　杖

明朝的"廷杖"惩罚，开始于明太祖朱元璋。朱元璋做了皇帝以后，多猜忌、唯恐朝臣官员对他不忠实，便用这"廷杖"来威吓镇压、羞辱朝臣。希望他们一个个俯首帖耳如犬马牛羊，百依百顺，让他放心。

明太祖朱元璋（年号洪武）第一次"廷杖"惩罚，在洪武八年（1375 年）。茹太素原是朱元璋手下的刑部主事，此人生性正直爽快，即便对朱元璋的过失、错误，也敢于直言不讳。"茹太素……（洪武八年）陈时务……言多忤触，帝怒，召太素面诘，仗于朝。"（《明史·茹太素传》卷一三）

大礼议之争

1521 年，明武宗病逝，由于没有子嗣，朱厚熜以藩王世子的身份继承皇位，是为世宗。

世宗即位后，大臣主张尊孝宗为皇考（死去的父皇），生父为皇叔，世宗虽不悦，也勉强遵从。3 年后，世宗采纳了张璁等中下层官吏的建议，下诏改称生父为皇考，称孝宗为皇伯考。朝中群臣听到消息非常震惊，跪在宫门哭谏。世宗大怒，下令将 190 余人下狱治罪，其余人才不敢再争。这次事件开启了明代朝臣中的党争之风。

葡萄牙殖民者占领澳门

1514 年和 1515 年，葡萄牙殖民者两次来中国试探通商和开辟航道，但都没有获准登陆。1517 年，葡萄牙使者安刺德和比留斯率武装船舰，强行驶入内河珠江，从广州登陆，从此揭开了入侵中国的序幕。1535 年，葡萄牙人通过可耻的行贿手段，买通明朝官员，以每年交纳保金 2 万为条件，请求移泊于香山县的濠镜（即澳门）。1553 年，又进一步收买了海道副使。以遭遇风浪、货物被打湿为理由，请求在濠镜晾晒货物。从此他们在这里建造了城垣和炮台，设置了行政机构，任命了官吏。澳门就这样逐步被葡萄牙所占领。

壬寅宫变

在嘉靖皇帝眼中，宫女们的生命一钱不值，因此即便是贵如皇后的主子们也是朝不保夕。张皇后被嘉靖囚禁而死，方皇后被杀，陈皇后被嘉靖暴踢流产而亡。另据史载，嘉靖年间被处罚杀死的宫女前后达 200 余人。宫女们最终忍无可忍，准备杀了嘉靖。她们下手前商量："不如下了手罢，强如死在（他的）手里。"嘉靖二十一年（1542 年）十月二十一日夜，以杨金英为首的 10 余个宫女趁嘉靖睡熟之机，一齐上手欲勒死了他，终因误拴死结未能成功。事后杨金英等以"谋逆"罪被凌迟处死，剉尸枭首示众。这一事件史称"壬寅宫变"。

庚戌之变

1550 年（农历庚戌年），蒙古鞑靼部首领俺答率军进犯大同。明朝总兵仇鸾以重金贿赂俺答，请他移师别处，于是俺答东犯蓟州，很快攻到北京城下。明世宗急忙下诏调兵保卫京师。仇鸾上奏骗取了世宗的信任，被封为平虏大将军，各路明军均由他调遣。他虽握有重兵，却不敢指挥对敌作战。俺答大军掳掠无数牲畜、人口、财物后，向西撤退，只留下小部分军队迷惑明军，而仇鸾 10 万大军居然不敢发一箭。最后，俺答大军安然出塞。这次事件史称"庚戌之变"。

张居正改革

明中叶，贵族大地主兼并土地的情况相当严重。全国纳税的土地，约有一半为大地主所占，这些地主拒不缴税，严重地影响了国家收入。土地兼并、封建剥削和社会矛盾的日益加剧，致使农民起义此起彼伏，明王朝处于危机四伏的境地。为自救，当权人物选择了改革政治，张居正的改革措施得到了推行。

张居正像

在内政方面，首先整顿吏治，加强中央集权制。张居正创制了"考成法"，严格考察各级官吏贯彻朝廷诏旨情况，要求定期向内阁报告地方政事，提高内阁实权。罢免因循守旧、反对变革的顽固派官吏，擢选支持变法的新生力量，为推行新法做了组织准备。整顿了邮传和铨政，其为政方针是："尊主权，课吏职，行赏罚，一号令"和"强公室，杜私门"。

在经济方面，张居正的成绩最为突出。他任用潘季驯督修黄河，使黄河不再南流入淮，于是"数十年弃地转为耕桑"，而漕河也可直达北京。"一条鞭法"则是张居正改革的重要内容，也是中国封建社会赋役史上的重大变革。

张居正在军事上也采取了一些改革措施。任用戚继光等，加强了边防；与鞑靼俺答汗之间进行茶马市贸易，采取和平政策。从此，北方的边防更加巩固，在二三十年中，明朝和鞑靼没有发生过大的战争。

张居正改革对巩固明朝的封建统治发挥了一定作用，但在一定程度上限制了大官僚地主的既得利益。1582 年 6 月，张居正病死，反对派反攻倒算，改革的成果很快毁于一旦。

一条鞭法

明代中叶后赋役方面的一项重要改革，初名条编，又名类编法、总编法等。后"编"又为"鞭"，间或用"边"。

1581 年，张居正为均平赋役，在丈量土地的基础上，将一条鞭法推行于全国。其主要内容是：将原来按户丁派役的办法，改为按亩数、粮数派役，将部分力役摊于田赋（丁六粮四、丁四粮六或丁粮各半)，"役归于地，计亩征收"；一切赋、役、杂税合并为一条，一概按亩征银；在法定意义上取消力役，如有需要，由政府"雇役"代替；凡是赋役的催征、收纳与解运皆由官府承办，不用人民助理。

一条鞭法的推行，在实际上取消了力役，有利于商人、农民、雇工的谋生活动和商品经济的发展。

俺答封贡

庚戌之变后，俺答又多次进犯内地，结果往往两败俱伤。1570 年，俺答的孙子把汉那吉投降明朝，受到优待。俺答对明朝感激万分，表示愿意向明称臣。1571 年，明廷封俺答为顺义王，并且设立了朝贡和互市的制度。此后四五十年间，西北边境相安无事。

戚继光抗倭

明朝中叶以后，日本海盗经常出没于东南沿海，侵犯中国领土，抢劫商旅，杀害百姓，无恶不作，人称"倭寇"。嘉靖年间，倭寇气焰十分嚣张，戚继光奉命抗倭。他招募农民和矿徒组成新军，严明纪律，并配以精良的战船和兵械，精心训练。针对南方多湖泽的地形和倭寇作战的特点，他创造出了"鸳鸯阵法"，即以 12 人为一队，长短兵器配合，灵活作战。嘉靖四十年（1561 年），戚继光在浙江台州九战九捷，大败倭寇。第二年，福建告急，戚继光率军入闽，在兴化、横屿等地给进犯的倭寇以歼灭性的打击。第三年，他又和另一位抗倭名将俞大猷合力清除了广东的倭寇，为害多年的东南倭寇之患最终平息。

援朝战争

明万历年间，日本"关白"（丞相）丰臣秀吉统一日本后，为转移国内矛盾，稳定统治秩序，于万历二十年（1592 年）五月，悍然出兵朝鲜。日本军队自釜山登陆后，不久即攻陷王京汉城，占据平壤。朝鲜国王避难义州，遣使向明朝求援。十二月，明廷以宋应昌为经略，李如松为东征提督，率明军 4 万余入朝作战。次年正月，大败日军，收复平壤、汉城等地。日军求和。万历二十五年（1597 年）二月，日本与明朝谈判破裂，丰臣秀吉再次调兵 14 万，入侵朝鲜。明即遣兵部尚书邢玠率军援助，给日军以沉重打击。丰臣秀吉死后，日军士气低落。明军转守为攻。万历二十六年（1598 年）冬，明朝老将邓子龙与朝鲜将领李舜臣率水师重创日本海军。邓子龙、李舜臣于战斗中相继阵亡，日军第二次侵朝以失败告终。

万历科场案

万历三十八年（1610 年）会试，南京国子监祭酒汤宾尹强取其门生韩敬为第一，遭侍郎吴道南、御史孙居相等人的弹劾。汤宾尹因依附于齐、楚、浙党，其党人纷纷为其辩护，从而引起齐、楚、浙党与东林党人的长期争论，史称"万历科场案"。

国本之争

神宗皇后无子，王贵妃生子朱常洛（即光宗），郑贵妃生子朱常洵（即福王）。常洛是长子，按照儒家礼法"有嫡立嫡，无嫡立长"的原则，应立常洛为太子，但神宗宠爱郑贵妃，想立常洵为太子。许多朝臣争请立常洛为太子，这就是后来所说的"国本之争"。拥立常洛为帝的朝臣最后虽然胜利，但光宗即位后不久就病死了，使他们又没有了靠山。后来阉党把由于拥立常洛而产生的这些斗争，算作是"东林党"的一项罪名。

梃击、红丸、移宫案

"三案"是明末统治集团内部的党争事件。万历二十九年（1601 年），明神宗朱翊钧册立长子常洛为太子。万历四十三年（1615 年），有人持木棍闯入太子所居慈宁宫，击伤护卫，有谋害太子的嫌疑，这就是"梃击案"。朝廷大臣们以此为题互相攻讦，遭神宗压制。1620 年，神宗病死，太子常洛即位，是为明光宗，光宗生病，郑贵妃派人进药，鸿胪寺丞奉上两粒红丸，光宗服药后身亡，其在位仅一个月，这就是"红丸案"，从此，党争更加激烈。光宗死后，年仅15岁的熹宗朱由校继位，抚养他的李选侍与他同处一宫，图谋夺权，东林党人上疏，以乾清宫为天子居地，逼迫李选侍移宫，这就是"移宫案"。三案之争与宫廷内部的权力斗争相互掺杂，使本来已经腐败的明王朝统治更加黑暗，陷入危机之中。

东林党

万历三十二年（1604年），顾宪成与高攀龙同讲学于无锡东林书院，他们讽议朝政，裁量人物，受到下层官僚的支持，形成了一个声势浩大的东林党。东林党人和政治上的反对派就"梃击""红丸""移宫"三案展开了交锋，盛极一时。天启年间，宦官魏忠贤为首的阉党对东林党人实施了血腥的镇压。天启七年（1627年），明思宗朱由检即位，魏忠贤自缢而死，对于东林党人的迫害才宣告停止。

资本主义萌芽

明代中后期，苏州、松江等地有许多以纺织为业的"机户"，他们拥有大量资金和几台至几十台织机，开设机房，雇佣几个至几十个机工，进行生产。机工计日向机户领取工资。这种机工与机户间的雇佣与被雇佣的关系，是资本主义性质的生产关系，被认为是资本主义生产关系的萌芽。

李自成起义

明末天启、崇祯年间，陕北连年灾荒，农民纷纷起来反抗明朝的统治。崇祯三年（1630年），李自成率领3万人马起义，并投靠闯王高迎祥，转战于陕西、山西、河南、湖北等地。崇祯七年（1634年），高迎祥战败被杀，李自成被众人推举为闯王，经过连年的征战，到崇祯十三年（1640年）时，部队发展到百万之众。崇祯十六年（1643年），李自成自称奉天倡义大元帅，被推举为新顺王。崇祯十七年（1644年）三月十九日，义军攻占北京。崇祯皇帝自缢，明朝灭亡。由于起义军在胜利时丧失了警惕，明朝山海关守将吴三桂引清军入关。四月下旬，李自成迎战，败退北京。随即放弃北京南下，经晋入陕。次年四月，在湖北通山的九宫山下为地主武装所围困，李自成牺牲，起义宣告失败。

货郎图 明 计盛

明中后期，商品经济高度发展，分工日益细化，社会职业越来越多，社会生活也随着发生了巨大的变化，日益丰富多彩。货郎就是为了满足人们物质交换的需要而产生的一种职业。

朱元璋

朱元璋（1328—1398年），幼称重八，初名兴宗，字国瑞，祖籍金陵句容（今属南京市），至父辈落户到濠州（今安徽凤阳）。明代的开国皇帝，明太祖。采用"高筑墙，广积粮，缓称王"的策略，东征西讨，统一了中国。他加强中央集权，采取多种措施恢复和发展农业生产。为维护统治，在位期间制造了很多冤案，杀戮功臣。1398 年在南京病逝。

宋　濂

　　宋濂（1310—1381 年），字景濂，号潜溪，又号玄真子，浦江（今属浙江）人，是明初大臣，文学家。他博学强识，元末在龙门山隐居著书。1360 年，受朱元璋礼聘至应天（今江苏南京），被任命为江南儒学提举，并担任太子的师傅。明朝建立后，先后任翰林学士、侍讲学士、学士承旨，诏谕文字多出其手，常侍明太祖左右，以备顾问，为明朝开国第一文臣。他奉命主修《元史》，著作甚多，散文简洁，有《宋学士文集》传世。

徐　达

　　徐达（1332—1385 年），字天德，凤阳临淮（今安徽凤阳东北）人。他是明初名将，农家出身。元末，他参加了朱元璋领导的起义军，以既有谋略，又很勇敢而著称。1364 年，朱元璋任他为左相国。1367 年，率军消灭张士诚地方割据势力。同年任征虏大将军，与副将军常遇春一起挥师北伐中原。1368 年攻入大都（今北京），元朝灭亡，以后又连年出兵打击元朝残余势力。徐达官至右丞相，封魏国公。他为人谨慎，善于治军，为明朝开国第一功臣，死后追封中山王。

常遇春

　　常遇春（1330—1369 年），字伯仁，号燕衡，安徽怀远县常家坟镇永平岗人，元末红巾军杰出将领，明朝开国名将。宋朝南渡时常氏迁来怀远，到常遇春已经是第七世。其父常六六，母高氏，其妻蓝氏生有三子三女。常遇春貌奇体伟，勇力过人，猿臂善射。23 岁时，适值元末，朝政日非，天下大乱，处在水深火热之中的各地农民纷纷起义。常遇春适此啸聚绿林草泽中，后在和阳归顺了明太祖朱元璋。可惜，常遇春只活到 40 岁，就病死于柳河川。他一生为将，未曾败北。自言能将十万军横行天下，军中有"常十万"之称，人们美称他为"天下奇男子"。他死后被追封为开平王。

刘伯温

　　刘基（1311—1375 年），字伯温，元末进士，弃官归隐后加入朱元璋的起义军，是朱元璋的重要军事参谋。明朝建立之后，封诚意伯。尽管他像范蠡一样功成身退，但仍然受到朱元璋的猜疑，被牵入胡惟庸案，忧愤而死（一说被胡惟庸下毒致死）。

明成祖朱棣

朱棣（1360—1424年），朱元璋之子，封燕王，发动"靖难之变"。即位后，五次亲征蒙古，并迁都北京；派郑和率庞大船队下西洋，加强与周边国家和亚非各国的经济文化交流；开通京杭大运河，促进南北经济文化交流，解决了北京的粮食供应；组织3000多名学者，编纂成中国历史上最大的类书《永乐大典》，是一位很有成就的君王。

大脚马皇后

马皇后（1331—1382年），安徽宿州人，"有智鉴，好书史"，她早年丧母，被郭子兴夫妇收养为义女。郭子兴做农民起义军元帅时，马氏嫁给了英勇善战的朱元璋。郭子兴性情暴躁，心胸狭窄，在别人挑拨下把朱元璋关了起来，不给饮食。马氏偷出刚出炉的热饼，揣在怀里给朱元璋送去，以致烫伤了胸脯。在朱元璋领兵征战的年代，她还亲手为将士缝衣做鞋。一次，与朱元璋敌对的陈友谅大兵临城，不少官员百姓准备逃难。在人心慌乱的紧急时刻，马皇后镇定如常，"尽发宫中金帛犒士"，稳定了军心，为朱元璋获得胜利起了重要作用。

明太祖妻马皇后像

马皇后自幼聪明贤惠，心地仁慈，性格坚强，是朱元璋的得力助手。马皇后一生保持俭朴之风，待人宽厚，且常谏于太祖。洪武十五年（1382年）病逝，太祖心痛不已，未再立后。

胡惟庸

胡惟庸（？—1380年），濠州定远县（今属安徽）人。早年随朱元璋起兵，历任元帅府奏差，宁国主簿、知县，吉安通判，湖广金事，太常少卿，太常卿等职。洪武三年（1370年），拜中书省参知政事。洪武六年（1373年）七月，凭李善长推荐，任右丞相，约至洪武十年（1377年）晋升左丞相，位居百官之首。随着权势的不断增大，胡惟庸日益骄横跋扈，擅自决定官员人等的生杀升降，先阅内外诸司奏章，对己不利者，辄匿不上报。后被朱元璋以"枉法诬贤""蠹害政治"等罪名处死。明代史籍中关于胡惟庸案的记载多有矛盾，因此关于其是否确实谋反，当时便有人怀疑，明代史学家郑晓、王世贞等皆持否定态度。

解　缙

解缙（1369—1415年），字大绅，又字缙绅，号春雨，又号喜易，明朝第一位内阁首辅。洪武二年（1369年）十一月初七日，出生在吉水鉴湖（今江西吉水县文峰镇)的一个书香门第之家。传说他自幼颖敏绝伦，5岁时父教之书，应口成诵；7岁能属文，赋诗有老成语；10岁，日诵数千言，终身不忘；12岁，尽读"四书""五经"，贯穿其义理。洪武二十年（1387年）参加江西乡试，名列榜首（解元）；次年，会试第七，廷试与兄纶、妹夫黄金华同登进士第，选为庶吉士，读中秘书。明成祖时，入直文渊阁，进翰林学士，参与机务，后又兼右春坊大学士，一时诏令制作，皆出其手。

黄子澄

黄子澄（1350—1402年），又名黄湜，分宜大岗山澧源村人。明初官员，向明惠帝（建文帝）建议削藩的主要人物之一。削藩引发燕王朱棣在1399年发动靖难之变，朱棣在1402年夺得帝位后，逮捕了黄子澄并将其处死。

朱允炆

明惠帝朱允炆，明太祖朱元璋的嫡次孙，明朝的第二个皇帝。

朱允炆1377年出生，生母是吕妃，父亲懿文太子朱标。洪武三十一年（1398年）闰五月，朱元璋驾崩，终年71岁。皇太孙朱允炆继位，改年号建文，称建文帝。因削藩，导致叔父燕王发动"靖难之役"。建文帝的帝王之旅，很快即告结束，国破人不知所向。清乾隆皇帝追谥恭闵皇帝。南明安宗朱由崧追尊建文帝为嗣天章道诚懿渊恭覲文扬武克仁笃孝让皇帝，庙号惠宗。

陈友谅

陈友谅（1320—1363年），湖北沔阳人（今湖北仙桃），一说是湖南湘乡金薮乡属南村人。大元后期伪"汉"政权的建立者。家世业渔。年轻时曾为县吏。元末农民战争爆发后，参加徐寿辉、邹普胜、倪文俊等人领导的天完红巾军，初为簿书掾，后以功升元帅。元至正十七年（1357）九月，倪文俊谋害徐寿辉未成，逃奔黄州，陈友谅趁机袭杀倪文俊，并其部众，自称宣慰使，随后改称平章，掌握天完实权。此后两年继续进行反元战争，攻取安庆、池州、龙兴（今江西南昌）、瑞州（今江西高安）、邵武、吉安、抚州、赣州、信州（今江西上饶）、襄阳等地。

唐赛儿起义

明初唐赛儿领导的农民起义，发生于明永乐十八年（1420年）。起义中心在山东益都一带。唐赛儿（生卒年不详）为山东蒲台人林三之妻，略识文字。她以白莲教名义组织群众，自称佛母，宣称能知生前死后成败事，又能剪纸人纸马互相争斗，如需衣食财货等物，用法术即可得。传教于山东蒲台、益都、诸城、安丘、莒州、即墨、寿光等州县之间，贫苦农民争先信奉，率众起义后不足一月即遭镇压而失败。

崇祯皇帝

崇祯皇帝，即朱由检（1611—1644年），光宗第五子，天启七年（1627年）八月八继位。崇祯即位，正值明朝内忧外患之际：内有黄土高原上百万农民造反大军，外有满洲铁骑，虎视眈眈，山河冷落，烽烟四起。他决事果断，雷厉风行，如处理阉党一案；也有心细多疑，优柔寡断之一面，如明朝是先攘外抑或先安内一直拿不定主意，遂误国家。既有刻薄寡恩翻脸无情之一面，也有多情柔肠之一面，对周后互敬互爱。他自制极严，不耽犬马，不好女色，生活俭朴。他也经常征求左右的意见，但刚愎自用，不能做到虚怀纳谏；他知人善任，如袁崇焕、杨嗣昌、洪承畴，具一代文武全才，任用他们时，言听计从，优遇有加，一旦翻脸，严酷无情，果于杀戮，导致用人不专，出现崇祯朝五十相局面。他悯恤黎民疾苦，常下罪己诏，但搜刮民膏，加派无度，驱百姓于水火；他励精图治，经常平台招对，咨问政之得失，与臣下讨论兴亡之道，为政察察，事必躬亲，欲为中兴之主，但求治心切，责臣太骤，以致人心恐慌，言路断绝。常谓所任非人，终成孤家寡人，至于煤山殉国。

于　谦

于谦（1398—1457 年），字廷益，号节庵，浙江钱塘（今杭州）人。永乐进士，任监察御史，历河南、山西巡抚。于任上，曾平反冤狱，赈济灾荒。后改任兵部左侍郎。正统十四年（1449 年），瓦剌首领也先于土木堡将英宗掳走，京城为之震恐。时郕王朱祁钰监国，遂命于谦为兵部尚书，全权经划京师防御。随后于谦等拥立郕王即帝位，是为景泰帝。十月，也先挟持英宗攻京师。于谦亲自督战，击败瓦剌对北京的进攻。景泰二年（1450 年），也先乞和，放回英宗。于谦等迎英宗，安置于南宫，称太上皇。于谦认为和议难持久，努力整顿京城军队，又创建团营，加强训练。景泰八年（1457 年），英宗复辟后，于谦以"谋逆罪"被杀。传世有《于忠肃集》。

俞大猷

俞大猷（1504—1580 年），字志辅，号虚江，福建晋江（治所在今泉州）人。少好读书，知兵法，世袭百户。举嘉靖十四年（1535 年）武会试，授千户，守御金门。嘉靖二十八年（1549 年）朱纨巡视福建，荐为备倭都指挥。又参与交黎之役，以功进参将。后转战江浙闽粤，抵御倭寇。他创造了一套用楼船歼灭倭寇的海战战术，还发明了一种陆战用的独轮车，因而他的军队屡战屡胜，多立战功，时称俞家军，与戚继光齐名。卒谥武襄。

海　瑞

海瑞（1514—1587 年），字汝贤，一字应麟，别号刚峰，海南琼山（今海南海口）人。四岁孤，家境清寒。嘉靖二十八年（1549 年）中举。嘉靖三十七年（1558 年），任浙江淳安知县。他体察民情，革除弊政。嘉靖四十三年（1564 年），调任户部主事。时朝政腐败，冒死上《治安疏》，指斥世宗君道不正，致吏贪将弱，民不聊生。帝盛怒将其下狱论死。帝卒，获释复官。隆庆三年（1569 年），任右佥都御史巡抚应天千府。他浚吴淞江与白茆河，限制租赁剥削，实行均田均税，推行一条鞭法。不久遭豪强反对被解职。海瑞闲居家乡 10 余年，至万历十三年（1585 年），以荐被任为南京右佥都御史，后又改南京吏部右侍郎、南京右都御史。万历十五年（1587年）卒于官，被百姓呼为"海青天"。

戚继光

戚继光（1528—1588年），字元敬，号南塘，晚年号孟诸，出身于山东登州卫一个世袭军官之家，明代杰出的军事家、民族英雄。17岁世袭登州卫指挥佥事，开始了他40年的军旅生涯。总督山东沿海抗倭，所辖海疆肃

抗倭图卷（局部）
此图描绘倭寇船侵入浙江沿海，登陆、探察地形、掠夺放火，百姓避难，明军出战、获胜的全过程。这部分是明军与倭寇激战的情况。

靖。调入浙江，编练"戚家军"，创鸳鸯阵，转战于沿海各地。平定浙江境内倭患，又挥师南下，两度援闽，并入广东境内剿倭，肃清东南沿海倭患。经大小百余战，所向无敌，"戚家军"威名享誉天下，荼毒百姓数百年的东南沿海倭患从此基本平定。

《纪效新书》

《纪效新书》是明代著名兵书。它出于抗倭名将之手，所述内容具体实用，既是抗倭中练兵实战的经验总结，又反映了明代训练和作战的特点，尤其是反映了火器发展到一定阶段上作战形式的变化，具有较高的军事学术价值。但是，《纪效新书》作为一部当时实用的兵书，随着军事技术的发展，许多条款早已不适用了，同时里面也夹杂着一些糟粕，如用所谓"相法"选士；"忌凶死之形，重福气之相"；用阴阳五行八卦之说解释旗帜颜色；认为士卒是愚人等，这是我们在肯定它的价值的时候特别需要指出的。

《练兵实纪》

《练兵实纪》是戚继光在蓟镇练兵时撰写。此书正集9卷，附杂集6卷。它和《纪效新书》称为戚氏兵书姊妹篇。9卷9篇共264条，具体篇目是：练伍法第一、练胆气第二、练耳目第三、练手足第四、练营阵第五（场操）、练营阵第六（行营）、练营阵第七（野营）、练营阵第八（战约）、练将第九。后附杂集6卷6篇：储练通论（上下篇）、将官到任宝鉴、登坛口授（李超、胡守仁辑）、军器解、车步骑营阵解。书前还冠有"凡例"即"分给教习次第"共15条，记述了将卒各自应学习的内容、标准，教材发放办法，督促学习的措施等。

李时珍

李时珍（1518—1593年），字东璧，号濒湖，湖北蕲春人。出身医学世家。他早年便好读医书，历时30余年，阅读了800余种医药书籍。并赴各地广泛采集药物标本，又向药农及民间医生请教。在此基础上，纠正了诸家《本

草》中的错误，删除重复记载，经三易其稿，于万历六年（1578年），撰成《本草纲目》52卷。

该书是一部中医药学巨著。书中收录药方11096则，药物1892种，其中新增374种，附有动植物插图1100多幅，共190万字。是16世纪中国传统医药学的一次全面科学的总结。《本草纲目》刊行后，被译为多种外文，在世界医学界引起轰动，在世界药物学史上也占有重要地位。

徐 渭

徐渭（1521—1593年），字文长，号天池山人，别号青藤，山阴（今浙江绍兴）人。工书法，善绘画，长于行草，擅长花鸟画。他曾参加8次乡试都名落孙山，后入胡宗宪幕府，参与策划抗倭事宜。胡宗宪被逮自杀，徐渭深受刺激，先后9次自杀，还因为杀死妻子下狱7年。晚年更是潦倒不堪，穷困交加。徐渭的写意花卉惊世骇俗，用笔狂放，笔墨淋漓，不拘形似，自成一家，创水墨写意画新风，历来被世人称道。杂剧《四声猿》曾得到汤显祖等人的称赞。他的诗文书画处处弥漫着一股郁勃的不平之气和苍茫之感。

利玛窦

利玛窦（1552—1610年），意大利人。1582年奉派来华传教，他是明末来华天主教耶稣会士中最重要的人物。他会汉语、识汉字，熟悉中国礼节，通晓儒家经典，人称西儒。曾向明神宗进贡世界地图、八音琴和自鸣钟。神宗赐他房屋，许其在北京常住。利玛窦与中国科学家徐光启交往密切，合作翻译欧几里得的《几何原本》。借此将天文、数学等欧洲近代科学介绍到中国，同时把孔子和儒家思想传入西方。卒于北京，神宗以陪臣礼葬于阜成门外。著译除《几何原本》外，还有《天学实义》和《利玛窦中国札记》。

徐光启

徐光启（1562—1633年），字子先，号玄扈，松江府上海县（今上海）人。万历三十二年（1604年）进士。曾师从意大利人、天主教耶稣会传教士利玛窦学天文、历算、火器等术，并与利玛窦合译《几何原本》，以及《勾股义》《泰西水法》等西方科技著作。成为学贯古今、兼通中外的科学家。著有《农政全书》60卷，书中总结并保存了中国历代的农业生产经验和技术、成就，亦反映了明代农业的新发展。崇祯初年，升任礼部尚书，兼文渊阁大学士，受命主持重修历法。在耶稣会传教士龙华民、罗雅谷，以及中国科学家李之藻、李天经等人的协助下，应用西法，历时3年，编成《崇祯历书》，是为中国历法采用西法编修之始。

徐光启像

魏忠贤

魏忠贤（1568—1627 年），原名进忠，河间肃宁（今属河北）人。明朝宦官。少为无赖，明神宗时，为赌债所逼，自阉进宫，当了宦官，冒姓李。与皇太孙朱由校（明熹宗）的乳母客氏相勾结，深得朱由校信任。朱由校即位后，升任司礼监秉笔太监，复姓魏，赐名忠贤。后又提督东厂。结党营私，专擅朝政，残杀百姓，镇压东林党人，罢斥朝中正直大臣。自称九千岁。崇祯帝即位，令其自缢，诏磔其尸。

宋应星

宋应星（1587—约 1666 年），字长庚，奉新（今属江西）人。万历举人。后因屡试进士不第，遂转而研究生产技术。崇祯七年（1634 年），著成《天工开物》一书。此书几乎著录了工农业生产中所有的生产技术和经验。对每一种生产过程，以及技术设备，均做了翔实的介绍，并附有插图，还记录了不少重要的数据。该书是中国古代一部带有总结性的科技著作，反映了中国古代工农业生产在明代的发展水平。该书编成后，于崇祯十年（1637 年）初刊。后被译成多国文字，在国际上影响颇大，被该书的法文译者儒莲誉为"技术百科全书"。

张献忠

张献忠（1606—1647 年），字秉吾，号敬轩，陕西延安柳树涧（今陕西定边东）人。他是明末农民起义军领袖，出身贫苦。1630 年，他在陕西米脂聚众起义，自号"八大王"。1635 年，与高迎祥大举东征，下凤阳，焚明祖陵，转战安徽、河南、陕西等地。1638 年，受明王朝"招抚"。次年再度起兵反明。1641 年在川东大败明军。1643 年，克武昌，称"大西王"。不久克长沙，宣布免征钱粮三年，得到农民响应。1644 年，占领成都，建大西政权，后称帝。1647 年初，率部北上抗清，在西充凤凰山中箭牺牲。

前六君子

明熹宗时，魏忠贤阉党乱政，御史杨涟等人因弹劾魏忠贤而被捕，杨涟（1571—1625 年）、左光斗（1575—1625 年）、魏大中（1575—1625 年）、周朝瑞（？—1625 年）、袁化中（？—1625 年）、顾大章（1567—1625 年）六人冤死在狱中，史称"前六君子"。

吴门三家

"吴门三家"是指明代苏州的三位书法家，即祝允明（1460—1527 年）、文徵明（1470—1559 年）和王宠（1494—1533 年）。他们学习古代名家书法，各有所长。弟子众多，当时有天下书法尽归吴门的说法。

《本草纲目》

中国古代药物学的总结性著作，明代李时珍撰，52卷。书成于1578年。该书分水、火、土等16部，每部分若干类，共62类。全书共收中药1892种，医方11096个。详细阐述所载药物名称、产地、形态、气味、主治、偏方等，并附插图1160幅。明万历年间传到日本、朝鲜、越南，17、18世纪传到欧洲，先后有德、法、英、俄、拉丁等文的译本或节译本。

《农政全书》

它是一部集中国古代农业科学技术之大成的著作。明代徐光启撰。全书共60卷，60万字。成书于1633年以前，于1639年刊行。它是一部农业百科全书，辑录古代与当时农业文献229种，加以评注，以介绍中国古代有关农业生产的理论和科学方法，同时介绍了欧洲的水利技术，是中国农学史上最早传播西方近代科学知识的书籍，至今仍有参考价值。

《九章算法比类大全》

明吴敬撰，景泰元年（1450年）完成。全书共10卷，书中包括乘除开方起例、方田、粟米、衰分、少广、商功、均输、盈朒、方程、勾股、开方等内容，是1000多个应用问题解法的汇编。一些应用题分"古问"和"比类"两种，前者摘自算术书，后者结合当时社会情况的应用问题，记录了明代初期商业算术的真实面目，其中计息、抽分等具有一定的商业实用性。

《徐霞客游记》

明代徐弘祖（号霞客）著，共10卷。书中记述了作者一生游历考察的成果，包括山川源流、地形地貌、生物形态、矿藏物产、民情风俗等。该书最早揭示中国西南地区石灰岩的各种特征，它是世界上科学考察石灰岩地貌的先驱。

《天工开物》

明末清初的一部科技著作，明末宋应星著。全书分上、中、下3部，共18卷。该书全面系统总结中国古代农业、手工业生产技术和经验，书中反映了中国手工业工场的生产面貌。此书被翻译成日、法、英等多国文字，被称作是中国17世纪的工艺百科全书。

《天工开物·开采银矿图》

《牡丹亭》

全称《牡丹亭还魂记》，根据当时的话本小说《杜丽娘慕色还魂》改编，是汤显祖的代表作品，也是我国古代戏曲史上最伟大的作品之一。这部作品通过南安太守之女杜丽娘与书生柳梦梅之间生死离合的爱情故事，歌颂了杜丽娘敢于反对封建礼教、追求自由幸福的叛逆精神。此外，这部作品辞采斐然，具有强烈的抒情性和艺术性，如《游园·惊梦》就是历来被人们所称道的经典。《牡丹亭》自其问世之日起就轰动了文坛，时人评价说："汤义仍《牡丹亭梦》一出，家传户诵，几令《西厢》减价。"由于汤显祖过于注重文采，因此剧作中有很多地方任意用韵与曲谱不合，是为白璧微瑕，但是并不影响它的文学价值。

《金瓶梅》

《金瓶梅》是中国第一部由文人独立创作的长篇小说，与《三国演义》《水浒传》《西游记》并称为"四大奇书"。因其中有很多淫秽的描写，自其诞生以来屡遭禁毁。其情节主要从《水浒传》中的武松杀嫂的故事衍化而来，书名是书中的三个女性主要人物潘金莲、李瓶儿、庞春梅的缩写。这部作品以一个家庭为出发点，通过对西门庆一家暴发与衰落的描写，反映了当时社会生活的各个方面，如政治制度的腐朽，妻妾相妒、主仆相争的家庭婚姻制度以及奴婢制度的罪恶等，内容丰富，思想深邃，可以说是一部明代中后期社会的百科全书。《金瓶梅》的产生对于小说的发展具有重要的影响，它产生之后出现了很多的续书和模拟之作，但这些作品的格调更为低劣。《红楼梦》在小说的构思以及人物的塑造等各方面也受到了《金瓶梅》的影响，这两部小说可以说是代表了俗和雅的两个极端。

《金瓶梅》以西门庆、潘金莲为代表的人物和故事被百姓津津乐道，然而，化名为"兰陵笑笑生"的作者究竟是谁，却成为一个千古之谜。

王世贞说。有的研究者主要根据《明史·王世贞传》和《万历野获编》以及有关王世贞的身世、生平、籍贯、爱好、文学素养、社会经历、思想风貌、创作时间、生活习惯等，"与《金瓶梅》全书对勘"，认为"王世贞的影子完全摄在《金瓶梅》中"，他应该是最有条件写此书的作者。

李开先说。有的研究者认为，李开先的身世、生平和"对词曲等市井文学的极深的爱好和修养"等，与前人对《金瓶梅》的说法不谋而合；作品本身证明它同李开先关系密切，把《金瓶梅》和李开先的《宝剑记》做比较，就会发现有不少相同之处。

贾三近说。有的研究者认为"笑笑生"是贾三近。因为贾三近的生平经历、文学素养、世界观和精神气质、笔名和《金瓶梅》全书所反映的内容较为相符。贾三近所作《左掖漫录》当是《金瓶梅》的原稿。

"吴侬"说。所谓吴侬，是"生长在吴语地区，或是受吴语影响较深的人"的昵称。有的研究者从《金瓶梅》书中多次运用吴语词汇这一点来证明"改定此书的作者当为一吴侬"。

民间艺人集体创作说。有的研究者认为此书是由许多民间艺人参加的、经过很多人加工整理的作品。

屠隆说。有的研究者认为是明代万历年间文学家屠隆创作的。屠隆在《开卷一笑》中曾用过"笑笑先生"的代名，"笑笑先生"当为"笑笑生"，而"兰陵"应为江苏武进，是屠隆祖先居住过的地方。他的书斋是"婆罗馆"，正是取名于武进的古巷。另外，从屠隆的籍贯和生活习性看，也符合著《金瓶梅》的作者条件。他的遭遇和身世以及对社会的认识，都和《金瓶梅》中所揭露、鞭挞的相一致。

《醒世恒言》

明末冯梦龙纂辑的话本小说集。成书于1627年，与《喻世明言》《警世通言》合称"三言"。40篇。除少数宋元旧作外，绝大部分是明人作品。其中不乏批判黑暗现实，或讥讽封建礼教的许多名篇，但也有宣扬封建思想的作品。

《三国演义》

元末明初罗贯中著。该书是中国最早的长篇历史小说。这本书是根据历史记载和民间传说创作的。书中描写东汉末年和三国时期复杂的政治、军事斗争，勾画出当时的社会风云，为读者提供了丰富的历史知识和政治、军事斗争经验。故事情节生动曲折，人物形象栩栩如生，是中国古代文学名著，至今仍受到人们喜读，并被译为多种文字，书中也有部分宣扬封建正统思想的内容。

《水浒传》

明代施耐庵著。中国第一部以农民起义为题材的长篇小说，是根据民间长期流传的北宋晚期宋江领导的山东梁山泊农民起义的故事而创作的。书中塑造了李逵、武松、林冲、鲁智深等一系列梁山英雄人物形象，揭露了封建统治阶级的残暴、腐朽，反映了人民群众的反抗精神。全书情节曲折，语言生动，人物性格鲜明，具有高度的艺术成就。

《西游记》

明代吴承恩著，中国古代文学名著，成书于明中期。根据民间流传的唐僧取经的故事创作的长篇神话小说。书中塑造了孙悟空这个神通广大、敢于造反的英雄形象，歌颂了孙悟空不畏强暴、战胜困难的顽强精神，富有浪漫主义色彩，情节曲折生动，语言幽默诙谐，人物个性突出，形象生动。

《西游记》图册 清

《日知录》

明末清初顾炎武撰，全书共32卷，为顾氏30多年读书笔记的汇录，包括重要的历史考据成果。全书不分门目，论及经义、政事、经济、世风、礼制、科举、艺文、名义、古事真妄、史法、注书、杂事、交通、兵制、边疆、外国、天象、术数、地理、杂考等多个方面。

《明史》

是一部纪传体史书，记载了自朱元璋洪武元年（1368 年）至朱由检崇祯十七年（1644 年）200 多年的历史。于清朝顺治二年（1645 年）始纂直至乾隆四年（1739 年）最后定稿，进呈刊刻，前后经过 90 多年，是官修史书历时最长的一部。共332 卷，包括本纪 24 卷，志 75 卷，列传 220 卷，表 13 卷。在"二十四史"中，《明史》以编纂得体、材料翔实、叙事稳妥、行文简洁为史家所称道，是一部水平较高的史书。

《菜根谭》

《菜根谭》是明代还初道人洪应明收集编著的一部论述修养、人生、处世出世的语录世集，具有三教真理的结晶和万古不易的教人传世之道，为旷古稀世的奇珍宝训，对于人的正心修身，养性育德，有不可思议的潜移默化的力量。其文字简练明隽，兼采雅俗。似语录，而有语录所没有的趣味；似随笔，而有随笔所不易及的整饬；似训诫，而有训诫所缺乏的亲切醒豁；且有雨余山色、夜静钟声点染其间，其所言清霏有味，风月无边。

《菜根谭》是以处世思想为主的格言式小品文集，采用语录体，糅合了儒家的中庸思想，道家的无为思想和释家的出世思想的人生处世哲学的表白。《菜根谭》文辞优美，对仗工整，含义深邃，耐人寻味。是一部有益于人们陶冶情操、磨炼意志、奋发向上的通俗读物。作者以"菜根"为本书命名，意谓"人的才智和修养只有经过艰苦磨炼才能获得"，正所谓"咬得菜根，百事可做"。

明代家具

明代是汉唐以后中国家具历史上的又一个兴盛期。随着当时经济的繁荣，城市的园林和住宅建设也兴旺起来，贵族、富商们新建成的府第，需要装备大量的家具，这就形成了对于家具的大量需求。明代的一批文化名人，热衷于家具工艺的研究和家具审美的探求，他们的参与对于明代家具风格的成熟，起到一定的促进作用。郑和下西洋，从盛产高级木材的南洋诸国，运回了大量的花梨、紫檀等高档木料，这也为明代家具的发展创造了有利的条件。明代家具的造型非常简洁明快，工艺制作和使用功能都达到前所未有的高峰。这一时期的家具，品种、式样极为丰富，成套家具的概念已经形成。布置方法通常是对称式，如一桌两椅或四凳一组等，在制作中大量使用质地坚硬、耐强度高的珍贵木材。家具制作的榫卯结构极为精密，构件断面小、轮廓非常简练，装饰线脚做工细致，工艺达到了相当高的水平，形成了明代家具朴实高雅、秀丽端庄、韵味浓郁、刚柔相济的独特风格。

天　坛

天坛地处原北京外城的东南部，位于故宫正南偏东的城南，正阳门外东侧。

始建于明朝永乐十八年（1420年），是明清两代帝王用以"祭天""祈谷"的建筑。1961年，国务院公布天坛为"全国重点文物保护单位"。1998年被联合国教科文组织确认为"世界文化遗产"。

北京天坛占地272万平方米，整个面积比紫禁城（故宫）还大些，有两重垣墙，形成内外坛，主要建筑祈年殿、皇穹宇、圜丘。圜丘建造在南北纵轴上。坛墙南方北圆，象征天圆地方。圜丘坛在南，祈谷坛在北，二坛同在一条南北轴线上，中间有墙相隔。圜丘坛内主要建筑有圜丘坛、皇穹宇等，祈谷坛内主要建筑有祈年殿、皇乾殿、祈年门等。祈年殿建于明永乐十八年（1420年），初名"大祀殿"，是一个矩形大殿。祈年殿高38.2米，直径24.2米，里面分别寓意四季、十二月、十二时辰以及周天星宿，是古代明堂式建筑仅存的一例。圜丘建于明嘉靖九年（1530年）。每年冬至在台上举行"祀天大典"，俗称祭天台。回音壁是天库的圆形围墙。因墙体坚硬光滑，所以是声波的良好反射体，又因圆周曲率精确，声波可沿墙内面连续反射，向前传播。

临川四梦

指的是明代戏曲家汤显祖的4部剧作《紫钗记》《牡丹亭》《南柯记》与《邯郸记》，因四剧皆有梦境，故合称为"玉茗堂四梦"，又因为他的籍贯是临川，因此又称这四部作品为"临川四梦"。玉茗堂是汤显祖的书斋名。汤显祖曾为官数载，辞官归里后其思想上又接受了佛、道教的影响，这也对他的创作产生很大的影响，他以梦幻的形式，表现官场上的黑暗、抨击封建礼教就是一例。《紫钗记》在题材上取材于唐传奇《霍小玉传》。《牡丹亭》通过杜丽娘与柳梦梅的爱情故事，赞颂了真正的爱情，揭露了礼教的虚伪。《南柯记》与《邯郸记》则揭露了封建官僚制度与科举考试制度的丑恶。"玉茗堂四梦"深刻地揭露和批判了当时的封建社会和封建制度，是中国戏曲史上的杰作。

章回小说

元末明初，罗贯中和施耐庵分别在讲史话本《三国评话》和《宣和遗事》的基础上编写出120回的《三国志通俗演义》和《水浒传》，标志着长篇章回小说的产生。明中叶以后，章回小说得以大量地创作和出版，并且题材也大大超过明初，形成繁盛之势。其中最具代表性的是被称为"明代四大奇书"的《三国演义》《水浒传》《西游记》和《金瓶梅》。

八股文

八股文也称"时文""时艺""制艺""制义""八比文""四书文"。它是明朝考试制度所规定的一种特殊的文体。它以"四书"（即《大学》《中庸》《论语》《孟子》）、"五经"（即《诗经》《尚书》《礼》《易》《春秋》）中的文句命题，解释要以朱熹的注释为依据。它专讲形式，没有内容，文章的每个段落，死守在固定的格式里面，连字数都有一定的限制，人们只是按照题目的字义敷衍成文。

文章的格式必须包括规定的破题、承题、起讲、入手、起股、中股、后股和束股八个部分。历史上，把这种文章叫作"八股文"。

三　场

"三场"指乡试、会试的场次，洪武十七年（1384年），朝廷颁行科举，规定初九日为第一场，试"四书"义三道、经义四道；十二日为第二场，试论一道、判五道，诏、诰、表任选一道；十五日为第三场，试经史时务策一道。士子参加考试，大多把精力集中于一经或"四书"文，考官阅卷时一般也重视第一场而忽略第二、第三场。明代的武科考试，亦分三场次，初场试马上箭，第二场试步下箭，第三场试策一道。

国子监

国子监是中国封建时代的教育管理机关和最高学府，也是朝廷掌管国学政令的最高官署。晋称国子学，北齐称国子寺。隋、唐、宋、元、明、清时称国子监。清末改革学制，自光绪三十二年（1906年）起设学部，国子监并入学部。

国子监的教学科目是：礼、乐、律、射、御、书、数等。当时谋求仕途发达的文人学士们最大的荣耀莫过于毕业于国子监、殿试时考取进士、金榜题名并刻名于孔庙，从而光宗耀祖，在家乡刻立牌坊，还可飞黄腾达，在朝中做官。当时国子监不但有中国学生，还有外国留学生。明初，国子监先后改称北平郡学、国子学，后固定使用了国子监的名称。由于在南京的国子监称为南监，所以北京的国子监又称北监。

三言二拍

明代拟话本小说的代表，其中，"三言"指的是冯梦龙辑撰的3个短篇小说集《喻世明言》《警世通言》和《醒世恒言》的合称，"二拍"指的是凌濛初的两个短篇小说集《初刻拍案惊奇》《二刻拍案惊奇》的合称。"三言"是冯梦龙在广泛收集宋、元、明三代500年间的话本和拟话本的基础上整理编选润色加工而成的，而二拍则是作者个人的拟话本创作，"二拍"深受"三言"的影响，但就其艺术成就来说逊于"三言"。"三言二拍"的创作标志着中国古代白话短篇小说的成熟。在内容上，"三言二拍"主要描写的是市民的生活，反映了市民的思想感情，以及他们的道德观、价值观、爱情观等，具有鲜明的时代特色。在艺术上，它们则保留了口头文学故事性强、曲折生动、描写细腻的优点，在中国的小说史上占有重要的地位。

昆　腔

嘉靖年间（1522—1566年），以昆山人魏良辅为首的一批音乐家、戏曲家，积数十年的努力，对昆山腔进行了改革，主要集中在唱曲和音乐伴奏两个方面。他们并用弦索、箫管、鼓板三类乐器，形成了一个完整的管弦乐伴奏乐队。

昆山腔经过改革之后，音乐更加优美丰富，曲调细腻婉转，更能表达剧中人物的感情，由此使昆曲压倒南戏各腔。

明代长城

明长城是在秦万里长城的基础上重新修筑的，其工程比秦始皇造长城更为浩大。为了防备蒙古骑兵的袭扰，从明初开始，明朝用了 200 多年时间，完成了西起嘉峪关、东至山海关全长 12700 多里的长城修筑。现在的万里长城就是明代修筑的。明代沿长城分段设立了九镇，各屯驻重兵进行防守，并在长城地形险要之处修建了不少关隘，其中山海关号称"天下第一关"。

十三陵

明朝共有 16 位皇帝，开国皇帝朱元璋死后埋葬在南京。建文帝因"靖难之役"下落不明，另外还有一位皇帝死后埋葬在北京西郊的金山。其余 13 位皇帝死后都埋葬在北京西北 45 千米的天寿山南边，我们现在把这 13 座明代皇帝的陵墓叫作"十三陵"。十三陵的每座陵墓的大小虽然不一样，但其中结构安排非常相似。以明成祖朱棣的长陵最为典型，修建最早，规模也最大，永陵和定陵的建造非常精巧。

杉木笼

杉木笼史称杉木龙，位于陇川县城东北角，古为通商要道。明朝王骥"三征麓川"后，成为重要的军事关隘，有"若要麓川破，船从山上过"之称。

明代诗人漆文昌写道："断崖，石水流溪，曾与将军指路迷。今日重跻思铲削，阴风暗雨暮云低。"简明扼要地描述了杉木笼的地势险要及在军事上的重要地位。

在多安民事件平息后，《陇川善后疏》中说："杉木龙山，有一夫当关之势，我兵分班当扎此地，外控陇川，内护腾越，令各兵建葺营房，收积粮糗，有事利于进战，无事不扰及内地，又是居内制外之一要地也。"又说："杉木龙地属要害，则将官分兵屯戍，广裕蓄储，以示居中制外。"

大报恩寺琉璃宝塔

大报恩寺琉璃宝塔是明成祖朱棣为纪念其生母贡妃而建，高 80 米，9 层 8 面，周长 100 米。这项工程耗时近 20 年，使用的匠人和军工达 10 万人，耗资 248.5 万两银子。据传，塔建成后，9 层内外共设篝灯 146 盏，每盏芯粗一寸左右。

明代初年至清代前期，大报恩寺琉璃宝塔作为南京最具特色的标志性建筑物，被称为"天下第一塔"，更有"中国之大古董，永乐之大窑器"之誉，是当时中外人士游历金陵的必到之处。

大报恩寺琉璃宝塔在南京的土地上屹立了近 400 年后，1856 年毁于太平天国战争中。如今，明代永乐帝与宣德帝先后御制的大报恩寺碑尚存遗物。据史书记载，建造此塔烧制的琉璃瓦、琉璃构件和白瓷砖，都是一式三份，建塔用去一份，其余两份编号后埋入地下，以备有缺损时，上报工部，照号配件修补。1958 年，寺院附近出土了大批带有墨书的字号标记琉璃构件，现分藏于中国历史博物馆、南京博物院和南京市博物馆。

景泰蓝

景泰蓝是在明朝时兴起而逐渐发展起来的，主要是由北京宫廷作坊御前监创制。只因景泰年间烧制的最多最好，并以蓝色为主色调，所以名为"景泰蓝"。景泰蓝工艺制作复杂，纹饰多为缠枝勾莲纹。景泰蓝以蓝为主色调，配以红、黄、绿、白等彩，并以金丝为轮廓，整个看上去，"朱碧相辉，镂金错彩"，充满"富贵气"。

早在古埃及时就已有珐琅工艺，后传至古罗马和拜占庭（东罗马），后又传到西亚，在明初传入中国，得到发展。明初以宣德时制作的实物为最早，景泰年间制造的最精彩，品种、纹样、釉色都有所增加，技术也有所提高，是中国珐琅工艺的鼎盛时期。至嘉靖、万历年间，景泰蓝出现衰落倾向。

徽　商

明代南直隶徽州府（今安徽黄山市）地处低山丘陵，地瘠人众，其民多外出经商，逐步在商界形成一股强大的势力。徽商四处经营，到了后来，有"无徽不成镇"之说。

王守仁

王守仁（1472—1529 年），字伯安，浙江余姚人，因为他曾经筑室于绍兴阳明洞中，后又创办阳明书院，所以被称为阳明先生。在中国古代诸多思想家中，王阳明是很特殊的一位。他是哲学家、教育家，却又是中国古代不可多得的名将。在与程朱理学唱反调的过程中，他建立了自己的哲学体系。这一体系虽然属心学一派，但水平却超过了以前的心学大师陆九渊，并且是集心学大成，影响了好几代人。

他提出一个著名的哲学命题：心外无物。他认为，人心是一切事物的本源，没有人的意念活动，就没有客观事物。他认为"心之所发便是意""意之所在便是物"。他还提出"心外无理"的命题。在他看来，事物的"理"，不存在于客观事物之中，而是存在于人们的心中，所以说"心即理"。比如，封建的伦理道德观念，原是封建社会的产物，而他却认为是人们心中所固有的，这就是他所谓的"良知"。他主张，要认识"理"，即所谓"致良知"，其途径不是通过实践，而是到心中去体会先验的伦理道德观念。他要求人们主动自觉地为善去恶，用封建伦理道德来规范自己的行动。

王守仁像

他也和朱熹一样，把"人欲"看作"天理"的对立物，认为由于先天的"良知"受到了外来物欲的"昏蔽"，人们才会有不善的思想和行动，因此，他竭力宣扬"去人欲，存天理"，只要人们体会到心中固有的"良知"，扫灭私欲，哪怕"愚夫愚妇"也可以成为"圣人"。他的心学，归结起来，就是要求人们自觉地消除一切反抗的念头，从心底深处服从封建统治。他的学说是以"反传统"的姿态出现，在明代中期以后，形成了阳明学派，与程朱学派对抗，影响很大。他最重要的哲学著作《传习录》和《大学问》，在当时都很受欢迎。他广收门徒，遍及各地。死后，"王学"虽分成几个流派，但同出一宗，各见其长。后来他的学说还远播海外，特别是对日本学术界产生了很大的影响。

施耐庵

施耐庵（1296—1371 年），元末明初小说家，江苏兴化人。一般认为，他是《水浒传》的作者。施耐庵出身贫寒，曾到山东郓城任训导，因此对山东的风土人情以及宋江等人的英雄事迹都有所了解。水浒的故事在民间流传甚广，主要作品有龚开的《宋江三十六人赞》，以及元杂剧中的《双献头》《李逵负荆》等。《水浒传》就是在民间传说、话本和戏曲的基础上写成的，是我国的"四大古典名著"之一。在内容上，《水浒传》主要描写了宋江起义和失败的经过，反映了北宋末年当政者横征暴敛，以致官逼民反的情形，揭露了社会的黑暗压迫，歌颂了梁山英雄的反抗精神和优秀品质。作品塑造了一系列的典型人物，如宋江、林冲、杨志、武松、李逵、鲁智深等，深受人们的喜爱。其中的一些优秀章节如"林教头风雪山神庙""鲁提辖拳打镇关西""景阳冈武松打虎"等，一直都为人们所津津乐道。

罗贯中

罗贯中，生卒年不详，元末明初小说家、戏曲家，名本，字贯中，浙江杭州人，祖籍太原。传说他很有政治抱负，曾入张士诚幕，朱元璋统一天下后，转而从事小说创作。他具有多方面的创作才能，曾写过乐府隐语和戏曲，但以小说成就为主。《西湖游览志余》称他"编撰小说数十种"。现存署名罗贯中的作品有《三国志通俗演义》《隋唐志传》《残唐五代史演义传》和《三遂平妖传》等，其中《三国志通俗演义》（即《三国演义》），在中国的文学史上具有重要的影响，为我国"四大古典名著"之一。这部作品是在历代史传、讲唱文学，以及民间传说的基础上写成的，后人常以"七实三虚"来评价这部作品。整部作品以宏观的视角、宏大的结构演义了三国时期复杂的政治军事斗争，极力宣扬了刘、关、张的义气。作品塑造了一系列的典型人物，如奸雄曹操、仁主刘备、富有智慧的诸葛亮等，这些艺术形象各自以其不同的艺术魅力进入了人们的生活中，其中"拥刘反曹"的思想倾向，则反映了民众对于仁君的向往。

高 启

高启（1336—1373 年），明代诗人，字季迪，自号青邱子，江苏常州人，为"吴中四杰"之一，曾做过张士诚幕僚。朱元璋下诏征他修《元史》，授翰林院国史编修，擢为户部侍郎，他固辞不受。洪武五年（1373 年），苏州知府在张士诚宫址建府治，高启写《上梁文》，词犯朱元璋大忌，被腰斩，卒年仅 38 岁。高启诗文皆工，犹长于诗。其诗博采众家之长，性灵独具，俊逸清新。但因早逝，故未能伸其所长，对后世影响不大。他的诗歌《青丘子歌》《明皇秉烛夜游图》《登金陵雨花台望大江》等为后世所重。《青丘子歌》中的诗句如"蹢躅厌远游，荷锄懒躬耕。有剑任羞涩，有书任纵横。不肯折腰为五斗米，不肯掉舌下七十城。但好觅诗句，自吟自酬赓"，以及"不忧回也空，不慕猗氏盈。不惭被宽褐，不羡垂华缨。不问龙虎苦战斗，不管乌兔忙奔倾。向水际独坐、林中独行"等，可以说是作者自己的写照，表达了诗人不受拘束、追求自由的精神。有《高太史大全集》行世。

方孝孺

方孝孺（1357—1402 年），明代文学家，字希直，又字希古，号逊志，时人称"缑城先生"。因其在蜀任教时，蜀献王名其读书处为"正学"，所以又被称为"正学先生"。浙江宁海人。少从宋濂学，以文章、理学闻名于世，洪武间为汉中府教授，建文时为侍讲博士，建文三年（1401 年）朱棣（即后来的明成祖）命他起草登基诏书，方孝孺不从，被斩于市。方孝孺死后，朝廷方禁甚严，弟子王徐私藏孝孺遗稿，辑为《缑城集》，后文禁渐弛，遂有《逊志斋集》行世。

朱有燉

朱有燉（1379—1439 年），明代戏曲家、戏曲理论家，号诚斋、全阳子、全阳翁，别署全阳道人、梁园客、老狂生等，晚年号锦窠老人，是朱元璋第五子周定王朱肃长子，袭封周王，谥宪王，故世称周宪王。能辞赋，工音律。作有杂剧 31 种，总名《诚斋乐府》，其中，以游赏庆寿、歌舞升平、神仙道化为题材的居多，约有 20 种，多为消遣娱乐之作，其余的也多为宣扬封建道德之作，如《香囊记》《仗义疏财》等作品。他的杂剧在体制和乐曲上吸收了很多南戏的成分，结构匀称、语言俊朗、音律谐美，在当时流传甚广。

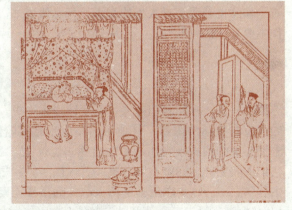

明刊《香囊记》插图

李东阳

李东阳（1447—1516 年），明代诗人，字宾之，号西涯，湖南茶陵人。天顺进士，官至吏部尚书、华盖殿大学士，是"茶陵派"的代表人物。茶陵派是由台阁体向拟古主义过渡的一个文学流派，李东阳的一些主张与努力冲击了台阁体的垄断地位。在诗论上，他主张宗法杜甫，但多着眼于杜诗的格律声调，而不是杜诗的现实主义精神。他的诗歌多应酬题赠与模拟之作，形式上追求典雅工丽。李东阳的理论与创作对后来的前后七子的拟古主义具有很深的影响，他的作品主要有《怀麓堂集》《诗话》《燕对录》等。

王九思

王九思（1468—1551年），明代文学家、戏曲作家，字敬夫，号渼陂，别署紫阁山人，陕西鄠县人，为"前七子"之一。弘治年间进士，曾任翰林院检讨、吏部郎中等职，宦官刘瑾垮台后，被列名阉党，屡遭贬斥。他的著作主要有杂剧《沽酒游春》（又名《杜甫游春》或《曲江春》）、《中山狼》，散曲集《碧山乐府》，诗文集《渼陂集》等。《杜甫游春》描写杜甫春游长安城郊，见宫室荒芜，村落萧条，因而痛斥李林甫"嫉贤妒能，坏了朝纲"。作者在此是有意借杜甫之口来骂当朝权贵，借古讽今，表现了对当权者的不满。

李梦阳

李梦阳（1472—1530年），明代文学家，字天赐，又字献吉，号空同，甘肃庆阳人。弘治年间进士，曾任户部郎中，因反对宦官刘瑾而下狱，瑾败之后，迁江西提学副使，为"前七子"代表人物之一。他精通古文词，在文学上与"前七子"的理论主张一样，提倡"文必秦汉，诗必盛唐"的文学主张，强调真情，倡言复古，这对于反对文坛上虚浮散文"台阁体"文风具有很大的冲击作用。此外，他对民歌在文学上的价值也有所肯定。他的诗作中不少是抚时感事、不满弊政之作，有些作品也表现了对人生的探求，但总体说来，在艺术上还是缺乏独创性。其著作主要有《空同集》。

吴承恩

吴承恩（1501—1582年），明代小说家，字汝忠，号射阳山人，怀安山阳（江苏淮安）人。自幼聪明过人，喜欢读野言稗史，熟悉古代神话和民间传说。科场的失意与生活的困顿，使他对科举制度和黑暗的社会现实深为不满，因此常以志怪小说的形式来表达心中的愤懑，他曾说："虽然吾书名为志怪，盖不专明鬼，实记人间变异，亦微有鉴戒寓焉。"《西游记》是其代表作品，为我国"四大古典名著"之一。作者以唐玄奘西天取经的事件为素材，同时参考整理了《大唐西域记》《大唐慈恩寺三藏法师传》等作品以及各种民间传说，以此为基础写成了《西游记》。整部作品以幻想的形式，向人们展现了一个神奇的神话世界，塑造了唐僧、孙悟空、猪八戒、沙僧等人物，影响极其广泛。作者借这种想象和虚幻的形式，曲折地表达了他对现实的批评和不满。吴承恩还有很多散佚的诗文，后人辑为《射阳先生存稿》。

兰陵笑笑生

《金瓶梅》的作者"兰陵笑笑生"，后世存疑。1617 年的刻本《金瓶梅词话》开卷欣欣子序第一句话说"窃谓兰陵笑笑生作《金瓶梅传》"，该序最后一句话是"吾故曰：'笑笑生作此传者，盖有所谓也。'"因此，后人考证"兰陵"是郡望，"笑笑生"是作者。据明沈德符《万历野获编》中所说"嘉靖间大名士手笔"，以及《金瓶梅跋》中所说的"《金瓶梅传》，为世庙时一巨公寓言"等零碎的线索来看，"笑笑生"应是明嘉靖年间人士。研究者根据以上这些零星的线索去推测"笑笑生"的真实身份，现今推测出了一百多人而且名单还在不断地加长，其中最主要的有王世贞说、贾三近说、屠隆说、李开先说、徐渭说、王稚登说等，不一而足。但各说均属间接推论，并无直接证据，这使"笑笑生"成为了一个悬案，要解决这一问题只有等待更新的资料出现。

李开先

李开先（1502—1568 年），明代文学家、戏曲家，字伯华，号中麓，自称中麓子、中麓山人或中麓放客，济南章丘人。自幼聪慧，琴棋书画无所不通，为嘉靖年间进士，官至太常寺少卿，后为权臣所忌，被削职罢官。他喜藏书，好交友，与王慎中、唐顺之等人并称为"嘉靖八才子"。他具有多方面的成就，曾改定元人杂剧数百卷，用金元院本形式写成杂剧《园林午梦》等 6 种，撰有戏曲理论著作《词谑》。他的剧作《宝剑记》与梁辰鱼的《浣纱记》、王士贞的《鸣凤记》一起被称为明代"三大传奇"。《宝剑记》写的是林冲被逼上梁山的故事。与《水浒传》中林冲的故事不同，这部传奇具有浓厚的道德说教色彩。作品的唱词虽然工丽，但雕琢不深，结构也比较松散，是为不足之处。此外，他还作有诗文集《闲居集》等。

归有光

归有光（1506—1571 年），明代散文家，字熙甫，号项脊生，人称震川先生，江苏昆山人。生于寒儒之家。少好学，9 岁即能作文，20 岁时尽通"五经""三史"和"唐宋八大家"文。35 岁乡试中举，但到 60 岁才中进士。嘉靖二十一年（1542 年）迁居嘉定安亭江上（四川乐山），读书讲学，远近从学者常达数百人。中第后，初任浙江长兴县令，就因得罪豪门与上司，调任顺德（河北邢台）通判。后因大学士高拱推荐，任南京太仆寺丞，参与撰修了《世宗实录》，以致积劳成疾，卒于南京。在明代的文坛上，各种拟古复古的诗文流派十分流行，尤以前后七子为代表。归有光对这种倾向极为不满，他提倡唐宋古文，所作散文也朴素简洁。与王慎之、唐顺之、茅坤等被称为"唐宋派"。其著作有《三吴水利录》《马政志》《易图论》《震川文集》和《震川尺牍》等。

李攀龙

李攀龙（1514—1570 年），明代诗人，字于鳞，号沧溟，济南历城人。他家贫而好学，才高而气锐，时人谓之狂生。嘉靖二十三年（1544 年）中进士，曾先后任刑部主事、员外郎、郎中等职。在明代文坛上他是一位很有名望的人物，与王世贞等人被称誉为"后七子"，是"后七子"的代表人物。在学术上，李攀龙十分推崇"前七子"的主要代表人物李梦阳，并继承了他的"文必秦汉，诗必盛唐"复古主义文学主张，对转变当时华靡卑弱之文风，起了一定的积极作用。但由于崇尚模拟仿古，也对文学发展产生过消极影响。他的诗文创作收入《沧溟集》。

梁辰鱼

梁辰鱼（约 1521—1594 年），明代戏曲家，字伯龙，号少白、仇池外史，江苏昆山人。平生任侠好游，因失意于功名，而寄情于声乐。他的作品主要有散曲集《江东白苎》、传奇《浣纱记》以及杂剧《红线女》。其中，《浣纱记》是昆腔兴起后出现的第一部昆曲剧本，也是他的代表作品。这部剧作取材于《吴越春秋》，以范蠡和西施的爱情故事为线索，描写了吴越的兴亡，赞扬了为国家利益牺牲个人爱情和幸福的行为。但是与一味宣扬封建伦理的作品不同，这部剧作也渲染了西施在成为政治的牺牲品时所感受到的悲哀，令人十分感动。

《四声猿》

明代戏曲家徐渭的杂剧，其名称来源于杜诗"听猿实下三声泪"或古语"巴东三峡巫峡长，猿鸣三声泪沾裳"。《四声猿》共四出，主要由四个短剧组成，分别是《狂鼓吏渔阳三弄》《玉禅师翠乡一梦》《雌木兰替父从军》以及《女状元辞凰得凤》。《四声猿》在中国戏曲史上具有很重要的地位，它的情节奇幻瑰丽，风格豪放豁达。表现在创作上，剧作长短无定制，所用曲调有时为北曲大套，有时为南北兼用，有时还采用民间小调，不受陈规的束缚，具有一种狂傲的浪漫主义精神。语言上也是不假雕饰、才气飞扬。明代戏曲评论家王骥德在《曲律》中评价其为"天地间一种奇绝文字"。

渔阳三弄

又称作《狂鼓吏渔阳三弄》，是明代剧作家徐渭的杂剧《四声猿》中的一出。这部作品以历史上祢衡击鼓骂曹的故事为素材而写成的。主要写曹操死后，阴司判官拘了曹操之魂，请祢衡重演生前击鼓骂曹的故事。揭露了曹操虚伪、狠毒、奸险、狡诈的本质和残害忠良、无恶不作的罪行。在此，作者以曹操影射当朝宰相严嵩，同时借祢衡之口骂之，具有一定的社会意义。同时也表现了作者惊世骇俗、桀骜不驯的倔强个性。这一剧作深受当时许多文人的喜爱，评价颇高。

王世贞

王世贞（1526—1590 年），明代文学家、史学家，字元美，号凤洲，又号弇州山人，太仓人，为嘉靖年间进士。官至刑部尚书，为官清正，不附权贵，曾作长诗《袁江流钤山冈当庐江小吏行》和《太保歌》等，揭露严嵩父子的罪恶。他博学多才，文名誉满天下，是"后七子"中的主要代表人物之一。李攀龙去世后，他独领文坛20年,《明史》中称他"才最高、地望最显、声华意气、笼盖海内"。他还是一位史学家,在收集和整理明代史料方面,做出了重要贡献,后人称赞他"负两司马之才",对戏曲艺术他也颇有研究并在其著作《艺苑卮言》中提出了很多独到的见解。他的作品主要有《弇州山人四部稿》《续稿》《弇山堂别集》《皇明名臣琬琰录》等。

杂剧图 元

李 贽

李贽(1527—1602年),明代思想家、文学家、史学家,字宏甫,号卓吾,又号温陵居士,福建泉州晋江人。26岁时乡试中举,官至云南姚安府知府,54岁时辞官,晚年专事于著书讲学。因其思想异端,且对封建的假道学、程朱理学的抨击引起了当权者的不满,被以"敢倡乱道,惑世诬民"的罪名逮捕,卒于狱中。他倡导"童心说",反对孔孟之道,即反对以孔子的是非观为是非标准。此外,他的思想中还有民主性的因素,认为"尧舜与途人一,圣人与凡人一"。其思想对晚明社会和文学创作具有重大影响。他的著作主要有《焚书》《续焚书》《藏书》《续藏书》等。

汤显祖

汤显祖(1550—1616年),明代戏曲家,字义仍,号若士,自署清远道人,晚号茧翁,祖籍江西临川。少年即有诗名,万历年间进士,历任南京太常博士、詹事府主簿、礼部祠祭司主事等职,与顾宪成等东林党关系密切。49岁辞官回家,专事于戏曲创作。他的传奇作品《牡丹亭》《邯郸记》《南柯记》《紫钗记》被称为"玉茗堂四梦"或"临川四梦",以他为代表的这一戏曲派别被称为"临川派"或"玉茗堂派"。在哲学上,他受王学左派的影响,崇尚真性情,反对程朱理学。在戏剧创作上,他提倡文采,主张抒写人的真情实感,不受格律的限制。《牡丹亭》是其代表作品,文采斐然,具有很高的文学性和思想性,代表了明代戏曲创作的最高峰。除戏曲创作外,他还著有诗集《红泉逸草》《问棘邮草》和诗文集《玉茗堂全集》。

沈 璟

沈璟(1553—1610年),明代戏曲家,字伯英,号宁庵、词隐,江苏吴江人,为万历初年进士,历任兵部、礼部、吏部诸司主事、员外郎等职。后因仕途挫折,中年即告病还乡,专力于戏曲创作及研究。他著有传奇17种,合称为《属玉堂传奇》,其中较为著名的是《红蕖记》《埋剑记》《双鱼记》等作品,这些作品情节曲折离奇，重视舞台效果，对后来的戏剧创作有一定影响。他的戏曲理论著作《南九宫十三调曲谱》在前人著述的基础上，对南曲中 700 多个曲牌进行了考订，为后人的研究提供了方便。在戏曲理论上，他主要推崇格律和本色的语言，他说："名为乐府，须教合律依腔。宁使时人不鉴赏，无使人挠喉捩嗓。"这种主张对于纠正传奇中过于偏重骈辞骊藻的倾向有一定的意义，但是过于注重格律而忽略了抒情写意，是其不足之处。

袁宏道

袁宏道（1568—1610 年），明代文学家，字中郎，号石公，湖北公安人，与兄宗道、弟中道并称"三袁"，开创了文学创作中的"公安派"。万历二十年（1592 年）进士，但不喜做官，好游山玩水、诗酒自娱。袁宏道是明代文坛上的重要作家，他的文学主张成为了公安派文学的纲领。首先，他反对盲目拟古，主张文随时变，"世道既变，文亦因之。今之不必摹古者也，亦势也"。其次，主张诗文要抒写性灵，去伪存真，"独抒性灵，不拘格套，非从自己胸臆流出，不肯下笔"。再次，他提倡民间文学，认为那才是"无闻无识"的真声。袁宏道的文章清晰明畅，卓然自成一家。其著作有《敝箧集》《锦帆集》《解脱集》《广陵集》《瓶花斋集》《潇碧堂集》《破砚斋集》《华嵩游草》等，今人钱伯城整理有《袁宏道集笺校》。

钟　惺

钟惺（1574—1624 年），明代文学家，字伯敬，竟陵（今湖北天门市）人，万历年进士，为竟陵派代表人物之一。提倡抒写性灵，在理论上接受了公安派"独抒性灵"的口号，同时又企图以幽深峭拔的风格对公安派的浮浅之弊加以修正。他认为："真诗者，精神所为也。察其幽情单绪，孤行静寄于喧杂之中，而乃以其虚怀定力，独往冥游于寥廓之外。"同时主张标新立异，反对亦步亦趋，正所谓"势有穷而必变，物有孤而为奇"。他的主张在反对前、后七子的拟古主义以及矫正公安派的流弊方面，具有一定的作用。就他自己的创作来说，过度追求形式，大部分作品冷僻苦涩，是为不足之处。著有《隐秀轩文集》。

冯梦龙

冯梦龙（1574—1646 年），明代通俗文学家、戏曲家，字犹龙，一字耳犹，号姑苏词奴、顾曲散人、墨憨斋主人、墨憨子、茂苑野史民、龙子犹等，江苏长洲（今苏州）人。少有才气，与兄冯梦桂、弟冯梦熊并称"吴下三冯"。在科举上，冯梦龙一生不得意，遂将主要精力集中于搜集、整理通俗文学上。他的代表作品是《喻世明言》（旧题《古今小说》）、《警世通言》、《醒世恒言》等小说，世称"三言"，代表了明代拟话本小说的成就。此外，他还增补了长篇小说《平妖传》，将其改为《新列国志》，编辑了《古今谭概》《情史》等笔记故事，并鉴定了《有商志传》《有夏志传》《盘古至唐虞传》等。民歌方面，他搜集、整理了《挂枝儿》《山歌》两种民歌集。他还是一位戏曲家，曾经改定过《精忠旗》《酒家佣》等曲本，编纂了散曲集《太霞新奏》，并且创作了《双雄记》和《万事足》两部剧本。由于其在通俗文学方面的巨大贡献，被称为"民间文学整理人"。

凌濛初

凌濛初（1580—1644年），明代文学家，字玄房，别号空空道人，浙江乌程人。早年曾过着风流才子、浪荡文人的生活，晚年做过地方官。他的著作，除"二拍"外，还有戏曲《虬髯翁》《红拂》等多种。"二拍"即《初刻拍案惊奇》《二刻拍案惊奇》，与冯梦龙的三言合称为"三言二拍"，是明代拟话本小说的杰出代表。"二拍"是作者据野史笔记、文言小说和当时社会传闻创作的，因而具有强烈的市民社会意识。书中较为亮丽的是反映商人的经济活动、市民的人生观念，以及爱情与婚姻的一些作品，如《转运汉巧遇洞庭红》《叠居奇程客得助》《满少卿饥附饱扬》等。但总的来说，在文学成就上"二拍"远逊于"三言"。

《封神演义》

明代中后叶神魔小说，共100回，一般认为其作者是钟山逸叟许仲琳。明代后期荒诞离奇的神魔小说十分流行，《封神演义》就是其中的代表。姜子牙辅佐武王伐纣的故事，流传久远，是民间说书的重要材料，元代也有《新刊全相武王伐纣平话》的话本。这部小说就是在民间传说和宋元话本的基础上改编而成的，它以商周易代作为历史背景，写了姜子牙顺应天意民心助武王伐纣的故事。天上的神仙也分为两派卷入了这场战争之中，最后纣王自焚，姜子牙将双方重要的人物一一封神。这部小说，以历史观念、政治观念作为支撑全书的思想框架，掺杂了很多荒诞无稽的想象，表现出对于仁君贤主的拥护和赞颂以及对于无道昏君的不满和反抗。

台阁体

明代文学流派，主要存在于明永乐至成化年间，代表人物为杨士奇、杨荣、杨溥，号称"三杨"。杨士奇（1365—1444年），名寓，字士奇，泰和（今江西泰和县）人，官至华盖殿大学士。杨荣（1371—1440年），字勉仁，建安（今属福建）人，官至文渊阁大学士。杨溥（1372—1446年），字弘济，石首人，官至武英殿大学士。"三杨"都是当时的台阁重臣，故他们的诗文有"台阁体"之称。永乐成化年间，是明朝的"太平盛世"，因此他们的诗文多粉饰太平、歌功颂德的"应制"和应酬之作，脱离社会生活缺乏实际内容。这种文风由于由统治者提倡，因此一时模仿成风，千篇一律，成为流弊。后来这种萎靡的文风渐为时代所不容，在后起的茶陵派、"前七子"等流派的冲击下，渐渐退出了文坛。

唐宋派

明代文学流派，代表人物主要有嘉靖年间的王慎中、唐顺之、茅坤和归有光等。与前七子"文必秦汉"的文学主张不同，他们推崇和提倡"唐宋八大家"的散文，因而被称为"唐宋派"。在理论上，他们主张"自为其言""直抒胸臆"，王慎中提出文章要能"道其中之所欲言"，唐顺之也认为"文字工拙在心源"。他们的散文创作文从字顺，平易自然，成就最高，其代表作品主要有归有光的《项脊轩志》《寒花葬志》，唐顺之的《答茅鹿门知县二》等一系列作品。此外，茅坤编有《唐宋八大家文钞》164卷，对于肯定和提倡唐宋文具有重要的贡献，影响也十分深远。

临川派

明代戏曲文学流派，其领袖人物是汤显祖。因其书房名为玉茗堂，因此，世人往往将他的剧作《紫钗记》《牡丹亭》《南柯记》与《邯郸记》称为"玉茗堂四梦"，或曰"临川四梦"，"临川派"和"玉茗堂派"因此得名。向来被认为属于此派的戏曲家还有阮大铖、吴炳、孟称舜、凌濛初等人。在戏剧理论上，这派戏曲家首重情辞，强调格律对情辞的依附性，反对格律约束情辞。汤显祖说："凡文以意、趣、神色为主。"甚至还说"余意所致，不妨拗折天下人嗓子"。他还强调"曲意"，主张"意趣说"，反对吴江作家"按字模声""宁协律而不工"的主张。在语言上，讲究"机神情趣"，既要本色，又要有文采。

吴江派

明代万历年间戏曲文学流派，又称属玉堂派或格律派，其代表人物是江苏吴江人沈璟，曲学名家顾大典、吕天成、卜世臣、王骥德、叶宪祖等也是此派的重要成员。在戏剧理论上，吴江派主要有两点，一是强调作曲要"合律依腔"，即注重音韵格律，讲求戏曲的演唱效果，主张宁肯"不工"，也要"协律"。二是在语言上"僻好本色"，这对于反对明初文坛的骈俪辞风，有积极的影响。但是，过于强调音律，引用大量"俗言俚语"入戏也产生了不良的影响，为时人所诟病。在戏剧理论上，吴江派著述颇丰，贡献甚大，主要代表作品有沈璟的《南九宫十三调曲谱》、吕天成的《曲品》、王骥德的《曲律》等。

公安派

明代文学流派，其成员主要生活在明万历时期，代表人物为袁宗道（1560—1600年）、袁宏道（1568—1610年）、袁中道（1570—1623年）三兄弟，因其皆为湖广公安（今属湖北）人，故世人称之为"公安派"。与前后七子的"文必秦汉，诗必盛唐""大历以后书勿读"的复古论调不同，他们反对抄袭，主张通变，认为文学应随时代的发展而变化，"世道改变，文亦因之；今之不必摹古者，亦势也"（袁宏道《与江进之》）。其次，他们认为文章要独抒性灵不拘格套，强调非从自己胸臆流出，则不下笔。此外他们还提倡通俗文学，尤为重视民歌小说的创作，从民间文学中吸取养料。其重要成员还有江盈科、陶望龄、黄辉、雷思霈等人。可以说公安派对于文体的解放是有贡献的，他们的游记、尺牍、小品文等很有特色，或秀逸清新，或活泼诙谐，可谓自成一家。但他们文学主张的理论意义往往超过他们的创作实践，是为不足之处。

竟陵派

明代后期文学流派，其创始人钟惺、谭元春都是竟陵人，因而得名，他们的文章体式也因此被称为竟陵体或钟谭体。竟陵派继承了公安派"独抒性灵"的主张，反对拟古之风，同时又用一种"幽深孤峭"风格对"公安"作品的俚俗、浮浅加以匡正。他们认为"古人精神"是"幽情单绪"和"孤行静寄"，因此他们所谓"性灵"是指学习古人诗词中的"精神"。在文章的风格上，他们追求文风的新奇，字义的深奥，因此刻意雕琢字句，语言佶屈、艰涩隐晦。竟陵派的文学主张以及创作对晚明及以后小品文大量产生有一定促进作用，但作品题材狭窄，语言艰涩，又同时束缚了他们的发展。这派的追随者还有蔡复一、张泽、华淑等人，但是受竟陵派影响而较有成就的是刘侗，他的《帝京景物略》成为竟陵体语言风格代表作品之一。

几　社

明朝末年一爱国文社，主要由陈子龙、夏允彝、徐孚远、王光承等人发起，与复社相呼应。杜春登的《社事始末》中说，"几者，绝学有再兴之几，而得知几其神之义也。"这也是一个以复兴古学相号召的流派，他们也具有明显的政治倾向性，即试图挽救明王朝的危亡。明亡之后，他们还继续从事抗清斗争。陈子龙是几社的代表人物，字卧子，松江华亭人。他自幼喜欢议论时政，在文学上他赞同"七子"的主张，反对公安派和竟陵派。但是与前人不同，他的作品并没有脱离现实生活，他写了很多反映民生疾苦的诗篇，如《辽事杂诗》《小车行》《卖儿行》等。明亡后，他也在抗清斗争中以身殉国。总之，几社在当时的文坛上具有重要的影响，其成员都有着真挚的爱国精神，试图为晚明王朝尽最后一分力。

复　社

明末文社，也是明末清初江南地区部分士大夫的政治集团，其主要领导者有张溥、张采等。复社是继东林党人之后的又一个进步社团，兴起于明崇祯年间，是由张溥、孙淳等联合几社、闻社、南社、匡社等结成，清初被取缔。他们以复兴古学为号召，主张"兴复古学，将使异日者务为有用"，因此名之曰"复社"（陆世仪《复社纪略》）。

这也是一个带有浓厚政治色彩的社团，"从之游者几万余人"，影响十分广泛深远。因其在政治上继承了东林党，继续反对阉党的腐败政治，故时人称之为"小东林"。复社的举动也引起原阉党及其他派别人物如马士英、阮大铖等人的仇恨。南明弘光时期，掌权的阮大铖、马士英等人对复社成员大肆打击，迫使侯朝宗、黄宗羲等人逃亡，复社也从此一蹶不振。1652年，被取缔。

拟话本

话本即"说话艺人"的底本。宋元以来的说话艺术深受世人的喜爱，话本的大量刊行，逐渐引起文人注意，他们由对话本的编辑、加工，转而变为模拟话本进行创作，这就是拟话本。与传统的话本娱乐说唱的功能不同，拟话本主要是由文人创作，供世人案头阅读的作品，因此在语言、情节以及思想等各个方面，都与传统的话本小说有很大的不同。明代拟话本的主要代表就是"三言二拍"，即冯梦龙的《喻世明言》《警世通言》《醒世恒言》与凌濛初的《初刻拍案惊奇》《二刻拍案惊奇》等，"三言二拍"代表了明代白话短篇小说创作的最高成就。

吴中四杰

"吴中四杰"指的是元朝末年聚居在江苏吴县的4位诗人，他们分别是杨基、张羽、徐贲、高启。因4人皆在明初期去世，所以历来都将他们划入明代文坛。杨基（1326—?），字孟载，精于诗律，诗风绮丽新巧，他的成名作是仿效元末大诗人杨维桢所作的《铁笛歌》，深为杨所称道。张羽（1323—1385年），字来仪。他的诗音节谐畅，情喻幽深，著有《静居集》。徐贲（1335—1393年），字幼文。他的诗"词采遒丽，风韵凄朗"，但是在"四杰"中只居于末位。高启（1336—1373年），字季迪，为"四杰"之首，才华横溢，诗歌现存2000余首，内容丰富形式多样，《四库全书总目提要》中评价他"天才高逸，实居明一代诗人之上"。"四杰"分别以他们的创作为明代诗坛做出了贡献。

前七子

明弘治、正德年间文学流派，以李梦阳、何景明为首，包括徐祯卿、边贡、康海、王九思、王廷相等7人，为把他们与后来嘉靖、隆庆年间出现的李攀龙、王世贞等7人相区别，世称"前七子"。在文学上，他们反对"台阁体"的虚靡文风，提出了"文必秦汉，诗必盛唐"的口号，强调文章学习秦汉，古诗推崇汉魏，近体宗法盛唐，从而掀起了一场文学复古运动。但是他们的文学创作以模拟为盛且尤以模拟形式为主，语言佶屈聱牙，远离社会生活，从而使文学走入了另一个死胡同。这种倾向，引起了文坛的不满，出现了唐宋派、公安派等一些反对派别。

后七子

明代嘉靖、隆庆年间文学流派，以李攀龙、王世贞为首，主要由谢榛、宗臣、梁有誉、吴国伦和徐中行等人组成。因他们在李梦阳、何景明等"前七子"之后，故世人以"后七子"称之。在文学上，他们继承了"前七子""文必秦汉、诗必盛唐"的主张，继续提倡复古，却走得更远。在他们看来，"西京之文实，东京之文弱，犹未离实也。六朝之文浮，离实矣。唐之文庸，犹未离浮也。宋之文陋，离浮矣，愈下矣。元无文"（王世贞《艺苑卮言》），否定了汉以后的全部文章。在诗歌方面，则极力颂扬盛唐，认为盛唐之诗"其声铿以平，其色丽以雅，其力沈而雄，其意融而无迹"，为诗歌之极致。尽管在公安、竟陵等派别的攻击下，"后七子"在文坛的影响不如"前七子"，但是他们的很多主张仍为世人所接受。

四大奇书

明代是中国长篇小说创作最为兴盛的时期，出现了《三国演义》《水浒传》《金瓶梅》和《西游记》等一系列优秀小说，明代文学家冯梦龙将它们称为"四大奇书"。其中《三国演义》《水浒传》与《西游记》都是在民间传说和史传的基础上，经由一些文人加以润饰、考证、整理而成的。《金瓶梅》是我国第一部由文人独立创作的长篇小说。4 部作品，在中国的文学史上都具有很重要的地位，《三国演义》描写三国时代战争英雄的风云际会与斗争；《水浒传》主要描写了北宋末年一百零八条好汉聚义梁山泊的故事；而《西游记》则是唐僧师徒四人西天取经的故事，这些小说自从其诞生以来，一直为人们所喜爱。《金瓶梅》主要从《水浒传》潘金莲与西门庆的故事敷衍而来，自古以来颇受非议，如今人们已经认识了这部作品的价值，对它进行了专门的研究。

沈 周

沈周（1472—1509 年），字启南，号石田，晚号白石翁，人称白石先生，江苏苏州人，明代中期的著名画家，吴门画派的创始人。沈周出身书香门第，一生都家居读书，优游林泉，从事书画创作，从未参加科举考试。他博采众长，既借鉴南宋李唐、刘松年、马远、夏圭劲健的风格，又继承了董源、巨然以及"元四家"的水墨浅绛体系，融会贯通，刚柔并用，自成一家，形成了粗笔水墨的新风格。他早年多作小幅，40 岁以后始拓大幅，中年画法严谨细秀，用笔沉着劲练，以骨力胜，晚岁笔墨粗简豪放，气势雄强。沈周的绘画技艺全面，功力浑朴，发展了文人水墨写意山水、花鸟画的表现技法，在元明以来文人画领域有承前启后的作用，是吴门画派当之无愧的领袖人物。代表作有《仿董巨山水图》《沧州趣图》《卒夷图》《墨菜图》《卧游图》等。

祝允明

祝允明（1460—1527 年），字希哲，号枝山，长洲（今江苏苏州）人，明初的草书大家，与唐寅、文徵明、徐祯卿齐名的"吴中四才子"之一。祝允明和唐寅一样有着深厚的家学渊源，能诗文，工书法。他将草书的表现力推上了一个新的高度，增强了气度和内涵，从而成为明代浪漫书风的成功者。最能代表祝允明草书成就的是他晚年的狂草大作。他为人豪爽，性格开朗，这种洒脱不羁的气质体现在草书中，就形成了激越奔放的艺术特征。他将字中妍媸和巧丽的笔画起收动作幅度缩短，增加行笔过程中的饱满度和厚实感，使得作品狂而不乱，笔势雄强，纵横秀逸而情浓势足，气度不凡，具有极强的艺术魅力，传世作品有《箜篌引》等。

文徵明

文徵明（1470—1559年），初名璧，字徵明，江苏长洲（今江苏苏州）人，明代画坛巨匠，"吴中四才子"之一。他年少时欲求取仕途，但屡试不第。曾荐授翰林院待诏，不久，即致仕归田。毕生致力于诗书画，成为享誉大江南北的画坛高手。文徵明是沈周的学生，山水、人物、花卉无所不长，而尤以山水画

归去来兮辞 明 文徵明

题材数量最多，成就也最高。尤其是他笔下的青绿山水，创立了极具文人画意趣的小青绿样式，对后世有深远的影响。他是吴门画派的杰出人物，董其昌把他推为"南宗"正统。他的书法也卓有成就，尤长行书与小楷，法度谨严，颇有晋唐书风。传世作品有《古木寒泉图》《溪桥策杖图》《江南春图》《惠山茶会图》等。

唐 寅

唐寅（1470—1523年），初字伯虎，更字子畏，号桃花庵主，晚年信佛，有六如居士等别号，吴县（今江苏吴中区）人，是我国绘画史上杰出的画家、书法家、文学家。在绘画上，他是"吴门画派"中的杰出代表，擅长山水，又工画人物，尤其是精于仕女，画风既工整秀丽，又潇洒飘逸，被称为"唐画"，与沈周、文徵明、仇英齐名，合称"明四家"。他的书法取法赵孟頫，俊逸秀挺，韵味悠远。他还是明代有名的诗人，诗风清朗洒脱；又擅长采用民歌形式写曲，与祝允明、文徵明、徐祯卿切磋诗文，蜚声吴中，世称"吴中四才子"。传世作品有《春山伴侣图》《落霞孤鹜图》《葑田行犊图》《杏花仙馆图》《草堂话旧图》等。

仇 英

仇英（1498—1552年），江苏太仓人，"明四家"之一。他是明代四大画家中唯一不是文人，而是出身工匠，终生只以职业画家身份活跃于画坛的。在四人中，仇英的绘画风格最富有特色，也最多样化。他擅长各种画科和题材，其中人物画的成就最为突出。他有着观察和体验生活的敏锐眼光，能够准确地捕捉到生活中最生动、最能反映精神本体的特质，加上他的线条在秀雅纤丽中透露出欢快和飘逸的气息，因而能做到虽然精巧如生，但不失儒雅之气，为当时的雅、俗者所共

赏。他的山水构图加大了画中物象的景深，具有全景式的大山大水的布局特征，视野开阔清旷，从而跃出了南宋马远"一角"和夏圭"半边"的构图程式，具有独特的艺术魅力。传世作品有《柳下眠琴图》《临溪水阁图》《双勾兰花图》等。

董其昌

董其昌（1555—1636年），字玄宰，号香光，别号思白，明代南直隶松江府上海（今属上海）董家汇人，是一位在书法、山水画、美术鉴赏、美术理论上都有卓越贡献的书法家、画家、理论家。他17岁参加会考，却因为文章虽好而字差屈居第二。深受刺激的董其昌从此发愤练习书画，终成大家。他的书法结构森然而天真烂漫，神秀淡雅，在赵孟頫妩媚圆熟的"松雪体"称雄书坛数百年后独辟蹊径，称雄一代。他的山水画潇洒生动，特别讲求用墨的技巧，水墨画兼擅泼墨、惜墨的手法，浓淡、干湿自然合拍，着墨不多，却意境深邃，韵味无穷。他的创作成为文人画追求意境的典范。传世作品有《鹤林春社图》《浮岚暖翠图》《神楼图》《西湖八景图》《溪回路转图》等。

张瑞图

张瑞图（1570—1641年），字长公，号二水，福建晋江人，与董其昌齐名的晚明杰出书画家。他曾中过探花，官至大学士、吏部尚书，后屈服于宦官魏忠贤的淫威。崇祯帝即位，魏忠贤被处死刑后，张瑞图因惧怕而引疾告归。因手书魏忠贤生祠碑文，被坐赎徒为民，在巨大的精神压力下度过了晚年。张瑞图是中国书法艺术史上革命创新的一代宗师，他的笔墨线条激荡跳跃，气质自由性灵，章法气势磅礴，形成了高度个性化的"狂禅"风格，对后世影响深远。他的山水画多以侧锋运笔，用笔方峻刻峭，笔墨苍劲有骨，萧散淡远，有一种平淡静谧的美感。传世作品有《看山图》等。

蓝　瑛

蓝瑛（1585—1664年），字田叔，号蜨叟、石头陀等，明末清初著名画家，钱塘（今浙江杭州）人。他年轻时对仕途深感失望，决心在绘画上有所成就。初学黄公望，后来受到董其昌的启迪，远游大江南北，开阔了眼界，创立了独树一帜的"武林画派"。蓝瑛本是工匠出身，他得民间画工的用色要领，故在他的山水画中经常使用对比强烈的色彩、搭配热烈的青绿和朱色，形成了他青绿山水的艺术特点。他同时从事绘画教育，门下曾出过人物画大师陈洪绶。传世作品有《秋壑飞泉图》《溪山秋色图》《白云红树图》等。

黄道周

黄道周（1585—1646年），字幼平，又字螭若，号石斋，漳浦（今属福建）人，明代学者、书画家。他是天启壬戌年（1622年）的进士，崇祯初年曾任少詹事兼翰林院侍读学士，明亡后在南明政府任武英殿大学士，率师至婺源抗清，后兵败被俘，不屈死节。黄道周学识渊博，才华横溢，既精通天文理数诸书，又工诗文，善书画。他的书法以魏、晋为宗，却又能锐意突破，具有峭厉遒劲的风格，是明末的大家。他的绘画受到书法的影响，山水人物浑激流转，元气淋漓，别具面目。传世书迹有《行书七言律诗》，画迹有《雁岩图》，并著有《易象正义》《春秋揆》《孝经集传》《石斋集》等。

王　铎

王铎（1592—1652 年），字觉斯、觉之，号嵩樵，孟津（今河南孟津）人，明末清初著名书法家。他曾于明末官至东阁大学士，明朝灭亡后降清，在顺治时做过礼部尚书。王铎是书法史上杰出的革新人物，他一反明末书坛崇尚俊骨逸韵的书风，追求雄强、激烈的风格和对动荡内心生活的表现，结构以奇险取胜，用笔粗犷豪放而不失法度，节奏对比强烈沉着而富有变化，既发扬了明代草书气势奔放、直抒性灵的特点，又矫正了线条粗率的弊病。此外他还兼画山水、兰竹，有《丛山兰若图》《山楼雨霁图》《深山幽居图》等作品传世。

陈洪绶

陈洪绶（1598—1652 年），字章侯，号老莲，浙江诸暨枫桥人，明代杰出画家。他 10 岁时拜杭州著名画家孙杕伙、蓝瑛为师，14 岁便小有名气。1646 年，他在绍兴云门寺出家，改号为悔迟、悔僧，亦号云门僧，6 年后去世于杭州。陈洪绶是中国绘画史上引人瞩目的一代大师。他才华横溢，于诗书画中均能独树一帜，尤其是他的人物画创作，自清以来，一直被奉为楷模。他的人物版画在壮年时凝神聚力，细圆而利索，已由"神"入"化"；晚年则更加苍老古拙，勾线也十分随意，意到便成，炉火纯青，愈臻化境。他笔下的人物及笔墨的舒缓状态，达到了中国传统文人审美的最高境界，因而独霸明清人物画坛，无人能比。代表作有《归去来图》《折梅仕女图》《屈子行吟图》《水浒叶子》《博古叶子》等。

清　朝

萨尔浒之战

万历四十四年（1616 年），努尔哈赤建立后金。1618 年后金大举进攻明朝，攻陷抚顺（今属辽宁）等地。1619 年，明朝以杨镐为辽东经略，集结 10 万兵力，分四路进攻后金首府赫图阿拉（今辽宁新宾县西老城），努尔哈赤集中全部 6 万八旗兵，采取速战速决、各个击破的方针，在萨尔浒（今辽宁抚顺东浑河南岸）首战击溃明军主力 3 万人，杀死总兵官杜松。之后再败马林、刘铤两军。只有李如柏一军得以逃脱。此役，明阵亡将领 300 余人，士兵 4.5 万余人。萨尔浒战役完全改变了辽东战局，从此，后金从战略防御转为战略进攻，向明朝发起全面的进攻。

八旗制度

八旗制度是清代满族的一种社会组织形式。满族以射猎为业，每年到采捕季节，以氏族或村寨为单位，由有名望的人当首领，这种以血缘和地缘为单位进行集体狩猎的组织形式，称为牛录制。首领称为牛录额真（牛录意为大箭；额真，又称厄真，意为主）。明万历二十九年（1601年），努尔哈赤改革牛录制，以旗帜作为标志，将本族及下属包衣奴隶分编为黄、白、红、蓝四旗。1615年又将黄、白、蓝旗镶以红边，红旗镶以白边，增建镶黄、镶白、镶红、镶蓝四旗，合称"八旗"。每旗（满语称"固山"）下辖五参领（甲喇），每参领辖五佐领（牛录）。凡满族成员分隶各佐领，平时生产，战时从征。皇太极时，又把降附的蒙古人和汉人编为"八旗蒙古"和"八旗汉军"，与"八旗满洲"共同构成清代八旗的整体。满洲八旗中的正黄、正白、镶黄称为"上三旗"，是皇帝的亲军，由皇帝直接统帅，其他五旗称为"下五旗"，由满洲贵族统率。编入八旗的人户，称为"旗人"或"旗下人"。

八旗制度在建立初期，兼有军事、行政和生产三方面职能，是与当时满族社会经济基础相适应的，对推动满族社会经济的发展起了积极作用。入关后，满族统治者利用八旗制度加强对人民的控制，其积极意义日趋缩小。

作为一个军事组织，八旗军队与绿营兵同为清廷统治全国的工具，分驻首都及全国重要地方。在某些地区，八旗也作为行政机构，与州县系统并存。清亡后，八旗制度才全部瓦解。

"京察"和"大计"

中国明、清两代对文武官吏定期进行考绩的制度。京察在中央官员中进行，六年一次；大计随地方官员朝觐进行，三年一次。四品官以上由本人自陈，由皇帝裁定；五品以下具册奏请。京察大计特别卓异的，不次提升；不合格的，按贪、酷、无为、不谨、年老、有疾、浮躁、才弱等八法，分别予以革职、冠带闲住、致仕、改调等处置。清代考察则发展为"四格八法"之制。四格是才、守、政、年四项标准，才分长、平、短，守分廉、平、贪，政分勤、平、怠，年分青中老，综合四格决定官员的加级、升职、留任、降调。

八旗大纛

八旗大纛是八旗军队的八面军旗。1601年努尔哈赤创建黄、白、红、蓝四旗军队，每旗军队各以本旗色布绣一云龙为本旗旗徽。1615年，增建镶四旗，旗帜均镶边。

剃发易服

剃发易服是清初主要的社会矛盾之一。

针对当时各地汉人的抗争此起彼伏的情况，当时的陈名夏曾说过："留发复衣冠，天下即可太平。"然而不久他就因为说了这句话而被满门抄斩。顺治二年（1645 年）十月，原任陕西河西道孔闻鏕（孔子后人）上书："近奉剃头之例，四氏子孙又告庙遵旨剃发，以明归顺之诚，岂敢再有妄议。但念先圣为典礼之宗，颜、曾、孟三大贤并起而羽翼之。其定礼之大莫要于冠服。……唯臣祖当年自为物身者无非斟酌古制所载章甫之冠，所衣缝掖之服，遂为万世不易之程，子孙世世守之。自汉、唐、宋、金、元以迄明时，三千年未有令之改者，诚以所守者是三代之遗规，不忍令其湮没也。即剃头之例，当时原未议及四氏子孙，自四家剃发后，章甫缝掖不变于三千年者未免至臣家今日而变，使天下虽知臣家之能尽忠，又惜臣家未能尽孝，恐于皇上崇儒重道之典有未备也。应否蓄发，以复本等衣冠，统惟圣裁。"

多尔衮回应如下："剃发严旨，违者无赦。孔闻鏕疏求蓄发，已犯不赦之条，姑念圣裔免死。况孔子圣之时，似此违制，有玷伊祖时中之道。著革职永不叙用。"顺治十年（1653 年），刑部逮捕了两个因为扮演旦角而没有剃发的人，清廷因此下诏："剃头之令，不遵者斩，颁行已久，并无戏子准与留发之例。今二犯敢于违禁，好生可恶。着刑部作速刊刻告示，内外通行传饬，如有借前项戏子名色留发者限文到十日内即行剃发；若过限仍敢违禁，许诸人即为拿获，在内送刑部审明处斩，在外送该管地方官奏请正法。如见者不行举首，勿论官民从重治罪。"

廷　寄

廷寄是清王朝发布和传递皇帝谕旨的一种机要信件，并形成一种文书制度。清朝初期，皇帝颁发谕旨都由内阁传抄各衙门递发执行。这种传达方式不易保密，且比较迟缓。雍正七年（1729 年）设立军机处后，廷寄形成制度。军机处办理皇帝的上谕档簿有 5 种，其中用寄信形式寄发的称"寄信档"。由于寄信是由居内廷的军机处发出的，所以称之为廷寄。凡有关重要又不便由内阁明发的谕旨，就由军机处廷寄发出。

皇帝向军机大臣指示机宜后，军机大臣即拟旨，经皇帝修改阅定后，再由军机处密封发出。据事情的缓急，于封函注明驿递日行里数，或三百里、或六百里不等。廷寄谕旨只许受命者本人拆阅，不许代拆。受命大臣领旨以后，须将接到廷寄的时间、承旨寄信者衔名、谕旨的内容以及如何办理的情况，向皇帝复奏明白，以保证旨意的落实。这一套廷寄制度，减少了很多中间环节，大大加快了办事效率。

绿　营

绿营是由明朝降军和招募的汉族士兵组成的各省地方军。以绿旗为标志，以营为基本建制单位，所以称之为"绿营"。绿营和八旗兵一样，是国家的正规军，称经制兵。

绿营兵分标、协、营、汛等级。总兵所属称标兵，副将所属称协兵，参将、游击等所属称营兵，千总、把总所属称汛兵。

绿营兵约有 60 多万，分布在全国各地。

绿营平时担负繁重的地方杂役，如维持地方治安、镇压反抗，守护城池、官衙、仓库，解送饷银、钱粮、人犯，防护河道、护运漕粮等。战时奉调出征，为八旗兵打先锋、当后勤，在平定"三藩"之乱时发挥了重要作用。但绿营兵的待遇远不如八旗兵，装备也很落后，处处受到压制。

绿营本是募兵制，但承平日久，父终子继，逐渐转化为世兵制。后来，绿营军纪废弛，战斗力下降，以至于镇压太平天国时不得不依靠湘军等乡勇。

宁远之战

天启五年（1625 年）十月，督师关东的兵部尚书、东阁大学士孙承宗因弹劾阉党魏忠贤，遭诬陷罢职。明廷以素不知兵的高第继任，主持关外战事。努尔哈赤得知孙承宗被免官，即率 13 万大军进攻辽西。高第慑于后金军的攻势，令驻守关外各城堡的明

宁远城遗址

1626 年，努尔哈赤亲率 13 万大军，号称 20 万，围攻明关外要塞宁远城（今辽宁兴城市），遇到明将袁崇焕抗击，久攻不下，背发痈疽而死。

军弃城，撤入山海关。仅 10 天时间，努尔哈赤不费一兵一卒，占据了除宁远以外的所有辽西重镇。宁远守将袁崇焕拒不撤兵，遂率万余明军退入城中坚守。

天启六年（1626 年）正月，努尔哈赤亲统大军围攻宁远城，遭到守城明军的顽强抵抗。后金军见强攻不成，又改以用"铁裹车"撞城和于城脚处挖壕毁城的策略。袁崇焕令兵士急造火药，裹入被褥中，掷于城外。待后金兵聚拢抢夺时，即令兵士将火箭、硝黄等掷于被褥上，引发大火，烧伤后金兵士甚众。后金兵屡攻宁远城不克，努尔哈赤亦被明军炮火击伤，只得下令撤军。不久，努尔哈赤死去。

钦差大臣

明朝凡为皇帝亲自派遣至京城以外办理重大事情的官员，均称为钦差。钦差

受命于皇帝，只对皇帝负责。清朝沿袭此制，凡由皇帝特别派遣，且授予关防（印章）者，称为钦差大臣，其权力极大。一般政务性钦差大臣简称钦差，如为皇帝特遣统兵者，则称钦帅。驻外使臣称钦差出使某国大使。

清军入关

1643 年，皇太极死，其子福临即位，即清世祖顺治皇帝。由于福临年幼，由叔父睿亲王多尔衮辅政。崇祯十七年（1644 年）四月，清军由摄政王多尔衮率领，倾巢南下。四月十五日，清朝大军行进至翁后（今辽宁阜新附近），接到镇守山海关的明朝辽东总兵吴三桂的"乞师"书，立刻向山海关进军。四月二十二日，清军疾驰至山海关，吴三桂引清军入关，正式投降了清朝。李自成寡不敌众，只好撤退。战略重地山海关大门洞开，清朝大军进入中原，取代了明朝对全国的统治。

定都北京

崇祯十七年（1644 年）四月三十日，李自成率领大军离开北京城向西撤退。五月二日，多尔衮率清军进入北京。多尔衮按皇太极生前的既定方针"若得北京，当即迁都，以图进取"，采取了一系列的措施，建立起较完整的统治秩序。九月十九日，多尔衮迎福临进京，十月初一福临即皇帝位，并昭告天下，宣布定都燕京。

圈地令

定都北京后，为解决八旗官兵的生计，清廷于 1644 年颁布了圈地令，下令圈占近京各州县的耕地，分给八旗兵丁。此后又于 1645 年、1647 年两次下令扩大圈地范围。被圈的土地名义上是无主荒地，以及明朝宗室大臣逃亡后遗弃的耕地，实际上则往往以"兑换"的名义把有主之地强行圈占。几年间，清廷圈占的耕地总数不下 16 万顷，大批汉人因此倾家荡产。直到 1669 年，圈地才被明令禁止。

平定"三藩"叛乱

明清之际，明将吴三桂、尚可喜、耿仲明叛明降清，分别被清廷封为平西王、平南王和靖南王，镇守云南、广东和福建，称为"三藩"。他们各拥重兵，割据一方，严重威胁了国家的统一。1673 年，康熙帝下令撤藩，引发"三藩"叛乱，一时波及 10 余省。康熙帝采取"剿抚并用"的策略，对元凶吴三桂坚决打击，对随同叛乱者大力招抚，到 1681 年，清军攻破昆明，"三藩"之乱被平定。

平定准噶尔

准噶尔部是漠西蒙古的一支。1671 年，首领噶尔丹勾结沙皇俄国，发动了征服漠北蒙古的战争。1690 年春，在沙俄的支持下，噶尔丹率大军南侵。康熙帝于

1690年、1691年和1695年三次率军亲征，大败准噶尔军，噶尔丹被迫自杀。

四大臣辅政

康熙初年，鳌拜等四名勋旧重臣佐理政务，史称"四大臣辅政"。顺治十八年（1661年）正月，顺治帝病逝，玄烨嗣皇帝位（即康熙帝）。因玄烨年方8岁，命内大臣索尼、苏克萨哈、遏必隆、鳌拜为辅臣。"四辅臣"隶天子自将的上三旗——两黄及正白旗，以防止昔日皇叔摄政王多尔衮擅政事件重演。自康熙五年（1666年），鳌拜借圈地事件打击苏克萨哈，渐成专擅之势。翌年索尼病故，鳌拜跃居辅臣之首。

《北征督运图》之一

远征漠北，最大的困难是粮饷的运送与供应。为解决这一难题，康熙帝特遣内阁学士范承烈督运西路军粮。此图描绘的就是当时督运西路军粮的情景。

康熙八年（1669年）五月，康熙将鳌拜籍没拘禁。另一辅臣遏必隆同时也被究治。至此，四大臣辅政时期始告终止。四大臣辅政时期，实行了某些赈恤捐免、奖励垦荒等恢复农村经济的措施，但保存满族的旧制度，抵制汉文化的影响。如撤销从明朝沿袭而来的内阁制度和翰林院，恢复内三院旧制；裁汰十三衙门，设内务府；废除八股文，只用策论，大大减少进士名额。此外，"四辅臣"还穷治"通海案"，制造"明史案"等大狱，以打击以江浙为中心的东南汉族士绅的传统势力。

南书房

南书房始设于康熙十六年（1677年），是清代皇帝文学侍从值班的地方，旧为康熙帝读书处。初由翰林学士入职南书房，为文学侍从，称为"南书房行走"，后逐渐参与机务，是康熙帝削弱议政王大臣会议权力，实施高度集权的重要步骤。雍正朝自军机处建立后，军机大事均归军机处办理，南书房官员不再参与机务，其地位有所下降。但由于入职者能经常觐见皇帝，因此仍具有一定地位。南书房亦作为皇帝研讨文学处得以长期保留，直至光绪二十四年（1898年）撤销。

顺天府尹

清代北京地区称为顺天府，其长官称顺天府尹。顺天府由于是中央机关所在地，所以府尹的职位特别显赫，品级为正三品，高出一般知府二至三级，由尚书、侍郎级大臣兼管。正三品衙门用铜印，唯顺天府用银印，位同封疆大吏的总督、巡抚。顺天府所领24县虽然在直隶总督辖区内，但府尹和总督不存在隶属关系。

北京城垣之外的地区由直隶总督衙门和顺天府衙门"双重领导"，大的举措要会同办理。北京城垣之内，直隶总督无权过问。

三　藩

　　"三藩"是指平西王吴三桂、平南王尚可喜、靖南王耿精忠。清军入关后，"三藩"竭力效劳于清朝，是镇压农民军和抗清力量的急先锋，并因此扩大了自己的势力。鳌拜执政期间，"三藩"的实力有了进一步扩展，俨然三个封建割据的独立王国。康熙清除鳌拜后，认为"三藩"与唐末藩镇无二，势在必除。于是，康熙抓紧整顿财政，筹措经费，扩大八旗兵的编制，采取缓和民族矛盾的措施，争取民心，以此来为撤藩做准备。

郑成功收复台湾

　　1661 年，南明将领郑成功率军从金门岛出发，进军台湾，先后击败了占领台湾的荷兰驻军和援军。1662 年 2 月，荷军投降并退出台湾。于是郑成功在台湾垦荒土、兴学校、定法律、设官职，以此为基地继续抗清。

雅克萨自卫反击战

　　顺治六年（1649 年），沙俄再度侵入黑龙江，占领了雅克萨城。在平定"三藩"之后，国内局势稳定下来，康熙皇帝决定对沙俄展开反击。康熙二十二年（1683 年），清政府在瑷珲设立黑龙江将军，加强对边防的控制。

荷兰殖民者投降图

　　康熙二十四年（1685 年）正月，为了彻底消除沙皇俄国的侵略，康熙命都统彭春赴瑷珲，收复雅克萨。五月二十五日黎明，清军对雅克萨发动猛攻，沙俄侵略军伤亡惨重力不能支，宣告投降，请求清军放行，撤退至尼布楚。侵略军被迫撤离以后，贼心不死，图谋再犯。康熙二十六年（1687 年），在接到沙俄再犯的奏报以后，康熙下令反击。侵略军被围困一年时间，近 1000 个士兵最后剩下 66 个。沙皇急忙向清朝派遣使者议定边界。雅克萨反击战结束。

文字狱

清朝初期，统治者的残酷压迫和剥削，激起了广泛的不满。一些地主阶级知识分子通过著书立说的方法进行揭露和反抗清朝的统治。清朝为巩固封建统治，在文化上实行专制主义，大兴"文字狱"。这种"文字狱"是指写诗著书中直接或者间接攻击清政府的统治，触犯封建统治者的根本利益时，朝廷就对知识分子采取无情的打击和残酷镇压手段。

为严厉压制知识分子的反清思想，清政府共兴起了100多起"文字狱"，其中比较突出的是戴名世之狱。戴名世（1653—1713年），安徽桐城人，他留心明朝史事，访问明朝遗老，研读野史，于1702年刊印《南山集》，其中采用了方孝标所著《滇黔纪闻》一书中有关明末清初史实，记载南明桂王时事，触怒了清王朝，戴名世被杀害。戴名世、方孝标家属受牵连达数百人，男女老幼均被充军。方孝标已死，也被戮尸。

《尼布楚条约》

经过两次雅克萨战争，清军最终取胜，沙俄被迫在尼布楚与清政府进行和谈。双方划分了边界，用满文、汉文、蒙古文、俄文和拉丁文5种文字刻成了界碑，立在边境，肯定了黑龙江和乌苏里江流域的广大地区都是中国的领土，这就是《尼布楚条约》。

理藩院

理藩院是清朝官署名，为主管少数民族地区事务的机构。清太宗皇太极于崇德元年（1636年）始设蒙古衙门。崇德三年（1638年），改称理藩院。顺治十六年（1659年），将理藩院隶属礼部，之后又改与六部等同。长官为尚书、侍郎，选满族人充任。雍正元年（1723年），始以王、公、大学士兼领院事。至咸丰十一年（1861年）成立总理各国事务衙门之前，亦兼办中俄外交。光绪三十二年（1906年），改为理藩部。清朝亡，遂废。

摊丁入亩

清初沿袭明朝赋役制度，田赋分夏秋两季征收，丁银多按丁征收。康熙年间，丁银极为苛重，农民为逃丁银而流亡，致使"丁额无定，丁税难征"，严重影响着清廷的赋税收入。为防止农民逃税流亡，稳定赋税收入，康熙五十一年（1712年）规定：以康熙五十年（1711年）的全国总丁数，即人丁2462万，丁银335万余两为定额，每年按此数额征收丁银。今后新增添人丁数，丁银总额不再增加。丁银总额固定后，广东各州县即于康熙五十五年（1716年）将丁银摊入地亩征收。

此后四川亦试行此法。雍正元年（1723年）七月，清廷宣布将"摊丁入亩"之制推行全国。摊丁入亩是将固定的丁银全部摊入地亩，按土地面积征税，取消了按人丁征税的旧制。将土地、人丁的二元税制变成单一的土地税制，减轻了无地或少地农民的负担，缓和了阶级矛盾；农民因此获得一定的人身自由；人丁不再单独征税，有利于人口的增长。

西南地区改土归流

雍正四年（1726年），云南巡抚兼总督鄂尔泰提出"改土归流"的主张。"流官"是相对当地土司设置的土官而言，指的是由中央政府任命、有任期、可调动的国家正式官员，由他们来取代当地土官。雍正皇帝对此大力支持，任命鄂尔泰为云南、贵州、广西三省总督，全权推行改土归流。到雍正九年（1731年），西南的大部分少数民族地区都实施了这一变革，其地方行政体制与内地基本一致了。

"改土归流"是清朝中央政府对少数民族地区统一行政体制的措施，这一措施有利于巩固国家统一，具有进步意义。

怀柔政策

清政府采取重视德化及人心向背的"怀柔政策"，团结拉拢蒙古族和藏族等少数民族的上层王公贵胄，具体措施是优给廪禄、减免徭赋、加封爵位，保证他们的世袭权利，而且规定他们轮流到北京或承德朝见皇帝。皇帝给予他们以极高的礼遇。怀柔政策的推行，在国内化干戈为玉帛，受到了朝野上下的一致拥护，对于巩固封建国家的统治有着十分积极的意义。

议政王大臣会议

议政王大臣会议是中国清代前期满族上层贵族参与处理国政的制度。起初，努尔哈赤令八旗旗主即八大贝勒（亦称八王）"共治国政"，共同处理军国要务。后又设八大臣以资辅佐，称议政大臣。崇德二年（1637年），议政王大臣会议作为中央辅政机关的地位最终确定。议政王大臣会议制度最终形成。"议政"是一种正式的职衔，必须经过皇帝的任命。最初议政王大臣会议权力极大，皇位继承这样的重大决策都由议政王大臣会议决定，议政王大臣会议甚至有权罢免皇帝。

清军入关以后，议政王大臣会议权力有了进一步的扩大，皇权受到了极大限制，康熙曾设南书房对其进行有效抵制。雍正年间又设立了军机处，一切政事均由皇帝"乾纲独断"，议政王大臣会议名存实亡，变成一些不当权的贵胄世爵挂靠之地，或者是给予一些大学士、尚书之类官僚兼虚衔的部门。乾隆五十七年（1792年），议政王大臣会议终被取消。

军机处

军机处亦称"军机房""总理处"，是清朝中后期的中枢权力机关。军机处的设立是清代中枢机构的重大变革，标志着清代君主集权发展到了顶点。军机处成立于雍正七年（1729年），初名"军机房"，乾隆后称"军机处"。军机本为办理军机事务而设，但因它便于君主有效实施专制独裁，所以常设不废，而且其职权也愈来愈大。军机处的职官有军机大臣（俗称"大军机"）和军机章京（俗称"小军机"）。军机大臣由皇帝从满汉大学士、尚书、侍郎等官员内特选，有些也由军机章京升任。

军机处成立后，一切机密大政均归军机处办理，但实际上军机处完全等同于皇帝的私人秘书处。入职军机者，只能跪受笔录，传达谕旨，决策大权完全掌握在皇帝一人手中。军机大臣既无品级，也无俸禄。军机大臣之任命，并无制度上的规定可供遵循，完全出于皇帝的自由意志。军机大臣的职务也没有制度上的规定，一切都是皇帝临时交办的，所以说军机处是皇帝集权的最好工具。

《大清律》

《大清律》于1646年修成，经过康熙、雍正两朝，屡有增订。乾隆时重修法律，成《大清律》。这部法典分为名例律、吏律、户律、礼律、兵律、刑律、工律等30篇，律文436条，附例1409条。例在法律上占有优先的地位，有例照例，无例依律。《大清律》以"十恶"作为最重罪，还规定，凡三品以上官员革职拿问，不得使用刑夹，用刑亦须请旨，凡八议（亲、故、功、贤、能、勤、贵、宾）之罪，一般都必须恭听圣裁。在量刑轻重、换刑、减刑、审判机关、监禁的处所等方面，对于汉人和满人、官和民、良民和贱民的规定是不同的。《大清律》集历代法典之大成，是中国封建社会最后一部成文法。

土尔扈特部回归祖国

土尔扈特是漠西蒙古的一支，明朝末期，西迁到伏尔加河下游。后来，沙俄扩张势力，土尔扈特受到沙俄的压迫和控制。1771年初，土尔扈特首领渥巴锡决定带领族人回归祖国。17万部众跟随着他们的首领，只用10多天的时间，就跨过了千里草原，渡过了乌拉尔河，来到了哈萨克草原。在这里，他们遭到哥萨克骑士的追击。9000名担任后卫的土尔扈特勇士奋勇抵抗，在敌众我寡的形势下，众勇士与追兵展开了生死搏斗，全部惨烈牺牲。渥巴锡率领大队人马继续东进，经受了寒冬、酷暑、病疫的重重磨难，历经8个月，终于回到了祖国母亲的怀抱。

大小和卓叛乱

乾隆年间，居住在天山南路的维吾尔族贵族波罗尼都兄弟发动了叛乱。乾隆二十三年（1758年），清朝派兵前往南疆镇压。由于波罗尼都兄弟在当地的统治十分残暴，人民痛苦不堪，清军一到，纷纷响应，甚至一部分维吾尔族上层也和清朝军队合作平叛。第二年，清军在当地人民的大力支持之下，打败叛军，波罗尼都兄弟在逃窜中被当地群众杀死。不久，清政府在新疆设置伊犁将军，管辖包括巴尔喀什湖在内的整个新疆地区，巩固了对西北地区的统治。

乾隆南巡

从 1751 年到 1784 年间，乾隆帝曾仿效其祖父康熙帝，6 次南下巡幸江浙。每次南巡，自北京至杭州往返四五个月，行程近 6000 里。随行的船只，车马成百上千，沿途还建有 30 处行宫，所经之处官员富商争相搭建彩楼，进献财物，极尽奢侈。乾隆南巡耗费了大量钱财，导致奢靡之风盛行，百姓负担加重，苦不堪言。

闭关锁国

从乾隆二十二年（1757 年）起，清朝政府鉴于国内人民与外国人交往日益频繁，担心交往的扩大会给自己的统治带来威胁，开始实行闭关锁国的政策。政府一方面限制中国人出洋贸易和居住，严格控制出洋船只的大小与装载货物的品种和数量，以及水手和客商的人数，一方面还规定了严格的往返期限。中外贸易活动只限于广州一个口岸通商，外商的贸易及其他事务的交涉，都必须和清政府特许的行商进行，不得和官府与民众直接交往，外商在华必须住在城外指定的商馆，不得擅自出入城，对外贸易的品种和数量也有相应的严格限制。

清政府的闭关锁国的政策，窒息了中国的对外贸易和航海事业，妨碍了中国向西方学习先进的思想文化和科学技术，对国家发展的负面影响不可估量。自此中国与西方的差距越拉越大。鸦片战争以后，西方列强打破了中国的国门，闭关锁国政策被迫取消。

广东十三行

广东十三行（又称"广州十三行"）是清朝闭关锁国时设立于广东的专办对外贸易的洋行，实际是一个拥有商业特权的官商团体，创始于康熙二十五年（1686 年）。"十三行"之名是沿袭明代的旧称，实际行数变化不定，开始是 13 家，最多达几十家，其中以同文行、广利行、怡和行、义成行最为著名。

被招入十三行的洋行商人利用亲近政府之便垄断对外贸易，规定所有外国进口货物均由其承销，内地出口货物亦由其代购，并负责拟定进出口货物的价格。同时，他们又受清政府委托行使一定的外交权，负责向外商征收进口货税，并代政府经办一切同外商的交涉事宜，如代为传达政令、送交外交公文、转递外商的意见和禀帖等。这种公行，带有官商的性质，是一

广州十三行油画

种封建性的对外贸易的垄断机构。第一次鸦片战争后，十三行的贸易特权被取消，后在外国经济侵略中加速衰落。

买办

"买办"从本质上讲是经纪人，是我国经纪人和经纪业发展史上的一个特殊的阶层。"买办"一词是葡萄牙语 Compardor（康白度）的意译，原意是采买人员，中文翻译为"买办"。它原指欧洲人在印度雇佣的当地管家。在中国，指外国资本家在旧中国设立的商行、公司、银行等所雇佣的中国经理。

历史上对买办的认识褒贬不一，但从经纪史角度看，买办是中国近代史上的一种特殊经纪人。买办的活动一直延续到新中国成立。

江南织造

清代在江宁（南京）、苏州和杭州三处分别设立了专办宫廷御用和官用各类纺织品的织造局，即江南三织造局。明代在此三处的旧有织造局，久经停废。清顺治二年（1645 年）江宁织造局恢复。其后两年，杭州局和苏州局重建。顺治八年（1651 年）确立了"买丝招匠"制的经营体制，成为有清一代江南三织造局的定制。织造局负责人名曰织造，实为皇帝的亲信和耳目，负责将江南的官风民情如实奏报朝廷。

清代江南织造通常分为两部分。织造衙门是织造官吏驻扎及管理织造行政事务的官署；织造局是经营管理生产的官局工场，生产组织各有一定的编制，但具有工场手工业生产组织形式的特点。

由于清廷长期大量搜刮缎匹，内务府和户部两处的缎匹库存达饱和状态。这样，从道光后期起，江宁局和苏州局的生产已经处于缩减和停顿的状态。光绪三十年（1904 年），清政府以物力艰难为由，裁撤了江宁织造局。苏州、杭州两织局则随着清亡而终结。

和珅案

和珅（1750—1799 年），字致斋。清代大臣。乾隆时任户部侍郎兼军机大臣，执政 20 余年，历任步军统领，户、兵、吏部尚书，理藩院尚书，后晋升文华殿大学士。曾任四库馆、国史馆正总裁。累封至一等公。精明干练、善体察乾隆心意，极受宠幸。乾隆晚年，政令传令多经其手。尤擅弄权，任职期间结党营私，贪赃枉法，收受贿赂无数。乾隆去世，嘉庆帝宣布和珅罪状 20 项，赐死，抄没家产。和珅财富惊人，时有"和珅跌倒，嘉庆吃饱"之说。

平定大小金川

大小金川地处四川西北部大渡河的上游，因盛产黄金而得名，是藏族聚居区，实行土司制度。其中大金川土司莎罗奔势力最为强大，不时侵扰周围的土司。1771 年，大金川土司索诺木（莎罗奔侄孙）与小金川土司僧格桑联合，起兵反清。1773 年，乾隆帝派鄂尔泰率军平叛。清军先攻克实力弱小的小金川，随后移师大金川。清军用火炮昼夜猛轰索诺木最后据点堡寨噶尔崖，索诺木投降，大小金川之乱平息。战后，清廷改土归流，废除两金川土司制，设厅委官，驻军屯垦，加强了对该地的管理。

白莲教起义

白莲教是清代民间一个秘密地下宗教，其参加者多为贫苦农民。1796年，湖北枝江、宜都的白莲教徒在聂人杰、张正谟的率领下首先起义，各地的白莲教徒纷纷响应。但起义军没有统一的斗争纲领和口号，各自为战，力量分散。其中以襄阳黄龙王聪儿、姚之富领导的起义军力量最强。清军采取坚壁清野和剿抚并用的策略，使起义军陷入困境。1797年，王聪儿、姚之富陷入清军的包围之中，起义军全部战死。随后，其他的起义军也相继失败。白莲教起义是清朝由盛转衰的转折点。

虎门销烟

1838年底，湖广总督林则徐被任命为钦差大臣，赴广东查禁鸦片。他在广东整顿海防，缉拿烟贩，勒令各国商贩交出所有鸦片，并保证不再贩运。1839年6月3日到6月25日，林则徐在虎门海滩凿方塘二口，当众销毁了收缴的英、法等国的237万余斤鸦片。这一举动沉重打击了侵略者的气焰。史称"虎门销烟"。

虎门之战

清道光二十一年（1841年）二月鸦片战争中虎门抗英战役。是年正月初五，清廷接获虎门要塞第一重门户沙角、大角炮台被占奏报，道光帝下诏对英宣战，派御前大臣、皇侄奕山（1790—1878年）为靖逆将军，赴广东主持战事。英军全权代表查理·义律因琦善未在单方面公布的《穿鼻草约》上签字，又获悉清廷调兵遣将，乃先发制人。

正月二十八日，英舰开始向虎门口集结。二月初五前，完成了进攻虎门的准备，初五下午派出炮兵分队由轮船运至该岛登陆，并连夜选择阵地，安设炮位。初六清晨，南风正盛，英军乘上风轰击横档、永安炮台。守台清军奋勇抗击，英军初未得势，到后来涨潮，复蜂拥逼近，围攻一时许，即陷。

清军阵亡300人，一部分被俘，少数突围。英军攻占横档、永安炮台后，集中兵力进攻靖远、威远炮台。由于风潮不顺，直至上午11时半，两艘最大的军舰"伯兰汉"号和"麦尔威里"号才乘涨潮冒着炮火驶抵南山1里左右的水域，以右舷炮轰击威远、靖远炮台。清将关天培决心死守阵地，将自己的财物全部分赠将士，鼓励他们英勇杀敌。他亲燃大炮，自上午10时至下午7时，与敌激战近10小时之久。英军自炮台背后进攻，关天培身受数十创，血染衣甲，仍持刀拼杀，终因伤重力竭，弹尽援绝，最后含恨壮烈殉国。

领事裁判权

一国通过驻外领事等对处于另一国领土内的本国国民根据其本国法律行使

司法管辖权的制度。这是一种治外法权。它的存在，形成对国家属地优越权的例外或侵犯。

11—13 世纪以后，西方国家开始在东方国家推行这种制度。当时在东方国家定居的欧洲国家商人中间推选出领事，处理本国商人彼此间的争议。随着历史的发展，西方国家领事权力更加扩大，到 19 世纪，通过不平等条约，他们把领事裁判权制度强加于亚非国家，如中国、日本、暹罗（泰国）、埃及等，使这些国家的领土主权受到严重损害。

在中国大规模的反帝爱国运动五卅运动中，工人阶级曾经强烈提出取消领事裁判权的正义要求。中国近代史上，取消领事裁判权始终贯串在爱国、救国的斗争中。领事裁判权是帝国主义列强强加给殖民地、半殖民地国家与地区的一种特权制度。按照这项不平等的制度，殖民国家的侨民可以不受居留国法律管辖，为列强任意压迫和奴役殖民地、半殖民地国家与地区的人民大开方便之门。

租 界

租界是帝国主义列强根据和中国清政府缔结的不平等条约，以居住和经商为名，在通商口岸和城市永久租用的地段。最早在中国取得租界的是英国。1845 年 11 月 29 日由英国领事与上海道台签订了一项《上海租地章程》，"划定洋泾以北、李家庄以南之地，准租与英国商人，为建筑房舍及居住之用"。其后列强纷纷在上海和中国其他城市划定租界，并在租界内行使行政管理和司法管辖权，形成"国中之国"的局面，这严重破坏了中国主权。曾在中国设租界的有英、法、日、俄、美、德、奥、意、比等国。第一次世界大战后，中国人民掀起了废除不平等条约运动，相继收回各地租界。1945 年，中国抗日战争胜利，废除了中国各地的日租界。至此，帝国主义在中国的租界全部由中国收回。

租借地和租界

租界是指资本主义、帝国主义国家强迫半殖民地国家在其通商口岸或城市划出的作为外侨居留、贸易的一定区域，是资本主义、帝国主义对半殖民地国家进行侵略的据点。在帝国主义国家取得租界管理权后，租界便成了"国中之国"。近代中国出现的第一块租界，是英国根据所谓的《虎门条约》，强迫上海地方官公布《上海租地章程》划定的。

租借地是指帝国主义国家强迫半殖民地国家将其划定的地区强行"租借"，租期 25 年至 99 年不等，近代中国第一块租借地出现在胶州湾（今青岛）。

各帝国主义国家都相继强迫清政府签订过租界或租地条约，掀起划分势力范围和强占租借地的高潮。租界和租借地直接由各帝国主义国家管理。

第一次鸦片战争

林则徐打击鸦片走私，触怒了英国殖民者。1840 年 6 月，英国派兵侵华，发动了鸦片战争。清军在英军强大的现代武器面前不堪一击，1842 年 8 月，英军舰艇驶达南京江面。清政府被迫与英国签订了丧权辱国的《南京条约》。

条约规定，割让香港岛，赔款 2100 万银元，开五口通商，关税由双方协定等。

鸦片战争严重侵害了中国的主权，标志着中国开始逐步陷入半殖民地半封建社会，揭开了中国近代史的序幕，昭示了"落后就要挨打"的深刻道理。

三元里人民抗英

鸦片战争期间，1841 年 5 月，盘踞四方炮台的小股英军窜至广州城北的三元里骚扰，当地群众奋起反抗，组成"平英团"，将四方炮台团团围住，一举歼灭英军数百人。后来在英军威胁下，当地官员用欺骗手段迫使民众解散，英军才得以撤离。

吴淞之战

1842 年 6 月 8 日，英舰抵达长江口，迫近黄浦江与长江汇合处吴淞。两江总督牛鉴企图向英军乞和，江南提督陈化成坚决反对，亲率军驻西炮台，与将士同甘苦，誓死拒敌。16 日晨，英军进攻吴淞。陈化成指挥将士奋起反击，牛鉴三次派人持令箭要他退避宝山，都遭严拒。

战斗中，年近七十高龄的陈化成奋不顾身，亲自操炮轰击敌舰，与将士一起击伤英舰两艘。牛鉴闻报，企图贪功，陈列全部总督仪仗，率军往援。英军向其轰击，牛鉴仓皇逃命。英军趁机从西炮台正面登陆，进行水陆夹攻。在腹背受敌情况下，陈化成仍率所部百余名坚守炮台，后不幸中炮牺牲，全体将士壮烈殉国。西炮台失守后，东炮台守军溃散，英军相继侵占宝山、上海。长江门户洞开。

清军广东水师战船模型

"亚罗号"事件

1856 年 10 月 8 日，广东水师在停泊于黄埔港中的一只走私船"亚罗号"上逮捕了 2 名海盗和 10 名有海盗嫌疑的水手。这纯系中国内政，但英国驻广州代理领事巴夏礼在香港总督包令的指使下，硬说"亚罗号"是英国船，蛮横要求送回拘捕的人。声称广东水师上船捕盗有损领事体面，并造谣说广东水师扯下了船上悬挂的英国国旗，对英国是个"侮辱"，无理要求两广总督叶名琛送回水手，赔礼道歉，并限 24 小时内答复，否则以武力解决。

叶名琛唯恐事态扩大，遂将被捕人犯送交英国领事馆。巴夏礼又故意刁难，借口礼貌不周，拒不接受。10 月 23 日，英国海军上将西马縻各厘率军舰突入省河进犯广州，正式挑起了第二次鸦片战争。"亚罗号"的船主是中国人，为走私方便，曾向香港英国殖民当局领过一张船籍登记证，为期一年。事件发生时，登记证早已经过期，就连事件的策划者包令也承认这一点。所谓的"亚罗号事件"只不过是英国侵略者为挑起战争而制造的借口。

马神甫事件

马神甫事件又称西林教案。1853 年法国天主教神甫马赖，违约潜入中国广西省西林县进行传教。他吸收地痞流氓入教，勾结当地土豪，进行种种不法活动，民愤极大。1856 年 2 月，西林新县官到任，在当地人民的强烈要求下，逮捕并处死了马赖等 3 人，拘捕歹徒 20 余人。消息传到巴黎，法国国王路易·波拿巴立即以马赖事件为借口，以保护天主教为名，协同英国联合发动第二次鸦片战争。

第二次鸦片战争

1856 年，英国为了进一步扩大侵华权益，借口"亚罗号"事件派兵进攻广州，法国借口马神甫事件同时出兵。1857 年，英法组成联军攻陷广州。1858年，英法舰队在美、俄两国支持下，偷袭并攻陷大沽口炮台，进犯天津。清政府被迫与俄、美、英、法四国代表分别签订了《天津条约》。1859 年 6 月，英、法、美以进京换约被拒为由，率舰队炮击大沽。次年 8 月，联军登陆，进占天津，进攻北京。咸丰帝和慈禧太后仓皇逃往承德，英法联军占领北京，在城郊烧杀抢掠。清廷派恭亲王奕䜣主持议和，签订了中英、中法《北京条约》，赔偿巨额赔款，丧失大片领土。

《南京条约》

1842 年 8 月 29 日，中英两国签订《南京条约》。主要内容有：清政府割让香港岛给英国；开放广州、厦门、福州、宁波、上海为通商口岸；清政府向英国赔款 2100 万银元；中国抽取的进出口货物税率，由中国与英国共同商定；英商可以自由贸易，不受"公行"的限制。1843 年，英国又强迫清政府签订《五口通商章程》和《五口通商附粘善后条款》(《虎门条约》)，作为《南京条约》附件，增加了领事裁判权、最惠国待遇等条款。

八国联军

19 世纪末，中国北方爆发了义和团运动，帝国主义为了维护在华利益并扩大对华侵略权益，借口清政府"排外"，拼凑联军，大举进犯。1900 年 5 月底 6 月初，各国以"保护"使馆为名，英、美、德、法、俄、日、意、奥八个国家派侵略军400 余人进驻北京使馆区，另有 1000 余人进驻天津租界。6 月 10 日，英海军中将西摩尔率联军 2000 余人，自大沽、天津进犯北京，沿途遭到义和团及清军抗击，未能得逞。6 月 17 日，联军在沙俄海军中将基里杰·勃兰特率领下攻陷大沽炮台。6 月 27 日，清政府被迫向八国宣战。8 月 14 日联军攻陷北京，所到之处，杀人放火，奸淫抢掠，无恶不作。北京几百年来的文物被抢劫一空。北京陷落后，逃往西安的慈禧命奕劻和李鸿章为全权大臣向各国乞和。联军迫使清政府签订了空前屈辱的《辛丑条约》，八国联军除留一部分常驻京津、津榆铁路线外，其余撤兵回国。

火烧圆明园

圆明园是清代最大的皇家园林。从1709年兴建到1860年被焚毁，清政府花费了巨大的财力物力，一共经营了151年。1860年10月，英法联军占领北京以后，冲入圆明园。联军司令部下令可以"自由抢劫"，1万多名侵略官兵大肆抢掠和毁坏园内文物。10月18日，几千名英军手持火把再次进入圆明园，这座世界上最壮观的皇家园林连同园内的数百名太监、宫女和工匠被尽付一炬。火烧圆明园是人类文化史上的一大浩劫。

太平天国运动

1843年，洪秀全创立了拜上帝会，宣传人人平等的思想，号召人们起来斗争。1851年1月，洪秀全在广西金田宣布起义，建号太平天国，3月宣布登基，称天王，太平天国运动开始。1853年3月，太平军攻占南京，改名为天京，定为太平天国的首都。到1856年，太平军击溃清军江北、江南大营，达到了军事上的全盛时期。就在此时，太平天国领导集团内部发生了自相残杀的"天京事变"，清军趁机全面反攻。1863年，曾国藩统率的湘军开始围困天京。次年6月洪秀全病逝。7月，湘军攻破天京。太平天国运动失败。

《天朝田亩制度》

《天朝田亩制度》是太平天国前期的纲领性文件。它是一个以解决土地问题为中心的比较完整的社会改革方案，它的主要内容是：关于土地纲领，提出了废除封建土地所有制，按人口平均分配土地的原则和办法。关于理想社会蓝图，太平军的组织系统移植在社会上，制定了"兵民合一"的社会组织和守土乡官制度。规定五家为伍，设伍长；五伍为两，设两司马；四两为卒，设卒长；五卒为旅，设旅帅；五旅为师，

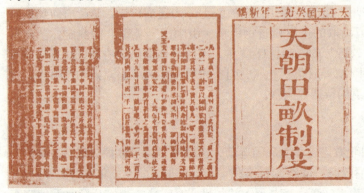

《天朝田亩制度》
太平天国定都天京后，为巩固政权，1853年颁布了以解决农民土地问题为中心，包括政治、经济、军事、文教和社会生活各方面内容的纲领性文件《天朝田亩制度》，提出了平分土地、平均分配生活资料的方案，建立兵农合一的军政制度，试图实现"无处不均匀，无人不饱暖"的绝对平均理想社会，带有明显的乌托邦式的空想性质。

设师帅；五师为军，设军帅。军帅以上设监军、总制，称守土官。每一户为一个生产单位，规定每户必须种桑织布，养五只母鸡，两头母猪。各家有婚娶、生育、吉喜等事，由两司马按一定标准从国库开支。每家设一人为伍卒，有警则首领统带为兵，杀敌捕贼，无事则首领督带务农。

这个纲领继承和发展了中国历代农民在革命斗争中提出过的"均贫富""等贵贱"的思想，表现了农民群众对封建土地制度大胆否定的革命精神，但是，它所规定的分配土地和"通天下皆一式"的经济生活方案，是一种绝对平均主义思想，实际上是不可能实现的。

天京事变

天京事变又称"天京内讧""天京变乱""洪杨事变""杨韦事件"等。太平天国定都天京后，其领导集团的内部危机日益加深。东王杨秀清被胜利冲昏头脑，居功自傲，一切专擅，竟于1856年8月逼洪秀全封其为"万岁"。洪秀全表面应允，暗中却密令韦昌辉、石达开等回京，伺机铲除杨秀清。

9月1日，韦昌辉率3000余人从江西秘密回京，次日晨杀死杨秀清及其家属，并乘机扩大事态，残杀东王部众2万余人。石达开从湖北赶回天京，责备韦昌辉滥杀无辜，韦又欲杀石。石达开离城出走安庆，准备起兵讨韦，其家属则被韦昌辉全部杀害。11月，洪秀全与合朝文武诛杀韦昌辉及其同伙约200人，召石达开回京辅政。月底，石达开抵天京，受到军民的拥护和欢迎。但洪秀全对其心存疑忌，石达开带精锐10万人负气离京出走。从此，石达开走上了与太平天国公开对抗的道路。"天京事变"严重削弱了太平天国革命力量。此后，太平天国即由前期的战略进攻转变为后期的战略防御。

捻 军

"捻"为淮北方言，一捻，即是一群、一组、一部分的意思。群众称为"捻"或"捻子"。咸丰五年（1855年）各路捻子齐集雉河集（安徽涡阳），推张乐行为第一领袖，建立五旗军制。咸丰七年（1857年）与太平军联合作战，并接受太平天国领导，蓄长发，受印信，使用太平天国旗帜，但奉行听封不听调，不出境远征，各旗仍保有自己独立的组织和领导系统。后人通称为"捻党"。所谓"捻军"，是20世纪四五十年代史学家罗尔纲先生首创的。

辛酉政变

1860年（农历辛酉年），英法联军攻进北京，焚烧圆明园。咸丰皇帝带着皇族大臣逃往热河。次年7月，咸丰皇帝病死，遗诏立6岁的载淳为皇太子，任命载垣、肃顺等八大臣辅政，一切军政事务由辅政大臣处理。慈禧太后（叶赫那拉氏）首先以圣母皇太后的身份取得了干预朝政的权力，然后和恭亲王奕䜣勾结，预谋除去辅政大臣，以达到垂帘听政的目的。慈禧太后利用咸丰灵柩运回北京的时间，于9月30日发动政变，逼令载垣、端华自杀，肃顺被斩首，其他辅政大臣被革职查办。11 月 3 日，任命恭亲王为议政王。11 日，同治皇帝即位。从此两宫太后开始垂帘听政，而慈禧独掌晚清朝政大权近 50 年。

总理衙门

鸦片战争以前，清朝的对外事务分别由礼部和理藩院管理。经过两次鸦片战争，清朝被迫割地、赔款、开口通商，涉外事务骤增，须设专门机构办理对外事务。第一次鸦片战争后，清政府设立"五口通商大臣"，管理通商事宜，并相继由两广总督兼任。第二次鸦片战争后，因开口通商遍布沿海并深入内陆，交涉事务更加繁重，设立一个统筹"夷务"的正式外交机构迫在眉睫，这样，总理衙门便应运而生。

洋务运动

洋务是泛指与西方资本主义国家有关的一切事务，诸如外交、通商、传教，以及输入武器、机器和科学技术等。洋务运动中所兴办的"洋务"，则专指引进西洋武备、机器生产和科学技术等，从事上述活动的官员被称为"洋务派"。洋务派在中央官吏中以总理衙门大臣恭亲王奕䜣、大学士桂良、户部侍郎文祥等为代表；在地方官吏中以两江总督曾国藩、闽浙总督左宗棠、直隶总督李鸿章以及后起的湖广总督张之洞等为代表。他们继承了林则徐、魏源的"师夷长技以制夷"的思想，以"中学为体，西学为用"为宗旨，逐步形成举办洋务的热潮。

洋枪队

咸丰十年（1860 年）在上海组成的由美国人华尔统领的洋枪队，是清政府勾结英、美、法侵略军为镇压太平天国和捻军而组成的反革命武装。同治元年（1862 年）扩编为"常胜军"。华尔被击毙后，由英国军官戈登统领。1862 年，浙江巡抚左宗棠和法国侵略者勾结，由法国军官勒伯勒东组成花头勇 1500 人，称为"常捷军"。

1863 年，勒伯勒东和买忒勒先后被太平军击毙后，由德克碑继任统领。1864 年解散。1862 年，崇厚在天津组成洋枪队，由英国军官薄朗等统领，称为"天津洋枪队"。这些军队均是清政府的"借洋兵助剿"的产物。

阿古柏入侵新疆

1864 年，新疆各族人民举行反清起义，占领大部地区，但领导权被封建主掌握，出现许多割据政权。1865 年，中亚浩罕国的一个军官阿古柏乘中国新疆地区纷乱之机，率军侵入新疆，先后攻占天山南路的喀什噶尔、阿克苏、叶尔羌等。

1867 年，阿古柏仿照中亚汗国制度，宣布成立"哲德沙尔国"（意为"七城汗国"），自称为汗。1870 年继续向北发展，侵占乌鲁木齐、玛纳斯等城市，几乎占有南疆的全境和北疆部分地区。为了维护其反动统治，阿古柏先后与英、俄殖民者进行了一系列勾结。1871 年，俄乘机出兵攻占伊犁。1876 年 3 月，左宗棠率领三路大军进入新疆，收复失地。1877 年 5 月，阿古柏于库尔勒兵败，服毒身死。

1877 年到 1878 年之交，中国军队相继收复阿克苏、喀什噶尔、和阗，胜利平定南疆。至此，除俄国侵占的伊犁地区外，清军收复了新疆各地，维护了祖国的统一。曾国藩之子曾纪泽赴俄谈判，几经交涉，沙俄终于归还了伊犁。

中法战争

1883 年，法国侵占越南，并向派驻越南的中国军队发动进攻，清政府被迫对法宣战。战争很快扩大到东南沿海。1885 年，法国陆军进攻镇南关（今友谊关），清军老将冯子材率军抗战，大败法军，使清军转败为胜。但清政府却下令停战，以胜求和，与法国缔结了丧权辱国的《中法新约》。

马尾海战

马尾（也称马江）港是福建水师的基地。1884 年 7 月中旬，法国远东舰队司令孤拔率舰队驶入福建马江，与福建水师同泊一港。福建官员根据清廷"不可衅自我开"的禁令，对法舰毫不阻拦，并令中国海军不得主动进攻，否则虽胜亦斩。8 月 23 日 8 时，法国驻福州领事向闽浙总督何璟下了战书，何璟惊惶失措，不仅向福建水师隐瞒，还幻想法军改日开战。下午 1 时 3 刻，法舰向福建水师发动突然袭击，用大炮和水雷袭击中国军舰。福建水师仓促迎战，水军士兵英勇还击。旗舰扬威号在管带张成和驾驶官詹天佑的带领下，炮击法舰伏尔泰号，后被鱼雷击沉。振威号和福星号也奋起反击，重创敌舰。广大爱国官兵奋不顾身，视死如归，与敌军展开殊死搏斗。最终，福建水师全军覆没。

甲午海战

1894 年春，朝鲜爆发了东学党起义，朝鲜国王向清政府求救。清政府派叶志超率军进入朝鲜后，日本也趁机派兵在朝鲜仁川登陆，并很快占领了汉城。东学党起义被镇压之后，日本继续向朝鲜增兵，人数大大超过了清军。7 月 23 日，日军将朝鲜国王俘虏，并于 7 月 25 日突然袭击清军船舰。清政府被迫宣战，甲午海战爆发。这场战斗共持续 5 个小时，清政府的北洋舰队战舰损失 5 艘，死伤官兵 1000 余人，日舰损失数艘，死伤 600 余人。

中日甲午海战图　清

诗界革命

戊戌变法前后的诗歌改良运动。明清时期，诗歌呈现衰落趋势，有识者早已表示不满，并力图改变。同治七年（1868 年），黄遵宪作《杂感》诗，批判沉溺于故纸，以剽盗为创作的俗儒，表示要"我手写我口"。光绪十七年（1891 年），他在《人境庐诗草序》中主张表现"古人未有之物，未辟之境"，提出了推陈出新的一整套纲领。光绪二十二年（1896 年），他更直接称自己的创作为"新派诗"。但是，黄遵宪的这些主张，一时还未能发生广泛的影响。诗界革命的早期倡导者是夏曾佑、谭嗣同、梁启超三人。光绪二十二年至二十三年之间（1896—1897 年），他们开始试作"新诗"。当时，资产阶级改良派正企图融合佛、儒、基督三教的思想资料，创立一种为维新运动服务的新学。谭嗣同等人力图开辟诗歌语言的新源泉，表现资产阶级新思想，有其积极可取的一面。但是，他们实际上使诗歌的语言源泉更为狭窄，写出来的作品又完全不顾诗歌的艺术要求，既脱离传统，又脱离群众，很快就丧失了生命力。

科举制的终结

1905 年 9 月 2 日，袁世凯、张之洞奏请立停科举，以便推广学堂，成趋实学。清廷诏准自 1906 年开始，所有乡会试一律停止，各省岁科考试亦即停止，并令学务大臣迅速颁发各种教科书，责成各督抚实力通筹，严饬府厅州县赶紧于乡城各处遍设蒙小学堂。至此，在中国历史上延续了 1300 多年的科举制度最终被废除，科举取士与学校教育实现了彻底分离。

镇南关大捷

镇南关大捷又称"谅山大捷"。1885 年 2 月，法军直扑中越边境的谅山、镇南关。淮军将领、广西巡抚潘鼎新接受李鸿章的指示，从谅山退到镇南关以北 140 华里的龙州。法军不战而得谅山，并一度闯入镇南关。年近七旬的冯子材亲率二子奋身陷阵，"皆感奋，殊死斗"。越南人民也前来助战，法军在中越军民的合力围歼下，被击毙 1000 多人，全军狼狈南逃。冯子材等率军乘胜追歼，连克文渊、谅山、长庆等地，击伤法军司令尼格里，俘获大批降军及弹药武器，迫使法军退到河内。镇南关大捷扭转了危局。

《中法新约》

1885 年 6 月，中法双方在天津正式缔结了《中法会订越南条约》，即《中法新约》，主要内容是：中国承认越南为法国的"保护国"，在广西和云南边境开辟两处通商口岸，允许法国商人在那里居住；中国在广西、云南修筑铁路，应由法国人承办。从此，法国的侵略势力深入到中国的广西和云南等西南各省。

《马关条约》

1895 年 4 月，中日双方签订了《中日马关条约》。主要内容是：清政府承认日本对朝鲜的控制；中国割让辽东半岛、台湾岛及澎湖列岛给日本；中国对日赔偿白银 2 亿两；中国开放沙市、重庆、苏州、杭州四个通商口岸，日本船只可沿内河驶入以上各口岸；允许日本人在通商口岸开设工厂。《马关条约》加重了中国的民族危机，大大加深了中国的半殖民地化的程度。

同文馆

1862 年，同文馆在北京成立，附属于总理衙门，这是洋务派创建的第一所新式学堂，以培养外语翻译和外交人才为宗旨。同文馆开办时仅设英文馆，后来陆续设置法文馆、俄文馆、算学馆、德文馆和东文馆等。学校对于学生的选择标准较高，管理也十分严格，有一套学习纪律和考核奖惩的专门制度。学生主要学习外文和汉文，后来也学习自然科学和史地等课程。1900 年，八国联军侵入北京，同文馆停办，1901 年，并入京师大学堂。同文馆办学 40 年，培养出了一批外语方面的专门人才。

北洋海军

1874 年，总理各国事务衙门提出创立北洋水师的建议。1875 年，李鸿章督办北洋海防。1876 年起陆续派遣学生分赴英、法学习海军。1879 年在天津设立海军营务处。1880 年在天津开办北洋水师学堂，向外国订购铁甲战舰，修筑军港。到 1888 年编成北洋舰队，共有舰船 25 艘，其中铁甲舰 2 艘，巡洋舰 7 艘。丁汝昌任海军提督。军事训练由德国、英国人操纵。1894 年 9 月，黄海海战中，中、日舰队互有伤亡，后李鸿章借口"保船制敌"，下令避免作战，困守威海卫军港。

1895 年初在威海卫被日军包围袭击，2 月北洋舰队全军覆没。以后虽购置一些军舰，但已不成军。1909 年，海军事务处成立，北洋海军编制也被取消。

"门户开放"政策

当帝国主义列强在中国划分势力范围时，美国正在入侵菲律宾。等到它侵占了菲律宾，发现各国已在中国划定了势力范围。于是，美国在 1899 年提出了一个"门户开放"政策，其主要内容是：各国互相承认在中国的势力范围、租借地和通商口岸的既得利益；在这些势力范围里，各国船只的入港费和货物运费，都不得高于占有这个势力范围的国家。其实，"门户开放"政策的核心，是在承认列强在中国"势力范围"的前提下，谋求美国的贸易机会均等。

公车上书

1895 年 4 月《马关条约》签订以后，举国上下掀起了反侵略、反投降的斗争。当时在北京应试的各省举人举行集会，公推康有为起草上皇帝万言书，签名的举人有 1.3 万多人。5 月到都察院呈递。这就是著名的"公车上书"。

康有为在上书中痛呈：割让辽东和台湾是列强瓜分中国的信号，亡国大祸即将临头，因此，拒和、迁都、练兵、变法是当前的正确对策，而变法以立国自强最为急务。公车上书是一次爱国知识分子的请愿活动，在社会上产生了巨大影响，标志着知识分子改良主义运动在中国的开始。

垂帘听政

　　垂帘听政是中国封建时代特有的一种政治现象。根据嫡长子继承制，皇帝死后，由他的长子继承皇位。如果新皇帝太小，还没有处理政事的能力，就由亲属中具有一定威望的人代替皇帝行使权力，叫作"摄政"。如果是由皇太后处理政事，她接见大臣时，要用帘子遮隔，以表示男女有别，称"垂帘听政"。

垂帘听政处

慈禧太后发动辛酉政变，从辅政八大臣手中夺取朝政大权，开始与慈安太后一起垂帘听政。此为养心殿东暖阁垂帘听政处。

戊戌变法

　　1895—1898 年，由康有为、梁启超等人领导的维新变法运动已经触动了封建顽固派守旧势力的利益，由此，便展开了顽固派和维新派的激烈斗争。为了削弱变法维新的力量和实现对政权的有效控制，慈禧太后一方面下令将光绪皇帝的亲信、帝党和维新派之间联系的关键人物翁同龢革职，另一方面又逼迫光绪皇帝任命其亲信荣禄为直隶总督兼北洋通商大臣，统率北洋三军。之后她又以光绪帝的名义，宣布于 1898 年 10 月 19 日在天津检阅军队，准备届时发动政变，逼迫光绪帝退位。

　　20 日凌晨，慈禧太后下令把光绪帝囚禁在中南海的瀛台，对外则宣布光绪帝生病，不能亲理政务，而由自己"临朝听政"。同时，下令大肆搜捕维新派和倾向维新派的官员。百日维新期间推行的新政，除了京师大学堂等少数几项措施以外，全部被废除。这一年，正是甲子纪年的戊戌年，所以，通常把这一事变称为"戊戌政变"。维新派领袖人物康有为得知消息后，从天津搭乘英国轮船逃往香港。梁启超当天得到日本使馆的保护，化装逃往日本。1898 年 9 月 28 日，慈禧太后下令杀死谭嗣同、康广仁、刘光第、林旭、杨锐、杨深秀 6 人。至此，这次昙花一现的资产阶级改良运动宣告彻底失败。

义和团运动

　　1898 年秋，山东西北义和拳组织竖起"扶清灭洋"的大旗，率众攻打当地教堂，揭开了义和团反帝爱国斗争的序幕。次年秋，斗争蔓延到山东和直隶的大部分地区，清政府任命袁世凯为山东巡抚，血腥镇压义和团。1900 年春，义和团挥旗北上，连克州县，势力发展到了京津地区。慈禧太后见义和团难以剿灭，就改用"招抚"

的办法，默许其为合法民团。是年6月初，八国联军侵华战争开始，清廷对外宣战，义和团运动达到高峰。8月初，八国联军由天津进犯北京，慈禧太后在出逃途中颁布"剿匪"谕旨，通令官兵对义和团斩尽杀绝。在中外反动势力的联合绞杀之下，义和团运动归于失败。

《辛丑条约》

光绪二十七年（1901年）七月，奕劻和李鸿章代表清朝政府，同英、俄、美、法、日、德、意、奥、西、比、荷共11国代表，在北京签订了《辛丑条约》。条约的主要内容有：清政府赔款白银4.5亿两，以关税、盐税和常关税做担保，分39年还清，本息共计9.8亿两，另有各省赔款2000多万两；在北京东交民巷设立使馆界，不准中国人居住，允许各国驻兵保护；拆除大沽炮台和北京至大沽沿途的各炮台，允许帝国主义国家派兵驻扎北京到山海关铁路沿线重要地区；永远禁止中国人民成立或加入任何反帝组织，违者处死，各省官吏必须保护外国人的安全，否则该官员即行革职，永不叙用；总理衙门改为外务部，位于六部之首；清政府分派大臣到德、日两国"谢罪"。《辛丑条约》是空前严重的丧权辱国的条约，它是帝国主义强加给中国人民的沉重枷锁，对中国近代社会的发展产生了至为严重的影响，标志着中国完全沦为半殖民地半封建社会。

日俄战争

1902年日英结盟后，日本便为发动一场对俄战争而积极备战，俄国同时也为永远占领中国东北、侵略朝鲜和克服国内的革命危机而积极备战。1904年2月8日，日本突然袭击俄国驻扎在中国旅顺口的舰队，并于次年1月攻占旅顺口，3月又在沈阳附近击溃俄陆军主力。同年5月，俄国从波罗的海调来的增援舰队，也在对马海峡遭到日本舰队伏击，38艘军舰几乎全军覆没，连舰队司令罗热斯特文斯基海军中将也成了日军俘虏。

1905年，俄国国内爆发革命，急于结束对外战争，日本也因国力耗尽而无心恋战。于是，双方在美国的斡旋下，于1905年9月在美国的朴次茅斯签订了《朴茨茅斯和约》，规定：俄国承认朝鲜为日本的势力范围，并将其在中国辽东半岛（包括旅顺口、大连湾及其附近的领土、领水）的租借权以及从长春至旅顺段的中东铁路支线及其所属的一切权利、财产转给日本，割让北纬50°以南的库页岛及其附近一切岛屿给日本等。日俄战争给中、朝人民带来了巨大灾难。

海兰泡惨案

1900年7月，沙俄乘八国联军入侵中国京津地区之际，出兵侵占中国东北地区，制造了"海兰泡惨案"。7月16日，沙俄军警把中国居民7000多人赶到海兰泡警察局。第二天，又以遣送回国为名，把中国人分批驱赶到黑龙江边，许多掉队的老弱病残被杀死。人们来到江边，面对滔滔江水，却看不到一只渡船。

沙俄军警用鞭抽、刀砍、枪击，驱赶人群过江，他们甚至惨无人道地把中国人的发辫绑在一起，连成一串，往江里推。下水的被汹涌的江水吞没，或者遭到枪杀，不肯下水的在岸边被残杀。除了 80 多人奋力游到对岸被救外，惨遭杀害的中国同胞有六七千人之多。这就是举世谴责的海兰泡惨案。

同盟会

1905 年 8 月 20 日，东京赤阪区霞关阪木金弥子爵的宅邸聚集了一批雄姿英发的革命志士，孙中山、黄兴、廖仲恺、宋教仁……中国第一个资产阶级的革命政党——中国同盟会在此成立。在会上通过了孙中山起草的《同盟会宣言》《同盟会对外宣言》以及由黄兴等起草的会章，选举了总部的主要干部。孙中山被推选为同盟会总理。

《钦定宪法大纲》

《钦定宪法大纲》是中国历史上的第一部宪法，由清政府在 1908 年 8 月颁布。《钦定宪法大纲》规定大清皇帝的统治万世一系，是至高无上、神圣不可侵犯的。宪法规定一切颁行法律、召集开闭解散议院、订立条约、宣战议和等大权，全在君主一人手中。特别是用人、军事、外交等大权，议院根本不得干预。这个"宪法大纲"完全是为了巩固君权、强化君权，宣告"立宪"只是一场骗局。

三民主义

1905 年，在同盟会机关报《民报》的发刊词中，孙中山把同盟会的纲领阐发为"民族""民权""民生"三大主义，简称为"三民主义"。民族主义就是要推翻清朝专制统治，反对民族压迫；民权主义就是要推翻君主专制政体，建立国民的政府，这是三民主义的核心；民生主义即"平均地权"，就是国家核定地价，征收地租税，同时逐步向地主收买土地，后来，孙中山又提出"土地国有"政策。后来，中国国民党成立，把三民主义改造为"新三民主义"。

《民报》

中国同盟会的机关刊物。1905 年在日本东京创刊，1908 年被日本政府封禁，担任主编的先后有胡汉民、章炳麟、汪精卫等，《民报》是在革命急剧发展的形势下，适应斗争的实际需要而产生的，它以宣扬资产阶级民主革命、阐明孙中山的三民主义为宗旨，明确提出了建立民主共和国的纲领，把许多爱国群众吸引到革命旗帜下来。

黄花岗起义

1910 年秋，孙中山与同盟会的许多重要骨干集议于庇能（今槟榔屿），决定在广州发动新的起义。会后，孙中山到各地募款。黄兴、赵声负责筹划起义，主持了总机关"统筹部"。大批革命党人集中香港。广州城内建立了约 40 个据点。由于情势的变化，起义日期一再变动。当黄兴最终决定 4 月 27 日发难时，不得不把原计划的十路并举改为四路突击。但当举义时，实际上只有黄兴率领的一支队伍直扑两广总督衙门，并分兵攻打督练公所等处，孤军转战，最后终于失败。

起义失败后，黄兴负伤逃回中国香港，喻培伦、方声洞、林觉民等被捕杀，死难的同盟会会员有名可考者86人，其中72人的遗骸由潘达微等出面收葬于广州东郊红花岗。潘达微把红花岗改名为黄花岗，这次起义因而被称为"黄花岗起义"，死难者则统称"黄花岗七十二烈士"。

武昌起义

同盟会成立以后，多次发动武装起义，为辛亥革命准备了条件。宣统三年（1911年，辛亥年），共进会和文学社两个革命组织举行联合会议，商量举行起义的计划。会议决定10月6日发动首义，但因准备不足延至10月11日。后来因为形势有变，10月10日武昌起义打响了第一枪，两天后，革命军占领了武汉三镇。由于革命领导人都离开了武昌，黎元洪在革命党人的威逼之下就任都督，成立了湖北军政府。汉口、汉阳也相继成立了革命政权。武昌起义的胜利使得革命迅速蔓延，短短两个月时间，即有鄂、湘、陕、赣、晋、黔、苏、浙、桂、皖、粤、闽、川等省先后宣布独立。清政府迅速陷入了崩溃局面。孙中山于12月回国，经17省代表会议推举为临时大总统。1912年1月1日，中华民国临时政府在南京宣告成立。以武昌起义为高潮的辛亥革命，结束了长达2000多年的封建君主专制统治，建立了民主共和国，开辟了中国历史的新纪元。

清王朝终结

1912年2月12日，在袁世凯的威逼下，清王室不得不宣布皇帝退位。当时，退位的宣统皇帝溥仪只有6岁，隆裕太后代其下了退位诏书。从此，清朝的统治，也是中国整个的

清帝退位诏书

封建君主专制制度永远地结束了。清朝统治者自从1644年入主中原，经历了顺治、康熙、雍正、乾隆、嘉庆、道光、咸丰、同治、光绪、宣统10个皇帝的统治，共268年。末代皇帝溥仪退位的同日，民国政府公布了对清王室的一系列优待条件：清帝退位后尊号不变；民国政府每年拨给清帝白银400万两；清帝退位后暂居宫禁。1924年，冯玉祥发动北京政变，修改了清室优待条件，永久性地废除了清帝尊号，每年只补助清室家用50万元，溥仪搬出了紫禁城。

努尔哈赤

努尔哈赤（1559—1626 年），姓爱新觉罗氏，建州女真首领，后金的建立者。其先世受明册封为建州左卫（今辽宁新宾境）都指挥使。年轻时曾往来于抚顺贩马，受汉族文化影响较深。万历十一年（1583 年），努尔哈赤以为祖父报仇为名，以武力征服建州各部。后受明政府册封为都督佥事、龙虎将军等。之后又征服了海西女真和野人女真，完成女真族的统一。努尔哈赤在统一女真的过程中，创立八旗制度，还命额尔德尼等人借用蒙古文字母创制满文。万历四十四年（1616 年），称汗建国，国号大金，史称"后金"，建元天命。

万历四十六年（1618 年），努尔哈赤以"七大恨"为借口，誓师攻明，于萨尔浒大败明军。天命六年（1621 年），后金兵克沈阳（今属辽宁），破辽阳（今属辽宁），占领辽东 70 余城。天命十年（1625 年），努尔哈赤迁都沈阳。次年进攻宁远（今辽宁兴城），被袁崇焕击败。努尔哈赤于阵前受重伤，不久死去。努尔哈赤经营女真 40 余年，统一了女真各部，在满族初期的发展中，有重要作用。清王朝建立后，追尊庙号太祖。

鳌　拜

鳌拜，生卒年不详，瓜尔佳氏，清初大臣。顺治帝亲政，授议政大臣。康熙初年，为辅政大臣，专权跋扈，结党营私。1669 年被革职，终身软禁。后死于禁所。

尚可喜

尚可喜（1604—1676 年），字元吉，号震阳。祖籍山西，后至辽东，崇德元年（1636 年），清封其为智顺王，属汉军镶蓝旗，随清兵入关。顺治六年（1649 年），改封平南王，后镇守广东。康熙十二年（1673 年），尚可喜上疏请求归老辽东，由其子尚之信袭爵留镇广东。后朝廷诏令尽撤三藩，吴三桂、耿精忠起兵叛乱，尚可喜忧急而死，其子尚之信响应。

黄宗羲

黄宗羲（1610—1695 年），字太冲，号南雷，人称梨洲先生。浙江余姚（今属浙江）人，为东林党人黄尊素长子。明清之际思想家、史学家。年轻时，曾领导"复社"成员坚持反宦官权贵的斗争。南明亡后隐居著述。他认为天地之间只有一气，反对"理在气先"的宋儒观点。

从明朝的覆灭中他认识到，诸多的社会弊端都源于君主专制制度，而强烈抨击专制制度，著有《明儒学案》《宋元学案》。《明儒学案》是中国第一部系统的学术思想史。他的反君主专制思想，集中体现在其另一代表作《明夷待访录》中。该书代表了市民阶层争取权利平等的要求，被学术界视为中国启蒙思想的先驱，对近代政治思想影响很大。

多尔衮

多尔衮（1672—1650年），清初大臣。清太祖努尔哈赤第十四子。顺治帝即位，为摄政王，主持朝政。1644年统兵入山海关，击败李自成农民军，灭南明，逐步确立清朝对全国的统治。其间实行剃发易服等民族压迫政策，激起广大汉族人民反抗。多尔衮在朝廷中排斥异己，独揽大权。死后以谋逆罪削爵。乾隆时昭雪平反，恢复睿亲王称号。

吴三桂

吴三桂（1612—1678年），字长伯，扬州高邮（今属江苏）人，明末辽东总兵，武举出身。1644年，李自成农民军占领北京后，他驻守山海关拒降。待李自成率兵征讨，遂降清，并引清军入关，击败农民军。后又深入西南地区，攻灭南明永历政权，被清朝封为平西王，驻守云南，拥兵自重，势成割据。1673年，康熙帝下令撤藩，遂起兵反叛，与靖南王耿精忠、平南王尚可喜之子尚之信相呼应，史称"三藩之乱"。1678年，在衡州建大周政权，不久病亡。

吴三桂降清的真正原因

李自成进京推翻明朝统治之后，接下来亟待解决的问题就是如何迅速招降吴三桂统领的官军。据《明史》记载："初，三桂奉诏入援，至山海关，京师陷，犹豫不进。自成劫其父襄，作书诏之，三桂欲降。至滦州，闻爱姬陈沅（即陈圆圆）被刘宗敏掠去，愤甚，疾归山海……"李自成招降吴三桂似确有其事，那么，吴三桂的反应又如何呢？

据说吴三桂在给其父吴襄的信中称"儿已退兵至关，预备来降"，并有赴京"朝见新主"之意。但是行至半路，突然变卦，原因何在呢？原来是半途中，吴三桂听信讹传，以为爱姬陈圆圆被闯王部将刘宗敏掠为己有。吴三桂愤恨至极，转而乞降清兵，吁请清军"灭流寇于宫廷，示大义于中国"。

著名诗人吴伟业作《圆圆曲》，其中"恸哭六军皆缟素，冲冠一怒为红颜"说的就是吴三桂因失去陈圆圆，而与李自成不共戴天之事。

在吴三桂欲引清兵20万进犯京城之际，李自成迅速带兵赴山海关，并将陈圆圆和吴三桂的两个女儿作为人质，随队一齐出征，逼迫吴三桂。吴三桂在重兵重围之下，与李自成谈判议和，并约定："如北兵侵掠，合力攻击，休戚相共。"李自成相信了吴三桂的允诺撤军回师。之后，李自成败兵京城，盛怒之下，将吴三桂的父亲吴襄及其亲属全部杀掉了。

史书记载中认定李自成与吴三桂曾达成联合抗清协议，但依具体事实来看，吴三桂完全是一种诈降。就吴三桂而言，只因陈圆圆被掠就转而投靠清兵，似乎也并不是他的真正理由。

孝庄太后

孝庄文皇后（1613—1687年），博尔济吉特氏，名布木布泰。清太宗爱新觉罗·皇太极之妃，孝端文皇后的侄女。蒙古科尔沁部（在今通辽）贝勒寨桑之次女。天命十年（1625年）嫁给努尔哈赤第八子皇太极为侧福晋。天聪三年（1629年）生固伦雍穆公主雅图，天聪六年（1632年）生固伦淑慧公主阿图，天聪七年（1633年）生固伦端献公主淑哲。崇德元年（1636年），皇太极改号称帝，受封为永福宫庄妃。崇德三年（1639年），生下皇九子福临。福临即位后（年号顺治），尊其为皇太后。后上尊号为昭圣慈寿皇太后。顺治十三年（1656年）十二月为昭圣慈寿恭简安懿章庆皇太后。

顺治十八年（1661年），福临死后，第三子玄烨即位（年号康熙），尊其为太皇太后。康熙元年（1662年）十月加上尊号为昭圣慈寿恭简安懿章庆敦惠太皇太后。康熙四年（1665年）九月为昭圣慈寿恭简安懿章庆敦惠温庄太皇太后。康熙六年（1667年）十一月为昭圣慈寿恭简安懿章庆敦惠温庄康和太皇太后。康熙十五年（1676年）正月为昭圣慈寿恭简安懿章庆敦惠温庄康和仁宣太皇太后。康熙二十年（1681年）十二月为昭圣慈寿恭简安懿章庆敦惠温庄康和仁宣弘靖太皇太后。

康熙二十六年十二月二十五日（1687年1月27日）去世，享年75岁。康熙二十七年（1688年）十月上谥号为孝庄仁宣诚宪恭懿翊天启圣文皇后。雍正元年（1723年）八月为孝庄仁宣诚宪恭懿至德纯徽翊天启圣文皇后。雍正三年（1725年）葬河北清东陵之昭西陵。乾隆元年（1736年）三月上谥号为庄仁宣诚宪恭懿至德纯徽翊天启圣文皇后。

康熙帝

康熙帝（1654—1722年）即清圣祖，名爱新觉罗·玄烨。1662—1722年在位61年，年号康熙。他是中国封建社会后期的著名君主。雄才大略，政绩卓著，为清王朝前期的强盛（"康乾盛世"）和中华多民族统一国家的巩固发展做出了巨大的贡献。他8岁继位，由鳌拜等四大臣辅政。1667年亲政，1669年，计擒权臣鳌拜。1673年下令撤藩，1681年平定三藩叛乱。1683年统一台湾。1689年，清王朝与俄国签订《尼布楚条约》，划定中俄东段边界。三次亲征准噶尔部噶尔丹。用靳辅治河，颇具成效。1712年，实行滋生人丁永不加赋的制度，固定人口税。崇尚理学，主持编纂《古今图书集成》等，重视自然科学，然而，又大兴文字狱，强化思想统治。1715年，命皇十四子允禵督师平定西藏。1722年，病死于畅春园，一说为皇四子胤禛毒害。

雍正帝

清世宗（1678—1735年），名爱新觉罗·胤禛，康熙帝第四子，1722—1735年在位，年号雍正。即位后，勤于朝政，锐意改革，打击政敌，清理财政，惩治贪官污吏，实行摊丁入亩、士绅平民一体当差的制度。设立军机处，削弱王公势力。定密立储君之制。在西南少数民族地区实行改土归流，设驻藏大臣，加强对西藏的管理，又出兵平定青海和硕特部的反叛。与俄国签订《中俄布连斯奇界约》和《中俄恰克图界约》，划定中俄中段边界。继续大兴文字狱。1735 年，暴卒于北京圆明园。

乾隆帝

清高宗（1711—1799 年），名爱新觉罗·弘历，雍正帝第四子，1735—1796年在位，年号乾隆。即位后，平准噶尔部及大小和卓叛乱，在新疆驻军屯田，建驿站，修水利。稳定西藏政局，颁布《钦定西藏章程》，确立达赖、班禅的继承制度。实行闭关政策，仅留广州口岸与外国通商，主持编纂《大清会典》和《四库全书》，特别是《四库全书》，使中国古代史籍得以集中保存。

迭兴文字狱，钳制人民思想。巡游无度，大兴土木，广建宫苑。他统治的中后期，吏治败坏，官员贪污成风，阶级矛盾日益尖锐，四川、湖北爆发白莲教起义，清王朝由盛转衰。1796 年传位仁宗，自为太上皇，仍掌朝政，1799 年病逝。

纪　昀

纪昀（1724—1805 年），字晓岚，晚号石云、春帆，谥文达，世称文达公，河北沧州沧县崔尔庄人。乾隆十九年（1754 年）中进士，又授为翰林院庶吉士，因学识渊博为乾隆赏识。曾因为亲家两淮盐运史庐见曾有罪受到株连被发配到新疆乌鲁木齐，后召还，乾隆以土尔扈特归还为题"考"他，命他为《四库全书》总纂官。该书于乾隆四十六年（1781 年）完成，耗时 10 年。次年擢升为兵部侍郎、左副都御史、礼部尚书、协办大学士（职务为大学士之副职，从一品），死后谥文达。纪晓岚住于阅微草堂，著有《阅微草堂笔记》，其后人整理有《文达公遗集》。

林则徐

林则徐生于 1785 年 8 月 30 日（乾隆五十年），卒于 1850 年 11 月 22 日（道光三十年），字元抚，又字少穆、石麟，晚号俟村老人、俟村退叟、七十二峰退叟、瓶泉居士、栎社散人等，福建侯官人（今福建福州）人。是中国清朝后期政治家、思想家和诗人，是中华民族抵御外辱过程中伟大的民族英雄。官至一品，曾任湖广总督、陕甘总督和云贵总督，两次受命为钦差大臣；因其主张严禁鸦片、抵抗西方的侵略、坚持维护中国主权和民族利益深受全世界中国人的敬仰。

主要功绩是从英国手里收缴全部鸦片近 2 万箱，约 237 万余斤，于道光十九年四月二十二日（1839 年 6 月 3 日）在虎门海滩上当众销毁。

林则徐像

顾炎武

顾炎武（1613—1682年），字宁人，号亭林，江苏昆山（今属江苏）人。明清之际思想家、史学家、语言学家。青年时曾参加"复社"，反宦官权贵。清军南下，又起兵抗清。失败后，游历大江南北、长城内外，观察形势，图谋再举，至死不仕清朝。他认识到宇宙是由物质构成的，"非器则道无所寓"，但这些具有唯物主义倾向的观点，却未能系统地加以发挥和论证。在政治思想方面，顾炎武坚决反对封建专制制度，主张限制君权，扩大地方权力。在治学方面，他提倡"经世致用"，反对空谈。强调"博学于文""行己有耻"。他的《天下郡国利病书》就是为了有益世用而著。在音韵学上，他对阐明音学源流和分析古韵部目等方面，多有贡献，主要著述有《日知录》《天下郡国利病书》《音学五书》《亭林诗文集》等。

王夫之

王夫之（1619—1692年），字而农，号姜斋，衡阳人，明末清初重要思想家，曾积极从事抗清斗争，失败后，隐居著述，世称"船山先生"。学术上继承发展了宋代张载的唯物主义思想，建立了朴素唯物主义思想体系，认为世界是物质的，物质是第一性的，物质是不灭的。

施　琅

施琅（1627—1696年），字尊侯，号琢公，福建晋江人。早年是郑芝龙的部将，顺治三年（1646年）随郑芝龙降清。不久又加入郑成功的抗清队伍，后因微嫌与郑成功发生矛盾，终于酿成父、弟被郑成功诛杀之祸，施琅再次降清。降清之后，被授为同安副将，迁总兵。康熙元年（1662年），施琅被任命为福建水师提督，1665年，封靖海将军。1683年率军统一台湾。

郑成功

郑成功（1624—1662年），本名森，字大木，福建南安人。清初民族英雄，与其父郑芝龙同在南明唐王政权任官，被赐姓朱，改名成功，号"国姓爷"。顺治三年（1646年），郑芝龙降清，郑成功力阻无效，乃与父决裂。之后，他以厦门、金门为基地抗清。并拒绝清廷的招降。1662年，郑成功收复台湾后，在台湾置府县，建立行政机构，又推行屯田，招徕大陆移民，并派汉族农师到高山族聚居地推广先进技术，促进了台湾地区经济的发展。他在收复台湾5个月后病死，子郑经嗣位，率领部众继续抗清。康熙二十年（1681年），郑经死，郑氏集团内部斗争

明沿海炮台遗址

加剧。康熙二十二年（1683 年）六月，清军出兵台湾。八月，在位的郑经幼子郑克塽出降，清廷统一台湾。

刘 墉

刘墉(1719—1804 年)，人称刘罗锅，字崇如，号石庵，山东诸城人，乾隆进士，官至礼部尚书，兼署兵部尚书，并充任《四库全书》副总裁、三通馆总裁及上书房总师傅，并为体仁阁大学士，加太子少保等职。外娴政术，内通掌故，博通经史，长于古文考辨。曾三次兼署国子监，数任乡试、会试正考官。文章书法在清代皆享盛名，刘墉的书法用墨厚重，笔健神藏，别具一格，有"棉里裹针"之妙，为清代四大书法家之首。

关天培

关天培（1780—1841 年)，字仲因，号滋圃，江苏山阳（今淮安）人，鸦片战争中的民族英雄。1834 年授广东水师提督。时值鸦片走私猖獗，他亲率水师，惩办烟贩，又认真操练军队，增修虎门、南山、横档诸炮台，加强广东海口的防御能力。1839 年春，林则徐奉命到广东查禁鸦片，他全力支持，积极配合，收缴鸦片 237 万余斤，全部在虎门海滩当众销毁。后来，英国挑起穿鼻海战，他率军英勇抗击，打伤英舰一艘，迫其败退。后又多次击退英国的武装挑衅。1840 年11 月，琦善到广州，为向英国侵略者求和，竟大加裁撤珠江口防御设施，广东水师也仅保留三分之一兵额，虎门要塞的防御能力遭到很大削弱。

1841 年 2 月 26 日，英军进攻虎门炮台，他在靖远炮台沉着指挥，督率官兵拼死抵御，终因寡不敌众，与守台官兵数人一起壮烈牺牲，虎门炮台陷落。

琦 善

琦善（约 1790—1854 年)，博尔济吉特氏，字静庵。袭一等侯爵。历任河南按察使、山东巡抚、直隶总督等职。反对严禁鸦片，是主张弛禁派的代表。1840 年 8 月，英舰北犯天津大沽，时任直隶总督的琦善被道光帝派往天津白河口，在谈判中竟向义律保证，只要英军退回广州，就将"代申冤抑"，惩办林则徐等，并允在广州议和。9 月中旬，被任命为钦差大臣，赴广东与英军继续谈判。

抵广州后，他力反林则徐所为，遣散水勇，裁撤珠江口防务，一心屈意求和，并答应英国提出的赔偿烟价、开放通商口岸等要求，但对割让香港岛表示不敢做主。义律为迫使琦善彻底就范，1841 年 1 月攻陷沙角、大角炮台，武装强占了香港岛。清廷闻信后，将琦善革职，并锁拿进京，查抄家产，后发往军台效力。1842 年被重新起用，先任叶尔羌帮办大臣，继任驻藏大臣、四川总督等职。太平天国起义后，1853 年初复任钦差大臣，奉命率直隶、陕西、黑龙江、吉林等省清军 18000 人迅速南下，于 4 月中旬在扬州城外五台山等地建立江北大营，与太平军对抗，屡战屡败。次年秋病死于扬州军中。

载　沣

爱新觉罗·载沣（1883—1951年），北京人。世袭罔替醇亲王。清光绪帝爱新觉罗·载湉之胞弟，宣统帝爱新觉罗·溥仪之父。

光绪十六年（1890年）袭王爵，成为第二代醇亲王。光绪三十四年（1908年）其子溥仪入承大统，载沣成为摄政王。因此，在清朝的最后三年中（1909—1911年），他是中国实际的统治者。载沣继承了其父懦弱的性格，才疏识短，难当大任。他面对鼎沸的局势，又屡屡举措失当，加速了清朝的灭亡。宣统三年八月（1911年10月），辛亥革命爆发，次年他被迫同意溥仪退位。1928年，迁往天津幽居，后又去东北，1951年病逝于北京。

曾国藩

曾国藩（1811—1872年），原名子城，字伯涵，号涤生。湖南湘乡白杨坪（今属双峰）人，清末洋务派和湘军首领。1838年中进士，推崇程朱理学。曾任内阁学士、吏部侍郎。1853年，奉命至长沙帮办团练，后扩编为湘军，在湖北、江西、安徽与太平军作战。1860年授两江总督、钦差大臣，督办江南浙、皖、苏、赣四省军务，是清廷给予大权的第一个汉人。1862年奏派李鸿章率淮军夹击太平军，并力主借洋兵助剿。1864年攻陷天京（今江苏南京），受封一等侯爵，加太子太保。次年，奉命北上剿捻。1866年回任两江总督，提倡并推进洋务运动，设立安庆军械所。1870年，在直隶总督任内查办天津教案，媚外残民，遭舆论谴责，后调任两江总督，病死南京。死后，谥号文正，遗著辑为《曾文正公全集》。

洪秀全

洪秀全（1814—1864年），原名仁坤，广东花县（今花都）人，太平天国领袖。出身农家，读过村塾，屡试不第。1843年创立拜上帝会。翌年到广西贵县（今贵港）赐谷村宣传拜上帝教教义。后回花县，著《原道醒世训》《原道觉世训》等文。1847年8月赴广西桂平紫荆山会冯云山，组织力量，开展政治斗争。1851年1月11日在金田营盘岭聚集2万多会众举行反清武装起义，建立太平天国；3月在武宣"登极"，称"天王"；12月在永安（今蒙山）分封诸王。翌年攻桂林，占领两湖，再从武昌沿江东下，攻占南京。1853年定都南京，改称天京。颁布《天朝田亩制度》，再分兵北伐、西征，结果北伐失利而西征胜利。入主天王府后，深居简出，生活奢靡，大权交由杨秀清掌握。1856年，太平军先后击破清军江北、江南大营，杨

洪秀全塑像

秀清居功自傲，逼封万岁。洪秀全遂密诏韦昌辉、秦日纲诛杀杨秀清及其家人和部属 2 万多人。1857 年石达开带 20 万精兵出走后，只得重用陈玉成、李秀成等，以扭转局势。1859 年命洪仁玕总理朝政。清廷勾结帝国主义加紧镇压太平天国，安庆、苏州、杭州等地相继陷入敌手，天京被围。1864 年天京陷落前病死。

李鸿章

李鸿章（1823—1901 年），字子黻、渐甫，号少荃、仪叟，安徽合肥人。中国晚清军政重臣，淮军创始人和统帅，洋务运动的主要倡导者。道光二十七年（1847 年）中进士。同时，受业曾国藩门下，讲求经世之学。采用西方新式枪炮操练办团练，镇压太平军，积极筹划洋务运动，并参与掌管清政府外交、军事、经济大权，成为清末权势最为显赫的封疆大吏。1901 年 11 月卒，谥文忠，晋封一等侯。著有《李文忠公全集》。

李鸿章像

胡雪岩

胡光墉（1823—1885 年），幼名顺官，字雪岩，安徽绩溪湖里村人。幼时家贫，帮人放牛为生，稍长，由人荐往杭州于姓钱肆当学徒，得肆主赏识，擢为跑街。咸丰十年（1860 年），因肆主无后，临终前，以钱庄赠之，乃自开阜康钱庄，并与官场中人往来，成为杭城一大商绅。咸丰十一年（1861 年）十一月，太平军攻杭州，光墉从上海、宁波购运军火与粮米接济清军。左宗棠任浙江巡抚，委光墉为总管，主持全省钱粮、军饷，因此阜康钱庄获利颇丰。京内外诸公无不以阜康为外库，寄存无算。他还协助左宗棠开办企业，主持上海采运局，兼管福建般政局，经手购买外商机器、军火及邀聘外国技术人员，从中获得大量回佣。他还操纵江浙商业，专营丝、茶出口，操纵市场、垄断金融。

至同治十一年（1872 年），阜康钱庄支店达 20 多处，布及大江南北。资金 2000 万余两，田地万亩。由于辅助左宗棠有功，曾授江西候补道，赐穿黄马褂，是一个典型的官商。同治十三年（1874 年），筹设胡庆馀堂雪记国药号，光绪二年（1876 年）于杭州涌金门外购地十余亩建成胶厂。胡庆馀堂雪记药号，以一个熟药局为基础，重金聘请浙江名医，收集古方，总结经验，选配出丸散膏丹及胶露油酒的验方 400 余个，精制成药，便于携带和服用。其时，战争频仍，疫疠流行，"胡氏辟瘟丹""诸葛行军散""八宝红灵丹"等药品备受欢迎。

此后，胡光墉亲书"戒欺"字匾，教诫职工"药业关系性命，尤为万不可欺""采办务真，修制务精"。其所用药材，直接向产地选购，并自设养鹿园。胡庆馀堂成为国内规模较大的全面配制中成药的国药号，饮誉中外，对中国医药事业发展起了推动作用。光绪八年（1882年），光墉在上海开办蚕丝厂，耗银2000万两，高价尽收国内新丝数百万担，企图垄断丝业贸易，惹怒外商，联合拒购华丝。又因海关海运操于外人之手，不能直接外运。次年夏，被迫贱卖，亏耗1000万两，家资去半，周转不灵，风声四播。各地官僚竞提存款，群起敲诈勒索。十一月，各地商号倒闭，家产变卖，胡庆馀堂易主，宣告破产。接着，清廷下令革职查抄，严追治罪。光墉遣散姬妾仆从，于光绪十一年（1885年）十一月郁郁而终。

慈禧太后

慈禧太后（1835—1908年），又称西太后、那拉太后，姓叶赫那拉，咸丰帝妃。同治、光绪两朝的实际统治者。1861年，咸丰帝死，其子载淳（即同治帝）即位，那拉氏被尊为皇太后。不久与恭亲王奕䜣发动"祺祥政变"（又称"辛酉政变"），垂帘听政。采用"借洋兵助剿"的政策，镇压太平天国及各地人民起义。1874年，同治病死，立4岁的载湉（即光绪帝）为帝，继续垂帘听政。支持办洋务以维护封建统治，对外继续妥协求和，签订一系列丧权辱国的条约。1889年，撤帘归政，仍控制军政大权。1898年，发动戊戌政变，幽禁光绪帝，废除

慈禧皇太后之宝及宝文 清

新政。1900年，实行"剿抚兼施"的政策，利用义和团对外宣战。及八国联军进逼北京，慌忙逃往西安，途中下令镇压义和团。次年，与十一国签订《辛丑条约》。1905年后，宣布"预备立宪"，以缓和国内矛盾。1908年，病死。

丁汝昌

丁汝昌（1836—1895年），字禹廷、雨亭，安徽庐江人。初从淮军将领刘铭传镇压捻军，因功升任参将。同治十三年（1874年），李鸿章筹办海军，丁汝昌于1877年调北洋，任轮船督操。1880年赴英国接带"超勇""扬威"两舰，并往法、德等国考察。1881年回国，委任统领北洋兵轮，1888年北洋舰队编成，任水师提督。1894年中日战争爆发，黄海大海战交战之初，他在旗舰"定远"号飞桥上指挥战斗，因舰身中弹而坠落于甲板之上致重伤，但仍负伤督战。战后，执行李鸿章命令率舰队退守威海卫。

11月，日军进犯旅顺，以救援不力被革职留任。1895年1月，日军海陆夹击威海卫，在腹背受敌的绝境中多次组织、指挥反击。2月日军紧缩包围，终日炮轰，致使北洋舰队"定远""威远""来远"等舰相继被毁。2月7日，部分主

降将领唆使驻守在刘公岛的士兵、水勇哗变，扬言"向丁汝昌乞生路"，北洋海军外籍教习英人马格雷、美人浩威也乘机劝其"姑许乞降，以安众心"，遭其严词拒绝。11 日，召集众将会议，下令余舰全力突围，以求保其一二，但又遭反对。12 日服毒自尽。

张之洞

张之洞（1837—1909 年），字孝达，又字香涛，晚年自号抱冰老人，南皮（今属河北）人。晚清洋务运动的重要首领之一，近代重工业的创始人，创办汉阳铁厂、湖北枪炮厂、湖北纺织四局和筹办芦汉铁路等，亦为晚清著名教育家。

邓世昌

邓世昌（1849—1894 年），字正卿，广东番禺人，晚清北洋海军爱国将领。他少年时目睹西方列强军舰在中国海区横行，立志献身保卫海疆。清同治六年（1867 年）考入福建船政局后学堂学习舰船驾驶。1871 年登"建威"练习舰练习航海，远至渤海湾和南洋新加坡、槟榔屿各口岸，后历任"海东云""振威""飞霆"等舰船管带。

清光绪五年（1879 年），调北洋水师任职。1881 年1 月，赴英国接收订购的军舰，驾驶"扬威"巡洋舰经地中海、印度洋回国，遂任该舰管带。1887 年，以参将管带职衔再次赴英国，驾驶"致远"巡洋舰回国。1888年，北洋海军成军，任中军中营副将、"致远"舰管带。以治军严格、忠勇刚正闻名。1894 年 9 月 17 日黄海海战中，指挥"致远"舰勇敢战斗，在战舰受重创侧倾的情况下，全速撞向日联合舰队第一游击队旗舰"吉野"，决心与其同归于尽。不幸鱼雷发射管被敌击中，舰体爆裂沉没，同全舰 200 余名官兵一起壮烈殉国。

邓世昌旧照
邓世昌（1849～1894 年），字正卿，广东番禺人。福州船政学堂首届学生，北洋海军"政远号"管带。中日甲午黄海海战中，勇猛攻击日舰"吉野"号，军舰中弹，蹈海殉国。

刘永福

刘永福（1837—1917 年），字渊亭，本名义，广西上思人。雇工出身，原为广西天地会领袖，1865 年起义失败，受清政府镇压，率 300 人出镇南关（今友谊关），在中越边境保胜一带，开辟山林，聚众耕牧，号"黑旗军"。刘永福率黑旗军驻越南 20 余年，与越南人民建立了深厚的友谊。中法战争时，帮助越南政府抗击法国侵略军，因成功抗击法国的侵略而名闻中外。

1884 年 8 月，清廷对法宣战，授刘永福记名提督，于 1885 年 3 月取得临洮大捷，收复大片失地。1894 年甲午中日战争爆发，调台湾帮办军务，率黑旗军渡台。1895 年 6 月，日军进攻台北，刘永福留台领导抗战，亲驻台南，统筹全局。与台湾抗日义军合作，在新竹、苗栗、彰化、嘉义等地，给日寇以沉重打击。相持近5个月，拒绝侵台日军司令桦山资纪的劝降。后因清廷断绝援台，乃于台南即将陷落时返回大陆，所部在台湾大部分血战牺牲。1902年署广东碣石镇总兵，后回籍养病。宣统三年九月（1911年11月），广东宣布独立后，应胡汉民之请为广东民团总长，旋辞职回籍。1915年，对日本提出旨在灭亡中国的"二十一条"极为愤慨，请缨杀敌，未果。1917年，病逝于家。

严 复

严复（1854—1921年），原名宗光，字又陵，福建侯官人。近代资产阶级启蒙思想家，翻译家。甲午战争后，深感国势日危，抨击封建专制，主张向西方学习。翻译赫胥黎的《天演论》，以"物竞天择，适者生存"的民族意识的进化论观点唤起国人救亡图存的民族意识，对近代思想界影响极大。

康有为

康有为（1858—1927年），原名祖诒，字广厦，号长素，广东南海人。近代思想家、文学家。曾先后7次上书，请求变法图强，其中以中日甲午战争失败后的"公车上书"最为有名。他与梁启超等人一起创办《万国公报》，建立强学会，为维新变法制造舆论。1898年与梁启超等人发动戊戌变法运动，变法失败后，逃亡国外。主要著作有《新学伪经考》《孔子改制考》《大同书》《南海先生诗集》等。

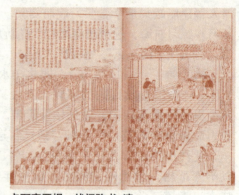

点石斋画报·伏阙陈书 清
记录康有为带领各省举人"公车上书"的情形。

詹天佑

詹天佑（1861—1919年），安徽婺源（今属江西）人。我国近代著名铁路工程师。1872年，以中国首批留学生赴美留学。1881年毕业于耶鲁大学，获土木工科学士学位。回国后，先后任教于福州船政局、广东博学馆、广东水陆师学堂。

1888年，任中国铁路公司工程师，参与修筑津沽及关内外等铁路。1905—1909年，以总工程师身份主持修建京张铁路。中华民国成立后，历任交通部技监、汉粤川铁路督办、交通部铁路技术委员。1919年奉派参加协约国西伯利亚铁路监管会，任技术部中国代表。著有《铁路名词表》《京张铁路工程纪略九》。

黎元洪

黎元洪（1864—1928年），字宋卿，湖北黄陂人。南京临时政府成立后，当选副总统。袁世凯篡政后，仍任原职。反对袁世凯复辟帝制。1915年袁世凯称帝时，被封为武义亲王，未受。次年6月袁世凯死，黎元洪继任大总统，恢复约法，召集国会。1917年段祺瑞利用张勋驱黎元洪，由冯国璋代理大总统。1922年受直系军阀支持复任总统。次年又为直系军阀所逐。

梁启超

梁启超（1873—1929年），字卓如，号任公，别号饮冰室主人，广东新会人。近代思想家，戊戌维新运动领袖之一。曾协助康有为发动在京应试举人联名请愿的"公车上书"。1898年在京参加"百日维新"。9月，政变发生，梁启超逃亡日本，一度与孙中山为首的革命派有过接触。在日期间，先后创办《清议报》和《新民丛报》，鼓吹改良，反对革命。著作有《饮冰室合集》。

梁启超旧照

黄 兴

黄兴（1874—1916年），原名轸，字廑年，号杞园，又号克强，后改名兴。湖南善化（今长沙）人。1902年赴日本留学，次年回国，秘密从事反清革命活动。1904年在长沙与陈天华、宋教仁等组织华兴会，1905年在东京与孙中山合组同盟会。1907年起参与、组织了多次反清起义。1911年武昌起义后被推为革命军总司令。1912年任南京临时政府陆军总长兼参谋总长。1913年任讨袁军总司令。1916年病逝于上海。

秋 瑾

秋瑾（1875—1907年），字璇卿，号竞雄，自称鉴湖女侠，浙江山阴人，民主革命者，妇女解放运动先驱。光绪三十年（1904年）夏，东渡日本留学，翌年先后加入光复会、同盟会。光绪三十三年五月二十六日（1907年7月6日），徐锡麟安庆起义失败，绍兴革命行动暴露。六月初四，秋瑾被捕。初六日晨就义于绍兴轩亭口。

冯 如

冯如（1883—1912年），广东恩平县人，中国的第一位飞机设计师。12岁时，因生活所迫，随亲戚赴美国旧金山谋生。1903年开始研制飞机，1909年9月27日第一次试飞失败。1910年10月至12月，冯如驾驶自己制造的飞机在奥克兰进行飞行表演大获成功。1911年2月，冯如谢绝美国多方的聘任，带着助手及两架飞机回到中国。辛亥革命后，冯如被广东革命军政府委任为飞行队长。1912年8月25日，冯如在广州燕塘飞行表演中不幸失事牺牲，被追授为陆军少将。

邹 容

邹容（1885—1905 年），字蔚丹，又字威丹，四川巴县人。近代作家、革命家。光绪二十八年（1902 年）赴日留学，因为反对留学生监督姚文甫而受到迫害，被迫回国。光绪二十九年（1903 年），在上海出版《革命军》，并因此入狱。光绪三十一年二月二十九日（1905 年 4 年 3 月）在狱中去世。1912 年 2 月，孙中山以临时大总统的名义签署命令，追赠邹容为"大将军"。

溥 仪

溥仪(1906—1967 年)，名爱新觉罗·溥仪，字浩然，年号宣统，清朝末代皇帝。醇亲王载沣之子。1908 年即位，时年 3 岁，由其父摄政。1912 年 2 月 12 日退位，仍居皇宫。1917 年 7 月，张勋拥立其复辟，12 天后再次下台。

1924 年，冯玉祥发动北京政变，废除大清皇帝称号，溥仪被逐出皇宫，移居醇亲王府。次年避居天津日租界。1931 年"九一八"事变后，在侵华日军策划下潜往东北。

1932 年，伪满洲国成立，任"执政"。1934 年称"满洲国皇帝"，改元"康德"。1945 年日本投降，被苏军俘虏。后被押解回国，在抚顺战犯管理所学习、改造。1959 年被特赦，后在全国政协文史资料研究委员会担任资料专员职务。著有《我的前半生》。

戊戌六君子

1898 年 9 月 21 日，慈禧太后发动政变，囚禁光绪帝，逮捕维新派人士。28日，慈禧以"大逆不道"的罪名将谭嗣同（1865—1898 年）、杨锐（1857—1898年）、刘光第（1859—1898 年）、林旭（1875—1898 年）、杨深秀（1849—1898 年）、康广仁（1867—1898 年）6 人在北京菜市口处死。史称 6 人为"戊戌六君子"。

乾嘉学派

清代实行残酷的文字狱，使得大批知识分子逃避现实而沉溺于对经书的文字、音韵、名物以及古代典章制度的训诂和考据。乾隆和嘉庆年间，考据学发展到了高峰，出现了著名的乾嘉学派。乾嘉学派分为吴派和皖派，吴派即苏州学派，惠栋是其开创者，著名学者王鸣盛、钱大昕、赵翼都是吴派的名家。

皖派即徽州学派，戴震是其创始人，著名学者有王念孙和王引之父子二人。以乾嘉学派为代表的清代考据学，对后代的学术有着很大的影响，考据学者们踏实严谨的治学态度，也影响了后代的许多学者。但是它不重实际，对思想界有着一定的消极影响。

红 学

红学是研究《红楼梦》及其作者的学科。200 多年来，红学产生了许多流派，有评点、评论、题咏、索隐、考证等。以考证派代表作——胡适的《红楼梦考证》的出现为界，一般又划分为旧红学和新红学。旧红学比较重要的流派是评点派和索隐派。评点派主要采用圈点等形式，对《红楼梦》进行评点。索隐派盛行于清末民初，主要是用历史上或传闻中的人和事，去比附《红楼梦》中的人物和故事。新红学的考证派则注重搜集有关《红楼梦》作者家世、生平的史料和对版本的考证。

翰林院

清代掌编修国史、记载皇帝起居、进讲经史，以及草拟册文、封浩、祭文等的机构。主持为掌院学士，满汉各一人。所属职官有侍读学士、侍讲学士、侍读、侍讲、修撰、编修、检讨、庶吉士等，不定员，对外均称翰林。又进士及第乃进翰林院。

京师大学堂

京师大学堂是中国近代第一所国立大学。它成立于 1898 年，是戊戌变法的改革措施之一，目的是为变法培养人才。主要招收官僚子弟及各省中学堂毕业的学生入学。变法失败后，京师大学堂却保留了下来，1907 年，设立了预备科（包括政科、艺科）和速成科，又增加了进士馆、译学馆、医学实业馆。1907 年，改设为经、法、文、格致、农、工、商七科。1912 年，改名为北京大学。

大学堂匾　清

清末四大奇案

"清末四大奇案"通常是指"张文祥刺马案""杨乃武与小白菜案""南京三牌楼换肋骨案"和"湖北武昌府某县告忤逆案"。此四案都发生在同治末、光绪初期，都上达天听，曾在朝野闹得沸沸扬扬，最后还都由西太后亲自审定、拍板。四案中除了"刺马案"，还牵涉到一大批地方各级官员和京官。

二十四史

清乾隆时期诏刻，包含 24 部纪传体史书，合称"二十四史"。即:《史记》《汉书》《后汉书》《三国志》《晋书》《宋书》《南齐书》《梁书》《陈书》《魏书》《齐书》《周书》《隋书》《南史》《北史》《旧唐书》《新唐书》《旧五代史》《新五代史》《宋史》《辽史》《金史》《元史》《明史》。

《四库全书》

一部丛书名。清乾隆朝官修。永瑢领衔编撰，总纂官纪昀。1773 年开四库馆，大批学者参与，1781 年编纂完毕。全书将古代重要典籍 3457 种、79070 卷完整抄录，编为经、史、子、集四部，44 类。另有存目 6766 种。共缮写 7 部，分藏于文源阁、文渊阁、文溯阁、文津阁、文汇阁、文宗阁、文澜阁，另有副本一部存于北京翰林院。全书内容丰富浩瀚，包罗宏大，为中国古代思想文化遗产总汇。编书过程中清廷查禁、销毁近 3000 余种书籍，对不少书籍的内容有所删改。

《康熙字典》

《康熙字典》是张玉书、陈廷敬等 30 多位著名学者奉康熙旨意编撰的一部具有深远影响的汉字辞书。该书的编撰工作始于康熙四十九年（1710 年），成书于康熙五十五年（1716 年），历时 6 年。

《康熙字典》采用部首分类法，按笔画排列单字，共立 214 个部首，全书分 12 集，以十二地支标识，每集又分上、中、下三卷，共收字 47035 个。所收之字，注明音节和不同的意义。释义时，举出古籍中的例证，附释词语，从而兼有词典的作用。书末附录生僻字及不可使用之别字，以便检索。道光时，王引之等奉敕考证，订正失误 2500 多条，撰成《字典考证》。

《古文观止》

《古文观止》是自清代以来最为流行的古代散文选本之一。《古文观止》是清人吴楚材、吴调侯于康熙三十三年（1694 年）选定的。二吴均是浙江绍兴人，长期设馆授徒，此书是为学生编的教材。

《全唐诗》

清初官修的唐五代诗歌总集。900 卷。康熙四十四年至四十五年（1705—1706 年）在曹寅主持下，由彭定求等 10 人编纂成书。共收诗近 5 万余首，作者 2200 余人，每一位作者都附有小传。它在前人所编同类书的基础上，比较完备地汇集了唐五代的诗作（包括残篇零句），既便于学者查阅，也有利于这些作品的保存和流传。

《桃花扇》

《桃花扇》是清初作家孔尚任经 10 余年苦心经营，三易其稿写出的一部传奇剧本，在清圣祖康熙三十八年（1699 年）完成，历来受到读者的好评。共有 40 出，舞台上常演的有《访翠》《寄扇》《沉江》等几折。通过男女主人公侯方域（朝宗）和李香君的爱情故事反映南明灭亡的历史戏剧，所谓"借离合之情，写兴亡之感，实事实人，有凭有据"。当时清初正是考据学极盛时期，影响了作者忠于历史的态度，剧本中绝大部分是真人真事，剧本所写的一年中重大历史事件甚至考证精确到某月某日，但由于并不是历史书籍，剧中加入故事情节，人物感情刻画，从深度和广度反映现实，并且有很高的艺术表现力，是一部对后来影响很深的历史剧。

《长生殿》

《长生殿》是清初剧作家洪昇（1645—1704 年）所作的剧本，取材自唐代诗人白居易的长诗《长恨歌》和元代剧作家白朴的剧作《梧桐雨》。讲的是唐玄宗和贵妃杨玉环之间的爱情故事，但他在原来题材上发挥，演绎出两个重要的主题，一是极大地增加了当时的社会和政治方面的内容，二是改造和充实了爱情故事。

《长生殿》重点描写了唐朝天宝年间皇帝昏庸、政治腐败给国家带来的巨大灾难，导致王朝几乎覆灭。剧本虽然谴责了唐玄宗的穷奢极侈，但同时又表现了对唐玄宗和杨玉环之间的爱情的同情，间接表达了对明朝统治的同情，还寄托了对美好爱情的向往。

《镜花缘》

《镜花缘》是清代百回长篇小说，是一部与《西游记》《封神榜》《聊斋志异》同辉璀璨，带有浓厚神话色彩、浪漫幻想迷离的中国古典长篇小说。作者李汝珍以其神幻诙谐的创作手法引经据典，勾画出一幅绚丽斑斓的天轮彩图。

《聊斋志异》

《聊斋志异》是一部文言短篇小说集，共有短篇小说 431 篇，是清代著名小说家蒲松龄的代表作品。在内容上，这部小说首先揭露、嘲讽了贪官污吏、恶霸豪绅贪婪狠毒的嘴脸，抨击了封建政治的制度，如《促织》《席方平》《商三官》等作品。其次是无情地揭开了封建科举制度的黑幕，反映了科举制度对知识分子灵魂的禁锢与毒害，如《司文郎》《考弊司》《书痴》等作品。再次，小说中也有很多赞诵人间坚贞、纯洁的爱情的篇章，如《鸦头》《细侯》等。此外还有一些阐释伦理道德的寓意故事，如《画皮》《崂山道士》等。这是一部浪漫主义的杰作，作者借花妖狐魅、神灵鬼怪等一些形象，曲折地表达了作者的理想与愿望，揭露了现实的黑暗与不公。

《红楼梦》

清曹雪芹所著古典小说，原名《石头记》，写于乾隆年间。全书 120 回（一说 110 回），后 40 回一般认为是高鹗续写。描述荣、宁国二府由盛至衰的全过程，以贾宝玉和林黛玉、薛宝钗之间的爱情和婚姻悲剧为主线，揭露封建社会后期的黑暗和罪恶。它曾被评为中国最具文学成就的古典小说及章回体小说的巅峰之作，被认为是"中国四大名著"之首。在现代还产生了一门以研究《红楼梦》为主题的学科——"红学"。《红楼梦》已被译成英、日、德、俄等国文字出版。

四大谴责小说

清末中国的小说创作出现了较为繁荣的景象，形式多样，内容也各具特色，其中以暴露社会黑暗和抨击官场腐败为内容的小说，被称为"谴责小说"。所谓晚清"四大谴责小说"主要指的是李伯元（1867—1906 年）的《官场现形记》，吴趼人（1866—1910 年）的《二十年目睹之怪现状》，刘鹗（1857—1909 年）的《老残游记》以及曾朴（1872—1935 年）的《孽海花》。

《官场现形记》是最早也是最具有代表性的一部，在结构上，这本书模仿《儒林外史》，全书没有中心人物，是由一个个小故事连缀而成，通过对晚清官场的描写，揭露了封建社会崩溃时期，统治集团内部的腐朽状况。《二十年目睹之怪现状》在结构上与《官场现形记》相似，但全书有"九死一生"这个人物贯串始终，反映了 1884 年至 1904 年 20 年间的官场、商场、洋场以及社会各个角落的污浊现象。《老残游记》是站在洋务派的立场来谴责现实的，虽主张改革，但反对革命。《孽海花》虽对现实有揭露，但也是站在改良派的立场。"四大谴责小说"是鲁迅的评价，这些作品的产生与时代是密切相关的。清朝末年，清政府腐败无能，国势衰微，民族危机严重，具有改良思想的小说家通过小说来抨击时弊，于小说中寄寓挽救国家的主张。这一时期的小说，在小说的发展史上也占有重要的地位。

《海国图志》

清道光二十一年（1841 年），中、英《南京条约》签订后不久，魏源受林则徐嘱托，根据《四洲志》译稿以及其他中外文献资料，整理编定了《海国图志》。1842 年书初成时 50 卷，后来编者陆续增补至 100 卷。本书系统地介绍了外国历史、地理和科技知识。在书的序言中，魏源提出了"师夷长技以制夷"的主张，提倡向西方学习先进的科学技术。魏源认为西方的"长技"在于其坚船利炮和养兵练兵之法。在《筹海篇》里，魏源具体规划了设厂制造、聘请西方技师指导工作等具体的操作步骤。《海国图志》出版以后，促使当时的国人们开阔了眼界，对后来的资产阶级改良派产生了启蒙的作用。

《天演论》

自鸦片战争以后，传播西学和"师夷长技"成为朝野的共识。1897 年，严复（1854—1921 年）翻译的英国生物学家赫胥黎的《进化论与伦理学》（中文名《天演论》）在天津出版。《天演论》一书的前半部分讲述进化论，后半部分讲伦理学，严复根据他自己的思想认识，对于原著做了评论和改造。书中认为，世间万物都按"物竞天择"的自然规律变化，"物竞"就是生物之间的"生存竞争"，优种战胜劣种，强种战胜弱种；"天择"就是自然选择，自然淘汰。严复翻译《天演论》，实际上是向处于水深火热的国人发出了"自强保种"的呼声，为中华民族敲响了救亡图存的警钟。此书刚一问世即产生了连翻译者本人也没有料到的巨大社会反响，中国思想界兴起了天演进化的思潮。

指　画

指画，也叫指头画、指墨，是用手指头画的中国画。指画的创始人是清代的高其佩。在高其佩之前，唐代张文通也曾用手指头修改画中局部，但没有系统地用手指头画出完整的国画。高其佩早年也用传统的毛笔画过画，但久久未能创造自家的风格，在他发明了指画后才独创一格，成为指画的开山鼻祖。高其佩的指画题材包罗万象，山水、人物、花卉、虫鸟，有的气势磅礴，有的刻画细微，有很高的成就。

四大名绣

四大名绣，指的是中国刺绣中的苏绣、湘绣、粤绣、蜀绣。刺绣，古称针绣，是用绣针引彩线，按设计的花纹在纺织品上刺绣运针，以绣迹构成花纹图案的一种工艺。刺绣作为一个地域广泛的手工艺品，各个国家、各个民族通过长期的积累和发展，都有其自身的特长和优势。四大名绣之称形成于 19 世纪中叶，它的产生除了本身的艺术特点外，另一个重要原因就是绣品商业化的结果。由于市场需求和刺绣产地的不同，刺绣工艺品作为一种商品开始形成了各自的地方特色。而其中苏、湘、粤、蜀四个地方的刺绣产品销路尤广，影响尤大，故有"四大名绣"之称。

"四大徽班"进京和京剧形成

清朝初年，徽剧盛行于安徽及江浙一带，到清中叶时逐渐风行全国。乾隆五十五年（1790 年），为了庆祝乾隆的八十寿辰，"四大徽班"（三庆、春台、四喜、和春）先后进入北京演出，名噪一时，这就是著名的徽班进京。

道光年间，湖北汉调艺人也进京和徽班艺人同台演出。徽、汉两剧相互吸收融合，经过近 20 年的发展演变，终于形成了京剧。京剧在同治、光绪年间达到了它的艺术高峰。1876 年，"京剧"这一名称在上海出现。20 世纪上半叶，京剧迎来了它的第二次高峰，优秀的京剧演员不断涌现，出现了许多著名的京剧流派。

沈阳故宫

沈阳故宫又称"后金故宫"，始建于 1625 年，是清朝入关前清太祖努尔哈赤、清太宗皇太极建造的皇宫，又称"盛京皇宫"。清世祖福临在此即位称帝。沈阳故宫是国家重点文物保护单位，是中国现存完整的两座宫殿建筑群之一，现已辟为沈阳故宫博物院。

贝　勒

清代皇室的封爵称号，清代的爵位分为亲王、郡王、贝勒、贝子、国公、将军六级。努尔哈赤时期有八旗贝勒（意为旗主），后来皇子可称为贝勒。还有一种说法认为"贝勒"是种爵位，满族王爷的儿子中掌握管理事务的人叫"贝勒"。

格　格

清亲王以下诸女称格格。亲王之女封和硕格格，嫡福晋所生女品级为郡主，侧室所生女为郡君；郡王之女封多罗格格，嫡福晋所生女为县主，侧室所生女为县君；贝勒之女封多罗格格，出正室为郡君，侧室为乡君；贝子之女正室所出封固山格格，出正室为县君，侧室生称宗女，不授封。

抱见礼

抱见礼是满族传统礼仪习俗。原系亲友久别重逢或分别时所采用的一种礼节，通常用于同辈间或长辈对晚辈，后用于君臣、同僚，被视为最高级别的礼仪。行礼时，彼此抱腰接面，虽男女间也不避嫌。定都北京后，君臣和同僚间多不采用此礼，但家族间仍有，乾隆中期后，渐为作揖、执手礼等替代。

避暑山庄

避暑山庄位于河北承德北部四周峰峦起伏的山谷平地上，康熙四十二年（1703年）兴建，乾隆五十五年（1790年）全部工程完竣，占地564万平方米，有宫殿楼台、庭园阁榭、寺院庙宇等120多处，原称热河行宫，因午门有康熙帝所题"避暑山庄"，故又得其名。

山庄大部分建筑不施彩绘，不用琉璃瓦，显得古朴淡雅，建筑吸收江南塞北奇异景致，颇具自然山水本色。

当年康熙帝、乾隆帝夏秋两季常居于此，处理朝政，时间往往长达五六个月。

木兰秋狝

乾隆六年（1741年）七月，乾隆帝初次举行木兰秋狝大典，自圆明园启銮，前往承德避暑山庄和木兰围场。木兰秋狝亦称"木兰随围"，开始于康熙年间。内容包括赐宴避暑山庄和木兰行围狩狝。避暑山庄筵宴是在万树园、大政殿、澹泊敬诚殿宴请藩部蒙古王公，并举行跳跃、布库等游戏。

山庄活动结束，中秋之后即去木兰行围。行围有哨鹿、围狝之分。哨鹿之日，清帝五更出营，侍从和护卫10余骑最后跟随。头顶制作的鹿角，口吹木制长哨，模仿雄鹿求偶之声。待至鹿到，令声一发，鹿被命中。围狝规模浩大，届时清帝戎装入围，射飞逐走，蒙古王公亦刀出鞘，箭上弦，战马嘶鸣，军旗招展，围内群兽纷纷应声倒地。秋狝大典为清朝家法，所以肆武习劳，怀柔藩部。

木兰秋狝在圣祖时，间年一行，乾隆十七年（1752年）后，乾隆帝每岁一行，达到鼎盛阶段。嘉庆朝日渐衰落，道光年间几乎停止。

大境门

大境门始建于清顺治元年（1644年），一直是扼守北京的北大门，也是连接边塞与内地的交通要道。门墙高12米，底长13米，宽9米，有木质铁皮大门两扇，门楣上"大好河山"四个大字由当时的察哈尔都统高维岳书写。

清康熙皇帝1637年率军第三次平定噶尔丹叛乱时，即是经过大境门向北出发。传说康熙夜间轻车简从来到大境门下被拒入城，只得夜宿关外。

黄河第一桥

在甘肃省兰州市白塔山下的黄河上，距兰州古城西北1千米，有一座贝雷式钢桁架公路桥，这是古老黄河上的第一座公路桥，号称"千古黄河第一桥"。

白塔山黄河铁桥始建于清光绪三十三年（1907年）二月，宣统元年（1909年）六月竣工。桥长230多米，宽7米多，平行弦杆贝雷式钢桁架为桥体，石墩石台，共有5跨。桥面上铺2层木板，两边有扶栏，"旁便徒行，中驰舆马"。桥的两端建有牌坊，上面横匾分别题有"三边利济""九曲安澜"的字样。

白塔山铁桥建成以前，原址曾有一座镇远浮桥，是明代洪武元年（1368年）为军事目的首次建成的，成为西部和西北各省来往的要道。但由于冬天黄河结冰，浮桥难以常年使用，每年都要冬天拆掉，夏天再建，很不方便，清朝官员很早就商议请外国商人修建黄河铁桥，但因索价太高而未能实现。

光绪三十一年（1905年）夏天，泰来洋行的德国商人喀佑斯到甘肃游历，与有关部门签了合同，从国外购料，开始建造铁桥。当时，各式的桥梁材料由海路运来中国，在天津上陆，经铁路运到河南郑州，然后再用骆驼、大轴踏车等运输工具送到兰州。由于路途遥远，运费相当昂贵，据记载，造桥的工料共用银16.5万两，而运费则用了14万多两，这种高比例的运费在世界建桥史上是少见的事情。

桥建成以后，大大便利了两岸交通，但桥梁的承载能力较低，超过8吨重的汽车就不能过桥了。到新中国成立时，两个桥墩已发生裂缝，危及大桥本身，不得不对过桥车辆限重、限速、限数。1954年，当地用了半年时间修好了开裂的桥墩，在原来钢桁架的水平肢上加了一根弯曲形的上肢，桥面改用钢筋混凝土板，使桥面的纵横梁变为组合梁，提高了承载能力，20吨重的汽车可以畅行无阻。1981年，大桥经受了黄河上游特大洪水的考验，安然无恙。

舟　山

舟山群岛位于浙江东北部的东海大洋之中，由1339个岛屿组成。背靠上海、杭州、宁波，面向太平洋，北邻日本、韩国，南控福建、台湾，为中国东海岸之中枢和海防之要冲。古人云："众山环屿，群港四达。屯兵守险，棋布星罗。外控大洋，内则屏障于海口。"历来为海防要塞，兵家必争之地，自古有"海角天险"之说。

千余年来，舟山古城要塞的创建和扩建，为历代帝皇和海疆重臣所重视。清朝都御司黄斐在《县城碑记》中说："今天下灌输，仰东南以两浙为重地，浙以东要害称越州、明州诸郡。而明州地形扼江海，逾海而来二百里许为舟山，屹峙海中，多腴田沃土，自汉唐来俱设立金汤，名翁州城。来往六国，近接蛟门，号'第一关'，是宁郡之有舟山，更为两浙重地也！"由此，舟山要塞的战略地位可见一斑。

内长山列岛

如果说中国版图像一只雄鸡的话，那么由山东半岛和辽东半岛所扼守的渤海海峡就是雄鸡的咽喉。渤海海峡中分布着数十个大小不等的小岛，统称为庙岛群岛，也称内长山列岛，就像一串珍珠扼守着渤海海峡的咽喉。

内长山列岛南与蓬莱阁相望，北同老铁山对峙，面对朝鲜、日本，背依北京、天津。各岛之间形成了老铁山、长山、庙岛等九条重要水道，是出入黄海、渤海的必经之路，内长山列岛作为扼守海口的天然要塞，是中国海上的东大门，战略地位非常重要，被称为渤海"钥匙"。

在近代，帝国主义一直将此视作入侵中国的跳板。1858 年至 1860 年第二次鸦片战争英法联军在大沽地区三次登陆；1900 年八国联军进攻京津；1904 年日俄争夺辽东地区；1914 年日军攻占青岛，都是经内长山列岛，闯入渤海，进犯京津。

紫禁城

皇帝自称天子。依照中国古代星象学说，天帝居紫微星垣（即北极星），众星环绕，所以天子居处便称作"紫微禁地"，皇宫则叫作"紫禁城"。禁地由城墙环绕，高 7.9 米，顶面宽 6.66 米，顶外侧筑堞，城垣四隅各立角楼。四门建于坚厚的墩台中，上有城门楼。城东、西、北外侧有守卫房 732 间，设朱车栅栏 28 处，卫房外有护城河，宽 52 米，深 6 米。紫禁城外围以 18 里有奇的皇城，皇城之外又有 40 里内周的内城，再外面又有外城拱卫。各城层层叠套，潦河环绕，箭楼炮台林立，并有御林军驻守，构成严密的防卫体系。

圆明园

圆明园是中国明清两代的皇家园林。它不仅是中华的千古名园，还是人类的艺术瑰宝。但是，随着 1860 年英法联军大举侵华，它在入侵者所放的大火中，整整烧了三天三夜以致现在仅余残垣断壁。圆明园由圆明、万春、长春三园组成。三园中以圆明园为最大，又以水景为主，水面曲折萦绕与陆地勾连交错，婉转曲折之间布满亭台楼阁。

这三园之中又各有景点。如圆明园内有"勤政殿""上下天光""月地云居""方壶胜境"等 48 处景；长春园也有"西洋楼""万花库""方外观""海晏堂"等 30 处景。圆明园的建筑融合古今中外的建筑风格，使其每一处建筑都纤美精致，园中既有中国的传统建筑，也有糅合西方建筑风格的建筑，如中西结合式建筑群西洋楼，上为中国琉璃瓦屋顶，中有西洋巴洛克式骨架，下有罗马式汉白玉雕刻，在中外建筑史上别具一格。圆明园里还珍藏着许多奇珍异宝、金银玉器、名人字画、孤本秘籍。

金田团营

道光三十年（1850 年）六月，洪秀全号召各地的拜上帝会的会众到金田村"团营"（集中编练队伍），约有 1 万名会众相继到达，分编为男营和女营。

太平军的团营按照《周礼·地官司徒》中"五人为伍，五伍为两，四两为卒，五卒为旅，五旅为师，五师为军"进行编组，以军为单位。太平天国颁布的军事组织法规《太平军目》规定："伍长管 4 人，两司马管 5 个伍长，共管 25 人。师帅管 5 个旅帅，共管 13125 人。"全军有伍卒 1 万人，伍长 2500 人，两司马 500 人、卒长 125 人、旅帅 25 人、师帅 5 人、军帅 1 人，共 13156 人。

1851 年，洪秀全称天王。永安建制时，封杨秀清为东王、萧朝贵为西王、冯云山为南王、韦昌辉为北王、石达开为翼王，诸王除天王外，都受东王节制。王以下，设丞相、检点、指挥、将军、总制、监军、军帅、师帅等职。

土营和水营

太平军的土营由湘南的挖煤工人组成，约有数千人。土营擅长挖掘地道，然后再用炸药炸塌敌人的城墙，从而使己方部队攻入城中。土营编制也按照《太平军目》规定，编为两军，最初只有指挥一人。因在攻克天京（南京）时，土营立下大功，又封了很多师帅。

太平军进军武汉途中，在洞庭湖和武汉俘获很多船只，遂成立了水营，最初有 5 军，后发展成 9 军。由指挥（后升至殿前丞相）唐正财统领水营各军。太平军水营一度占据武汉至天京的长江水面，还在太平军西征时发挥了重要的作用。1854 年，水营与湘军在汉阳和田家镇两次激战，损失惨重。

神威无敌大将军炮

现陈列于中国军事博物馆古代战争馆中的神威无敌大将军炮为铜质前膛炮，上面刻有铭文："大清康熙十五年（1676 年）三月二日造。"炮重 1137 千克，炮身长 2.48米，口径 110 毫米。炮身为筒形，前细后粗，有五道箍，两侧有耳，尾部有球冠。炮口与底部正上方有"星""斗"供瞄准用。火门为长方形，每次发射装填 1.5—2 千克火药，炮弹重 3—4 千克。该炮用木制炮车装载，多用于攻城和野战。

在两次雅克萨之战中，清军用 8 门神威无敌大将军炮和其他火炮日夜轰城，显示了巨大的威力，击毙了数百俄军，迫使俄国侵略者投降，与清政府签订了《尼布楚条约》，中国收复了东北的大片领土，给东北地区带来了一个半世纪的安宁与和平。雅克萨之战是清初在对外战争中首次使用火炮攻克坚城的著名战例。

兵 部

清朝的最高军权由皇帝掌握，若皇帝年幼尚未亲政，则由摄政王代理。军机要务先后由议政王大臣会议和军机处负责。清朝前期，协助皇帝执掌军权的机构是创始于努尔哈赤时期的议政王大臣会议，这是清朝特有的"议政"机构，军国大事由八大旗主共同商议决定。入关后，随着皇权的不断加强，旗主的地位不断削弱，议政王大臣会议的地位也随之下降，终于在乾隆五十六年（1791 年）被撤销。雍正时，因用兵西北，设立了军机处，负责协助皇帝处理军机要务。

清朝兵部成立于天聪五年（1631 年），入关后成为管理全国绿营兵籍和武将的机构，八旗则由八旗都统衙门管理。兵部名为中央军事领导机构，其实没有实权，"名为兵部，但司绿营兵籍武职升转之事，并无统御之权"（《大清光绪新法令》）。

光绪三十二年（1906 年），兵部改为陆军部。

清代炮台要塞式筑城

清朝在全国建立统治后，在明朝海防卫所城池体系的基础上逐步建立了炮台要塞。

清朝的炮台要塞按地理位置、战术任务和设防作用可以分为海岛要塞、海口要塞、海岸要塞和江防要塞四种。

海岛要塞主要是来增强海口和海岸的守备，是海岸设防的前哨站和屏障。清朝的海岛要塞有舟山要塞、长山要塞、澎湖要塞、安平要塞等。

海口要塞主要是来扼守海口，保卫海港的安全，如虎门要塞、镇海要塞、吴淞要塞、大沽要塞等。

海岸要塞主要是用来保卫海岸、海湾、海港的安全，与军舰一起支援海岛、海口作战，如福州要塞、厦门要塞、威海要塞、烟台要塞、山海关要塞、旅顺要塞、大连要塞等。

江防要塞主要是用来控制江河或江河沿岸的战略要地，如江阴要塞、江宁要塞、营口要塞等。

清朝的炮台要塞主要由炮台、望楼、营房、火药库、围墙和障碍物组成。

湘 军

由于承平日久，清朝的国家常备军八旗兵和绿营兵军纪废弛，战斗力很弱，在与太平军的交战中一败涂地。清政府只好下诏各地编练团练，同太平军对抗。

湖南湘乡人曾国藩以其家乡的练勇为基础，招募农民为士兵，当地的儒生为军官，编练成一支军队，称为湘军。湘军将领都是曾国藩的同乡、同学或亲友。而士兵全部由军官自行招募。士兵只服从于军官，全军将领只服从曾国藩一人。

湘军营制有步兵营制、马队营制和水师营制三种，都以营为基本单位。

步兵每营分4哨，每哨分8队，每队为10人，再加上帮办、医生等，全营共有505人；以军为作战单位，设统领一人，人数从两三千到三五万不等。马队每营分5哨，每哨分5棚，每棚12人，加上军官每营319人。湘水师每营设营官1名，每船设哨官（管驾）1名，每营长龙船8艘，舢板22艘，全营有500多人。

淮 军

淮军是由曾国藩的门生李鸿章编练的，淮军的营制与湘军大同小异。

淮军最初只有5营2500人，后来开赴上海，抵御太平军，得到了江浙富商的支持。后淮军建立了洋枪队和炮队。洋枪队使用洋枪，雇佣外国教练进行训练，改习洋操，大大提高了战斗力。李鸿章还向洋人购买大量新式大炮，在淮军中组建了独立的炮队，这在中国可谓首创。同时李鸿章不断扩充实力，淮军迅速发展到2万人，到攻打天京前夕，淮军总兵力已达7万余人，成为清军中一支装备精良、战斗力很强的地方武装。

在镇压太平军的过程中，淮军发挥了很大的作用。淮军的炮队炸开城墙，然后步兵蜂拥而入，迅速攻克了苏州、常州等苏南诸城。

太平天国运动失败后，李鸿章率淮军北上，在江苏、山东和河北剿灭了东、西捻军。

江南制造局

江南制造局最初是美商的一个铁厂，由李鸿章购得后，将上海洋炮局和苏州炮局并入厂中，后来又并入了容闳从美国采购的机器。1867 年，曾国藩奏准在江南制造局内建立船厂，并将厂址从虹口迁往高昌庙，江南制造局的占地规模由 70 多亩扩大到 400 多亩。江南制造局内除了气炉、机器、熟铁、铸造、木工、洋枪、火箭、造船等厂外，还建有船坞、办公楼和翻译馆，后来还陆续添加了炮厂、炮弹厂、枪厂、子弹厂、各式火药厂、水雷厂和炼钢厂。江南制造局是当时规模最大、设备最好、产品最丰富的综合性军事工厂。

江南制造局生产的第一艘轮船是 1868 年出厂的木壳明轮"恬吉"（后改名"惠吉"）号。在枪炮制造方面，它主要是仿造西方的枪炮。

福州船政局和船政学堂

福州船政局（又称福建船政局、马尾船政局，今福建马尾造船厂），是洋务派官僚左宗棠于同治五年（1866 年）在福建省福州马尾兴建的我国第一座新式造船厂，是中国近代最重要的军舰生产基地和当时亚洲最大的造船厂。

福州船政学堂又称"求是堂艺局"，由左宗棠创办于 1866 年，是中国最早的洋务学校之一和第一所近代海军学校。分前学堂、后学堂；前学堂学习轮船制造，到各船厂实习；后学堂学习轮船驾驶和管轮，上练船实习。

船政学堂培养出了中国的第一批近代海军军官和第一批工程技术人才，他们成为中国近代海军和近代工业的骨干中坚。由船政学堂毕业的历史名人包括：前学堂的魏翰、严复、詹天佑等；后学堂的刘步蟾、邓世昌、林永升、萨镇冰等。

天津水师学堂

天津水师学堂，由李鸿章于光绪六年（1880 年）在天津创立，是中国第一所具有国际水准的海军军官学校。由福州船政学堂毕业的严复任学堂的总教习，还聘用了几位外国人担任教习。天津水师学堂是清末继船政学堂后规模较大、章程较完备的海军学校。

1881 年正式开学。招收身家清白、身无废疾的 13 岁以上、17 岁以下的青少年入学。同福州船政学堂一样，天津水师学堂分驾驶与管轮两科，驾驶科专习管驾轮船，管轮科专习管理轮机，学习年限为 5 年。4 年在堂学习，课程有英文、地舆图说、算术、代数、几何、三角、驾驶诸法、测量、天象、重学、化学、格致等；在船上练习 1 年，学习船上诸艺，如"大炮、洋枪、刀剑、操法、药弹利弊、上桅接线、用帆诸法"等。毕业后授以水师官职，或选送外国留学。

1900 年，八国联军入侵，学堂因毁于炮火而停办。

海军衙门

1885 年，清政府认为马尾海战失败是因为"水师不如人"，于是宣布"以大治水师为主"，成立了总理海军事务衙门，简称"海军衙门"。海军衙门是清政府管理全国海军的机构，相当于现在的海军司令部。海军衙门统一了海军指挥权，总管海军、海防事宜。醇亲王奕譞、北洋大臣李鸿章为会办，正红旗汉军都统善庆、兵部右侍郎曾纪泽为帮办，实权掌握在李鸿章手中。

李鸿章利用海军衙门整顿海防的名义，大力采购外国军舰，并将南洋水师和福建水师中较好的船调拨到北洋水师。光绪十四年（1888 年）建成北洋水师。海军经费原定每年 400 万两，因慈禧太后挪用海军经费大修颐和园，所以在光绪十四年（1888 年）以后，就没有添置新舰。光绪十七年（1891 年）以后又停止购买军火。

甲午战争中北洋水师全军覆没，海军衙门也于 1895 年三月裁撤。

北洋武备学堂

1885 年，李鸿章在天津设立天津武备学堂，后改称北洋武备学堂。它是中国第一所新式陆军学校，仿效德国陆军学校而建，聘用德国军官为教官，学制 1 年，后改 3 年，经费由北洋海防经费内开支。学习的课程分为学科和术科。学科主要课程有：天文、地舆、格致、测绘、算化诸学、炮台、营垒新法、德语等；术科主要在军营中实习，包括操练马队、步队、炮队以及演习枪炮阵式、行军布阵、分合、攻守等，还制定了 40 多条严格的军规。学生多从湘军、淮军军营中挑选，毕业后派回各军营量才使用。

北洋武备学堂培养了一大批中国早期的陆军军官，后来成为北洋军阀集团的将领，其中不少人地位显赫、飞黄腾达，如冯国璋、曹锟当上了中华民国的总统，段祺瑞当上了国务院总理和执政，吴佩孚成了直系军阀的首脑。

1900 年，八国联军攻陷天津时北洋武备学堂被焚毁。

汉阳兵工厂

汉阳兵工厂是清朝洋务派大臣张之洞于 1890 年创建的，初名湖北枪炮厂，厂址在湖北汉阳龟山下。

张之洞先向德国定购了制造新式快枪和新式快炮的机器，后又定购了制造枪弹、炮弹和炮架的机器。汉阳兵工厂分为枪厂、炮厂、枪弹厂、炮弹厂、炮架厂和翻砂厂，另外还建有配套的汉阳炼铜厂等军事工业。枪厂主要制造新式快枪，每年可生产 7000—8000 支。炮厂主要制造用于野战和山地战的快炮，每年可生产 200 尊。其他四厂生产的都是枪炮厂的配套产品。

汉阳兵工厂对巩固国防发挥了重大作用，甲午战争期间，该厂生产枪炮为前线的主要武器。一直到 20 世纪 40 年代，汉阳兵工厂仿德国 88 式毛瑟步枪而造的"汉阳式"步枪还是中国军队的主要装备。

朱耷

朱耷（约 1626—约 1705 年），号八大山人，江西南昌人，明清以来的画坛巨擘。他本是明代皇室后裔，20 岁时便弃家避祸山中，23 岁剃发为僧，释名传綮，号刃庵，中年时曾因为躲避清政府征召而佯狂装疯。康熙十九年（1680 年）还俗，此后便在家乡以诗文书画为事，直至去世。朱耷是明清近 300 年来成就最高、影响最大的画家之一，他绘画做到了削尽冗繁，返璞归真，笔墨清脱，以一种含蓄蕴藉、丰富多彩、淋漓痛快的艺术语言，塑造了一个前所未有的纯净、酣畅境界，不愧为 300 年画坛的领袖人物。他的书法平淡天成，藏巧于拙，笔涩生朴，不加修饰，静穆而单纯，不着一丝人间烟尘气，有着很高的艺术成就。传世作品有《快雪时晴图》《河上花图》《行书四箴》《般若波罗蜜心经》等。

石涛

石涛（1630—1724 年），原名朱若极，后更名元济、原济，又名超济，号清湘老人，晚号瞎尊者，北京人，清代最杰出的画家之一。他本是明代皇族，14 岁时即遭国破家亡之痛，削发为僧，改名石涛。

为了逃避兵祸，他四处流浪，从事作画写生，最终成为名扬海内外的大画家。石涛饱览名山大川，形成了自己苍郁恣肆的独特风格。他作画构图新奇，无论是枯树寒鸦、悬崖峭壁，还是江南水墨、黄山云烟，都力求布局新奇、意境翻新。他还善用墨法，通过水墨的渗化和笔墨的融和，表现出山川的氤氲气象和深厚之态。他尤其善用"截取法"，以特写之景传达深邃之境。他的画笔纵情恣肆，淋漓洒脱，不拘小处瑕疵，具有一种豪放郁勃的气势。他在绘画艺术上成就极为杰出，是明清时期最富有创造性的绘画大师。代表作有《搜尽奇峰打草稿图卷》《采石图》《云山图轴》《梅竹图卷》《山林乐事图轴》《梅竹兰图》等。

恽寿平

恽寿平（1633—1690 年），原名格，字惟大，后改字寿平，更字正叔，号南田，江苏武进人，清代享有盛誉的杰出画家，"清初六大家"之一。他出身于书香门第、仕宦之家，在明亡后，他随父亲参加了福建建宁王祈的抗清队伍，失败后被闽浙总督陈锦收为养子，后返归家乡，以卖画终老。在绘画史上，恽寿平开创了笔法秀逸、设色明净、格调清雅的"恽体"花卉画风，一扫明代末年"勾花点叶"派末流画风，因而被尊为"写生正派"，影响了后世无数的画家，吴昌硕、刘海粟等大师都曾经学习过他的画。传世作品有《锦石秋花图》《林居高士图》等，此外还著有《瓯香馆集》。

金农

金农（1687—1764 年），字寿门，号冬心，钱塘（今浙江杭州）人，清代艺术大家，"扬州八怪"之一。他生活在康、雍、乾三朝，因此他给自己封了个"三朝老民"的闲号。金农 17 岁时便在当地名人盛集的诗会上一鸣惊人，中年时曾游历四方达 15 年，50 岁以后以"鬻书卖画"为生。他在诗、书、画、印以至琴曲、鉴赏、收藏方面都堪称大家，其中书法和绘画成就最大，影响最深远。他的书法以古朴浑厚见胜，有"求拙为妍"的艺术特点，其楷书拙朴浑厚，行书健劲潇洒，隶书苍古奇逸，并首创了风骨独特的漆书。他的画博采各名家之长，参以自己古拙书风的金石意趣，所画人物、山水、花卉、佛道、走兽等无不孤诣独绝，形成崛如虬龙、清如明月、瘦如饥鹤的独特风格。传世作品有《雨后修篁图》《采菱图》《寄人篱下图》等。

郑板桥

郑板桥（1693—1765 年），名燮，字克柔，号板桥，清代杰出的艺术家、文学家。他的前半生在读书、授课、著文、卖画、出游中度过，40 岁后曾中举人、进士，并任山东范县、潍县县令。后因在饥荒中赈济难民侵犯了豪商富贾的利益而被诬告，撤职罢官，回到扬州卖画终老。郑板桥的书法在清代自成一家，他以真、草、隶、篆四体相参，创造出一种"六分半书"的新体，这种书体雄浑清劲，书法中还渗入画法，因而生气勃发，飘逸绝俗，甚得气韵生动之致。他还创造过一种叫"柳叶书"的书体，其特点是中锋放笔为之，给人以柳叶飘动之感。他一生最喜画兰、竹、石，构思巧妙，笔墨多变，形象生动，风格爽朗，确是艺术精品。郑板桥还是清代享有盛誉的现实主义文学家，他的诗、词、曲真挚风趣，为大众所喜诵。传世作品有《竹石图》《九畹兰花图》《修竹新篁图》等，后人辑有《郑板桥全集》《郑板桥先生印集》。

程长庚

程长庚（1811—1880 年），名椿，一名闻翰，字玉山，祖居安徽怀宁，出生于潜山县，清代杰出的京剧表演艺术家。程长庚的父亲程祥桂是道光年间三庆班掌班人，他幼入三庆班坐科，道光二年（1822 年）随父北上入京，始以《文昭关》《战长沙》的演出崭露头角，后为三庆班老生首席演员。从道光、咸丰至同治年间，长期主持三庆班并任主要演员。咸丰时开始兼任精忠庙会首，直至逝世。他的演唱熔徽调、汉调、昆曲等优长于一炉，以徽音为主，调高声宏，字正腔圆，气势磅礴，当时称徽派。他的表演善于体察人物的性格、身份，注重表现其气质、神采，做功身段沉稳凝重。程长庚为京剧艺术的形成做出了重要贡献，有"徽班领袖，京剧鼻祖"之称。代表剧目有京剧《战樊城》《文昭关》《战长沙》《让成都》《法门寺》《群英会》《华容道》和昆曲《钗训大审》等。

赵之谦

赵之谦（1829—1884 年），初字益甫，号冷君，后改字㧑叔，号悲庵、梅庵，会稽（今浙江绍兴）人，晚清艺术大师。他青年时代即以才华横溢而名满海内，31 岁时中乡试第三名，44 岁时，担任《江西通志》总编，后任鄱阳、奉新、南城知县等职。赵之谦是清代杰出的书画篆刻家。他的书法将篆、隶、楷等书体的凝重融于飘逸洒脱的行草书之中，不同于传统行草书的刚毅不屈和雄浑奇崛，相互补充，相映成趣，终于成为一代大师。他的篆刻取材广泛、意境清新，刀法简练而能传神，突破了秦汉玺印的程式，在刻款上则更是开创了兼用六朝造像、阳文款识，开拓了刻款装饰的新形式，开辟了前无古人的新天地，给篆刻艺术开创了"印外求印"的广阔道路，人称"赵派"。传世作品有《汉铙歌》《说文解字叙信札通》《旌孝蒋君传》等。

吴昌硕

吴昌硕（1844—1927 年），名俊，又名香补，中年后易字昌硕，别号缶铁，安吉人，清末艺术巨匠。他 12 岁中秀才，此后便不再应考，而专心于艺术。年轻时离乡到杭州、苏州、上海等寻师访友，晚年曾发起筹创"西泠印社"，并被推为会长。吴昌硕在书法、篆刻、绘画诸方面均有很深的造诣。他的书法凝练遒劲，貌拙气酣，极富金石气息，尤以篆书最为著名。他所临石鼓文突破了陈规，参以两周金文及秦代石刻，朴茂雄健，别具一格。他的篆刻气势恢宏，雄伟奇兀，独具风格。他还把书法、篆刻的行笔、运刀及章法、体势融入绘画中，形成了富有金石味的独特画风，所作花卉木石，笔力深厚老辣、力透纸背，又纵横恣肆、气势雄强，是"后海派"的大师。传世作品有《设色菊花图》《墨荷图》《双钩兰图》等，并著有《缶庐集》《缶庐印存》。

钱谦益

钱谦益（1582—1664 年），字受之，号牧斋，晚号蒙叟、东涧老人，江苏常熟人。明末清初散文家、诗人。明万历进士，曾参与过东林党人的活动。入清后，被授予内秘书院学士兼礼部右侍郎的官职，充《明史》馆副总裁。后称病返回乡里，晚年隐居农村，著述至终，并筑绛云楼以藏书检校著述。钱谦益学问渊博，泛览子、史、文籍与佛教藏书。论文为诗，他提倡"情真""情至"，倡导学问，反对空疏。他的诗文在当时极负盛名，东南一带将其奉为"文宗"。他的著作有《初学集》《有学集》《投笔集》《苦海集》等，此外还编选了《列朝诗集》《吾炙集》等作品。

李 玉

李玉，生卒年不详，字玄玉，亦作元玉，号苏门啸侣，又号笠庵著人，吴县（今江苏吴中区）人。明清易代之际的戏剧作家。李玉是苏州剧坛的领袖，其创作十分丰富，所作传奇有 40 种，现存 18 种。此外他还编辑了《北词广正谱》18卷，是北曲曲谱中最为完备的著作。他的戏曲创作可分为明亡以前和清初两个时期，他前期作品以《一捧雪》《人兽关》《永团圆》《占花魁》等闻名于剧坛；后期又创作了《千钟禄》《清忠谱》等一系列优秀的作品。其中，《千钟禄》写的是明建文帝遭靖难之变而化装成和尚流亡湖广的故事。《清忠谱》反映当时苏州两次大规模的民众运动，为李玉代表作品。

傅　山

傅山（1606—1684 年），明末清初文学家，初名鼎臣，字青竹，后改青主，别号颇多，如公之宅、石道人、啬庐、侨黄、侨松等，不一而足，山西阳曲（今山西太原北郊）。出身于官宦书香之家，家学渊远，自幼就受到了严格的家庭教育，他博闻强记，读书数遍，即能背诵。曾得山西提学袁继咸的指导和教诲，并投于袁氏门下。后袁得罪权贵魏忠贤，含冤入狱。傅山联系百余人联名上书为其请愿，袁终于沉冤得雪，傅山也名扬海内。明亡之后，他出家为道。傅山博学多才，经史子集、佛经、道经等都曾精心览读，在诗文书画等方面，皆有造诣。他一生著述甚丰，可惜大都散佚，留存于世的仅《霜红龛集》和《两汉人名韵》两部作品。

吴伟业

吴伟业（1609—1672 年），明末清初诗人，字骏公，号梅村，江苏太仓人。明崇祯四年（1631 年）进士，官左庶子，入清后，官国子监祭酒，后以母丧告假归里。与钱谦益、龚鼎孳并称为"江左三大家"。他的诗歌现存 1000 多首，《四库全书总目》评价他说："其少作大抵才华艳发，吐纳风流，有藻思绮合、清丽芊眠之致。及乎遭逢丧乱，阅历兴亡，激楚苍凉，风骨弥为遒上。"颇能概括他的创作特色。他的诗在学习白居易的"长庆体"的基础上又自成一体，后人称之为"梅村体"。《圆圆曲》是其代表作品，在文坛上具有重要的影响。其著作主要有《梅村家藏稿》《梅村诗余》，传奇《秣陵春》，杂剧《通天台》《临春阁》以及史乘《绥寇纪略》等。

李　渔

李渔（1610—1680 年），清代戏曲理论家、戏剧作家，字笠鸿、谪凡，号笠翁，浙江兰溪人。早年屡试不第，后家境败落，遂以开书铺、办戏班维持生活。李渔是我国第一个专门从事喜剧创作的剧作家，创作有传奇喜剧集《笠翁十种曲》。他还创作了《闲情偶寄》、评话小说《十二楼》《无声戏》等作品。在戏曲理论方面，他也颇有建树，其论述比较全面系统。他的理论以戏曲的社会性和舞台性为出发点，强调作品的结构、语言的浅显和人物的个性化，在题材和情节安排上强调"奇"与"新"。一般认为，他的戏曲理论的贡献超过了他的戏曲创作。其作品《闲情偶寄》在内容上包含了戏曲理论、饮食、营造、园艺、养生等多个方面，被誉为古代生活艺术大全，为"中国名士八大奇著"之一。

尤　侗

尤侗（1618—1704 年），清代文学家，字同人，一字展成，号西堂，江苏苏州人。少有才名，补诸生，以乡贡除直隶永平府推官。康熙十八年（1679 年）举博学鸿儒，授翰林院检讨，参与了《明史》的编修。他的诗文谐谑幽默，多新警之思，曾撰《西堂杂俎》，多为游戏之作，格调不高。在诗论方面，他将唐宋诗歌置于平等的地位，说："平而论之，二代之诗美恶不相掩也。"他的诗作以才华取胜，也有很多反映时事的作品。在词曲创作方面，著有《百末词》6卷。此外他还创作有杂剧传奇《钧天乐》《读离骚》《吊琵琶》《桃花源》《黑白卫》《清平调》等，被收入《西堂曲腋》，流传甚广。他的创作大都被收入《西堂全集》和《余集》中，共135卷，其晚年作品《鹤栖堂集》收入诗、文各3卷。

侯方域

　　侯方域（1618—1654年），明末清初散文家，字朝宗，河南商丘人。为明末复社"四公子"之一，曾受到阉党马士英、阮大铖的忌恨和迫害。入清后参加乡试中副榜。侯方域早年以才气著称，曾以诗与时文闻名海内，晚年致力于古文，著有《壮悔堂全集》《四忆堂诗集》等。他与魏禧、汪琬被称为清初散文"三大家"，在文坛上具有重要的影响。他的故事曾被戏曲家孔尚任写入《桃花扇》中，影响深远。他的文章中，最出色的是传记散文，代表作品有《李姬传》《马伶传》等。这些作品借鉴了《史记》和传奇小说的手法，人物形象鲜明，文笔简洁流畅，情节曲折，显示了他文章的长处和特色。

陈维崧

　　陈维崧（1625—1682年），清代词人、骈文作家，字其年，号迦陵，江苏宜兴人，出身于文学世家。其文思敏捷，词采瑰玮，曾被吴伟业誉之为"江左凤凰"。康熙十八年（1679年）举博学鸿词，授翰林院检讨，参与修纂《明史》。陈维崧是阳羡词派的创始人，他的词追法苏轼、辛弃疾，同时兼有周邦彦、秦观之长，自成一家。其词作数量惊人，现存《湖海楼词》中尚有1600多首。陈廷焯在《白雨斋词话》中评价说："迦陵词气魄绝大，骨力绝遒，填词之富，古今无两。"他的词以"才气大，骨力遒"见称，小令、中调、长调无不兼通，艺术手法多样。他的骈文以《与芝麓先生书》《余鸿客金陵咏古诗序》《苍梧词序》等为代表，跌宕悱恻，感人心魄。著作有《湖海楼诗文词全集》54卷存世。

朱彝尊

　　朱彝尊（1629—1709年），清代词人，字锡鬯，号竹垞，晚号小长芦钓师，又号金风亭长，浙江秀水（今嘉兴县）人。少家贫，学习刻苦，博学多才，康熙时，以布衣入博学鸿词科，授翰林院检讨，修《明史》。诗文兼工，犹善于词，曾编纂唐宋五代宋金元词五百家辑为《词综》，并著有《曝书亭集》。作为浙西词派的领袖人物，在作词方面他主张以南宋的姜夔、张炎为宗，讲求字句声律，曾言"不师秦七（秦观），不师黄九（黄庭坚），倚新声玉田（张炎）差近"。他的词多言情咏物之作，风格典雅清丽，但大都精巧有余而沉厚不足。

王士禛

　　王士禛（1634—1711年），清代文学家，字贻上，号阮亭，又号渔洋山人，山东新城人，顺治年间进士，官至刑部尚书。他少年即有诗名，在诗论上他提出了"神韵说"，以"不著一字，尽得风流"为诗的最高境界。"神韵说"在理论上主要来源于严羽的"妙悟""兴趣"之说。他反对当时依附盛唐的诗人专学"万国衣冠"的高帽子，而选录了王维等人的诗作为《唐贤三昧集》，目的是"剔除盛唐真面目与世人看"。他还反对艳丽的诗风，提倡澄淡，推崇王、孟、韦、柳。他自己的诗作也是按照这条路子而走的，具有一定的成就。但是，过于强调神韵兴趣，也使诗歌脱离了现实，缺乏社会内容，对诗歌的发展产生消极的影响。

蒲松龄

蒲松龄（1640—1715年），清代小说家，字留仙，一字剑臣，别号柳泉居士，山东淄川（今山东淄博市南）人。出身于小地主商人家庭，才华横溢，热衷于科举，但屡试不第，直到71岁才援例当了一名贡生。他一生穷愁潦倒，饱尝世情，对于社会世态有很深的认识。他所著的《聊斋志异》是一部文言短篇小说集，是其代表作品。蒲松龄是一个多才多艺的作家，除《聊斋志异》外，他还有俚曲14种，诗歌1000余首，词90多阕，文400余篇，戏曲3出，还编了《农桑经》《日用俗字》等一些农村社会日常生活需用之书。

洪 昇

洪昇（1645—1704年），字思昉，号稗畦，又号南平樵者，浙江钱塘（今杭州）人。出身于仕宦之家，后家境败落，科场也一直不得意。他交游甚广，曾向王世祯、施润章学诗，并与朱彝尊、赵执信等名士有往来，这对洪昇的创作有重要的影响。洪昇在诗歌方面较为擅长，有诗作《稗畦集》《啸月楼集》。他还嗜好音律，有多部戏曲作品，其中著名的是杂剧《四婵娟》与传奇《长生殿》。《长生殿》代表了作者的最高文学成就，这部传奇前后历时10余年，"三易其稿而始成"。作品以李隆基、杨玉环的爱情为经，以社会政治演变为纬来结构全剧，现实主义与浪漫主义有机地结合到了一起，情节曲折、场面壮丽、语言清丽流畅，充满了诗意。在思想上，作者既同情李、杨的遭遇，赞美他们的爱情，又揭露了其后果，流露出了作者对家国兴亡的感伤情绪。

孔尚任

孔尚任（1648—1718年），清初诗人、戏曲作家，字聘之，又字季重，号东塘、岸堂，又号云亭山人，山东曲阜人，为孔子第六十四代孙。自幼便继承了儒家的思想传统与学术，并留意礼、乐、兵、农等各种学问，还考证过乐律。康熙皇帝南巡北归时到曲阜祭孔，孔尚任在御前讲《论语》受到褒奖，被任命为国子监博士，为此，他写了一篇《出山异数记》表示他的感激之情。他在京城的生活十分闲散，因此常以读书和搜集古物来填补无聊的日子，此时他开始了《桃花扇》的创作。这部剧作以李香君与侯方域之间的悲欢离合为主线，借儿女之情抒发了作者的兴亡之感，全面地反映了晚明社会的各种现实。这部作品很好地处理了艺术真实和历史真实之间的关系，是一部优秀的作品，在中国的戏曲史上占有重要的地位。

纳兰性德

纳兰性德（1655—1685 年），清代词人，原名成德，字容若，号楞伽山人，满族正黄旗人，大学士明珠之子。善骑射，好读书，经史百家无所不窥，谙悉中国传统的学术文化，尤好填词。18 岁中举，22 岁赐进士出身，官一等侍卫，其才干深得康熙赏识。其词直抒胸臆，自然清新，风格近似李后主，尤以小令见长。曾多次奉命出征，因此写有不少描写边塞生活的小令，颇具特色，如《菩萨蛮·朔风吹散三更雪》《如梦令·万帐穹庐人醉》等。亦能诗，但成就不如词。有词集《纳兰词》，此外还辑有《全唐诗选》和《词韵正略》等。

方　苞

方苞（1668—1749 年），清代散文家，字凤九，一字灵皋，晚年号望溪，安徽桐城人，被称为桐城派的鼻祖。自幼聪慧，24 岁至京城，入国子监，以文会友，名声大振。康熙四十五年（1706 年）进士及第。后因给《南山集》作序案发，被株连下江宁县监狱。在狱中著成《礼记析疑》和《丧礼或问》。后康熙帝亲笔批示"方苞学问天下莫不闻"，方苞免死出狱，并以平民身份入南书房做康熙帝的文学侍从。雍正年间提升为内阁学士，官至礼部侍郎。乾隆七年（1742 年），告病还乡。在文学上，方苞首创"义法"说。所谓"义"即"言有物"，指文章的思想内容；所谓"法"即"言有序"，指文章的形式技巧。"义法"说也就是倡导"道"与"文"、形式与内容的统一，为桐城派散文理论奠定了基础。后来桐城派的理论，皆是对"义法"说的完善和发展。方苞一生著述丰富，有《周官集注》《周官析疑》《集外文》《补遗》等，还删订了《通志堂宋元经解》。

沈德潜

沈德潜（1673—1769 年），清代诗人、诗论家，字确士，号归愚，谥文悫，长洲（今江苏苏州）人。他热衷于功名，为乾隆年间进士，官至内阁学士兼礼部侍郎。在清中叶诗坛上，他是"格调派"的主要倡导者。他强调写诗必须讲究格律声调，"诗贵性情，亦须论法"。"性情"主要指儒家"温柔敦厚"、怨而不怒的诗学传统，所谓"论法"主要指讲究格律、声韵，重视体式，学古而不泥古。他的诗歌现存 2300 余首，有很多是歌功颂德之作。他的著作主要有《说诗晬语》《沈归愚诗全集》，编选有《唐诗别裁》《明诗别裁》《清诗别裁》等。

刘大櫆

刘大櫆（1698—1780 年），清代文学家，字才甫，一字耕南，号海峰，安徽桐城人。他才华出众，方苞初见其文章即为叹服，说："如苞何足算哉！邑子刘生乃国士耳！"一时名满京城。他师事方苞，又是姚鼐的老师，故为"桐城派三祖"之一。他在继承方苞的"义法"理论的基础上，又对其进行了补充，进一步探讨了行文之道。他的论文侧重于艺术规律的探讨，即研究"神气"与"音节""字句"的关系，他在《论文偶记》中说"义理、书卷、经济者"，是"行文之实"，是"匠人之材料"，而"神、气、音节者"是"匠人之能事"。他的神气音节的论文，在中国古代散文艺术理论上是一个新的发展。他的文章风格清俊。其著作有《海峰诗文集》。

吴敬梓

吴敬梓（1701—1754 年），清代小说家，字敏轩，一字文木，安徽全椒县人，出身于官僚仕宦之家。自幼聪颖，才识过人，少时曾随父宦游大江南北，对于官场内幕有很深的认识，无心于仕途功名。父亲去世后，由于他不善治生，又慷慨好施、挥霍无度，家境迅速败落，直到去世一直都过着清贫的生活。《儒林外史》是其代表作品，这部小说以批判科举制度和功名富贵为中心，反映了封建社会末期种种弊端和腐败的社会现实，塑造了范进、杜少卿等典型人物。这部小说在艺术上最大的特点是讽刺，语言精练、准确，是一部非常优秀的小说，在中国文学史上占有重要的地位。吴敬梓晚年爱好治经，著有《诗说》7 卷（已佚），此外还有《文木山房集》12 卷。

毛宗岗

毛宗岗（1632—1709 年），清代文学批评家，字序始，江苏长洲（今苏州）人。其父毛纶，号声山，字德音，也是著名的批评家。他们父子二人共同评点、修正了《三国演义》，在文坛上具有重要的影响，今天所刊刻流行的《三国演义》就是他们的评点本。毛宗岗在对《三国演义》的评点中隐晦地表达了自己的政治见解。他从封建正统的伦理观念出发，强化了作品中拥刘贬曹的政治倾向，表达了对清统治者的不满和反抗。他还对长篇历史小说的结构、艺术规律和情节的安排进行了探讨，提出了富有建设性的意见和观点，在我国的文学批评史上占有重要的地位。

曹雪芹

曹霑（1723—1763 年），清代小说家，字梦阮，号雪芹，又号芹圃、芹溪，是我国古典名著《红楼梦》的作者。曹雪芹自幼得到良好的教育，但曹家后期败落，深刻影响了曹雪芹的思想和心理，形成了他愤世傲世的叛逆性格。曹雪芹晚年贫困潦倒，长期靠朋友救济和卖画为生。曹雪芹多才多艺，工诗善画，时人评价其"诗笔有奇气"。《红楼梦》是他的代表作品，也是我国最杰出的古典文学名著之一。在艰难的环境中，他"披阅十载，增删五次"而成《红楼梦》。"满纸荒唐言，一把辛酸泪。都云作者痴，谁解其中味"，可以说概括了作者一生的辛酸。《红楼梦》原名《石头记》，此外还有《金陵十二钗》《风月宝鉴》等名，小说以贾宝玉、林黛玉的爱情为主线，以贾、王、史、薛四大家族的兴衰败亡为背景，揭示了封建礼教对人的束缚与残害。《红楼梦》是一部集大成之作，文笔优美，融汇了作者对人生和社会的思考，在思想和艺术上都具有很高的成就。

袁枚

袁枚（1716—1797年），清代诗人、小说家、戏曲理论家，字子才，号简斋，又号随园老人，浙江钱塘（今浙江杭州）人。乾隆四年（1739年）进士，曾任溧水、江浦、江宁等地知县。后辞官定居江宁，在小仓山下购筑"随园"，自号随园老人。袁枚的思想与晚明的李贽一脉相承，对当时学术界的汉宋学派不满，尤为反对考据学。

在诗论上，他提出了"性灵说"，提倡抒写性情、遭际和灵感，开创了性灵派。他的诗文对当时文坛的拟古和形式主义文风有极大的冲击，但抒发闲情逸致，流连风花雪月，只是士大夫的情致，缺少社会生活内容，也限制了他的成就。其著作主要有《小仓山房诗文集》《随园诗话》以及笔记体志怪小说专集《子不语》。《随园诗话》是他的代表作品，在论诗方面，提出了很多独到的见解，具有重要的影响。其小说集《子不语》文笔流畅，叙事简洁，在文坛上也具有重要的地位，其中有很多为人们所称道的名篇，如《黄生借书说》《书鲁亮侪》等。

蒋士铨

蒋士铨（1725—1784年），清代诗文家、戏曲家，字心余，一字苕生，号清容，又号藏园，晚号定甫，或自署离垢居士，江西铅山人。乾隆年间进士，官至内阁中书，被授予编修，充武英殿纂修官等职。其戏曲作品有《红雪楼十二种曲》等。其中《冬青树》主要叙述南宋灭亡的历史故事，歌颂文天祥等人坚贞不屈的民族气节。《临川梦》则将剧作家汤显祖搬上舞台，表达了对这位伟大的剧作家无限崇敬之情。蒋士铨的创作题材多样，主要继承了汤显祖的风格，在当时影响较大。除剧作外，他还著有《忠雅堂文集》12卷、《诗集》27卷、《铜弦词》2卷等，是个多才多艺的作家。

姚鼐

姚鼐（1731—1815年），清代散文家，字姬传，又字梦谷，因室名惜抱轩，又称之为惜抱先生，安徽桐城人。乾隆年间进士，官至刑部郎中、记名御史等。曾在江宁、扬州等地书院讲学达40年。治学以经为主，兼及子、史、诗文。曾受业于刘大櫆，为"桐城派"的集大成者。在理论上，他提倡文章要"义理""考证""辞章"三者相互为用。

其中，"义理"即程朱理学，"考证"指对古代文献、文义、字句等的考证，"辞章"也就是文章的文采，也就是文章要以"考据""辞章"为手段，来阐释儒家的"义理"，这可以说是对方苞的"义法"说的补充和发展。在文章美学上，他提出了阳刚与阴柔的概念。同时，他发展了刘大櫆的拟古主张，提倡从"格律声色"入手去模拟古文，进而达到"神理气味"。他的作品多为书序、碑传之类，著有《惜抱轩全集》，并选有《古文辞类纂》《五七言今体诗钞》等。

高鹗

高鹗（约 1738—约 1815 年），清代文学家，字兰墅，一字云士，别号"红楼外史"。乾隆六十年（1795 年）中进士，官至内阁中书、内阁侍读等。为官清廉正直，以"操守谨、政事勤、才具长"见称。高鹗熟谙经史，工于八股文，于诗词、小说、戏曲、绘画及金石之学等方面也是颇有造诣。其诗宗法盛唐，词学花间，论文方面主张"辞必端其本，修之乃立诚"，强调以意为主。一般认为他是《红楼梦》后 40 回续书的作者。此外另有诗文著作多种，现有《兰墅十艺》（稿本）、《吏治辑要》及诗集《月小山房遗稿》、词集《砚香词·簏存草》等存世。

汪中

汪中（1745—1794 年），清代骈文作家，字容甫，江苏江都人。幼年孤贫，勤奋好学，及渐长游历于书肆之间得阅经史百家之书，过目成诵，卓然自成一家。他 34 岁为拔贡，之后便不再应试。他的骈文自成一格，不模仿古人，无堆砌词藻之弊，往往随笔所至，自然成文。因此他的文章感情真挚，气势浑厚，被誉为"状难状之景，含不尽之意"（李祥《汪容甫先生赞序》）。其骈文的代表作品是《哀盐序文》《广陵对》等。《哀盐序文》这篇文章表现了作者对受难人们的无限同情，作者高超的艺术技巧以及驾驭语言的能力也由此可见一斑。其不足之处在于语言不够爽朗，情调也过于低沉。其著作主要有《广陵通典》、《述学》内外篇、《容甫先生遗诗》等。

李汝珍

李汝珍（约 1763—约 1830 年），清代小说家，字松石，号松石道人，直隶大兴（今属北京市）人。学问渊博，受业于经学大师凌廷堪，精通文学、音韵等，并旁及杂艺，在音韵方面著有《音鉴》一书。他晚年穷愁潦倒，作小说以自遣，历十数年而成小说《镜花缘》。该作品被鲁迅归入以才学见称的小说，鲁迅评价说其"博识多通而仍敢于为小说也；惟小说又复论学说艺数典谈经，连篇累牍而不能自已，则博识多通又害之"，可谓是中肯之语。《镜花缘》代表了作者的最高成就。这部作品共 100 回，以百花仙子被贬下凡历劫为线索，以唐敖、林之洋、多九公三人海外航游为主线，同时穿插了大量的关于才学的论述和描写。这部作品自从问世以来一直受到关注，为中国古代优秀的文学作品之一。

龚自珍

龚自珍（1792—1841 年），晚清思想家、史学家、诗人，一名巩祚，字璱人，号定盦，浙江仁和（今杭州）人。道光九年（1829年）进士，官至礼部主事。龚自珍家学渊源深厚，对文字、训诂、金石、目录、诗文、地理、经史百家皆有所涉及，并深受当时崛起的"春秋公羊学"的影响，提倡"通经致用"。在政治上，主张革新内政，变法图强，他的思想为后来康有为等人倡公羊之学以变法图强开了先声。在文学上，他提出了"尊情"之说，主张诗与人为一。他的诗文俱佳，尤以诗的成就为高，其组诗《己亥杂诗》一直为世人所重视。后人将他的作品辑为《定盦全集》《龚自珍全集》。

魏 源

魏源（1794—1857年），晚清思想家、史学家，原名远达，字默深，一字默生，又字汉士，湖南邵阳人。出身于没落的地主官僚家庭，道光二十四（1844年）年进士。早年曾学王守仁的心学，后又跟从刘逢禄学习公羊学，接受了今文经学的影响。其论学以"通经致用"为宗旨，谋求国富民强。他曾主持编纂了《皇朝经世文编》，对于海运、水利等方面提出了很多建设性的言论。根据林则徐主持编译的《四洲志》，编写了《海国图志》这部史地巨著，介绍了西方各国历史地理状况，并提出了"师夷长技以制夷"的著名观点，主张向西方学习先进的科学技术。晚年，他潜心于佛学，思想趋于消极，"不与人事，惟手订生平著述"。其著作还有《圣武记》《古微堂集》《元史新编》和诗作等。

吴汝纶

吴汝纶（1840—1903年），清代文学家，字挚甫，一作挚父，安徽桐城人，为晚清桐城派的代表人物之一。他自幼好学，尤爱好古文辞，鄙弃俗学。为同治年间进士，授内阁中书。曾留佐曾国藩幕府，与张裕钊、黎庶昌、薛福成同为"曾门四大弟子"。曾国藩死后，又入幕李鸿章，掌管奏议。他历任深州、冀州知州，并在两州开办书院，亲自讲授。他博学多才，于群经子史、小学音韵等都深有研究，尤长于散文创作。他提倡学习西方科学文化知识，主张"中学为体，西学为用"。曾任京师大学堂总教习，并曾赴日本考察学制，编成《东游丛录》一书。其著述颇丰，主要有《易说》《尚书故》《夏小正私笺》《深州风土记》《吴挚甫文集》《李文忠公事略》《桐城吴先生全书》《桐城吴先生遗书》等作品。

黄遵宪

黄遵宪（1848—1905年），中国近代维新派活动家、外交家、诗人，字公度，广东嘉应（今梅州）人。出身于官僚家庭，29岁中举，历任驻日本、英国参赞及旧金山、新加坡总领事。他被誉为是近代"诗界革命"的一面旗帜，外交官的生涯对其诗歌创作有很大的影响。在文学上，主张"我手写我口"，力求表现"古人未有之物""未解之境"，并提出了"诗之外有事，诗之中有人"的观点。他的诗歌创作在形式与内容上都力图摆脱古人的束缚，诗法多变，语言通俗。其诗歌具有强烈的爱国主义精神，一方面表现了他对国事的忧虑，如《书愤》；另一方面也描写了中国近代一系列的重大事件，如《哀旅顺》《哭威海》《度辽将军歌》《逐客篇》《台湾行》等，因此他的诗又被誉为"诗史"。此外，还有一些异国风情的作品给人以别开生面、耳目一新的感觉。其代表著作是《人境庐诗草》《日本杂事诗》。

刘 鹗

刘鹗（1857—1909年），晚清文学家、金石专家，原名孟鹏，字云博，后更名为鹗，字铁云，笔名洪都百炼生，江苏丹徒（今镇江）人。自幼聪颖，对数学、医学等都有研究。在金石方面，他搜罗龟甲，著有《铁云藏龟》一书，是研究甲骨文的重要文献。就目前所见的资料来看，《老残游记》是他唯一的一部小说创作。这部作品在中国的小说史上占有重要的地位，为清末"四大谴责小说"之一。此外，《〈老残游记〉初编自序》《〈老残游记〉二编自序》以及《老残游记》初编卷一至卷十七的评语，是重要的小说理论资料。就作品来看，《老残游记》以江湖医生老残的游历为线索，反映了晚清的某些社会现实。"棋局已残，吾人将老，欲不哭泣也得乎？"《老残游记》的世界可以说是中国近代社会的缩影。

丘逢甲

丘逢甲（1846—1912年），近代诗人、教育家，原名秉渊，字仙根，号蛰仙、仓海等，诗文中常自署"东海遗民""台湾遗民"，台湾漳化县人。他自幼天资聪慧，相传"六岁能诗，七岁能文"。他淡泊仕途，考取进士之后，旋即辞官，返台讲学。甲午战争爆发后，他又投笔从戎，组织台义军浴血奋抗。护台战争失败后，他内渡大陆，广兴新学，矢志开启民智。他至死不忘故乡台湾，临终前曾叮嘱："葬须向南，吾不忘台湾也。"他被誉为"诗界革命巨子"，诗歌创作甚多，有《岭云海日楼诗钞》等作品留世。他的诗作多为反帝爱国之作，沉郁苍凉，豪放悲壮，如《春愁》。南社诗人柳亚子在《论诗六绝句》中对其有很高的评价，诗云："时流竞说黄公度，英气终输沧海君。战血台彭心未死，汉笳残角海东云。"

吴趼人

吴趼人（1866—1910年），晚清小说家，名沃尧，又名宝震，字小允，号茧人，后改为趼人，广东南海人。出生于官僚地主家庭，一生致力于小说创作和报刊编辑。在理论上重视小说的趣味性和移情作用，提倡"寓教育于闲谈"，反对枯燥呆板的说教。他还认为既是小说，也是正史的"辅翼"具有重要的社会作用。在小说技巧上，他强调作品立意与摹绘的传神。

其作品主要有长篇小说《二十年目睹之怪现状》《痛史》《九命奇冤》等12种，还有短篇小说5种。其中《二十年目睹之怪现状》是清末四大谴责小说之一，也是作者的代表作品。这是一部带有自传性质的小说，通过"九死一生"（作者的影子）在 20 年中所见的无数怪现状，描绘了一幅晚清社会的百相图，在我国的文学史上占有重要的地位。

李宝嘉

李宝嘉（1867—1906 年），晚清小说家，字伯元，别号南亭亭长，笔名有游戏主人、二春居士等，江苏武进人。一生以办报和写小说为主，其主要作品有小说《官场现形记》《文明小史》《中国现在记》《活地狱》《海天鸿雪记》等。其中《官场现形记》是作者的代表作品，为清末"四大谴责小说之一"。这部小说在结构上与《儒林外史》相似，全书没有一个中心人物，而是由一个个小故事连缀而成，通过对晚清官场的描写，揭露了封建社会崩溃时期，统治集团内部的腐朽状况。在小说理论上，他首先强调写真，因此他的小说笔锋尖锐，有清醒的现实性，揭露了晚清社会的黑暗现实。在人物塑造上，注重细节，强调人物性格的刻画；在结构小说方面，他提出了"草蛇灰线法"，即强调伏笔和小说的曲折性；在语言上，力求生动、精当、准确。

曾　朴

曾朴（1872—1935 年），近代小说家、出版家，字孟朴，笔名东亚病夫、病夫国之病夫等，江苏常熟人。早年曾在同文馆学习法文，深受西方思想文化的影响，曾翻译过雨果等人的作品。后来，参加了康梁的维新运动，1904 年创办小说林书社，并开始了《孽海花》的创作。其晚年思想渐趋保守和反动。《孽海花》是作者的代表作品，为清末"四大谴责小说"之一。这部小说以金雯青和傅彩云的故事为主要线索，通过对当时官僚名士、封建文人的思想生活和社会风气的描写，全面地展现了清末的政治、经济以及外交等各方面的情况，对于帝国主义的野心也有一定的批判和揭露。书中的人物在现实生活中皆有所指，具有很强的写实性。

苏曼殊

苏曼殊（1884—1918 年），近代作家、诗人、翻译家，原名戬，字子谷，后改名玄瑛，法号曼殊，广东香山（今广东中山）人。其父苏杰生是中国人，母亲若子是日本人。1903 年后苏曼殊留学日本，并加入革命团体青年会和拒俄义勇队。回国后，他目睹国家山河破碎而为救国救民奔走呼吁，辛亥革命失败后，变得悲观厌世，于 1918 年病逝，年仅 35 岁。苏曼殊多才多艺，诗、文、小说俱佳，且工书画，善尺牍，精于禅理，并通晓英、法、日、梵等多种文字，他较早地将雨果、拜伦等作家介绍到了中国并翻译了他们的作品。苏曼殊的小说艳丽而凄婉，诗歌清新纤巧而又略带高逸之气，在近代文坛上具有很大的影响，后人将他的作品辑为《曼殊大师全集》。在近代文坛上，苏曼殊可以说是一位怪杰，他并没有受过很高的教育，却极有天分，他曾两度出家却又情缘不断。柳亚子评价他"不可无一、不可有二"。

阳羡词派

清初词学流派，又称作聚放派。陈维崧（1625—1682 年）是阳羡词派的领袖人物，江苏宜兴人。因"宜兴"在汉时被称为阳羡县，因而这一词派被命名为阳羡派。陈维崧的词追法苏轼、辛弃疾，同时兼有周邦彦、秦观之长，自成一家。他的词作数量多，其《迦陵词》集存词 1600 余首，可谓是"填词之富，古今无两"。在题材上，既有闺房花草、感遇怀古之作，也有反映民生疾苦和农家生活的佳作。他的词风兼有豪放、婉约之长，以"才气大，骨力遒"见称，小令、中调、长调无不兼通。但其词"发扬蹈厉，而无余韵"，有时写得太直、太露，失之含蓄，给人以美中不足之感。阳羡词派的人物还有曹贞吉、孙枝蔚、尤侗等。阳羡词派人的创作与理论主张对于词的变革发展具有重要影响，在清代文坛上也占有重要的地位。

浙西词派

清代文学流派，在文坛上具有举足轻重的地位，对于清代词风的发展具有重大的影响，其代表人物是朱彝尊（1629—1709 年）。为了挽救词道的衰落，纠正明词纤弱浮泛的风气，他和同乡汪森一起编选历代各家词辑为《词综》，作为学词的范本，影响十分深远。在创作思想上，朱彝尊主张以南宋的姜夔、张炎为宗，推崇醇厚雅正的风格，讲求字句声律，这也可以说是浙西词派的基本理论。该派后期的代表人物是厉鹗，他对浙西词派的理论进行了补充和发展。他将该派提倡的"雅"与《诗经》中"风雅颂"的"雅"同样看待，并且提出了"清"的审美要求，对于词的理论发展具有一定的贡献。属于该派的词人还有李良年、李符、沈皞月、沈岸登等人。由于浙西词派过分讲究律对和藻饰，而在内容和思想方面较为贫乏，因此真正有成就的作品并不是很多。

神韵派

清代初叶诗学流派，其倡导者是王士祯（1634—1711 年），著有《带经堂集》《渔洋诗文集》《渔洋诗话》等书。他擅长七言近体诗，善于融情入境，其诗歌《江山》《真州绝句》等，在艺术上颇有特色。在诗论方面，提出了"神韵说"，追求诗的神情韵味。他在《池杯偶谈》中说："'神韵'二字，予向论诗，首为学人拈出。""神韵"一词可以说是唐代司空图的"自然""含蓄"以及宋代严羽的"妙悟""兴趣"之说的延续，以"不著一字，尽得风流"为诗的最高境界。因此，他的诗歌创作境界淡远、语言隽永含蓄，对于纠正明末清初以议论为诗的偏向有一定的作用。但是太过强调韵味，忽略思想内容，易给人一种虚无缥缈的感觉。

格调派

清代中叶诗学流派，其倡导人物是沈德潜（1673—1769 年）。沈德潜江南长洲人（今苏州），乾隆年间进士，官至礼部侍郎。主要编选了《古诗源》《唐诗别裁》《明诗别裁》《清诗别裁》等作品，著有《归愚诗文集》。他对叶燮《原诗》中的理论主张加以发展，提出了"格调说"。在诗风上他主张温柔敦厚，怨而不怒，认为学诗者必须沿唐诗而"上穷其源"，"以渐窥风雅之遗意"（《古诗源序》）。他还十分重视格律声调，认为"诗贵性情，亦须论法"，主张作诗以唐诗为法，格调派虽然提倡学古，但并不是对古人的完全模拟。总体来说，格调说属于儒家正统派的诗论。

性灵派

清代中叶诗学流派，其代表人物是袁枚（1716—1797 年）。袁枚活跃于诗坛60 余年，存诗 4000 余首，著有《小仓山房诗文集》《随园诗话》等。在思想上，他与晚明的李贽一脉相承，要求个性自由，强调"人欲"，反对"以理杀人"。与之相适应，在诗论上他提出了"性灵说"，主张抒写性灵，他在《随园诗话》说："自'三百篇'至今日，凡诗之传者，都是性灵。"所谓"性灵"在他看来就是指诗人的真性情，"做诗不可以无我"，强调做诗应抒写个人的性情遭际与实感，直抒胸臆，辞贵自然。性灵说对于诗坛上的形式主义诗风是有力的冲击，但性灵也只是士大夫的情致，过分注意个人生活琐事，吟咏风花雪月，缺乏充实的社会内容，有时不免失之肤浅。

肌理派

清代中叶诗学流派，其倡导者是翁方纲（1738—1818 年）。翁方纲为顺天（今北京）大兴人，乾隆时进士，官至内阁大学士，著有《复出斋诗集》。在诗论上，主张"肌理说"，他在《延晖阁集序》中说："诗必研诸肌理，而文必求其实际。"他还说："为学必以考据为准，为诗必以肌理为准。"（《志言集序》）所谓"肌理"就是"义理之理，即文理之理，即肌理之理也"。义理即思想意义，文理即组织结构，肌理即学问材料，肌理说将三者统一起来，认为作诗不在求神韵、守格调、谈性情，而应以学问为根底。肌理说将诗歌创作引向了"考据入诗"的路套之中，使诗歌成为学问诗，背离了诗歌创作的艺术规律。因此，他们这种"误把学问当作诗"（袁枚《随园诗话》）的创作态度也引起了同时代人的嘲笑和不满。

同光体

近代学古诗派之一，其中"同"指"同治"，"光"指"光绪"。此派的主要代表人物有郑孝胥、陈衍、陈三立、沈曾植等。他们的作品在艺术上主要模拟宋代的江西诗派，效法唐代则主要趋向于韩愈、孟郊、柳宗元。"同光体"诗歌分为闽派、赣派、浙派三大支，其代表人物分别是陈衍、陈三立、沈曾植等。在内容上，"同光体"诗人的诗早期较多主张变法图强、反对外国侵略，也有很多抒写个人身世、山水咏物的诗。清朝覆亡以后，较多表现出复辟的思想。"同光体"在文坛持续时间较长，1937 年 7 月日本全面入侵中国，于此年，陈衍病死于南，陈三立病死于北，1938 年郑孝胥又死于伪满洲国，"同光体"诗派也至此告以终结。陈衍的《石遗室诗话》是"同光体"诗派的主要评论著作，此外他还著有《散原精舍诗·续集·别集》《散原精舍文集》，辑录有《近代诗钞》《辽诗纪事》等作品。

诗界革命

近代发生的一场诗歌改良运动，它的发生是近代改良运动的需要，也是诗歌潮流进一步发展的需要。"诗界革命"的口号比戊戌变法早一两年，是由梁启超、夏曾佑、谭嗣同等人提出的。他们的新诗创作，以一句话来概括就是"以旧风格含新意境"，即在旧有的诗歌形式下，扯寻一些新名词、新事物入诗。这反映了人们对新思想、新文化的渴求，这在诗歌的发展史上是一个大胆的尝试。黄遵宪被誉为是"诗界革命"的一面旗帜，他最早从理论和创作实践上给"诗界革命"开辟了道路。他的诗歌反映了新世界的奇风异物以及新的思想文化，为诗歌开辟了更为广阔的领域。但总的说来，他的诗歌仍不脱中国古诗的窠臼，只是一种表面上的改革。直到五四时期的白话诗运动，才从内容到形式都进行了革新。

桐城派

清代散文流派，其创始人是方苞。该流派继承发展者众多，其中影响最大的是刘大櫆和姚鼐。因为方、刘、姚都是安徽桐城人，故世人以桐城派称之。桐城派的文论，以"义法"为中心，逐步丰富发展而成为了一个有机的体系。"义法"的主张首先由方苞提出，所谓"义"，即"言有物"，指文章的思想内容；"法"，即"言有序"，指文章的形式技巧。"义法"说要求文章的形式服从于内容，做到内容和形式的统一。在文章的语言方面，他提倡"清真雅正"和"雅洁"，反对俚俗和繁芜。刘大櫆进一步发展了"义法"的理论。桐城派的集大成者是姚鼐，他强调"义理、考证、辞章"三者相互为用；同时发展了"神气"说，提出神、理、气、味、格、律、声、色为文章八要，并将文章的风格归纳为"阳刚"与"阴柔"两大类。桐城派的文章语言简明，清顺通畅，颇有特色，特别是一些记叙文，其代表作品有方苞的《狱中杂记》《左忠毅公逸事》、姚鼐的《登泰山记》等。

南 社

近代文学团体。于 1907 年开始酝酿，1909 年正式成立，由陈去病、高旭和柳亚子等人发起。名为"南社"，为"操南音不忘本"之意。南社成员以提倡民族气节相号召，积极响应民主革命，反对清王朝的专制统治，其成员多为同盟会会员。他们的刊物《南社》于 1910 年开始出版，分为文录、记录和词录三部分，1917 年有《南社小说集》一册出版。1923 年，因内部矛盾，南社停止活动，其刊物《南社》共出版了 22 集。1923 年 4 月，柳亚子与叶楚伧、邵力子等人成立了新南社，鼓吹三民主义，提倡民众文学。南社是中国近代较有影响的一个文学社团，它的成员一般都站在时代的浪潮之中，关注着民生，具有进步意义。此派的成员还有苏曼殊、马君武、周实、宁调元等人。

江左三大家

所谓"江左"，地理上是指靠长江下游左面的部分区域，在当时的政治地理上属江南省，这一地区在东晋渡江后一直被称为江左。"三大家"指的是明末清初的三位著名文学家钱谦益、龚鼎孳和吴伟业。因他们三人皆由明臣转而仕清，又都是江左人，故称他们为"江左三大家"。"江左三家"的称呼见于近人邓之诚《清诗纪事初编》，其中说："王隼尝编选佩兰及曲大均、陈恭尹之诗，隐以抗'江左三家'。"在诗歌创作方面，他们提倡宗唐，反对宋、元、明以来的拟古剽古之风，对于清诗的发展具有重要的作用。三人之中成就和影响最大的当属吴伟业，他的诗学习白居易的"长庆体"但又自成一体，后人称之为"梅村体"。其诗歌《圆圆曲》是代表作品，在文坛上具有重要的影响。顾有孝等选三人之诗辑为《江左三大家诗钞》，流传后世。

姚门四杰

对清代桐城派大家姚鼐门下 4 个弟子的称呼。姚鼐是桐城派的集大成者，文名远播，深受世人的敬重。可以说，桐城派到了姚鼐这时候才真正地成为了一个重要的古文派别。姚鼐发展了方苞、刘大櫆的理论，提出"义理、考据、辞章"三者合而为一的主张，也深受世人的重视。他曾先后于钟山、梅花、紫阳、敬敷等书院讲学 40 年，弟子遍天下，最著名的有梅曾亮、管同、方东树、姚莹四人，因此世人称之"姚门四杰"。这四人，继承了桐城派传统的理论主张，皆擅于古文的创作，在桐城派的发展史上具有承前启后的作用。

近代四大词人

又名"清末四大词人"，他们是王鹏运、郑文焯、朱祖谋、况周颐。他们虽不以常州派相标榜，当仍受其影响。在理论上，他们大多本意内言外之旨与审韵持律之说，以立意为本，以守律为用，在词的创作上取得了较高的成就。王鹏运（1849—1904 年），字佑遐，自号半塘老人，广西桂林人，为近代四大词人之冠，他自幼聪慧，曾官内阁中书、江西道御史等职，著有《碧瀣词》《宋词赏心录》等。在词的创作上，他主张反映现实，强调词要"明于音律"，对于词的发展有一定影响；郑文焯（1856—1918 年），字俊臣，号小坡、书问，晚自署大鹤山人、冷红词客，生于世代官宦之家，官至内阁中书，著有《樵风乐府》《词源斠律》。他十分重视音律，在考校宫调乐律方面有贡献；朱祖谋（1857—1931 年），字古微，号沤尹、彊村，浙江归安（今湖州）人，生于官宦之家，官至吏部、礼部司郎，著有《彊村弃稿》《彊村语业》等。他的词格律精严，情深味浓，是学人之词，稍欠自然；况周颐（1859—1926年），原名周仪，字夔笙，号蕙风，广西桂林人，官至内阁中书，著有《存悔词》《蕙风词话》等。他的词风早年"才情藻丽，思致渊深"，晚年哀怨凄凉。他的《蕙风词话》是一部近代词论专著，向来为学界所珍。